公司财务与案例

逢咏梅　马广林　主编
罗福凯　主审

中国海洋大学出版社
·青岛·

图书在版编目(CIP)数据

公司财务与案例/逄咏梅,马广林主编. —青岛:
中国海洋大学出版社,2007.3（2011.4重印）
ISBN 978-7-81067-963-3

Ⅰ.公… Ⅱ.①逄…②马… Ⅲ.公司—财务管理—
高等学校—教学参考资料 Ⅳ.F276.6

中国版本图书馆 CIP 数据核字(2006)第 164964 号

出版发行	中国海洋大学出版社			
社　　址	青岛市香港东路 23 号	邮政编码	266071	
网　　址	http://www.ouc-press.com			
电子信箱	whs0532@126.com			
订购电话	0532-82032573（传真）	电　　话	0532-85901040	
责任编辑	施薇			
印　　制	淄博恒业印务有限公司			
版　　次	2007 年 3 月第 1 版			
印　　次	2011 年 4 月第 3 次印刷			
成品尺寸	170 mm×230 mm			
印　　张	29.5			
字　　数	573 千字			
定　　价	32.00 元			

前　言

市场经济条件下，企业在自我发展以及相互竞争的过程中，对财务管理工具的依赖程度越来越大，公司财务问题也因此受到人们的普遍关注。企业决策层、各级管理人员以及市场投资者迫切需要掌握一些科学、实用的财务管理方法、操作技术以及制度规范，因此，各种层次的财务管理培训层出不穷。目前在高校，除了经济管理类专业将公司财务学作为必修课程外，许多其他专业的学生也纷纷选修该课程。公司财务学原理，尤其是其基本理论已经成为现代经济社会中不可或缺的知识基础。

本书的指导思想是从公司管理的角度讨论公司理财的基本原理和方法。在理论体系、结构安排和研究方法上有一定的创新，侧重于理论与实践的有机结合，关注学生应用能力的培养。首先，对公司理财的内容、目标及理财环境进行了分析，突出公司理财的特点及其与环境的紧密联系；其次，介绍了公司理财中有关时间价值、风险价值等基本理论；第三，结合公司理财的筹资、投资、经营以及分配等主要财务活动，系统地讨论了基本理论和方法的具体应用；第四，结合公司财务管理的程序，介绍了财务预算、财务控制和财务分析的基本方法；第五，分别就公司购并与重组、国际财务管理进行了专题讨论。在每章内容前面都有"内容简介"和"学习目的及要求"，以方便读者学习公司财务的基本理论和方法；在每章后面也都附有精选案例，以培养读者活学活用的实践能力。

本书是山东省精品课程——财务管理学的配套教材，由拥有多年教学经验的教师合作完成，是长期理论教学及实践工作的积累。其内容先后在工商管理、市场营销、旅游管理等专业以及各类公司管理培训中进行过广泛的试用，也取得了较好的效果。因此，它适用于经济管理类专业的学生，以及其他专业对理财学感兴趣的学生，也同样适用于公司的财务管理培训课程。因该书语言通俗易懂，体系系统完整，又不需特定的阅读基础，所以，对于想涉足公司理财领域，了解公司理财知识的读者来说，它也是一本较为适用的专业参考书。

本书由中国海洋大学会计学系的逄咏梅副教授、马广林讲师主编，青岛大学的于红老师以及中国海洋大学硕士研究生宋艳、张珊红、李军、孙蕾按编写大纲分别承担了有关内容的初稿写作，最后由逄咏梅、马广林修改补充，并经博士生导师罗福凯教授主审定稿。该教材内容虽经多次试用和修改，但谬误之处难免，恳请读者批评指正，以利我们不断将其完善。

在教材编写过程中，参阅了许多国内外专家、学者的先进研究成果（见参考文献），在此一并表示感谢。

编　者

2006年10月

目　次

前　言 ··· (1)

第一章　绪　论 ·· (1)
　　第一节　财务管理的概念及内容 ··· (1)
　　第二节　财务管理的目标 ·· (6)
　　第三节　财务管理的原则 ··· (10)
　　第四节　财务管理的环境 ··· (11)
　　案例讨论　新欣药品制造公司 ·· (20)

第二章　资金时间价值与风险分析 ·· (22)
　　第一节　资金时间价值 ·· (22)
　　第二节　风险价值 ·· (36)
　　案例讨论　中国平安保险的一份养老保险合同 ································· (52)

第三章　企业筹资方式 ·· (55)
　　第一节　企业筹资概述 ·· (55)
　　第二节　短期资金筹集 ·· (68)
　　第三节　长期资金——自有资金筹集 ··· (74)
　　第四节　长期资金——债务资金筹集 ··· (81)
　　第五节　租赁筹资 ·· (87)
　　案例讨论　可转换债券——茂炼转债风波 ······································· (91)

第四章　资金成本和资本结构 ·· (94)
　　第一节　资金成本 ·· (94)
　　第二节　经营杠杆和财务杠杆 ·· (105)
　　第三节　资本结构 ··· (113)
　　第四节　资本结构决策 ··· (122)

案例讨论　Coleman技术公司资金成本测算……………………(128)

第五章　项目投资……………………………………………(131)
　　第一节　投资概述………………………………………………(131)
　　第二节　投资项目现金流量分析………………………………(137)
　　第三节　项目投资决策…………………………………………(143)
　　案例讨论　宝都公司厂房使用方案决策………………………(159)

第六章　金融投资……………………………………………(161)
　　第一节　金融投资概述…………………………………………(161)
　　第二节　短期证券投资…………………………………………(168)
　　第三节　长期证券投资收益计算与评价………………………(170)
　　第四节　金融创新工具交易……………………………………(179)
　　案例讨论　分散证券投资风险的策略与方法…………………(183)

第七章　营运资金管理………………………………………(187)
　　第一节　营运资金概述…………………………………………(187)
　　第二节　现金管理………………………………………………(193)
　　第三节　应收账款管理…………………………………………(202)
　　第四节　存货管理………………………………………………(213)
　　案例讨论　海尔集团的上料管理与"红绿旗"警示制度………(224)

第八章　利润分配管理………………………………………(226)
　　第一节　公司利润的形成………………………………………(226)
　　第二节　利润分配的原则及程序………………………………(229)
　　第三节　股利分配理论与政策…………………………………(232)
　　第四节　股利的支付程序与方式………………………………(243)
　　案例讨论　股利政策的选择……………………………………(252)

第九章　成本管理……………………………………………(257)
　　第一节　成本费用及其管理概述………………………………(257)
　　第二节　标准成本管理…………………………………………(269)
　　第三节　作业成本管理…………………………………………(279)
　　第四节　战略成本管理…………………………………………(283)
　　案例讨论　某电器制造公司成本抑减分析……………………(290)

第十章　财务预算……………………………………………………（295）
第一节　财务预算概述……………………………………………（295）
第二节　预算的编制方法…………………………………………（298）
第三节　财务预算的编制…………………………………………（310）
案例讨论　苏州新苏纶纺织有限公司预算管理模式简介……………（330）

第十一章　财务控制…………………………………………………（332）
第一节　财务控制概述……………………………………………（332）
第二节　财务控制的要素与方法…………………………………（337）
第三节　责任中心…………………………………………………（341）
第四节　责任预算、责任报告与业绩考核………………………（351）
第五节　内部转移价格……………………………………………（358）
案例讨论　仪征化纤的资金监控之道……………………………（361）

第十二章　财务分析…………………………………………………（364）
第一节　财务分析概述……………………………………………（364）
第二节　财务分析的方法…………………………………………（370）
第三节　财务比率分析……………………………………………（376）
第四节　综合财务分析……………………………………………（389）
第五节　现金流量分析……………………………………………（394）
案例讨论　上市公司财务报告分析：某股份有限公司年报摘要……（398）

第十三章　企业并购、破产与重整…………………………………（403）
第一节　企业并购…………………………………………………（403）
第二节　企业破产…………………………………………………（420）
第三节　企业重整…………………………………………………（426）
案例讨论　近期企业重组兼并案例及评析………………………（430）

第十四章　国际财务管理……………………………………………（434）
第一节　国际财务管理概述………………………………………（435）
第二节　国际金融市场……………………………………………（437）
第三节　国际筹资管理……………………………………………（439）
第四节　国际投资管理……………………………………………（442）
第五节　外汇风险管理……………………………………………（445）
案例讨论　国际融资购并的两个案例……………………………（448）

附录 ·· (450)
    附表一:复利终值系数表 ·· (450)
    附表二:复利现值系数表 ·· (452)
    附表三:年金终值系数表 ·· (454)
    附表四:年金现值系数表 ·· (456)

参考文献 ·· (458)

第一章
绪 论

【内容简介】

　　财务理论是对财务实践的理性认识,本章研究的财务理论的基本内容,是财务管理的理论基础,对财务管理知识体系来说,是后面各章的基础。本章从理论上总结概括财务管理的概念、内容、目标以及财务管理的环境,目的是使学生对财务管理有一个总体的理解。重点是财务活动的内容、财务关系的具体体现、财务管理目标的表述及其特点,以及金融市场环境的相关内容。

【学习目的和要求】

　　通过本章学习,学生应掌握财务管理的概念,财务活动和财务关系及财务管理的目标,了解财务管理的环境,特别是企业与金融市场环境之间的关系。通过本章的学习,学生应当掌握基本的财务理论,了解财务管理课程在工商管理学科中的作用和地位。

第一节　财务管理的概念及内容

一、财务管理的概念

　　在商品经济条件下,社会产品是使用价值和价值的统一体。企业生产经营过程也表现为使用价值的生产和交换过程及价值的形成和实现过程的统一。在这个过程中,劳动者将生产中所消耗的价值转移到所生产的产品中去,并且创造出新的价值,再通过实物商品的出售,使转移价值和新创造的价值得以实现。企业资金的实质是生产经营过程中运动着的价值。

　　在企业生产经营过程中,实物商品不断地运动,其价值形态也不断地发生变化,由一种形态转化为另一种形态,周而复始,不断循环,形成了资金运动。所以,企业的生产经营过程,一方面表现为实物商品的运动过程,另一方面表现为资金的运动过程或资金运动;资金运动不仅以资金循环的形式存在,而且伴随生产经营过程的不断进行,资金运动也表现为一个周而复始的循环过程。资金运动是企业生产经营过程的价值方面,它以价值形式综合地反映着企业的生产经营过程。企业的资金运动,构成企业生产经营活动的一个独立方面,具有自己的运动规律,这就是企业的财务活动。

企业的资金运动,从表面上看是钱和物的增减运动。其实,钱和物的增减变动都离不开与企业相关的利益关系主体间的经济利益关系。

综上所述,财务管理可以被概括为:它是基于企业生产经营过程客观存在的财务活动和财务关系而产生的,它是利用价值形式对企业生产经营过程进行的管理,是企业组织财务活动、处理与各方面财务关系的一项综合性经济管理工作。

二、财务管理的内容

财务管理是在一定的整体目标下,企业组织财务活动,处理财务关系的一种经济管理行为。财务管理目标是企业财务管理工作最终要解决的根本性问题。财务活动是企业生产、经营过程中因资金运行周转而产生的各种经济活动。财务关系则是企业在规划、组织、开展和控制财务活动的过程中发生的各种经济关系。企业根据一定的科学原则,适时合理地组织财务活动,同时恰当地处理各种财务关系,这便构成财务管理的基本内容。

财务活动和财务关系是企业财务经济的两种现象,它们共同成为财务管理的对象。财务活动与财务关系之间相互联系、相互作用,不可分割。财务活动、财务关系的变化发展规律和两者之间的相互联系,以及它们对企业营运发展的作用,则是公司财务管理的研究对象。

(一) 财务活动

财务活动是以物质、生产资料价值形态反映企业生产经营过程发生的各种经济活动,它主要包括以下内容。

1. 筹资活动

企业筹集生产经营所需资金是企业资金运行过程的起点。企业应首先寻找资金来源,然后采取相应的筹资方式,才能做好筹资活动。筹资行为的主要特点有3个:(1)它是企业主动、积极寻找一定数量的财务经济资源的活动。这与传统的被动的由国家财政无偿向国有企业供应资金有本质区别。(2)它以企业最低必要资金需求形成的资金结构为依据进行筹集。这是因为筹资的主要目的是投资。(3)它是对企业损益产生重要影响的一项活动。资金筹集成本是资金成本的重要组成部分,资金成本是企业最低收益率的极限。

企业筹资的主要原因在于:(1)投资的增加;(2)创建新企业;(3)企业扩张与发展;(4)企业生产条件和环境的变化;(5)资金结构的变化。

2. 投资活动

资金投放是企业将所筹资金投入生产经营过程制造产品、经营资产、提供劳务以获得利润的财务活动,简称投资。企业建造厂房、增添设备、购买材料等称为实物投资。企业招募、培训、开发人才等称为人力资源投资。此外,还包括金融资产投资、无形资产投资等。投资的目的在于保证生产经营过程正常运行,实现资金增值。

企业把资金投入生产经营过程到全部收回所经历的时间,称为投资周期或投资回收期。在这一周期内,资金始终处于运动状态,并不断改变原有形态,增加企业财富。投资活动产生的收益与投资风险并存;分散投资可以降低风险,资产组合因而成为投资管理的主要内容。

3. 经营活动

企业在日常生产经营过程中,会发生一系列经常性的资金收付。企业要采购材料或商品,以便从事生产和销售活动;企业要支付工资和其他营业费用。企业正在耗费中的资金主要表现为所用资金和所费资金两种形态。所用资金管理具体表现为固定资产净值管理、存货资金管理、无形资产管理和人力资源开发管理等;所费资金管理具体表现为折旧过程管理、在制半成品资金管理,以及管理费用、销售费用和财务费用的管理等。当企业把产品或商品售出后,可取得收入,收回资金,收回资金的财务管理工作主要包括:(1)研究、判定合理的价格决策;(2)加大市场开发的资金投入,科学选择营销方式,扩大销售规模提高市场占有率;(3)选择科学的结算方式,判定合理的信用政策,及时收回现金,使企业充满生机活力和后劲。企业在生产经营过程中,如果采取赊购方式取得材料或商品,则通常无需占用企业现实资金,对方企业所提供的商业信用可以缓解企业短期资金的需求;如果企业现有资金不能满足企业经营的需要,还要采取短期借款方式来筹集营运资金。这些因企业生产经营而引起的财务活动构成了企业的资金营运活动,也是企业财务管理的重要内容。

4. 分配活动

企业在收回资金之后,根据生产经营运行过程和资金周转的客观要求,以企业资金运动全过程为着眼点,对企业资金的现行分布和已收回资金进行重新调整、规划、配置和分配。目的是使企业资金配置合理、数量适当,实现资金效率最大化。

资金分配包括补偿资金分配和增值资金分配。补偿资金分配是依据生产经营过程技术上的要求补充资金需求,以维持企业简单再生产的正常进行;增值资金分配在国有企业主要采取税利分流方式进行操作。股份公司制企业的增值资金分配，主要是以股利分配原理为指导，制定相应的股利政策，对盈利资金进行分配。股利政策和剩余理论统称为股利分配理论。该理论涉及股利率与追加投资收益率、资本预算与资金成本、股票价格与资金结构等重要的财务问题，从而使股利资金分配成为企业的一项重要财务活动。

(二) 财务关系

财务关系是指企业在组织财务活动过程中与各有关方面发生的经济关系。这里，我们把参与财务关系的各成员称为财务关系行为体。它是独立自主地参与财务关系，并在其中发挥作用的经济主体。在市场经济下，政府、银行、企业、投资人、企业家、劳动者、非法人团体等社会成员，都可能成为企业财务关系的参与者。

1. 财务关系的形式与种类

财务关系是一个历史的经济范畴。不同的经济发展时期，存在着不同性质特征的财务关系；在同一财务关系的不同行为体中，若某一行为体的能力最大、利益最多，并且其组织形式在各行为体中的地位最高，则财务关系便以该行为体为主导。企业应妥善处理这一层次的财务关系。

可以说，在财务活动和财务关系中，有多少个财务关系行为体，就可能产生多少种财务关系。在投资和筹资活动中的财务关系最为活跃。概括地说，财务关系包括以下几种。

(1) 企业同资产所有者之间的财务关系：控制、参与分配、承担责任。这是资产所有者向企业投放一定数量的资金，企业向投资者提供相应报酬所形成的财务关系，向企业投资的资产所有者主要有：①政府；②法人单位；③个人；④外商。企业与政府、企业与其他法人单位，以及企业与个人等财务关系，在性质和处理方法上是有差异的。每一财务关系的产生、运行和处理，都应以合同、协议和章程等具有法律效力的文件作保证，这样，有利于财务关系各成员维护权利、承担义务。企业与投资人之间的财务关系主要反映在经营权与所有权之间的关系上。

(2) 企业与债权人之间的财务关系：债务与债权关系。这是企业向货币所有者借入资金，并按借款合同的规定按时还本付息所形成的经济关系。企业在生产经营过程中除使用自有资金创造财富外，还借入一定数量的债务资金，改善资金结构、降低资金成本、扩大经营规模和收益。企业的债权人主要有：①债券持有人；②贷款机构；③商业信用提供者；④其他出借资金给企业的单位和个人。企业与债权人之间的财务关系主要反映为债务与债权间的关系。

(3) 企业同被投资单位的财务关系：投资与受资关系。企业出于种种原因，采取直接或间接方式，向其他企业投资所形成的财务关系。被投资单位可以是与本企业在生产工艺和产品上有联系的同类企业，也可以是濒临破产的企业，还可以是新建企业。企业投资方式和被投资单位不同,企业与被投资单位财务关系的具体形式和内容也会不同,财务关系处理方法也将存在一定差异。

(4)企业同债务人之间的财务关系:债权与债务关系。企业为了创造良好的财务管理环境,经常将资金以购买债券、提供借款和商业信用等形式出借给其他单位,同时获取相应利息,期满收回本金。这种财务关系主要体现为债权与债务关系,有时也包含企业短期与长期的利益关系。

(5)企业与职工之间的财务关系:劳动成果上的分配关系。在国有企业,工人、工程技术人员、管理者和企业经营负责人都是企业职工。职工向企业提供一定数量和质量的劳动,企业向职工提供一定量的报酬和良好的工作场所及环境。股份公司制企业与其职工同样存在着这种财务关系。企业与职工间的财务关系,实际是一方提供就业,另一方投入劳力,双方共同分配劳动成果的经济关系。

(6)企业内部各单位间的财务关系:分工协作的关系。这是企业内部各单位之间在生产经营各环节中相互提供技术、产品和劳务所形成的财务关系。在单个企业内的供应、生产、销售、财务等部门和车间之间存在着这种财务计价结算关系;在集团公司内各企业间也存在着这种财务经济关系。

在上述财务关系中,企业与国家、企业与企业、企业与银行、企业与投资者、企业与受权经营者等的关系,是最活跃、最复杂的财务关系。

2. 财务关系的运行演变规律及其表现形态

财务关系行为体之间的竞争、矛盾、冲突和合作是财务关系运行过程中的客观现象。财务竞争是财务关系各行为体在筹资、投资、用资、耗资等财务活动中降低成本、提高效益的"比赛"。财务冲突是指参与财务关系的各行为体,由于对目标利益的追求和维护而产生的相互间的摩擦与对抗,它是目标一致而利益不同或目标不同且利益对立的产物。财务合作则是财务关系各行为体经过竞争和矛盾冲突之后,在某一方面和领域内,其利益目标基本一致或部分一致时,所进行的不同程度的联合与协作。

财务竞争、财务冲突与财务合作有时同时产生、同步发展。一个企业的财务关系常处于竞争、冲突和合作的混合状态,整个市场经济的财务关系基本是这 3 种状态的混合。竞争、冲突与合作既相互联系和影响,又各自独立、自成一体。竞争有时是冲突各方的竞争,大量的财务竞争都带有不同程度的利益冲突性质;财务冲突意味着目标和利益直接对立的交锋,因而具有某种对抗性。财务竞争是一种比赛状态,双方之间可保持一定的距离,其竞争目标、竞争利益等方面具有较大的相容性。某些财务竞争虽具有冲突性质,但只要尚未转化为冲突状态,其目标和利益的对抗便是暂时、间接的。这是处理财务关系应把握的分寸。财务合作随着财务关系的产生而形成,随着财务关系的变化而发展,并随着财务关系内部各行为体之间的相互依存的加强而成熟。所以,企业、投资者、政府、银行、劳动者等行为体在财务关系中的种种竞争、冲突与合作就是财务关系运行演变的基本表现状态。

对于财务关系，企业最终要解决的是如何处理财务关系问题。过去人们曾采取"平等互利原则"处理财务关系。这一原则的确是每个企业在生产经营中应遵守的，但仅靠这一原则还很不够。因为企业有规模大小和能力强弱之分，有私营、集体和国营之别，各企业在社会经济中的作用和地位实际是不一样、不平等的，若仅以此原则作为处理财务关系的基本原则，会很难处理和解决企业之间、企业与政府之间的财务关系。换言之，正是由于平等是不公平的，才产生了优胜劣汰现象。也有些企业片面讲究物质利益原则，简单、机械地把自身经济利益放在首位，从而使财务关系不能圆满、最佳地得到解决。

实质上，财务关系无论表现为竞争、冲突还是合作，参与财务关系的各行为体之所以都努力维护财务关系的存在和发展，根本原因在于，参与财务关系的各行为体的各自利益与其各自的行为能力和所处的地位相关联、相适应。一个企业在某一财务关系中所得到利益多少，必须与企业在这一财务关系中所发挥的行为能力及所处的身份地位相联系。如果该企业的行为能力发展了，其作用和地位也发生了很大变化，但它的利益却未得到应有的增长，那么这一财务关系或遭到破坏，或使该企业中途退出财务关系。所以，我们把财务关系运行过程中，每一行为体的利益必然与其行为能力和地位相适应这一财务关系的内在本质属性，称为财务关系运行、演变的基本规律。这一规律就是人们处理财务关系的基本原则。

第二节 财务管理的目标

只有明确目标，才能做到工作有的放矢，有条不紊。企业组织财务活动和处理财务关系的行为必须通过一定的途径和手段，使之与目标发生直接联系，才能使财务管理工作卓有成效。因此，财务管理的目标应包括总体目标、中介目标和实现目标的操作手段等内容。财务管理目标实际是财务决策目标。我们讲财务管理，是指对企业的财务活动和财务关系进行管理，因此，财务管理的目标必须从属于企业的目标。

一、企业目标与财务管理目标

在市场经济下，企业目标可以简单地划分为3个层次，即：生存、发展和获利。不同层次的企业目标要求选择与其相适应的财务管理目标，很显然，财务管理目标从属于企业目标，为企业目标的实现而服务。

生存是企业的前提目标。它要求财务管理应充分考虑风险因素，合理安排企业的负债比例，保持企业相应的偿债能力，确保企业能稳定地生存下去。

发展是企业的核心目标。它要求财务能有效地筹集企业发展所需资金,提高资金的利用和管理水平,搞好企业的财务预算和成本控制,运用有效的财务策略,以保持企业良好的发展后劲。

获利是企业的最终目标。它要求采用各项有效的财务手段,提高资金周转和盈利能力,降低资金成本,合理安排资金结构,利用有效的分配手段,提高企业的每股盈余和市场价值。

二、财务管理的目标

(一)财务管理总体目标

1. 利润最大化

企业是以盈利为目的的经济组织,盈利是其出发点和归宿。因此,传统的西方经济学家都以利润最大化这一概念来分析和评价企业的行为和业绩。这一目标有其可取之处,因为利润是社会财富的积累,是一种新创造的价值也是得到社会认可的实现的价值。但是,它也有不足之处。它显然没有考虑时间价值和风险因素,不能反映企业的现金流量,也易于引起经营者的短期行为。此外,利润指标是绝对数指标,在具有规模差异的企业之间缺乏可比性。有人指出,企业现实的高利润会增加企业税负,导致现金流出,引起流动资金匮乏,使企业加大负债,增加利息支出,从而影响将来的利润,增大企业的风险,因此,提出了利润适度的观点。

2. 每股收益最大化

每股收益是指税后收益除以流通在外的普通股股数。由于利润额是个绝对数指标,企业发行股票筹集资金后投资于国债也可提高企业的利润额,但这将导致每股收益下跌。因此,每股收益最大化目标是作为对利润最大化目标的改进而被提出来的。但是每股收益仍然无法克服利润最大化目标下忽略时间价值和风险因素的缺陷。因此,它也不是一个非常完美的财务管理目标。

3. 筹资数量最大化

在企业创办初期或发展过程中,资金紧缺、生产规模需扩张时,企业财务常以筹集大量资金作为工作目标。筹资数量最大化实质是生产经营条件改进最大化,这一目标具有阶段性。企业不应长时间地将其作为财务目标,当生产条件和经营状况得到改进后,企业应立即把筹资行为和筹资数量调整为正常状态。

4. 企业价值最大化

企业价值最大化是指企业经过科学管理、苦心经营,充分考虑资金时间价值、风险价值和通货膨胀价值对企业资产的影响,不断增加企业有形资产和无形资产的价值,使企业的市场出售价格最高。在股份制企业,股票价格就是企业的单位售价,因此,这一目标又称为股东财富最大化,即当股票价格达到最大时,则股东财富也达到最大。它评价了企业能给资产所有者带来未来报酬的能力,其实质是企业经营整体实力最大化。

在非股份制企业,企业资产的市场价值不易准确计算。因此,这些企业的价值可通过下列理论公式进行测算:

$$V_0 = P \times \sum_{t=1}^{n} \frac{1}{(1+i)^t} = P \times \frac{1}{i}, n \to \infty$$

式中: V_0——企业的资产价值;

P——企业预期每年报酬,可用每年利润或净现金流量表示;

i——折现率;

t——取得报酬的具体时间;

n——取得报酬的持续期间,持续经营的企业,n为无穷大。

由于i的高低主要由企业风险来决定,故通过公式可得到结论:企业价值与预期年收益成正比,而与预期风险成反比。一般说来,资产收益和风险是共存的,收益越大,风险越大,反之亦然。风险的增大将直接影响到企业的生存和发展。因此,企业在规划资产收益时,必须考虑企业承受风险的能力。企业价值只有在收益和风险达到比较好的结合时才能达到最大。

以企业价值最大化作为财务管理目标有如下优点:(1)考虑了资金时间价值对资产价值的影响,企业资产价值的计算较为科学。(2)考虑了过去、现在和未来预期收益对企业资产价值的影响,避免企业追求近期利润的短期行为。(3)企业财富的增加有利于整个社会财富的增加。(4)考虑了风险价值对企业资产价值的影响。当代财务学认为,企业价值最大化是最佳财务管理目标。

除了上述我们所介绍的财务管理总体目标之外,理论界还存在销售收入最大化、资金利用水平最佳等目标,在此,我们不一一详述。

(二)财务管理中介目标

财务管理中介目标是企业从事财务管理工作与实现财务目标之间发生联系的一些可供观测和调整的财务经济指标。企业之所以在财务管理总体目标内设置一些中介目标,在于企业组织财务活动和处理财务关系所发生的一切行为并不完全与财务目标发生直接联系,许多管理行为与财务目标相隔一定的距离、时间、环节和过程。通过一些财务经济指标就可把财务管理工作直接与财务目标连接起来。这些财务经济指标可以反映出企业实现财务目标的程度和进度,从而及时对财务活动和财务关系进行调整。

中介目标应具有可观测性、可控性和相关性等特性。不同的企业由于在性质、规模、发展阶段和效益等方面存在差异,其财务管理总体目标往往不同,因而中介目标的选择也就存在一些差异。一般地讲,企业筹资活动中的资金成本,投资过程中的资产收益率,使用资金过程中的资金周转率,资金收回过程中的销售利润率,以及资金分配中的股利发放率等指标,都可作为企业财务管理的中介目标。

(三)实现财务管理目标的操作手段

财务管理目标操作手段是指企业为了实现财务目标而采取的技术措施。比如:预测资金需求量、制定筹资决策、计算分析财务杠杆、选择最佳资金结构等。不同的财务活动和财务关系,企业使用的财务管理技术和方法也有所不同。当然,同一财务活动或财务关系,也可采取不同的管理方法和措施,其标准是管理效率的高低。财务管理目标操作手段实质是企业对财务管理的预测、决策、计划、控制和分析方法的具体应用。

三、财务管理目标的协调

尽管企业价值最大化是企业所有者、债权人和经营者利益关系的集结点,但并不意味他们之间的利益就能够完全达成一致。事实上,经营者与所有者之间、所有者和债权人之间、企业与社会之间是存在利益冲突的。

(一)所有者与经营者的矛盾和协调

所有者在获得利益的同时,一般要放弃一些利益,让渡给经营者。在西方,这种被放弃的利益就是所有者支付给经营者的"享受成本"。所有者关心的不是享受成本的多少,而是在增加享受成本的同时,经营者是否实现了更多的资本收益。所以,经营者和所有者之间存在矛盾:经营者希望在提高资本收益的同时,能得到更多的享受成本;而所有者希望以较小的享受成本,分享更多的资本收益。

解决这一矛盾的途径是,让经营者的报酬与其绩效联系起来,并辅之以一定的监督措施。包括:

(1)解聘。当所有者发现经营者未能使资本收益达到最大时,所有者可直接解聘经营者,经营者为了避免被解聘,就必须努力实现资本收益最大。这是对经营者的一种行政约束。

(2)接收。如果经营者经营决策失误,经营不力,未能采取一切有效措施使资本收益提高,公司就可能被其他公司强行接收或吞并,经营者也会随之被解聘。为了避免这种情况出现,经营者必须采取措施提高资本收益。这是对经营者的一种市场约束。

(3)激励。所有者将经营者的报酬与其绩效挂钩,用激励的方式,促使经营者自觉实现资本收益最大化。激励有两种方法:一种是股票选择权,即允许经营者以某一固定的价格,购买一定数量的公司股票,如果公司经营好,资本收益高,发展潜力大,那么,经营者所购买的股票在未来就有很大的增值潜力,未来获得的股票收益就越多。另一种是"绩效股",即公司用资产报酬率、每股利润等指标来评价经营者的业绩,视业绩大小,给经营者一定数量的股票作为报酬。如果公司的经营业绩未能达到规定目标时,经营者就不能得到"绩效股"。在我国企业实践中,这两种激励方法已经开始采用。

(二)所有者与债权人的利益冲突

所有者与债权人之间在利益上也存在着冲突。首先,所有者可能未经债权人同意,要求经营者投资于比债权人预计风险要高的项目,这会增大偿债的风险性,债权人的负债价值也会实际降低。如果高风险项目一旦成功,额外的利润就会被所有者独享,如果失败,债权人要与所有者共同负担造成的损失,这对债权人来说,风险与收益是不对称的。其次,所有者未征得现有债权人同意,而要求经营者发行新债券或增加新借款,从而降低原有的负债价值,同样使债权人遭受损失。

协调这一冲突的途径是:

(1)限制性借款。即在借款合同中加入某些限制性条款,如规定借款的用途、借款的担保和借款的信用条件等等;

(2)收回借款或不再借款。当债权人发现公司有侵蚀其债权价值的意图时,可以采取措施收回借款,或者不再给公司借款,从而保护自身的权益。

(三)企业与社会的利益冲突与协调

如果把社会作为一个利益主体来看待,财务管理追求资本收益最大化的目标与社会目标之间也存在矛盾。资本收益最大主要是经济性的,社会性目标主要是社会性的,如,企业是否保护了消费者的利益、是否解决了就业问题、是否消除了环境污染等等。企业在追求资本收益最大化的过程中,很可能忽视社会利益。

解决这一冲突的途径是:由政府和有关部门制定相应的法律和规定,强制企业维护社会利益,履行社会责任。

第三节 财务管理的原则

财务管理原则是企业财务管理工作应遵循的基本准则。这些准则是人们从财务管理实践中总结、提炼出来的用以指导实践的行为规则,它反映着企业财务管理客观规律的内在要求。在我国,由于确立社会主义市场经济体制的时间不长,人们对财务原则的认识差异较大。笔者认为,财务管理人员应把握下列一些原则。

一、节约原则

节约是企业在满足生产经营对资金需求的前提下,最大限度地减少资金占用,降低成本费用,提高资产收益率。节约原则实质就是经济效益原则,它要求企业在生产经营和财务活动中讲求资金投入与产出的比较,以尽可能少的资金垫支和劳动消耗,创造出尽可能多、尽可能好的劳动成果,以增强企业经营实力。无论什么企业——股份公司制或非股份公司制企业,大企业或小企业,国有、私营或集体企业,都应坚持节约原则。

二、均衡原则

均衡和平衡不同。平衡是会计范畴,表明账户收支相等,以及会计报表中资产、负债和资本的钩稽关系。财务经济学上的均衡是指经济主体实现其目标的行为处于一种协调、稳定的最优状态。当企业财务运行处于均衡时,一般是盈利最大或损失最小。当企业盈亏平衡时,出现收支相等,但企业不一定处于财务均衡状态。只有资金运行在数量、结构、时间和空间上处于协调、相称的最优状态时才称为均衡。财务均衡实际是一种不断发展变化的带有时间变量的动态经济模型。

坚持财务均衡原则,就是要求企业资产收益与其风险之间要协调相称,资金结构要协调合理,各项财务活动之间要相互配合,资金归口分级管理的责任和权利相结合,使企业的获利能力、偿还债务的能力和营运能力处于最优状态。

三、发展原则

从事经济工作,千道理,万道理,"发展才是硬道理"。财务管理的发展原则要求企业自强自勉,奋斗不息,永远向前。企业如果不发展,就无法在市场经济的激烈竞争中生存。所以,企业不仅要适时地增大直接实物资产的投资,而且要适时地不断地增大无形资产和金融资产的投资。公司财务管理人员要时刻以远大的目光组织财务活动,处理财务关系,使公司始终处于良好的运转状态。

四、依法理财原则

依法理财是指企业的各种财务活动都要符合国家法律、法规和有关制度要求,并接受财政、税务机关的检查和监督。一方面,企业财务部门要遵纪守法,维护国家和社会的利益;另一方面,企业要运用法律保护自己,维护自身权益,顺利地开展各项财务管理工作。市场经济既是开放性的商品经济,也是信用经济和法制经济。公司财务管理人员应该具有较高的政治法律素质,科学、有效地做好财务工作。

第四节 财务管理的环境

企业的创立、生存和发展始终处于一定的环境之中。环境是某项事物周围的情况。企业从事财务管理工作所面临的局势、氛围和条件,就是财务管理环境。换言之,财务管理环境是非财务事件制约企业实现财务管理目标的客观条件。它是财务管理系统之外的但与财务管理系统有着直接、间接联系的各种因素及其空间。财务管理环境主要有现代企业制度、外部宏观经济和微观经济、法律、政治、科技、教育和文化环境等。企业应深入研究财务管理环境,不断适应环境,主动利用环境创造的有利条件,积极地开拓环境,能动地创造环境,以促使财务运行始终处于良性循环状态。

一、财务管理的逻辑起点:财务环境

财务管理理论研究的逻辑起点,长期以来就是一个有争议的问题,主要观点有以下几种:(1)财务本质起点论;(2)财务假设起点论;(3)本金起点论;(4)目标起点论;(5)环境起点论。从20世纪财务管理的发展过程可以看出,理财环境对财务管理的目标、方法和内容具有决定性作用,所以,我们赞同财务管理环境起点论的观点。

20世纪是财务管理大发展的世纪,在这一百年的时间里,财务管理经历了五次飞跃性的变化,我们称之为财务管理的五次发展浪潮。[1]

(一)第一次浪潮——筹资管理理财阶段

这一阶段又称"传统财务管理阶段"。在这一阶段中,财务管理的主要职能是预测公司资金的需要量和筹集公司所需要的资金。20世纪初,由于西方国家经济的持续繁荣和股份公司的迅速发展,各类企业都面临着如何筹集扩大生产经营所需资金的问题。那时,市场竞争不是十分激烈,各国经济迅速发展,只要筹集到足够的资金,一般都能取得较好的收益。然而,当时的资金市场还不甚成熟,金融机构也不十分发达,因而,如何筹集资金便成为财务管理的最主要问题。在这一阶段,筹资理论和方法得到迅速发展,为现代财务管理理论的产生和完善奠定了基础。

(二)第二次浪潮——资产管理阶段

这一阶段又称"内部控制财务管理阶段"。筹资阶段的财务管理只着重研究资本筹集,却忽视了企业日常的资金周转和内部控制。第二次世界大战以后,随着科学技术的迅速发展,市场竞争的日益激烈,西方财务管理人员逐渐认识到,在残酷的竞争中要维持企业的生存和发展,财务管理的主要问题不仅在于筹集资金,更在于有效的内部控制,管好用好资金。在此阶段,资产负债表中的资产科目,如现金、应收账款、存货、固定资产等引起财务管理人员的高度重视。在这一时期,公司内部的财务决策被认为是财务管理的最主要问题。而与资金筹集

---

[1] 王化成:《财务管理理论结构》,中国人民大学出版社,2006年版。

有关的事项已退居第二位。各种计量模型逐渐应用于存货、应收账款、固定资产等项目，财务分析、财务计划、财务控制等得到广泛应用。

(三)第三次浪潮——投资管理阶段

60年代中期以后，随着企业经营的不断变化和发展，资金运用日趋复杂，市场竞争更加激烈，使投资风险不断加大，投资管理受到空前重视。主要表现在：(1)确定了比较合理的投资决策方法；(2)建立了科学的投资决策指标；(3)建立了科学的投资决策方法；(4)创立了投资组合理论和资本资产定价理论。对投资财务理论作出重要贡献的学者是迪安、马考维茨和夏普。迪安在其所著的《资本预算》一书中，主要研究应用折现现金流量法来确定最优投资决策问题。马考维茨致力于投资组合理论的研究，提出了投资组合理论。夏普提出了资本资产定价模型，揭示了风险与报酬的关系。

(四)第四次浪潮——通货膨胀理财阶段

70年代末期和80年代早期，伴随石油价格的上涨，西方国家出现了严重的通货膨胀，持续的通货膨胀给财务管理带来了许多新问题，在通货膨胀下如何有效地进行财务管理便成为主要矛盾。大规模的通货膨胀，使企业资金需求不断膨胀，货币资金不断贬值，资金成本不断提高，成本虚降，利润虚增，资金周转困难。为此，西方财务管理提出了许多对付通货膨胀的方法，企业筹资决策、投资决策、资金日常管理决策、股利分配决策，都根据通货膨胀的状况，进行了相应的调整。

(五)第五次浪潮——国际经营理财阶段

80年代中后期，由于运输和通讯技术的发展，市场竞争的加剧，企业跨国经营发展很快，国际企业财务管理越来越重要。当然，一国财务管理的基本原理对国际企业也是适用的，但是，由于国际企业涉及多个国家，要在不同制度、不同环境下做出决策，就会有一些特殊问题需要解决，如外汇风险问题、多国融资问题、跨国资本预算问题、国际投资环境的评价问题、内部转移价格的定价问题等。80年代中期以来，国际财务管理的理论和方法得到迅速发展，并在财务管理实务中得到广泛应用，成为财务管理发展过程中的又一个高潮。

由此可见，财务管理的产生和发展总是依赖于其生存发展的环境。在任何时候，财务管理问题的研究都应以客观环境为立足点和出发点，这才有价值。脱离了环境来研究财务管理理论，就等于是无源之水，无本之木。所以，将财务管理环境确定为财务管理的逻辑研究起点是一种合理、客观的选择。

二、财务管理的环境因素

(一)现代企业制度

现代企业制度是符合社会大生产特点，适应市场经济发展要求，在国家法律规范和约束下,企业具有独立的财产权利和责任的一种企业体制或微观经济体制。现代企业制度的主要内容是现代企业的法人制度、现代企业组织形式和现代企业的治理结构,其基本特征是:产权清晰、责权明确、政企分开、管理科学。

1. 现代企业的法人制度

企业法人财产权是企业对其全部法人财产依法享有的占有、使用、收益和处置的权利。出资人向企业注入的全部资金及其增值形成的资产构成企业法人财产。在归属意义上,法人财产属于出资人。但资金一经投入企业,即与出资人的其他财产相区别。出资人不能再直接支配这部分财产,并且除依法转让外,也不能直接从企业抽回。出资人把资金投入企业后,依法对这部分财产享有一定的权利。企业法人依照法律和企业章程行使法人财产权,同时以其全部法人财产承担民事责任。企业还要依法维护出资人的权益,实现企业财产不断增值。当企业法人解散时,要对其财产进行清算,依法偿还企业债务后,剩余财产要按比例归还出资人。企业法人财产权是企业依法独立享有的民事权利。

法人财产权在量上指法人支配的全部财产的权利。这些财产不仅有出资人的财产,而且还有从银行和其他企业等机构借入的财产。因此,法人支配的财产至少由自有资金和借入资金两部分构成。自有资金由股东出资,属于法人自己拥有的资产;借入资金是属于债权人所有但由法人控制的资产。股东和债权人分别享有各自的利益。

法人制度是关于法人组织管理的经济思想,它通过法律形式规定下来。根据"谁投资谁所有"和企业作为独立商品生产经营者享有法人财产权的原则,实行出资人所有权和法人财产权的分离。由国家出资行为而产生的所有权虽然归投资人所有,但投资所形成的产权是一种价值形态的财产权益。实物形态的资产也可以作为资本注入企业,但注入企业后就不得抽回,也不能直接支配,只能依法转让。投资者的产权转让是价值形态的财产权益的转让,不是企业法人财产实物形态的转让。实物形态的资产转让是企业法人的行为能力和权利,它属于资产处置权。所以,只要企业法人对其资产处置是有偿和等价的,对国有企业来说,就不是国有资产流失。产权转让的主体是出资者,产权转让是于产权主体之间进行的财务活动。在产权转让财务活动中,企业法人财产并没有本质变化,只是出资者的权益归属发生了转移,不影响企业法人行使其财产权。产权转让是调整存量资产结构的有效手段,它有利于提高国有资产的营运效率和效益。

2. 现代企业的组织形式

在市场经济中,至少存在 3 种基本的企业制度:业主制(proprietorship or single proprietorship)、合伙制(partnership)和公司制(corporation)。其中,业主制企业和合伙制企业的历史达几千年之久。公司制企业产生于 16 世纪。现代企业制度就是这种公司制。

公司制企业按出资者的责任性质不同,分为无限责任公司和有限责任公司。前者因出资者对企业经营的债务承担无限的连带责任而成为非法人企业;后者因出资者对企业经营承担与其出资额相称的有限责任而成为法人企业。公司制企业主要是指承担有限责任的法人企业。它是根据法定程序设立,以盈利为目的的社团法人。

公司制企业的特征是:(1)以盈利为目的;(2)实行股东所有权与法人财产权相分离;(3)公司法人财产具有整体性、稳定性和连续性;(4)公司制企业是由两个以上的出资人集资组成的经济组织;(5)公司是按法律程序登记注册的经济组织。

与传统企业制度相比,公司制最鲜明的特征在于它是一种主体多元化的企业组织方式,是一个具有法人地位的团体,是由多个主体的资金组成的一个联合体。股东只在自己出资范围内对公司债务负担有限责任,公司具有永续的生命,个别股东发生股权转移或其他变动不会影响企业营运。股东所有权与法人财产权的分离,使公司依靠一整套严密的组织制度和管理制度进行运转。

公司制企业根据不同标志可分为若干具体类型:按股东责任不同,分为无限公司、有限公司、两合公司和股份有限公司;按信用标准不同,分为人合公司、资合公司,以及人资两合公司;按股票掌握对象及其转让方式不同,分为封闭式公司和上市公司;按从属关系分为母公司和子公司,子公司虽然被母公司控制,但它仍然是独立法人企业;按公司管理系统划分,有本公司和分公司之分。本公司又称总公司,分公司是本公司的分支机构,不是独立法人。

3. 公司治理结构

治理结构有统治管理之意。它是指公司的组织结构及其运行管理,或表述为公司的机构设置及其运作规则。公司治理结构主要包括现代企业所应具有的科学化、规范化的企业组织制度和管理制度两方面内容。

企业组织制度又称公司组织结构,它是指公司股东会、董事会和监事会的设置及其相互制约关系。股东会是公司最高权力机构,它由出资人或股东代表组成。其职权为:(1)决定董事、监事选举、更换及报酬确定等人事权;(2)批准修改公司章程、财务预算、经营方针等重大事项决策权;(3)批准公司利润分配方案、亏损补救方案等分配权;(4)股东资产处置、注册资本增减、公司合并、解散、破产清算等股东财产重大变动的权力。可见,股东会拥有对公司的最终控制权。它从资产关系上对公司董事会形成必要的制约,但对内无权干预公司经营活动,对外也不代表公司开展业务。

董事会是公司的经营决策机构。它对股东会负责,执行股东会的决议。其主要职权是:(1)决定公司经营计划和投资、筹资方案;(2)决定公司内部管理机构设置和管理制度的制定;(3)制定公司财务预算、决算方案以及各种财务决策;

(4)负责任免公司经理、财务负责人等高级管理人员,并决定其报酬。

董事会由公司董事的奇数成员组成,根据《公司法》开展工作。

董事会聘任或解聘公司总经理。公司的生产经营管理工作由总经理主持。总经理是董事会决议的执行人,是企业日常生产经营和管理的负责人。采取一元化领导,以效率为准则,开展工作。总经理提请董事会聘任、解聘公司副总经理和财务负责人,直接聘任或解聘其他管理人员。

监事会是公司的监督机构。其成员由股东会和公司职工民主选举产生的股东代表和职工代表担任。他们一般不得兼任董事、经理或高级管理人员。监事会根据公司章程和《公司法》对公司行使监督权力。

公司的管理制度是企业从实际出发,建立一整套科学的内部管理体制和规章制度,从而形成行政约束和利益激励相结合的经营管理体制。其主要内容是:依法制定公司章程;规划企业发展战略;建立劳动人事制度,制定工资方案;设计财务管理体制;制定设备物资管理条件;制定科技进步计划,新产品开发计划;建立质量保证体系等方面。

(二)财务管理的经济环境

财务管理的经济环境是企业组织财务活动和处理财务关系所面临的外部宏观经济形势、财政税收体制和政策、金融管理体制和政策,以及同行业市场营销情况等。

1. 经济周期和经济增长

一个国家和地区的经济一般不会较长时间地持续增长或较长时间地持续萎缩,而是在波动中发展。经济活动水平有规则的波动形成的经济周期对公司财务活动有重要影响。在低谷阶段,整个宏观经济不景气,企业通常会发生财务困难,资金供需矛盾尖锐,投资减少,甚至出现资金闲置。在高峰阶段,市场需求旺盛,产量和销售量大幅度提高,企业投入劳力和存货的资金急剧增加,生产规模的扩大还要求增添机器设备。这就要求财务人员快速地筹集资金。有时,财务人员需到市场上借入巨额资金或增发股票筹资。所以,财务管理者必须定期或不定期地搜寻宏观经济信息,测算分析宏观经济对企业财务活动和财务关系的影响,并及时采取相应调整措施或对策。

经济增长表现为一国经济能力的扩大,即一国实际国民生产总值增长的状况。经济增长的源泉有科技进步、物质资本和人力资本的增加、政策正确、企业效益好等方面。经济增长必然会对公司财务产生影响,企业一方面要调整财务策略,一方面要接受国家宏观经济调控,使企业经营适应经济增长和经济发展的需要。

2. 财政税收体制和政策

企业财务与国家财政有着密切的联系。传统财政学曾长时间把国家预算、预算外资金、税收、国家信用和企业财务视为一个相互联系、相互制约的整体,共同构成社会主义财政体系。现在,高度集中的计划体制已被市场经济体制所取代,但财政税收法规和政策仍然对企业财务产生直接影响。

财政收支形式和内容、国有资产管理条例和政策、中央税和地方税的划分及其具体税种、中央财政支出和地方财政支出的具体划分等,都直接影响企业财务活动和财务关系。企业财务管理专业人员必须娴熟地掌握财政税收基本知识和实务,随时调整财政税收制度变动对企业生产经营产生的影响,努力使企业从国家财税政策中得到益处。

3. 金融体制与金融市场

由金融机构、金融市场和资金供应者、需求者所构成的资金集中与分配的系统,通常被称之为金融体系。国家对金融体系的规划及形成的具体管理制度则可称为金融体制。企业财务活动与金融体制具有直接联系。

资金从供应者转到需求者手中,大部分要通过金融机构进行间接交易。财务人员若想最有效地筹集资金,必须了解金融机构的设置及其业务和职责。

我国的中央银行是中国人民银行,它是国务院领导的管理全国金融事业的国家机关,不为企业和居民办理具体信贷业务。但它具有世界各国中央银行的一般特征,即拟定或制定全国金融政策并组织实施,掌管货币发行、调节货币流通、管理外汇、金银等,成为货币发行银行、银行的银行和政府的银行。

经营存贷款业务的商业银行主要有:中国工商银行、中国农业银行、中国银行、中国建设银行、中国进出口银行、交通银行、中信实业银行等。这些银行的共同特点是通过吸收存款以集聚资金,并把这些资金通过贷款的形式提供给资金需求者。存贷利差成为商业银行利润的主要来源。经营存贷业务的金融机构还有城市合作银行、农村信用合作社和储蓄银行等。

经营证券的金融机构主要是证券公司和投资银行、发展银行。其他一些金融机构如保险公司、信托公司和基金组织等,都是企业筹集资金的渠道。

金融市场中的交易对象、交易主体相对稳定;交易价格和交易工具则经常处于变动之中,因而对企业财务活动的影响也比较大。公司财务管理专业人员必须下工夫研究利率与金融工具,使之为企业财务管理服务。

除银行信用外,企业还应充分运用商业信用、国家信用、民间信用、国际信用等方式从事筹资和投资活动,完成财务管理任务。

4. 企业外部的产、供、销微观经济环境

当今世界,科学技术迅猛发展,新兴产业不断涌现,市场竞争日趋激烈,企业生产类型也不断变换。原来的食品加工、手工艺品加工和纺织印染等劳动密集型生产企业须较多地使用短期资金;轮船、飞机、火箭等科技密集型生产须使用大量长期资金。现在,企业生产已转换为生产经营,具体分为产品经营、资产经营、资本经营和品牌经营。产品经营属生产初级阶段;资产经营和资本经营属企业经营中、高级阶段;品牌经营属企业经营最高级阶段,这时的产品,技术先进、质量优异、市场占有率高、信誉好。如美国的可口可乐公司,工厂遍布全世界,据悉公司内只有少数科技人员和管理者,其生产工人分布于各国的子公司或工厂里。在中国,50%以上的饮料市场被可口可乐饮料占领。美国可口可乐公司的饮料生产即属于品牌经营生产经营类型。

企业生产的原材料采购市场对企业财务也有较大影响。稳定的采购环境,企业可少储备存货,减少资金占用;波动的采购环境,企业须增加存货的保险储备,从而增加存货投资。此外,价格的稳定与波动对原料采购支出也有影响。

企业财务部门要观察、研究同行业和相关产业的各类企业的生产、购销情况,从本企业实际情况出发,在筹资、投资等方面采取相应对策,迎接挑战或开展竞争,从而实现财务目标。

(三)财务管理的法律、人文社会环境

任何企业都是在一定的法律约束下从事生产经营,并随时接受法律意图的导引。企业合法经营要受到保护,违法经营则要受到惩罚。不同的法律,对企业生产经营和管理的影响并不相同。财务管理人员要懂得法律、研究法律,娴熟地掌握有关的法律知识,遵守法律开展筹资、投资、经营、分配等财务活动,依据法律关系处理好各种财务关系。

1. 世界两大法律体系

目前世界各国法律体系可归结为两大体制:一是普通法系,又称英美法系或判例法系。它是通过传统和过去判例的解释所确立的法律先例而形成的独特法系,它起源于英国,并以英国、美国、加拿大和曾经处于英国统治下的其他国家为代表。二是大陆法系,又称成文法或民法法系。它是一个由成文法规(法典)构成的无所不包的法律体系。大陆法的法律体系一般分为3个单独的法典即商事法典、民事法典和刑事法典,它起源于罗马法,世界上大多数国家的法律属于大陆法系。我国的法律也属于大陆法系。

一些企业在国内市场竞争中取得优势,开发出具有很强竞争力的产品,便向国际市场开拓进军,先是向国外销售产品,进行进出口贸易,以后发展到向国外投资、转让技术等。各国企业经济活动的国际化,使国际财务活动和国际财务关系应运而生。了解国外法律、政策成为企业处理国际财务关系的前提条件。同解决国内企业争端的法律途径一样,当发生国际企业争端时,首先是寻求非法律途径由双方协商解决,即"私了"方式。非法律途径不可行时,有两种法律途径可供选择:一是法庭公开诉讼;二是选择一个公平无私的第三者作为公断人进行仲裁。因前者诉讼费用较高,拖延时间长,会造成不良影响,以及担心在外国法院会受到不公正对待等原因,众多企业通常喜欢选择仲裁方式。在这里,企业必须选择正式的、信誉较高的仲裁机构。

2. 财务管理的科技、教育、文化、政治环境

财务管理是社会发展的产物。随着经济、科技的发展和社会的进步,财务经济与科技、教育、文化和政治等社会因素的关系日益受到人们的重视。因为同宏观经济和法律一样,科技、教育、文化和政治等也对财务管理产生直接或间接的影响。

(1)科技环境。二次大战以来,科学技术发展速度之快,发展规模之大,发生作用范围之广,影响之深远,都是前所未有的。科学技术呈加速发展和急剧变革态势,其发展呈指数增长趋势。而且科学技术的发展日益综合化,改变了过去科学和技术分离的弊病。当代社会的任何领域和任何重大问题的解决,都需要运用科学技术。财务工作不仅仅要依靠科技提高决策的科学性和准确性,更重要的是财务管理要肩负起如何通过科技进步,使企业大幅度提高经济效益的重任。

(2)教育环境。人类为了掌握一般性的科学文化知识,要求有基础教育;为了胜任某项特定工作,掌握专业知识和技能,要求有专业教育。日本、法国和美国等教育投资较高的国家,其经济增长也很高。日本人认为,投资教育,犹如储蓄,可以本利双收。这是因为,一个人力资本素质较高的国家有能力接受并开发新技术;全部人口中受教育水平越高者,收入分配也越多,这意味着这些人以较高的购买力,占有高附加值和尖端产品的市场。教育水平较高者通常能较大程度地避免错误策略的产生。教育既是人类科学技术和文化的传授形式,也是决定人类素质的主要因素。由于科学技术更新加快,企业每个职工都需不断接受专业教育。职工素质的高低,直接影响企业产品质量和工作效益的高低。财务管理者要通过适当的教育投资,扩大企业的人力资本存量和质量,同时分析评价教育投资收益率,从而制定更科学更有效的教育投资决策。

(3)文化环境。不同国家和地区之间的经济竞争的焦点,过去曾被人们总结为科技竞争和人才竞争,现在,则被人们归结为文化的竞争。伴随交通、通讯技术设备的发达和进步,世界变得相对狭小,不同文化环境下人们的交流日趋频繁,从而强化了人们的文化意识,使人们清晰地感觉到文化差异和共同性的力量。在以往的世界纷争主流中,多以疆域争夺、财富掠取等为内容。随着国际社会正常秩序的建立,国际政治、经济的矛盾冲突,常发生在隶属不同文化体系的国家与群体之间,文化冲突成为当今世界冲突发展的最新阶段。不同文化环境下的人们,形成不同的思想和行为,这就必然引起各财务关系行为体之间的不协调。如日本人在美国投资令美国人反感和愤怒,在中国却受欢迎;而加拿大和欧美国家在美国投资,虽数额很大却未引起愤怒的反应。外商来华,中国人好客,以丰盛的酒宴款待,生怕人家嫌招待不周吸引不了外资。殊不知外商看到这般吃喝景像,担心自己的投资也被吃掉,于是打消投资念头。所以,不同文化的协

调和运用是企业财务管理人员必须考虑的因素。

(4)政治环境。建立现代企业制度,就是要解决国有经济与市场经济的具体结合形式,解决国有经济在市场经济配置社会资源过程中发挥主导作用的具体途径和方法。不断发展和壮大国有经济是社会主义市场经济的一项根本任务。公有制的主体地位和国有经济的主导作用,主要体现在国家所有和集体所有的资产在社会总资产中占优势;体现在国有经济控制国家的经济命脉;体现在国有经济对整个国民经济发展起主导作用。所以,中国社会主义市场经济的发展,政治支持发挥了极大作用。每位企业家和财务管理者都应学习政治知识。要清楚地知道中国社会政治生活的主导力量、中国的国体、政权组织形式等内容。学习和研究有中国特色的社会主义理论,并用以指导财务工作。虽然政治是上层建筑,经济是基础,但在中国,政治对经济具有重大的影响力,这是中国企业的经济管理特色之一。

案例讨论:

新欣药品制造公司[1]

【目的】

让学生逐渐体会:(1)财务管理与企业其他管理活动之间的关系:财务管理不是孤立的,财务决策必须考虑企业独特的产品(产品管理)、特定的销售方式(市场营销)等。(2)体会财务管理与会计信息的关系:财务决策需要相关会计信息的支持,但是财务管理在决策过程中不是对会计信息的盲目直接应用,而是需要进一步分析加工会计信息,并结合企业的其他管理活动,在科学的决策程序下,在综合分析权衡的基础上,才能作出科学的财务决策。(3)环境因素(诸如法律环境等)对财务决策的影响至关重要。企业只是一个微观个体,要受宏观、中观以及微观具体环境的影响。环境因素在课堂讲授中虽有强调,但是学生很难把握,结合案例分析体会会更深。(4)在财务决策活动中必须要考虑财务关系的协调问题,坚持企业总体利益高于部门利益,在企业内优化资源配置的理财原则。(5)财务案例分析往往没有标准答案,不同的管理者可能作出不同的决策,但是都应该受财务管理目标的指引,管理者考虑因素越多,决策依存信息越充分,决策程序越科学,才能保证决策结果的科学性。

---

[1] 摘自(美)齐默尔曼著,邱寒等译:《决策与控制会计》,东北财经大学出版社,2000年版。

【内容】

新欣药品制造公司只生产一种胶囊,它的销售策略是将药品出售给批发商,再由批发商将药品销往各地。在新欣公司中,设有包括销售和生产在内的多个分部,其中对销售部门实行以销售收益评价其工作业绩的考核办法,对生产部门则是根据药品的平均单位成本进行工作评估。该公司每月大致生产 10 万粒胶囊。公司上月损益表部分资料如下:

销售收入(97 000 件、单价 5.00 元/件)	$485 000
销售成本(97 000 件、单位成本 4.50 元/件)	$436 500
销售利润	$ 48 500
减:管理费用	— 26 000
税前净收益	$ 22 500

A 公司是新欣药品公司最大的客户,每个月新欣都以 5 美元的单价销售 10 000 单位的胶囊给 A 公司。上月,A 通知新欣的销售部门,以后每月他们将多购买 5 000 单位的药品,但是多购买的 5 000 单位药品的价格必须是 4 美元。

新欣公司的财务部门认为 4 美元的出价太低,不足以弥补药品的单位生产成本:

	单位平均生产成本(美元)	
	每月生产 100 000 单位	每月生产 105 000 单位
直接人工及材料(变动成本)	3.00	3.00
其他生产费用(变动及固定成本合计)	1.50	1.46
平均总生产成本	4.50	4.46

假定:①新欣药品公司具有每月生产这 5 000 单位药品的剩余生产能力;
②历史成本数据是根据公司接受要求后的未来现金流量估算的。

【要求】

1. 新欣药品公司是否应接受 A 公司的这项要约?为什么?
2. 销售部门和生产部门对这项要约态度如何?为什么?
3. 如果销售部门和生产部门对这项要约态度与公司总体利益不相符,你会如何处理?为什么?

第二章
资金时间价值与风险分析

【内容简介】

本章主要介绍财务管理的两大基础观念。主要内容有资金时间价值的概念；复利终值和现值的计算；普通年金终值和现值的计算；即付年金终值和现值的计算；递延年金现值的计算；永续年金现值的计算；名义利率与实际利率的换算；内插法的应用；风险的概念和种类；风险报酬的含义；风险衡量的指标及计算；证券投资组合的意义、风险与收益率。

【学习目的和要求】

通过本章的学习，学生应该掌握资金时间价值的概念，掌握单利、复利终值与现值、年金终值与现值的计算，掌握风险的概念与种类，理解风险报酬及其衡量方法，掌握资本资产定价模型的应用。能运用所学时间价值与风险价值的知识分析解决日常生活及管理工作中的相关问题。

第一节 资金时间价值

时间价值是财务经济学的一个非常重要的概念。它是以资金增值为变量，以时间为自变量，以一定空间内的资金运行方式为条件的一种函数关系。它揭示了一定时间、空间内的资金采取不同运行方式或一定量的资金采取同一运行方式而在不同时间内具有不同增值量的规律。这一规律产生于长期财务决策之中，但普遍适用于商品经济社会。在财务经济学上，资金的时间价值和风险价值、通货膨胀价值共同构成企业的资产收益。

一、时间价值的含义

资金的时间价值，也称货币的时间价值，是指货币在经历一定时间的投资和再投资所增加的价值，也就是说一定量的货币资金在不同的时点上有不同的价值。

关于时间价值的概念，西方国家传统的说法是，在假定没有风险和没有通货膨胀的条件下，今天1元钱的价值大于1年之后1元钱的价值；股东投资1元钱便放弃了消费和使用这1元钱的权利或机会，按牺牲时间为代价计算的应得报酬就是时间价值。

西方关于时间价值的概念虽然众说纷纭，但大致可以总结如下：投资者进行投资就必须推迟消费，对投资者推迟消费的耐心应给以报酬，这种报酬量应该与推迟的时间成正比，因此，单位时间的这种报酬对投资的百分率称为时间价值。

其实，西方经济学家和财务管理学家们的这些概念只是说明了一些现象，并没有说明时间价值的本质。

根据马克思的经济理论，时间价值不可能由"时间"创造，也不可能由"耐心"创造，而只能由工人的劳动创造，时间价值的实质是剩余价值的转化形式。同时，货币只有被当做资本投入到生产和流通领域才能增值。作为资本的货币的流通本身就是目的，因为只有在这个不断更新的运动中才有价值的增值。如果把它从流通中取出来，那么它就凝固为贮藏货币，即使贮藏到世界末日，也不会增加分毫。因此，货币时间价值的本质特征就是，货币必须作为资金投入生产流通过程使用，否则便不存在时间价值。所以，资金时间价值原理是"时间就是金钱"这一观念的理论数量化概括，是关于资金、时间和效益之间关系的理论。它是通过一系列数学模型揭示出资金与其增值之间的数量关系因时间的变化而发生变化的规律。

从量的规定性来看，资金时间价值指的是单位时间内的资金收益率或一定时期内的资金收益额。显然，资金时间价值有相对数和绝对数两种表示形式。从相对量来看就是在不考虑风险和通货膨胀条件下社会平均的资金利润率，实务中常视其同于无风险的实际利率；从绝对量来看就是使用货币资本的机会成本或资金成本，即无风险、无通货膨胀下的利息。资金时间价值量的规定性与时间的长短成同方向变动关系。

二、时间价值的计算

为了阐述的方便，我们对时间价值计算过程中的一些变量表示符号做如下约定：一定时期后的本金与利息的和简称为本利和，又称终值或将来值，用 F 表示；P 则表示本金或现值；i 表示计息周期的利息率；I 表示利息；n 表示计算周期数；A 表示等额年金。

（一）单利的计算

单利是计算利息的一种方法。按照这种方法，只要本金在贷款期限内获得利息，不管时间多长，所生利息均不加入本金重复计算利息。

1. 单利利息的计算

单利利息的计算公式：

$$I = P \times i \times n$$

【例 2-1】 某企业有一张带息的期票，面额为 1 000 元，票面利率 10%，出票日期 6 月 12 号，第二年 6 月 12 号到期，则到期利息为：

$$I = 1\ 000 \times 10\% \times 1 = 100\ 元$$

在计算利息时，除非特别指明，给出的利率都是指年利率。

2. 单利终值的计算

单利终值的计算公式：

$$F = P + P \times i \times n = P \times (1 + i \times n)$$

假设例 1 带息的期票到期，出票人应付的本利和即为票据的终值：

$$F = 1\ 000 \times (1 + 10\% \times 1) = 1\ 100\ 元$$

3. 单利现值的计算

单利现值的计算公式：

$$P = F - I$$

另外也可以由上面单利终值的计算公式推导出来：

$$P = F/(1 + i \times n)$$

（二）复利的计算

资金的时间价值一般都按照复利的方式进行计算。按照这种方法，每经过一个计息期，要将所生利息加入本金再计算利息，逐期滚算，俗称"利滚利"。这里所说的计息期是指相临两次计息的时间间隔，如年、月、日等。

1. 复利终值

复利终值，是指若干期以后包含本金和利息在内的未来价值。

【例 2-2】 某人将 1 000 元投资于一项事业，年报酬率 10%，经过 1 年时间的期终金额为：

$$F = P + P \times i = P \times (1 + i) = 1\ 000 \times (1 + 10\%) = 1\ 100\ 元$$

若此人不提走现金，将 1 100 元继续投资于该事业，则第二年本利和为：

$$F = [P \times (1+i)] \times (1+i) = P \times (1+i)^2 = 1\ 000 \times 1.21 = 1\ 210\ 元$$

同理，可知 n 年的期终金额为：$F = P \times (1+i)^n = 1\ 000 \times (1 + 10\%)^n$

复利终值的一般计算公式为：

$$终值 = 现值 \times (1 + 利率)^{时期} = P \times (1+i)^n$$

式中$(1+i)^n$称为复利终值系数,可用$(F/P,i,n)$表示。为了计算方便,可查找复利终值系数表(见书后附表一)。

通过复利终值系数表,不仅可以在已知i和n时查找1元的复利终值,而且可以在已知1元的复利终值和n时查找i,或已知1元复利终值和i时查找n。

【例2-3】 某人有1 000元,拟投入报酬率为8%的一个项目,经过多少年才能使现有货币增加1倍?

$$F=P\times(1+i)^n$$
$$F=1\,000\times2=2\,000 \qquad P=1\,000 \qquad i=8\%$$
$$(F/P,i,n)=2$$

查表知$n=9$

2. 复利现值

复利现值是指以后年份收入或支出资金的现在价值,相当于倒求本金,是复利终值计算的逆运算,一般计算公式为:

$$复利现值=终值\times(1+i)^{-n}$$
$$P=F\times(1+i)^{-n}$$

表示在利率为i的情况下,终值F与n期前的现值P的等价关系。公式中$(1+i)^{-n}$称为复利现值系数,可用$(P/F,i,n)$表示。为了计算方便,可查找复利现值系数表(见书后附表二)。

【例2-4】 某人计划在5年后得到1 000元,利息率为10%,现在应存金额计算如下:

$$P=F\times(1+i)^{-n}=1\,000\times(1+10\%)^{-5}=1\,000\times0.621=621\text{元}$$

或查复利现值系数表计算如下:

$$P=F\times(P/F,i,n)=1\,000\times0.621=621\text{元}$$

(三)年金的计算

年金是指一定时期内每间隔相同时间发生的金额相等的收入或付出款项。折旧、利息、租金等通常表现为年金的形式。年金按付款方式的不同可分为普通年金、先付年金、递延年金和永续年金等。

1. 普通年金的终值和现值

普通年金又称后付年金,是指各期期末收付的年金。它有3个特点:(1)年金A连续地发生在每期期末;(2)现值P发生于第一个年金A所在的计息周期的期初;(3)终值F发生的时间与第n个年金A相同。

普通年金的收付形式如图2-1所示。横轴代表时间,用数字标出各期的顺序号;竖线的位置表示支付的时刻,竖线下端数字表示支付的金额。

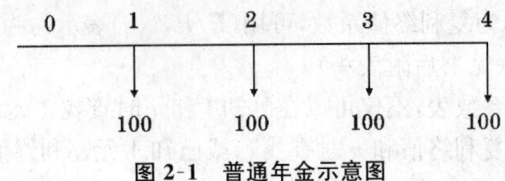

图 2-1　普通年金示意图

(1)普通年金终值计算

普通年金的终值犹如零存整取的本利和,是指最后一次支付时的本利和,它是每次支付的复利终值之和。

按照图 2-1 中的数据,其第四期末的普通年金的终值可计算见图 2-2。

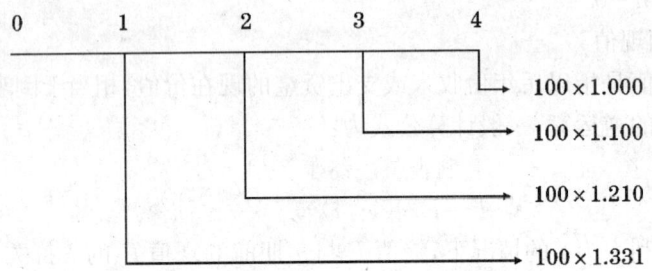

图 2-2　普通年金终值计算原理图

如果年金的期数很多,用上述方法计算终值显然非常麻烦。由于每年支付数额相等,折算终值的系数又是有规律的,所以,可找出简便的计算方法。

设每年的支付金额为 A,利率为 i,计算期为 n,则按复利计算的普通年金终值 F 为:

$$F = A + A(1+i) + A(1+i)^2 + \cdots + A(1+i)^{n-1}$$

等式两边同乘以 $(1+i)$

$$(1+i)F = A(1+i) + A(1+i)^2 + A(1+i)^3 + \cdots + A(1+i)^n$$

上述两式相减:

$$(1+i)F - F = A(1+i)^n - A$$

即

$$F = A \times \left[\frac{(1+i)^n - 1}{i} \right]$$

普通年金的终值计算公式为: $F = A \times \left[\frac{(1+i)^n - 1}{i} \right]$

该公式表示在利率 i 的情况下,年金 A 与第 n 期期末终值 F 的等价关系。

式中 $\frac{(1+i)^n - 1}{i}$ 称为年金终值系数,可用 $(F/A, i, n)$ 表示。为了方便计算,可查找年金终值系数表(见书后附表三)。

【例2-5】 5年中每年年底存入银行1 000元,存款利率为8%,求5年末年金的终值。

$$F = A \times (F/A, i, n) = 1\,000 \times 5.867 = 5\,867 \text{元}$$

(2)偿债基金

偿债基金是指为使年金的终值达到即定金额每年应支付的年金数额。

【例2-6】 某人打算在5年后还清100 000元的债务,从现在起每年年末等额存入银行一笔款项。假设银行存款利率为10%,那么这个人每年须存入银行多少钱?

由于有利率因素,不必每年存入20 000元,只要存入较少的金额,5年后本利和即可达到100 000元,用以清偿债务。

根据普通年金的终值计算公式:

$$F = A \times \left[\frac{(1+i)^n - 1}{i} \right]$$

可知 $A = F \times \dfrac{i}{(1+i)^n - 1}$

式中,$\dfrac{i}{(1+i)^n - 1}$ 是普通年金终值系数的倒数,称为偿债基金系数,它可以把普通年金终值折算为每年需要支付的金额。我们可以根据普通年金终值系数求倒数来确定偿债基金系数

把数据代入上式得:

$$A = 100\,000 \times \frac{1}{(F/A, i, n)} = 100\,000 \times \frac{1}{6.105} = 16\,380 \text{元}$$

因此,在银行利率为10%时,每年存入16 380元,5年后即可得到100 000元用来还债。

(3)普通年金现值计算

普通年金现值,是指为在每期期末取得相等金额的款项,现在需要投入的金额。

【例2-7】 现在某个人在银行存入一笔钱,准备在以后3年中每年末得到1 000元,如果利息率为10%,那么此人现在应存入多少钱?

这个问题可表述为:请计算 $i = 10\%, n = 5, A = 1\,000$ 元的年终付款的现在等效值是多少?

设年金现值为 P,则见图2-3:

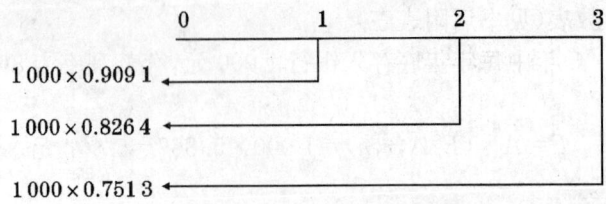

图 2-3 普通年金现值计算原理图

$$P = 1\,000 \times 0.909\,1 + 1\,000 \times 0.826\,4 + 1\,000 \times 0.751\,3$$
$$= 2\,486.8$$

由此,普通年金现值的计算公式推导如下:

设每年的支付金额为 A,利率为 i,期数为 n,则按复利计算的普通年金现值 P 为:

$$P = A(1+i)^{-1} + A(1+i)^{-2} + \cdots + A(1+i)^{-n}$$

等式两边同乘以 $(1+i)$

$$(1+i)P = A + A(1+i)^{-1} + A(1+i)^{-2} + \cdots + A(1+i)^{-n+1}$$

后式减去前式得到:

$$(1+i)P - P = A - A(1+i)^{-n}$$

可得普通年金现值的一般计算公式:

$$P = A \times \frac{1-(1+i)^{-n}}{i}$$

该公式表示在利率为 i 情况下,年金 A 与 n 期期初 P 的等价关系。式中 $\frac{1-(1+i)^{-n}}{i}$ 称为年金现值系数,可用 $(P/A,i,n)$ 表示。为了计算方便,可查找年金现值系数表(见书后附表四)。

【例 2-8】 企业打算连续 5 年在每年年末取出 10 万元用于某项事业,要求计算在年利率为 10% 的条件下,现在至少应一次存入银行多少现金?

$$P = A \times (P/A,i,n) = 10 \times 3.790\,79 = 37.907\,9(万元)$$

(4)投资回额

投资回收额是指现在投入一定数额资金,在一定投资回报率下,以后每期可以获得的投资收益额。

【例 2-9】 假设某人以 10% 的利率借款 200 000 元,投资于某个寿命期为 10 年的项目,那么,这个人每年至少要收回多少现金才是有利的?

根据普通年金的现值计算公式可知:

$$P = A \times (P/A,i,n)$$

即 $P = A \times \dfrac{1-(1+i)^{-n}}{i}$

$$A = P \times \frac{1-(1+i)^{-n}}{i} = 200\,000 \times 0.162\,7 = 32\,540 \text{ 元}$$

因此,至少每年回收现金 32 540 元,才能还清贷款本利。

上述计算过程中的 $\frac{i}{1-(1+i)^{-n}}$ 是普通年金现值系数的倒数,它可以把普通年金现值折算为年金,称为投资回收系数。

2. 先付年金的终值和现值计算

先付年金是指在每期期初支付的年金。先付年金与后付年金的区别在于付款时间不同。由于后付年金是最常用的,因此,年金终值和现值系数表是按后付年金编制的。利用后付年金系数表计算先付年金的终值和现值时,可在后付年金的基础上用终值和现值的计算公式进行调整。

(1)先付年金终值计算

n 期先付年金终值和 n 期后付年金终值之间的关系可用图 2-4 加以说明。

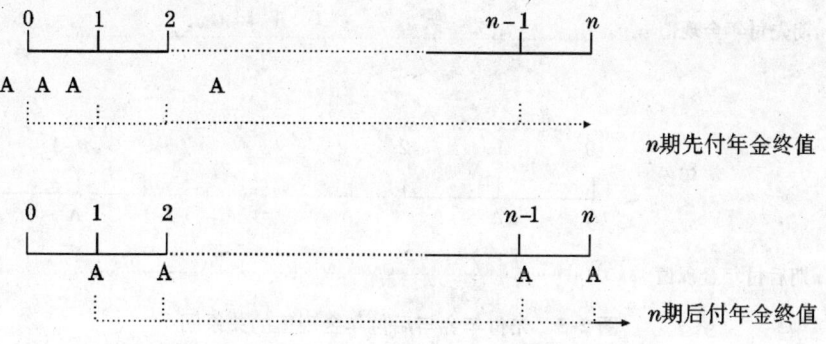

图 2-4　先付年金与后付年金终值的关系图

从图 2-4 可以看出,n 期先付年金和 n 期后付年金的付款次数相同,但由于付款时间的不同,n 期先付年金终值比 n 期后付年金终值多计算一期利息。所以,可以先求出 n 期后付年金终值,然后再乘以 $(1+i)$ 便可以求出 n 期先付年金终值。其计算公式为:

$$\text{先付年金终值} = \text{后付年金终值} \times (1+i)$$
$$= A \times (F/P, i, n) \times (1+i)$$

此外,还可以根据 n 期先付年金与 $n+1$ 期后付年金的关系推导出另一个计算公式。n 期先付年金与 $n+1$ 期后付年金的计息数相同,但比 $n+1$ 期后付年金少付一次款,因此,只要将 $n+1$ 期后付年金的终值减去一期付款额 A,便可求出 n 期先付年金的终值。其计算公式为:

$$\text{先付年金终值} = \text{年金额} \times [\text{普通年金终值系数}_{(i,n+1)} - 1]$$
$$= A \times [(F/P, i, n+1) - 1]$$

【例 2-10】 某人每年年初存入银行 100 元,银行存款年利率为 8%,问第 10 年末的本利和应为多少?

$$F = A \times (F/P, i, n) \times (1+i)$$
$$= 100 \times (F/P, 8\%, 10) \times (1+8\%)$$
$$= 1\,564.5 \text{ 元}$$
$$\text{或 } F = A \times [(F/P, i, n+1) - 1]$$
$$= 100 \times [(F/P, 8\%, 11) - 1]$$
$$= 1\,564.5 \text{ 元}$$

(2) 先付年金现值计算

n 期先付年金现值和 n 期后付年金现值之间的关系可用图 2-5 加以说明。

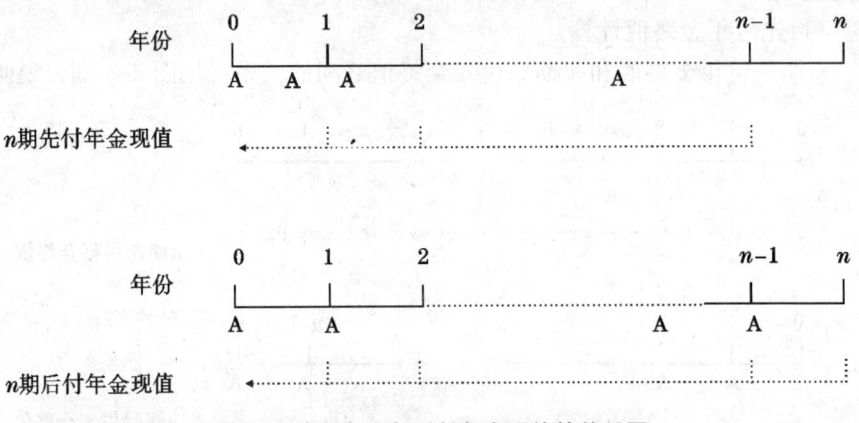

图 2-5 先付年金与后付年金现值的关系图

从图 2-5 中可以看出,n 期先付年金现值和 n 期后付年金现值的付款期数相同,但由于 n 期后付年金是期末付款,n 期先付年金是期初付款,在计算现值时,n 期后付年金现值比 n 期先付年金现值多贴现一期。所以,可先求出 n 期后付年金现值,然后再乘以 $(1+i)$,便可求出 n 期先付年金的现值。其计算公式为:

$$\text{先付年金现值} = \text{后付年金现值} \times (1+i)$$
$$= A \times (P/A, i, n) \times (1+i)$$

根据 n 期先付年金与 $n-1$ 期后付年金现值的关系,还可推导计算出 n 期先付年金现值的另一个计算公式。n 期先付年金现值与 $n-1$ 期后付年金现值的贴现期数相同,但 n 期先付年金比 $n-1$ 期后付年金多一期不用贴现的付款 A,因此,先计算 $n-1$ 期后付年金现值,然后再加上一期不需要贴现的付款 A,便可求出 n 期先付年金现值。其计算公式如下:

$$\text{先付年金现值} = \text{年金额} \times [\text{普通年金现值系数}_{(i, n-1)} + 1]$$

$$=A\times[(P/A,i,n-1)+1]$$

【例 2-11】 某人分期付款购买房子,期数为 6 年,每年年初付 20 000 元,设银行利率为 10%,该项分期付款相当于一次现金支付的购价是多少?

$$P=A\times(P/A,i,n)\times(1+i)$$
$$=20\,000\times(P/A,10\%,6)\times(1+i)$$
$$=95\,820\ \text{元}$$

或 $P=A\times[(P/A,i,n-1)+1]$
$$=20\,000\times[(P/A,10\%,5)+1]$$
$$=95\,820\ \text{元}$$

3. 递延年金的计算

递延年金是指在最初若干期没有收付款项的情况下,后面若干期等额系列的收付款项。假设最初有 m 期没有收付款项,后面 n 期有等额的收付款项,如图 2-6 所示。

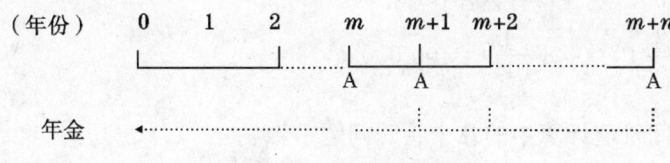

图 2-6 递延年金示意图

(1) 递延年金的终值

递延年金终值的计算方法与普通年金终值类似,与递延期限的长短无关。

【例 2-12】 如图 2-7 所示,$m=3,i=10\%,n=4$ 求终值。

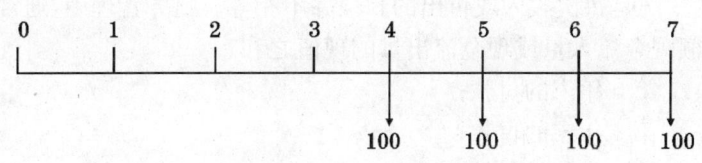

图 2-7 递延年金图

$$F=100\times(F/A,10\%,4)=464.1$$

(2) 递延年金的现值

递延年金的现值计算方法有 3 种:

方法一:把递延年金视为 n 期普通年金,求出递延期期末的现值,然后再将此现值调整到第一期期初即可。

即 $P=A\times(P/A,i,n)\times(P/F,i,m)$

方法二:假设递延期中也进行支付,先求出 $(m+n)$ 期的年金现值,然后,扣除实际并未支付的递延期(m)的年金现值,即可得到最终结果。

即 $P=A\times[(P/A,i,m+n)-(P/A,i,m)]$

方法三:先计算出 n 期年金相当于第 $m+n$ 期末的价值,即递延年金的终值,然后再将其折算到第 1 期期初。

即 $P=A\times(F/A,i,n)\times(P/F,i,m+n)$

4. 永续年金现值的计算

永续年金是指无限期等额收付的特种年金。它是当期限 $n\to+\infty$ 时的普通年金。在实际经济生活中,并不存在无限期永远支付的永续年金。但可以将利率高、持续期限较长的年金视同永续年金计算。因为永续年金没有终点,所以通常只能计算其现值。其计算公式为:

$$P=\frac{A}{i}$$

【例 2-13】 拟设立一项永久性的奖学金,每年计划颁发 10 000 元奖学金。若利率为 10%,现在应存入多少钱?

$$P=\frac{A}{i}=10\ 000\times\frac{1}{10\%}=100\ 000\ 元$$

三、时间价值计算中的几个特殊问题

以上介绍的是时间价值计算中的基本问题,实务中的时间价值计算比较复杂,现在对几个特殊问题说明如下:

(一)不等额现金流量现值的计算

前面讲的年金是指每次收入或付出的款项都是相等的。但在财务管理实务中,更多的情况是每次收入或付出的款项并不相等。财务管理中,通常需要计算这些不等额现金流入量或现金流出量的现值之和。

假设:A_0 第 0 年末的付款;

A_1 第 1 年末的付款;

A_2 第 2 年末的付款;

……

A_n 第 n 年末的付款。

则其现值计算过程可用图 2-8 表示。

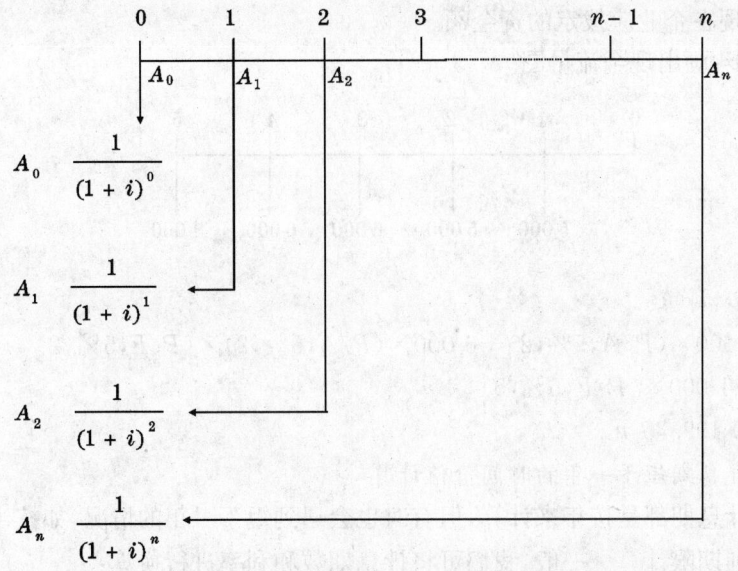

图 2-8　不等额现金流量现值计算示意图

【例 2-14】 有一笔现金流量,如下表所示,贴现率为 5%,计算这笔不等额现金流量的现值。

单位:元

年 份	0	1	2	3
现金流量	1 000	2 000	1 000	3 000

这笔不等额现金流量的现值可按下列公式计算:

$$P = A_0 \times \frac{1}{(1+i)^0} + A_1 \times \frac{1}{(1+i)^1} + A_2 \times \frac{1}{(1+i)^2} + A_3 \times \frac{1}{(1+i)^3}$$

$$= 1\,000 \times (P/F, 5\%, 0) + 2\,000 \times (P/F, 5\%, 1) + 1\,000 \times (P/F, 5\%, 2) + 3\,000 \times (P/F, 5\%, 3)$$

$$= 6\,403 \text{ 元}$$

(二)混和现金流量问题

在实务中经常碰到的时间价值问题既非单纯的现金流,亦非单纯的年金,而是混合的现金流。这就要求在熟练掌握前面计算原理的基础上,灵活运用计算公式。在解决混合现金流问题时,一般采取两步走:第一步是先根据条件画出现金流量图;第二步则根据图式做一些必要的计算。

【例 2-15】 某企业进行一项工程改造,预计第 1、2 年末需各支付 5 000 美元,第 3、4 年末需各支付 6 000 美元,第 5 年末需最后支付 1 000 美元,若年利率为5%,求现在企业应拨定的资金额。

第一步:画出现金流量图

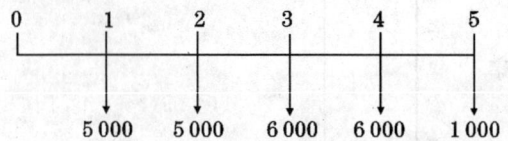

第二步:计算
$P = 5\,000 \times (P/A, 5\%, 2) + 6\,000 \times (P/A, 5\%, 2) \times (P/F, 5\%, 2)$
$\quad + 1\,000 \times (P/F, 5\%, 5)$
$= 20\,199.35\,元$

(三) 计息期短于一年的时间价值计算

通常计息期都是按年来计算,但有时也会遇到短于一年的情况,如按半年或者更短复利期限计算。一般,我们可将计息期数和利率进行换算:

$$r = \frac{i}{m}$$
$$t = m \times n$$

式中,r——每期利率;
i——年利率;
m——每年的计息次数;
n——年数;
t——换算后的计息期数。

【例 2-16】 某人存入银行1万元,假设银行按季度计息,年利率为8%,则3年后本利和为:

$$r = \frac{i}{m} = \frac{8\%}{4} = 2\%$$
$$t = m \times n = 4 \times 3 = 12$$
$$F = 10\,000 \times (F/P, 2\%, 12) = 10\,000 \times 1.263\,2 = 12\,632(元)$$

而若按年计息,则3年后本利和为:
$$F = 10\,000 \times (F/P, 8\%, 3) = 10\,000 \times 1.259\,7 = 12\,597(元)$$

(四) 实际利率

通过上述例题在按季度计息情况下的计算结果与按年计息情况下的计算结果比较可以看出,一年中计息次数越多,则终值越大,反之亦然。这是因为一年中计息次数越多,其实际年利率越大。通常,我们将前述题目中给定的年利率 i 称为名义年利率。则有如下关系:

$$(1+\text{实际年利率})=(1+r)^1=\left(1+\frac{i}{m}\right)^{m\times 1}$$

$$\text{实际年利率 } r=\left(1+\frac{i}{m}\right)^{m\times 1}-1=\left(1+\frac{i}{m}\right)^m-1$$

承前例,一项存款的名义利率为 8%,按季度计息,则实际年利率为:

$$\left(1+\frac{i}{m}\right)^m-1=\left(1+\frac{0.08}{4}\right)^4-1=0.08243$$

可以看到:按季度计息的实际年利率 8.243% 高于按年计息的名义利率 8%。

(五)贴现率的计算

在前面计算现值和终值时,都是假定利息是给定的,但在理财实务中,经常会遇到已知计息期数、终值和现值,求贴现率的问题。一般来说,求贴现率可分为两步:第一步,求出换算系数;第二步,根据换算系数和有关的系数表来求贴现率。根据前面有关的计算公式,复利终值、复利现值、年金终值和年金现值的换算系数分别用下列公式计算:

$$(F/P,i,n)=\frac{F}{P} \qquad (F/A,i,n)=\frac{F}{A}$$

$$(P/F,i,n)=\frac{P}{F} \qquad (P/A,I,n)=\frac{P}{A}$$

【例 2-17】 把 100 元存入银行,按复利计算,10 年后可得本利和为 259.4 元,问银行存款的利率是多少?

$$(P/F,i,10)=\frac{100}{259.4}=0.386$$

查复利现值系数表,与 $n=10$ 相对应的贴现率中,10% 的系数是 0.386,因此,银行存款的利率应为 10%。

【例 2-18】 现在向银行存入 5 000 元,按复利计算,在银行利率是多少时,才能保证在以后 10 年中每年得到 750 元?

$$(P/A,i,10)=\frac{5\ 000}{750}=6.667$$

查年金现值系数表可知,当利率为 8% 时,系数是 6.710;当利率是 9% 时,系数是 6.418,所以银行利率应该在 6.418~6.710 之间。假设银行存款利率为 x,可用插值法,计算如下:

利率　年金现值系数

$$\left.\begin{array}{l}8\%\\x\\9\%\end{array}\right\}\left.\begin{array}{l}x-8\%\\\end{array}\right\}1\%\qquad\left.\begin{array}{l}6.710\\6.667\\6.418\end{array}\right\}\left.\begin{array}{l}0.043\\\end{array}\right\}0.292$$

$$\frac{x-8\%}{1\%}=\frac{6.667-6.710}{6.418-6.710}$$

可知银行利率即 $x=8.147\%$

第二节 风险价值

在企业的财务活动和财务关系中,风险是客观存在的。掌握风险的概念、类别和特征,揭示风险报酬原理,对于正确分析和评价企业财务状况具有重要意义。风险价值又称风险报酬,其原理是关于资产收益与其相应的风险之间相互关系的理论,它是企业制定财务决策的基本依据。

一、风险的含义

风险是一个比较难掌握的概念,它的定义和计量也有很多争议。但是,风险广泛存在于财务活动中,并且对企业实现其财务目标有重要影响,使得人们无法回避和忽视。

(一)风险的概念

风险是指人们在事先能够得知采取某种行动可能产生的所有后果,以及每种后果出现的可能性。例如,企业开发一种新产品,其经济效益可能有3个结果,即(1)畅销,取得高额利润;(2)盈利一般;(3)开始略有滞销,产生少量亏损。这3种情况出现的可能性分别是50%,30%,20%,究竟出现哪一种情况并不一定,这就是风险状况。如果人们进行某项活动事先肯定只有一种结果必然发生,那么这种状况就称为无风险或确定性。

企业的财务决策几乎都是在某种程度的不确定情况下做出的,因此按决策进行经济活动的结果总会比预期的好些或差些。购买政府公债肯定能按期得到本息,因而被视为无风险投资。但应看到,资本市场上变幻莫测的利率升降,随时引起债券价格的反向变动。总之,企业的投资和经营无不处于或大或小的风险中。

风险是事件本身的不确定性,是有客观性的。例如,无论企业还是个人,投资于国库券,其收益的不确定性小;如果是投资于股票,则收益的不确定性大得多。这种风险是"一定条件下"的风险,你在何时、买何种股票、各买多少,风险是不一样的。这些问题一旦确定下来,风险大小你就无法改变了。这就是说,特定投资的风险大小是客观的,你是否去冒风险以及冒多大的风险,是可以选择的,是主观决定的。

风险的大小随时间延续而变化,是"一定时期内"的风险。我们对一个投资项目成本,事先的预计可能不很准确,越接近完工预计越准确。随时间延续,事件的不确定性在缩小,事件完成,其结果也就完全肯定了。因此,风险总是"一定时期内"的风险。

风险可能给投资人带来超出预期的收益,也可能带来超出预期的损失。一般来说,投资人对意外损失的关切,比对意外收益的关切要强烈得多。因此,人们研究风险时侧重减少损失,主要从不利的方面来考察风险,经常把风险看成是不利事件发生的可能性。而从公司财务的角度来说,风险主要指无法达到预期报酬的可能性。

与风险相联系的另一个概念是不确定性。不确定性是指人们在事先已知道采取某种行动所有可能的结果,但不知道这些结果出现的可能性(概率)是多少或者两者都不知道,而只能对两种情况作粗略估计的状况。严格来说,风险和不确定性有区别。风险是指事前可以知道所有可能的结果,以及每种结果出现的概率。不确定性是指事前不知道所有可能结果,或者虽然知道可能的结果但不知道他们出现的概率。例如,在一个新区找矿,事前知道只有找到和找不到两种结果,但不知道两种结果的可能性各占多少,属于不确定性问题而非风险问题;又如购买股票,投资者事实上不可能事先知道所有可能达到的报酬率及其出现的可能性。可见,不确定性是难以计量的。但是,面对实际问题时,两者很难区分,风险问题的概率往往不能准确知道,不确定性问题也可以估计一个概率,因此在实务领域对风险和不确定性不作区分,都视为风险对待,把风险理解为可测定概率的不确定性。

(二) 风险的种类

1. 从公司角度看,可将风险分为经营风险和财务风险

经营风险是指因决策科学程度、技术水平、管理状况,以及经营是否妥善和市场变化等不肯定因素所产生的风险,也称商业风险。它是经营方面导致企业收益不肯定的风险。经营风险主要来自以下几个方面:

市场销售,如市场需求、市场价格、企业可能生产的数量等不确定,尤其是竞争导致的供产销的不稳定,加大了风险。

生产成本,如原料的供应和价格、工人和机器的生产率、工人的奖金和工资,都有一定的不确定性,因而产生了风险。

生产技术,如设备事故、产品发生质量问题、新技术的出现等,很难准确预见,从而产生风险。

其他,如外部的环境变化,如天灾、经济不景气、通货膨胀、有协作关系的企业没有履行合同等,企业自己很难控制,从而产生风险。

财务风险则是指筹资后因资金结构科学合理程度不同而可能造成财务危机和财务失败的风险。它是由于借款或筹资而增加的风险,以及资金结构变化而产生的风险。这里的财务风险是狭义的,即它是企业由于举债经营而带来的风

险。从广义上讲,亦即从财务活动全过程来考察,财务风险分布于筹资、投资、用资、耗资和资金收回、资金分配等各环节。因而财务风险包括筹资风险、投资风险、汇兑风险、收益风险、结算风险和存贷风险等。

2. 从投资角度看,可将风险分为系统性风险和非系统性风险

系统风险又称为市场风险或不可分散风险。它是由那些影响整个市场的风险因素所引起的,如国家宏观经济状况的变动、国际贸易状况的改变、国家税制和财政政策的改变等。这部分风险是作用于整个市场的,因此不能通过组合将其分散掉。例如,一个企业投资于股票,不论买哪一种股票,他都要承担市场风险,在经济衰退时,各种股票的价格均会不同程度的下跌。

非系统风险又称公司特有风险或可分散风险。它是某一特定公司或行业所特有的风险,而与整个市场的系统因素无关,如罢工、新产品开发失败、没有争取到重要合同、诉讼失败等。这类事件是随机发生的,因而可以通过多角化投资来分散,即发生于一家公司的不利事件可以被其他公司的有利事件所抵消。例如一次技术革新可能只影响一种现有产品的市场,这部分风险是可以通过合理的证券组合操作而将其分散掉的。

在财务管理工作中,因财务目标的不同又可把风险分为其他形式。例如,在外汇资金运行过程中可能产生外汇风险,而外汇风险又分为会计折算风险、交易风险和经济风险。无论哪一种风险,都是已知结果而不肯定的事件所引发的风险,所以风险具有已知性、可观测性、可控性和转移流动性等本质特征。换言之,风险是可以计算、可以控制、可以适度分散、转移和减少的。

(三)企业财务决策的分类

风险与财务决策有着密切的联系。根据决策风险程度的不同,可把财务决策分为不同的类型。

1. 确定性决策

决策者对未来的情况是完全确定的或已知的决策,称为确定性决策。例如,某公司将100万元投资于利息率为10%的国库券,由于国家实力雄厚,到期得到10%的报酬几乎是肯定的,因而,一般认为,这种投资是确定性投资。

2. 风险性决策

决策者对未来的情况不能完全确定,但他们出现的可能性——概率的具体分布是已知的或可以估计的,这种情况下的决策称为风险性决策。例如,A公司将100万元投资于B股票,已知这种股票在经济繁荣时期能获得20%的报酬,在经济状况一般时可获得10%的报酬,在经济萧条时只能获得5%的报酬。现根据各种资料分析,认为明年经济繁荣的概率为30%,经济状况一般的概率为30%,经济萧条的概率为40%。这种决策就属于风险性决策。

3. 不确定性决策

决策者对未来的情况不仅不能完全确定,而且对其可能出现的概率也不清楚,这种情况下的决策称为不确定性决策。例如,B公司投资于A公司,A公司能够开发出新产品,那么B公司可获得100%的报酬;反之,如果A公司不能开发出新产品,那么B公司即获得-100%的报酬。但开发出新产品和不能开发出新产品的可能性各占多少,事先无法知道,也就是说,事先并不能知道有多大的可能性获得100%的报酬,有多大的可能性获得-100%的报酬,这种投资决策就属于不确定性决策。

从理论上讲,不确定性是无法计量的,但在财务管理中,通常为不确定性决策规定一些主观概率,以便进行定量分析。不确定性规定了主观概率以后,与风险就十分接近了。因此,在企业的财务管理中,对风险和不确定性不做严格区分。

(四)风险报酬

一般来说,投资者都讨厌风险,并力求回避风险。那么为什么还有人进行风险投资呢？这是因为风险投资可以获得额外报酬——风险报酬。

风险报酬有两种表示方法,风险报酬额和风险报酬率。

风险报酬额是指投资者因冒风险进行投资而获得的超过资金时间价值的那部分额外报酬。风险报酬率是指投资者因冒风险进行投资而获得的超过资金时间价值率的那部分额外报酬率,即风险报酬额与原投资额的比率。在财务管理中,风险报酬一般用相对数——风险报酬率加以计量。

二、单项投资风险报酬的计算

人们从事各种投资活动,在收益相等的情况下总是期望风险越小越好。这就需要事先对风险的大小即风险程度进行正确的估量。把风险问题数量化,需要采用一系列经济数学方法进行计算。

(一)估计可能状态及其概率分布

在生产经营过程中,有些财务经济活动未来的情况不能完全肯定,这种不肯定的程度可以采用概率分布来表示。一个事件的概率其可能发生的机会。通常,把必然发生的事件的概率定为1,把不可能发生的事件的概率定为0,而一般事件的概率介于0与1之间。概率越大表示该事件发生的可能性越大。

【例2-19】 泰士制造公司现有两个投资项目A和B,投资额及其他条件相同。A投资机会是一个高科技项目,该领域竞争激烈,如果经济发展迅速并且该项目搞得好,取得较大的市场占有率,利润会很大;否则利润很小,甚至亏本。B项目是一个老产品,并且是必需品,销量前景可以准确地预测出来。假设未来的经济状况只有3种,繁荣、正常、萧条。它们在各种经济状况下的可能期望报酬率K_i和相应的概率P_i的分布如表2-1所示。

表 2-1　　　　　　泰士制造公司投资项目收益的概率分布

经济情况	该情况发生的概率	预期报酬(%)	
		项目 A	项目 B
繁荣	0.3	90	20
正常	0.4	15	15
萧条	0.3	−60	10

通过上表可以看到概率分布的两条规则:(1)所有的概率 P_i 均在 0~1 之间,即 $0 \leqslant P_i \leqslant 1$;(2)所有结果的概率之和必须等于 1,即 $\sum_{i=1}^{n} P_i = 1$(n 为可能出现状态的个数)。

概率分布与风险大小密切相关。对于投资或其他任何一项活动,预测未来的可能情况的分布越集中,则风险越小;分布越分散,则风险越大。测算集中与分散程度常用的方法是计算标准离差,标准离差的计算要引入期望值的概念。

(二)计算各状态下收益期望值

期望值是指在一个概率分布中,所有可能出现的结果,以其各自相应的概率为权数计算的加权平均数。期望值是一个数学概念,在财务经济学上称为期望报酬或期望报酬率,是反映平均趋势的一种量度。期望值的计算公式为:

$$\overline{K} = \sum_{i=1}^{n} K_i P_i$$

式中:$\overline{K}$——期望值;

K_i——第 i 种状态下的结果;

P_i——第 i 种状态的概率;

n——可能出现状态的个数。

根据上面的例题,计算 A、B 两个项目的期望值如下:

项目 A 的预期报酬率:

$\overline{K}_A = 0.3 \times 90\% + 0.4 \times 15\% + 0.3 \times (-60\%) = 15\%$

项目 B 的预期报酬率:

$\overline{K}_B = 0.3 \times 20\% + 0.4 \times 15\% + 0.3 \times 10\% = 15\%$

计算结果表明,A、B 两个投资项目的预期报酬率均为 15%,它代表着两个项目各种可能报酬率的平均水平。但比较 A、B 两个投资项目的概率分布不同发现,A 项目的报酬率分散程度大,分布在−60%~90%之间;B 项目的报酬率分散程度小,分布在 10%~20%之间。这说明两个项目的报酬率相同,但风险不同。一般地,风险程度就是用偏离平均趋势的程度来表示的,反映偏离程度的指标就是标准离差率。

(三)计算各方案收益的标准差

表示随机变量离散程度的量数,最常用的是方差和标准差。方差是表示随机变量与期望值之间离散程度的一个量,它是方差的平均数。财务管理实务中,在已知每个变量值出现概率的情况下,标准差可按下列公式计算:

$$\sigma = \sqrt{\sum_{i=1}^{n}(K_i - \overline{K})^2 \times P_i}$$

具体来讲,标准差的计算方法如下:

首先,计算每一种可能性结果与期望值的差异,第 i 种可能性结果的离差为 $(K_i - \overline{K})$。

其次,计算方差 σ^2:

$$\sigma^2 = \sum_{i=1}^{n}(k_i - \overline{k})^2 p_i$$

最后,计算标准差 σ: $\quad \sigma = \sqrt{\sigma^2}$

根据此计算方法,分别计算上述 A,B 项目的标准差。

A 项目的标准差:

$$\sigma_A = \sqrt{(90\% - 15\%)^2 \times 0.3 + (15\% - 15\%)^2 \times 0.4 + (-60\% - 15\%)^2 \times 0.3}$$
$$= 58.09\%$$

B 项目的标准差:

$$\sigma_B = \sqrt{(20\% - 15\%)^2 \times 0.3 + (15\% - 15\%)^2 \times 0.4 + (10 - 15\%)^2 \times 0.3}$$
$$= 3.87\%$$

因为风险大小同标准差成正比例关系,所以标准差的大小可以看做是所含风险大小的标志。上述计算结果表明,B 方案的标准差小于 A 方案。由于这两个项目投资额相同、预期报酬率相同,故项目 A 的风险比项目 B 的风险大。所以,从风险大小考虑,项目 B 要优于项目 A。当项目预期报酬率不相等时,不能仅仅依据标准离差的大小判断项目的风险程度,还必须结合项目收益的标准离差率判断。

(四)计算项目收益标准离差率

标准差是风险大小的标志,是个绝对数指标,只局限于相同期望报酬额(率)的各种方案比较。为了增强可比性,我们一般采用标准离差率(或变化系数)这个相对数指标来比较各方案风险的大小。标准离差率是标准差与期望值之比。其计算公式为:

$$V = \frac{\sigma}{\overline{K}} \times 100\%$$

式中:V——标准离差率;

σ——标准差;

$\overline{K}$——期望值。

在上例中,项目 A 的标准离差率为:

$$V_A = \frac{58.09\%}{15\%} \times 100\% = 3.87\%$$

项目 B 的标准离差率为:

$$V_B = \frac{3.87\%}{15\%} \times 100\% = 0.26\%$$

当然,在上例中,两个项目的期望值相等,可直接根据标准离差来比较风险程度,但如果期望值不相等,那么必须计算标准离差率才能对比风险程度。

例如,假设上例中项目 A 和 B 的标准离差仍为 58.09% 和 3.87%,但项目 A 的预期报酬率为 15%,项目 B 的预期报酬率为 10%,那么究竟哪个项目的风险更大呢? 这时我们应该使用标准离差率作为判别标准。

项目 A 的标准离差率为:

$$V_A = \frac{58.09\%}{15\%} \times 100\% = 3.87\%$$

项目 B 的标准离差率为:

$$V_B = \frac{3.87\%}{10\%} \times 100\% = 0.39\%$$

这说明,在上面的假设条件下,项目 A 的风险要大于项目 B。

(五) 计算风险报酬

标准离差率虽然能够评价投资风险程度的大小,但不能说明企业的投资收益。企业冒风险从事投资活动所产生的效益是由风险报酬反映出来的。企业计算风险报酬必须首先测算出风险报酬率,因为投资额与风险报酬率相乘的积数称为风险报酬。由于标准离差率可以代表风险程度的大小,因此,风险报酬率应该与反映风险程度的标准离差率成正比例关系。收益标准离差率要转换为风险报酬率,其间还必须引入一个参数,即风险价值系数。换言之,风险报酬率是通过标准离差率和风险价值系数计算出来的。

其计算公式为:

$$R_R = bV$$

式中: R_R ——风险报酬率;

b ——风险价值系数;

V ——标准离差率。

风险价值系数是将标准离差率转换为风险报酬率的一种系数或倍数,又有风险报酬系数、风险效益系数等称谓。如果设定风险价值系数为 0.3,则要求风险报酬率相当于标准离差率的 0.3 倍。

风险价值系数的确定主要有两种方法:

(1) 根据以往同类投资项目的历史资料进行确定,主要是根据标准离差率、风险价值系数、风险报酬率三者之间的关系以及一些经验数据进行测算。

(2)企业组织财务经济专家加以确定。财务经济专家们经过对企业经济活动和财务管理环境的定量、定性分析后,确定一个风险价值系数。有时专家们为简便起见,从0到1之间选择一个数值作为主观概率,但这一主观概率并不是任意的,而是以无风险价值加上通货膨胀贴水后的货币时间价值为基础,在其上下浮动,选择一个数值。这样设定的风险价值系数可能因人而异,但就某一个地区、某一个行业来说,应是一个常数。

实际上,风险价值系数通常由投资者主观设定。风险价值系数的设定在很大程度上取决于企业管理当局对风险的态度,敢于冒风险的决策者常常把风险价值系数定得低些;而那些稳健或不愿冒风险的决策者则常常把风险价值系数定得高些,使风险报酬率尽量接近标准离差率。$b=1$时,风险价值系数最高,此时风险报酬率等于标准离差率。

仍使用上面例题的数据,设定风险价值系数为0.6,那么,A、B两个方案由于承担风险而要求的超过无风险利率的额外报酬率分别为:

项目A: $R_R=0.6\times 3.87\%=2.32\%$

项目B: $R_R=0.6\times 0.39\%=0.23\%$

这里的风险报酬率加上无风险报酬率,就构成了按风险调整的投资报酬率。投资报酬率与收益标准离差率之间存在着一种线性关系,其关系式如下:

$$Y=i+bV$$

式中: Y——投资报酬率;

i——无风险利率;

b——风险价值系数;

V——标准离差率。

无风险利率是考虑通货膨胀贴水以后的资金增值率,一般把投资于国库券的报酬率视为无风险利率,又称无风险报酬率。

例如,设上例中公司的无风险利率为12%,则该公司A、B两个项目按风险调整后的投资报酬率是:

$$Y_A=12\%+2.32\%=14.32\%$$

$$Y_B=12\%+0.23\%=12.23\%$$

计算出风险报酬率后,风险报酬的计算就较为简便了,一般有两种方法:

(1)根据投资额与风险报酬率计算风险报酬,其基本公式是:

$$P_R=CR_R=CbV$$

式中: P_R——风险报酬(或称风险收益);

C——投资额。

上例中,若公司准备投资1 000万元,试计算投资于A、B两个项目的风险报酬分别是多少?

项目 A: $P_R = 1\,000 \times 2.32\% = 23.2$ 万元

项目 B: $P_R = 1\,000 \times 0.23\% = 2.3$ 万元

(2) 根据投资报酬总额以及风险报酬率与投资报酬率的比重,计算风险报酬,其计算公式为:

$$P_R = P_m \times \frac{R}{Y} = P_m \times \frac{R}{i+R}$$

式中:

P_m——投资报酬总额。

综上所述,风险报酬计算是关于使用标准离差率来反映单个项目投资风险报酬的计算。实际上,投资者一般并不把其所有资金投资于一个项目或一种证券上,而是努力开展多样化投资活动,进行组合投资。

三、证券组合的风险报酬

投资者在进行投资时,一般并不把所有资金都投资于一种证券,而是同时持有多种证券,这种同时投资多种证券叫证券的投资组合,简称证券组合或投资组合。银行、共同基金、保险公司和其他金融机构一般都持有多种有价证券,即使个人投资者,一般也持有证券组合,而不是投资于一家公司的股票或债券。

(一) 证券组合的预期报酬率

两种或两种以上的证券组合,其预期报酬率可以直接表示为:

$$r_p = \sum_{j=1}^{m} r_j A_j$$

其中:

r_j——第 j 种证券的预期报酬率;

A_j——第 j 种证券在全部投资额中的比重;

m——投资组合中证券种类总数。

【例 2-20】 某投资组合中包括 A 和 B 两种证券,预期报酬率分别为 12% 和 8%,待选的投资方案是购买 A 证券,或是购买 B 证券,或是两者的组合。若投资者把所有的资金都投向 A,则持有单项证券的预期报酬率是 12%;若投资者将其持有资金的 30% 投向 A,70% 投向 B,则投资者的预期报酬率是 9.2% (30%×12%+70%×8%);若投资者将其资金的一半投向证券 A,另一半投向证券 B,则投资者的预期报酬率为 10%(50%×12%+50%×8%)。

(二) 证券组合的风险计量

1. 证券组合的标准差与相关性

证券组合的标准差,并不是单个证券标准差的简单加权平均。证券组合的

风险不仅取决于组合中各证券的风险,还取决于各证券之间的关系。

例如,假设投资200万元,A和B各占50%。如果A和B完全负相关,即一个变量的增加值永远等于另一个变量的减少值,组合的风险可以被完全抵消。如果A和B完全正相关,即一个变量的增加值永远等于另一个变量的减少值,组合的风险不减少也不扩大。

实际上,各种股票之间不可能完全正相关,也不可能完全负相关,所以,不同股票的投资组合可降低风险,但又不能完全消除风险。一般来说,股票种类越多,风险越小。

2. 投资组合的风险

投资组合报酬率概率分布的标准差是:

$$\sigma_p = \sqrt{\sum_{j=1}^{m}\sum_{k=1}^{m}A_j A_k \sigma_{jk}}$$

其中:

m——组合内的证券种类数;

A_j——第j种证券在投资总额中的比例;

A_k——第k种证券在投资总额中的比例;

σ_{jk}——第j种证券与第k种证券报酬率的协方差。

协方差是用来反映两个随机变量之间的线性相关程度的一种指标,若协方差为0,则两者不相关;若协方差大于零,则两者正相关;若协方差小于零,则两者负相关。如果已知两个随机变量的相关系数,则协方差可按照下面的公式计算:

$$\sigma_{jk} = r_{jk}\sigma_j\sigma_k$$

其中:

r_{jk}——证券j和证券k之间的预期相关系数;

σ_j——第j种证券的标准差;

σ_k——第k种证券的标准差。

相关系数总是在$-1 \sim 1$之间取值。当相关系数为1时,表示一种证券报酬率的增长总是与另一种证券报酬率的增长成比例,反之亦然。当相关系数为-1时,表示一种证券报酬率的增长总是与另一种证券报酬率的减少成比例,反之亦然。当相关系数为0时,表示缺乏相关性,每种证券的报酬率相对于另外证券的报酬率独立变动。一般而言,多数证券的报酬率趋于同向变动,因此,两种证券之间的相关系数多为小于1的正值。

$$相关系数(r) = \frac{\sum_{i=1}^{n}[(X_i - \overline{X}) \times (Y_i - \overline{Y})]}{\sqrt{\sum_{i=1}^{n}(X_i - \overline{X})^2} \times \sqrt{\sum_{i=1}^{n}(Y_i - \overline{Y})^2}}$$

【例 2-21】 假设 A 证券的预期报酬率为 10%,标准差为 12%。B 证券的预期报酬率为 18%,标准差为 20%。假设等比例投资于这两种证券,即各占 50%。

该投资组合的预期报酬率为:
$$r_p = 10\% \times 0.5 + 18\% \times 0.5 = 14\%$$

如果两种证券的相关系数为 1,没有任何抵消作用,在等比例投资的情况下,该组合的标准差等于两种证券各自标准差的简单算术平均数,即 16%。

如果两种证券之间的预期相关系数是 0.2,组合的标准差会小于加权平均的标准差,其标准差是:

$$\sigma_p = \sqrt{0.5 \times 0.5 \times 1.000 \times 0.12^2 + 2 \times 0.5 \times 0.5 \times 0.20 \times 0.12 \times 0.2 + 0.5 \times 1.00 \times 0.2^2}$$
$$= 12.65\%$$

从这个计算过程可以看出:只要两种证券之间的相关系数小于 1,证券组合报酬率的标准差就小于各证券报酬率标准差的加权平均数。

3. 两种证券组合的投资比例与有效集

在上面的例子中,两种证券的投资比例是相等的。如果投资比例变化了,投资组合的预期报酬率和标准差也会发生变化。对于这两种证券其他投资比例的组合,计算结果如下表 2-2。

表 2-2　　　　　　　　　　不同投资比例组合

组合	对 A 的投资比例	对 B 的投资比例	组合的期望收益率(%)	组合的标准差(%)
1	1	0	10.00	12.00
2	0.8	0.2	11.60	11.11
3	0.6	0.4	13.20	11.78
4	0.4	0.6	14.80	13.79
5	0.2	0.8	16.40	16.65
6	0	1	18.00	20.00

图 2-9 描绘出随着对两种证券投资比例的改变,期望报酬率与风险之间的关系。图中的一些与上表中 6 种投资组合相对应。连接这些点所形成的曲线称为机会集,它反映出风险与报酬之间的权衡关系。

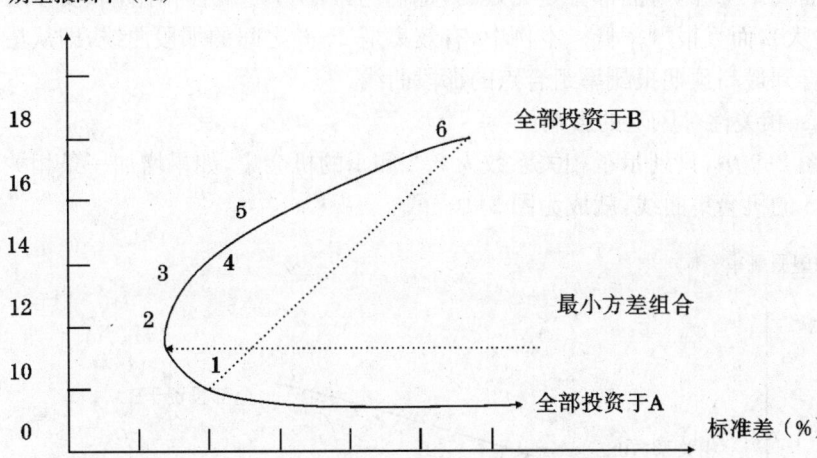

图 2-9 投资于两种证券组合的机会集

该图有几项特征是非常重要的：

(1) 它揭示了分散化效应。比较曲线和以虚线绘制的直线的距离可以判断分散化效应的大小。该直线由全部投资于 A 和全部投资于 B 所对应的两点连接而成。它是当两种证券完全正相关(无分散化效应)时的机会集。曲线代表相关系数为 0.2 时的机会集曲线。从曲线与直线间的距离，我们可以看出本例的风险分散效果是相当显著的。投资组合的抵消风险的效应可以通过曲线 1～2 的弯曲看出来。从第 1 点出发，拿出一部分资金投资于标准差较大的 B 证券会比将全部资金投资于标准差较小的 A 证券的组合标准差还要小。这种结果与人们的直觉相反，揭示了风险分散化的内在特征。一种证券的未预期变化往往会被另一种证券的反向未预期变化所抵消。尽管从总体上看，这两种证券是同向变化的，抵消效应还是存在的，在图中表现为机会集曲线有一段 1～2 的弯曲。

(2) 它表达了最小方差组合。曲线最左端的第 2 点组合被称为最小方差组合，它在持有证券的各种组合中有最小的标准差。本例中，最小方差组合是 80% 的资金投资于 A 证券、20% 的资金投资于 B 证券。离开此点，无论增加或减少投资于 B 证券的比例，都会导致标准差的小幅上升。必须注意机会集曲线向左弯曲，并非必然伴随着分散化投资发生，它取决于相关系数的大小。

(3) 它表达了投资的有效集合。在只有两种证券的情况下，投资者的所有投资机会只能出现在机会集曲线上，而不会出现在该曲线的上方或下方。改变投资比例只会改变组合在机会集曲线上的位置。最小方差组合以下的组合(曲线 1～2 的部分)是无效的。没有人会打算持有预期报酬率比最小方差组合预期报酬率还低的投资组合，他们不但比最小方差组合风险大，而且报酬低。因此，机会集曲线1~2的弯曲部分是无效的,他们与最小方差组合相比,不仅标准差大(风险大),而且报酬率低。本例中,有效集是2~6之间的那段曲线,即从最小方差组合到最高预期报酬率组合点的那段曲线。

4. 相关性对风险的影响

图2-9中,只列示了相关系数为0.2和1的机会集,如果增加一条相关系数为0.5的机会集曲线,就成为图2-10了。

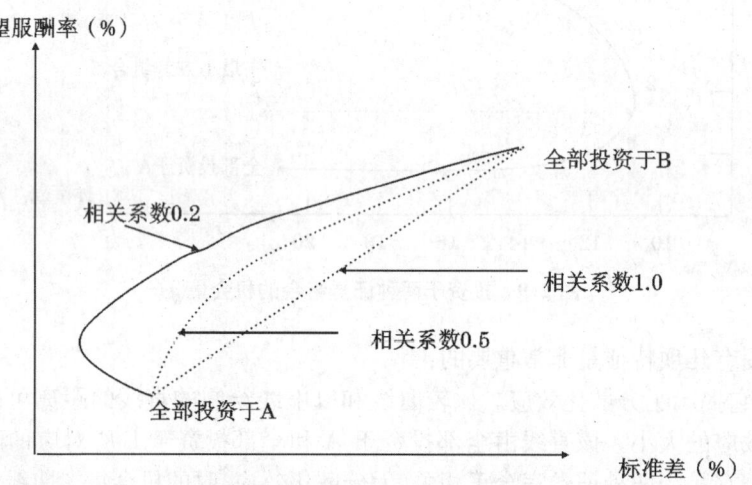

图2-10 不同相关系数情况下的两种证券组合的机会集

从图2-10可以看出:(1)相关系数为0.5的机会集曲线与完全正相关的曲线距离缩短了,并且没有向后弯曲的部分。(2)最小方差组合是100%投资于A证券。将任何比例的资金投资于B证券,所形成的投资组合的方差均会大于将全部资金投资于风险较低的A证券的方差。因此,新的有效边界就是整个机会集。(3)证券报酬率的相关系数越小,机会集曲线就越弯曲,风险分散化效应也就越强。证券报酬率之间的相关性越高,风险分散化效应就越弱。完全正相关的投资组合,不具有风险分散化效应,其机会集是一条直线。

5. 多种证券组合的风险和报酬

对于两种以上证券构成的组合,以上原理同样适用。值得注意的是,多种证券组合的机会集不同于两种证券的机会集。两种证券的所有可能组合都落在一条曲线上,而两种以上证券的所有可能组合会落在一个平面中,如图2-11所示。这个机会集反映了投资者所有可能的投资组合,图中每一点都与一种可能的投资组合相对应。随着可供投资的证券数量的增加,所有可能的投资组合数量将呈几何级数上升。

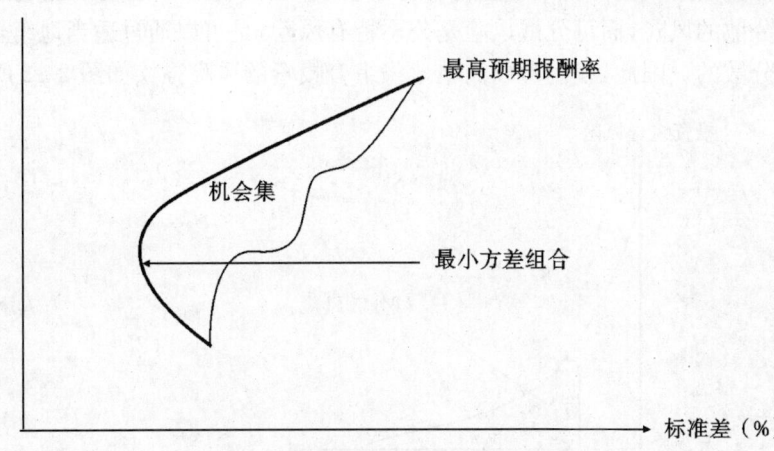

图 2-11　多种证券组合投资的机会集

最小方差组合是图 2-11 最左端的点，它具有最小组合标准差。多种证券组合的机会集外缘有一段向后弯曲，这与两种证券组合中的现象类似，不同证券报酬率相互抵消，产生风险分散化效应。

在图 2-11 中以粗线描出的部分，称为有效集或有效边界，它位于机会集的顶部，从最小方差组合点起到最高预期报酬率点止。投资者应在有效集上寻找投资组合。有效集以外的投资组合与有效边界上的投资组合相比，有 3 种情况：相同的标准差和较低的期望报酬率；相同的期望报酬率和较高的标准差；较低的报酬率和较高的标准差。这些投资组合都是无效的。如果你的投资组合是无效的，可以通过改变投资比例转换到投资边界上的某个组合，以提高期望报酬率而不增加风险，或者降低风险而不降低期望报酬率，或者得到一个既提高期望报酬率又降低风险的组合。

四、资本资产定价模型

在西方金融和财务管理学中，有许多模型论述风险和报酬率之间的关系，其中一个重要的模型就是资本资产定价模型（capital asset pricing model 缩写为 CAPM），是由美国经济学家 William Sharpe，John Lintner 和 Jan Mossin 分别提出来的。这个模型是在马柯威茨的证券组合理论的基础上发展起来的一种证券投资理论。它试图揭示多样化投资组合中资产的风险和所要求的收益率之间的关系。由于该理论论证严谨，可操作性强，能较好地解释证券投资的一些基本问题，因而，它在西方当代财务理论中占有重要的地位。

（一）投资组合的总风险

投资组合的总风险一般包括两部分：可分散风险和不可分散风险。

在前面的风险分类中已进行了详细说明，不可分散风险是不能通过组合投资来分散的风险，而可分散风险是公司特有风险，是可以通过适当地组合投资来进行分散的。因此，我们可以简单地将组合投资的风险描绘如图2-12所示。

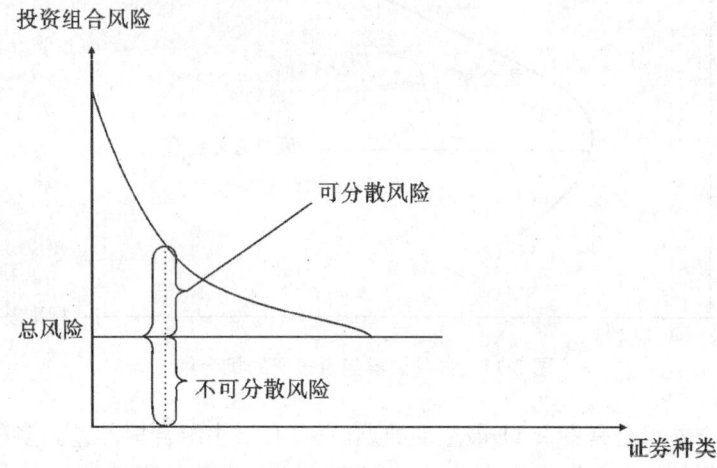

图2-12　证券组合风险构成图

由于可分散风险可以通过分散化消除，因此，一个充分的投资组合几乎没有可分散风险。假设投资人都是理智的，都会选择充分的投资组合，可分散风险将与资本市场无关。市场不会对它给予任何价格补偿，就像商品市场只承认社会必要劳动时间，而不承认个别劳动时间一样。市场不会给"浪费"以价格补偿，不会给那些不必要的风险回报。通过分散化消除了可分散风险，几乎没有任何值得市场承认的、必须花费的成本。因此，证券组合的风险主要体现为系统性风险，其风险程度用β系数来衡量。

（二）投资组合β系数

由于可分散风险可以通过投资多样化效应加以消除，因此，投资者关心的是不可分散风险对投资组合的影响。在风险研究中，我们通常以β系数来衡量不可分散风险。β系数实质上是不可分散风险的指数，用于反映个别证券收益的变动相对于市场收益变动的灵敏程度。市场收益是指所有证券组成的市场投资组合的收益。从理论上讲，市场投资组合是由所有风险性证券组成的，它的收益率是无法确定的。但在实务中，就证券投资来说，通常是以一些具有代表性的证券指数作为市场投资组合，再根据证券指数中个别证券的收益率来估计市场投资组合的收益率，然后再采用一定的方法来估算β系数。

有关β系数的计算模式，是根据某种证券（如第i种）的收益率R_i和市场组合的证券收益率R之间的线性关系确定的。但由于β值的计算较为困难，所以一般由专门机构进行测算,提供结果供投资者使用。β系数可以是正数,也可以是负数(β系数为负数的股票很少)。若将整个股票市场的β系数确定为1,则某种股票的β系数如大于1,表示其风险大于整个市场的风险;等于1表示其风险与整个市场风险相同;小于1表示其风险小于整个市场的风险。

在了解了单项投资β系数之后,我们来进一步研究组合投资β系数的确定。组合投资的β系数是该组合中各单项投资β系数的加权平均数,其权数为各单项投资在该组合投资中所占的比重。计算公式如下:

$$\beta_P = \sum_{i=1}^{n} W_i \beta_i$$

式中:β_P——组合投资的β系数;

W_i——组合投资中第i种投资占总投资的比重;

β_i——第i种投资的β系数;

n——组合中包含的投资总数。

如果一个高β值证券($\beta > 1$)被加入到一个平均风险组合(β_p)中,则组合风险将会提高;反之,一个低β值证券($\beta < 1$)被加入到一个平均风险组合(β_p)中,则组合风险将会降低。所以,一种证券的β可以度量该证券对整个组合风险的贡献,β值可以作为这一证券风险程度的大致度量。

【例2-22】 某个投资者持有三种股票构成的证券组合,他们的β系数分别为2.0,1.0,0.5,他们在证券组合中的比重分别为50%,30%和20%,则:

$\beta_P = 50\% \times 2.0 + 30\% \times 1.0 + 20\% \times 0.5 = 1.4\%$

(三)组合投资的必要报酬率

组合投资的期望报酬率应表示为:

$$\hat{K}_P = K_F + \hat{K}_C + \hat{K}_N$$

式中:$\hat{K}_P$——组合投资的期望报酬率;

K_F——无风险报酬率;

$\hat{K}_C$——组合投资的非系统风险报酬率;

$\hat{K}_N$——组合投资的系统风险报酬率。

在一确定市场情况下,各项投资的无风险报酬率(K_F)是相同的。$\hat{K}_C$是非系统风险报酬率,而非系统风险是可以通过组合投资进行分散的,因此,它没有风险补贴,故在此并不考虑$\hat{K}_C$。$\hat{K}_N$是组合投资的系统风险报酬率,也是投资所要求的风险补贴率,它的大小直接受组合投资β系数的影响。至此,公式可进一步简化变形为:

$$\hat{K}_P = K_F + \hat{K}_N = K_F + \beta_P(\hat{K}_m - K_F)$$

式中:$\hat{K}_m$——所有投资的平均报酬率。

若是证券投资,则可认为$\hat{K}_m$是证券市场上各种证券的平均报酬率,简称证券市场报酬率。其中,$(\hat{K}_m-K_F)$的大小受市场全体投资者回避风险程度的影响,因此也称为市场平均风险补贴率。

【例 2-23】 A公司进行组合投资,购买甲、乙、丙三种股票。β系数分别为 2.0,1.0 和 0.5,它们在组合投资中的比重分别为 50%,40%和 10%,设股票市场报酬率为 12%,无风险报酬率为 8%,试确定该组合投资的必要报酬率。

$$\beta_P=50\%\times 2.0+40\%\times 1.0+10\%\times 0.5=1.45$$
$$\hat{K}_P=8\%+1.45\times(12\%-8\%)=13.8\%$$

由此可以看出:在其他因素不变的情况下,组合投资的必要报酬率受到组合中各单项投资的β值以及各单项投资在组合投资中的比重大小的影响。在组合投资中,β系数较高的单项投资所占比重越大,则组合投资中的β值越大,风险越大,组合投资所要求的必要报酬率也因而越大。

五、风险的运用及其管理

企业冒风险从事经营和投资活动存在着"实际结果偏离预期目标而遭受损失的可能性",这在客观上要求冒风险进行投资和经营的企业应获得高额报酬。风险越大,报酬应越高,风险与收益成正比,从而取得风险价值补偿,否则便无人肯去冒险。因风险能带来高额报酬,所以企业才运用风险。又因为,在生产经营过程中,任何投资者都宁愿选择肯定的某一报酬率,而不愿选择不肯定的同一报酬率。这种被称为风险反感的现象的普遍存在以及时间相隔越远,决策执行结果越难肯定,使得企业在判定长期投资决策时必须充分考虑风险因素的作用。

实践证明,风险报酬已成为财务管理非常活跃的因素,成为企业制定财务决策的重要依据。所以,企业应当高度重视风险的管理工作。风险管理主要是指通过对风险的调整、控制,实现预期风险的报酬。具体管理环节包括,创造风险机制,辨识、衡量计算风险,选择、承担风险,调整、控制风险数值及方向,从而分散风险、转嫁风险和减少风险,以取得收益。

案例讨论:

中国平安保险的一份养老保险合同

【目的】

通过现实生活中一份真实的养老保险合同,让学生认识到时间价值和风险价值在现实生活中的应用。(1)学生能够运用所学的时间价值计算方法计算该养老保险合同的真实内在报酬率水平。(2)保险和风险的概念区别与相互关系(分别从投保人个体和保险公司的不同角度来分析)。

【内容】

　　1997年10月,中国平安保险公司推出了一种新型养老保险合同。合同条款就投保范围、保险责任、责任免除、保险金的申请和给付、争议处理等十六项内容进行了具体规范(详细条款内容见保险合同)。

　　本案例节选投保人及保险合同的一部分具体内容:

1. 投保人个人情况介绍

姓名:张××　　年龄:25岁　　性别:男

(注:保险合同中关于不同性别、不同年龄的投保者,在保险金的具体缴纳金额方面规定不同)。

2. 投保时间:1997年11月28日中午12时

3. 保费规定

缴费方式:年缴,现金缴纳　　　每年缴纳保险费金额:(人民币)1 200元

4. 保险金领取规定

开始领取日期:2027年11月28日　　　领取时投保人年龄:55岁

领取方式:年领　　　年领取金额:(人民币)11 261.77元

5. 保险责任

在保险有效期内,保险人承担下列保险责任:

(1)被保险人生存至约定领取年龄的保险单生效日对应日,保险人按约定方式向被保险人支付养老金。保险人保证给付十年固定年金,如果被保险人在领取十年固定年金期间身故,其受益人可继续领取至十年,保险责任终止;被保险人领满十年固定年金后仍健在,保险人继续支付养老金直至其身故,保险责任终止。

(2)被保险人在交费期内身故,保险人按其所交保险费(不计利息)的1.25倍给付身故保险金,保险责任终止。

6. 责任免除

被保险人因下列原因于交费期间内死亡,保险人不承担保险金给付责任:

(1)投保人或受益人的故意行为;

(2)犯罪、吸毒、殴斗、酒醉、自保单生效后两年内自杀;

(3)无照驾驶或酒后驾车;

(4)患艾滋病及其并发症;

(5)战争、军事行动、内乱或武装叛乱;

(6)核爆炸、核辐射或核污染。

【要求】

1. 假定张××能够存活到75岁,计算该保险合同的内含收益率。
2. 如果此时银行同期存款年利率为7%,该投保人应否投保此项保险?
3. 请说明保险与风险的关系(分别从投保人个体和保险公司的不同角度来分析)。
4. 保险合同中的责任免除条款有何作用?

第三章 企业筹资方式

【内容简介】

　　筹资是企业财务活动的重要内容,也是企业投资的前提条件。筹资具有其他财务活动不可替代的作用,是企业财务管理的核心内容之一。本章着重介绍筹资的基本概念以及权益资金、债务资金、租赁等具体的筹资方式。重点是银行借款、发行债券、吸收直接投资、发行普通股、留存收益等多种筹资方式的基本原理与优缺点比较。

【学习目的和要求】

　　通过本章学习,学生应区别筹资方式和筹资渠道的不同含义,了解资金筹集的具体过程,掌握资金需要量的预测方法,掌握银行借款、发行债券、吸收直接投资、发行普通股、留存收益等多种筹资方式的特点、要求及相互间的优缺点比较。

第一节　企业筹资概述

　　筹资是企业财务活动的重要环节,也是企业投资的前提条件。筹资具有其他财务活动不可替代的作用,因此筹资是企业财务管理的核心内容之一。本章仅对筹资的基本原理作一般论述,为学生学习以后的章节提供一些基础知识。

一、企业筹资含义及动机

　　企业筹资是指企业作为筹资主体根据其生产经营、对外投资和调整资本结构等需要,通过一定筹资渠道,运用一定筹资方式,经济有效地筹措和集中资金的活动。可以说企业筹资的基本目的是为了自身的创建、生存和发展。

　　企业在持续的生存与发展中,其具体的筹资活动通常受到特定的筹资动机所驱使。企业具体的筹资动机是多样的，例如为购置设备、引进新技术、开发新产品或者为对外投资等，有时这些具体的筹资动机是单一的，有时又是结合的，但是我们可以将其归纳为四种类型：

1. 设立性筹资动机

设立性筹资动机是指企业设立时为取得资本金而产生的筹资动机，资本金是企业进行生产经营活动的基本条件。按照我国有关制度的规定，建立企业时，必须有法定资本金，并且资本金不得低于国家规定的限额。

2. 扩张性筹资动机

扩张性筹资动机是指企业为了扩大生产经营规模或增加对外投资而产生的筹资动机。这种筹资动机往往是处于成长期、具有良好发展前景的企业产生的，例如，企业要开发生产适销对路的产品、追加有利的对外投资，这些都需要企业进行扩张性筹资，它可以直接使企业资产总额和资本总额增加。

3. 调整性筹资动机

调整性筹资动机是指企业因调整现有资本结构的需要而产生的筹资动机。资本结构是指企业各种筹资方式的组合及其比例关系。一个企业在不同时期由于筹资方式的不同会形成不同的资本结构。随着企业的发展，现有的资本结构也许不能够再促进企业的生存发展，不再合理，这就需要进行相应的调整，使之适应企业的发展，使资本结构趋于合理。

4. 混合性筹资动机

混合性筹资动机是指企业既为扩张规模又为调整资本结构而产生的筹资动机。在这种筹资动机的驱使下，企业通过筹资，既扩大了资金规模，又调整了资本结构。事实上，企业很少是为了单一的动机进行筹资的，往往是混合性的筹资动机。

二、筹资渠道及其获取方式

企业筹资需要通过一定的筹资渠道，运用一定的筹资方式来进行。筹资渠道是来源，筹资方式是方法，不同的筹资渠道和方式各有特点和适用性，为此需要加以分析研究。筹资的渠道与方式既有联系，又有区别。同一筹资渠道的资本往往可以采用不同的筹资方式取得，而同一筹资方式又往往可以筹集不同筹资渠道的资本。

(一) 企业筹资渠道

筹资渠道是指企业筹集资金的来源、方向和通道。目前，我国社会资金的提供者众多，来源的数量众多而且分布广泛。企业的筹集渠道可以归纳为以下几种：

1. 政府财政资金

政府财政拨款历来是国有企业筹资的重要来源,具有很强的政策性。现有的国有企业,包括国有独资公司,其筹资来源的大部分,仍然是政府通过中央和地方财政部门以拨款的方式投资而形成的。由于政府财政资本具有广阔的来源和稳固的基础,并在国有企业资本金预算中安排,因此,今后仍是国有企业权益资本筹资的重要渠道。

2. 银行信贷资金

银行信贷资金是各类企业筹资的重要来源。银行一般分为商业性银行和政策性银行。在我国,商业性银行主要是中国工商银行、中国农业银行、中国建设银行、中国银行以及交通银行等。这类银行可以为各类企业提供各种商业性贷款。政策性银行由国家开发银行、农业发展银行和中国进出口银行组成。这类银行主要为特定企业提供一定的政策性贷款。银行信贷资金拥有单位存款、居民储蓄等经常性的资金来源,且贷款方式灵活多样,可以适应各类企业债务资金筹集的需要。

3. 非银行金融机构资金

非银行金融机构是指除了银行以外的各种金融机构及金融中介机构。在我国,非银行金融机构主要包括保险公司、租赁公司、证券公司、信托投资公司以及企业集团的财务公司。他们具有不同的资金来源,通过不同的方式将资金借贷给企业,这种筹资渠道的财力虽然要小于银行信贷资金。但是,随着我国外汇市场、货币市场和资本市场等金融市场的建立和发展,这类资金会具有广阔的发展前景,而且可以预见在不远的将来可以成为企业筹集资金的有力支撑。

4. 其他法人资本金

其他法人资金有时也可以为企业提供一定的筹资来源。在我国,法人主要分为企业法人、事业法人和团体法人等。这些法人在日常的资金周转过程中,有时可以形成部分暂时闲置的资金,这些资金的闲置无疑增加了企业的机会成本,使企业浪费了更好的投资机会。为了让这些资金可以发挥一定的效益,可以将这部分资金贷出,从而成为其他企业筹资的来源。

5. 民间资金

我国企事业单位的职工和城乡居民持有的资金中,除了用于生活消费外,还有一定的剩余,这些剩余的货币资金可以直接对一切企业进行投资,从而成为企业筹资的资金来源。目前这部分资金占的数额比较小,但是随着我国市场经济的发展,这部分资金在企业资金来源中也会占有越来越重要的地位。

6. 企业内部资金

企业内部资金主要是指企业通过提取盈余公积和保留未分配利润而形成的资金来源,这类资金形成于企业内部,比较便捷,同时风险较低,有盈利的企业都可以加以利用。

7. 国外资金

在改革开放的条件下,国外投资者持有的资金也可以加以吸收。这部分资金的筹集可以通过直接筹资与间接筹资实现。直接筹资是指吸收国外投资者直接提供的外汇、设备和技术等;间接筹资是指企业向国际金融组织贷款,例如国际货币基金组织、世界银行等。

(二)企业筹资方式

企业筹资方式是指企业筹集资金所采取的具体形式、手段和工具。一般而言,企业筹资方式主要包括以下几种:

1. 直接吸收投资

直接吸收投资是指企业以协议的形式筹集政府、法人、自然人等直接投入的资金,它不以股票等证券为媒介,适用于非股份制企业,是非股份制企业取得主权资金的基本方法。

2. 发行股票筹资

发行股票筹资是股份公司按照公司章程依法发售股票直接筹集资金,形成公司股本的一种筹资方式,它以股票为媒介,仅适用于上市公司,是上市公司取得股权资本的基本方法。

3. 发行债券筹资

发行债券筹资是企业按照债券发行协议通过发售债券直接筹资,形成企业债务资金的一种筹资方式。在我国,股份有限公司、国有独资公司等可以依法发行债券进行筹资,获得大额的长期债务资金。

4. 发行商业本票筹资

这种筹资方式是大型工商企业或金融企业获得短期债务资金的一种筹资方式。它是一种新兴的短期筹资方式,目前在我国还不普遍。

5. 银行借款筹资

银行借款筹资是各类企业按照借款合同从银行等金融机构借入各种款项的筹资方式。它广泛适用于各类企业,是企业获得长期和短期债务资本的主要筹资方式。

6. 商业信用筹资

商业信用筹资是企业通过赊购商品、预收货款等商品交易行为筹集短期债务资金的一种筹资方式。这种筹资方式比较灵活,为各类企业所采用。

7. 租赁筹资

租赁筹资是企业按照租赁合同租入资产从而实现筹资目的的特殊筹资方式,租赁筹资形成企业的债务资金。

三、企业筹资的一般原则

在市场经济条件下,企业可以从许多筹资渠道筹资,并且可供选择的筹资方式也越来越多。不同筹资渠道和筹资方式进行组合筹集资金,其具体过程是不相同的,需要具备的条件以及要考虑的因素也有所差别。但是,无论是通过何种筹资渠道和筹资方式筹措资金,以下原则都必须遵循。

1. 合理性原则

无论要通过何种渠道、采用什么方式筹集资金,都应预先根据生产经营的需要,科学合理测定所需资金的数量。这样不仅能保证正常的生产经营顺利进行,保证投资项目竣工、投产、产生效益,使资金的筹集量与需要量达到平衡,避免资金不足给企业带来的损失,同时也能避免资金过剩带来的负面影响。

除了数量上的要求,企业筹资还必须合理确定资本结构。处于不同阶段的企业,其资本结构是不同的,因此必须确定合理的资本结构来适应企业目前或者未来的发展。合理确定资本结构主要体现在以下两个方面:一方面是合理确定股权资金和债务资金的结构,也就是合理确定企业债务资金的规模或比例问题。既要避免债务资金过多,从而导致过高的财务风险,使得企业负担过重,又要合理利用债务资金的财务杠杆效应,提高自有资金的收益水平;另一方面是合理确定长期资金与短期资金的结构,也就是合理确定企业全部资金的期限结构问题,这主要取决于筹资者对风险的态度,以及企业的信誉和企业财务管理水平。

2. 效益性原则

企业筹资与企业投资在效益上应当相互权衡,企业投资是决定企业是否要筹资、如何筹资、筹资规模的重要因素。因此,企业在筹资活动中,一方面需要认真分析投资机会,讲究投资效益,避免不顾投资效益的盲目筹资;另一方面,由于不同筹资方式的资金成本的高低不尽相同,也需要综合研究各种筹资方式,寻找最优筹资组合,以便降低综合资金成本,经济有效地筹集资金。

3. 及时性原则

除了投资效益和资金成本的比较外,筹资还要与投资在时间上相适应。企业筹资必须根据企业资金的投放时间安排予以筹划,即使筹资与投资在时间上相协调,避免因筹资过早而造成投资前的资金闲置或筹资滞后而延误投资的有利时机而带给企业资金成本和机会成本的增加。

4. 合法性原则

企业的筹资活动,影响着社会资金及资源的流向和流量,涉及相关主体的经济权益,合法性原则是筹资的最低要求。为此,必须遵守国家有关法律法规,依法履行约定的责任,维护有关各方的合法权益,避免因非法筹资行为而给企业本身及相关主体造成损失。

四、资金需要量预测

企业的资金需要量是筹资的数量依据,必须科学合理地进行预测,只有这样,才能使筹集来的资金既能保证满足生产经营的需要,又不会有太多的闲置。现介绍几种预测资金需要量常用的方法。

(一)因素分析法

因素分析法又称分析调整法,是以有关资金项目上年度的实际平均需要量为基础,根据预测年度的生产经营任务和加速资金周转的要求,进行分析调整,来预测资金需要量的一种方法。这种方法计算比较简单,容易掌握,但预测结果不太精确,因此它常用于品种繁多、规格复杂、价格较低的资金占用项目的预测,也可以用于匡算企业全部资金的需要量。采用这种方法时,首先应在上年度资金平均占用额基础上,剔除其中呆滞积压不合理部分,然后根据预测期的生产经营任务和加速资金周转的要求进行测算。因素分析法的基本模型是:

资本需要量=(上年资金实际平均占用额-不合理平均占用额)
×(1±预测年度销售增减率)
×(1±预测年度资金周转速度变动率)

(二)比率预测法

比率预测法是以一定财务比率为基础,预测未来资金需要量的方法。能用于预测的比率很多,如存货周转率、应收账款周转率等,但最常用的是资金与销售额之间的比率。

以资金与销售额的比率为基础,预测未来资金需要量的方法,就是销售收入百分比法(Percentage of Sales Approach)。销售百分比法是根据销售与资产负债表和利润表项目之间的比例关系,预测各项目短期资金需要量的方法。

以下我们通过一个非常简单的例子说明销售百分比法的基本思路。

【例3-1】 某企业2006年的资产负债表和利润表资料如下表3-1所示:

表3-1　　　　　　　某企业财务报表　　　　　　(单位:万元)

利润表		资产负债表	
销售收入	100	资产	50	负债	25
成本及费用	80			所有者权益	25
净利润	20	资产合计	50	负债及所有者权益合计	50

假定该企业上述财务报表中的所有项目均与销售收入直接相关,而且相关比例是最佳比例,也就是说,这些项目将随着销售收入的变化成比例地发生变化。假定明年预计销售收入增长20%,达到120万元,根据这一增长比例,预计

企业 2007 年的财务报表资料如下表 3-2 所示：

表 3-2　　　　　　　　某企业预计财务报表　　　　　　（单位：万元）

利润表			资产负债表	
销售收入	120	资产	60	负债	30
成本及费用	96			所有者权益	30
净利润	24	资产合计	60	负债及所有者权益合计	60

预计财务报表中，所有者权益增长 5 万元，而净利润增长 24 万元，是因为我们假定该企业支付了 19 万元的现金股利。如果，当年未付现金股利，则下年所有者权益应为：25＋24＝49 万元。总资产 60 万元，负债应为 60－49＝11 万元，即需要偿还 25－11＝14 万元的债务。

由上述例题可以看出，销售的增长与财务政策之间有内在的联系，销售的增长往往会引起资产的增长，资产的增长则会带来对额外资金的需求，而负债与所有者权益的变化正是源于额外资金的增加。值得注意的是，负债与所有者权益的变化总数与额外资金的需求是相等的，但是，二者自身数额的变化却是由企业具体的筹资策略和股利政策决定的，而这些政策的制定是由管理者决策的。在上例中是不需进行外部筹资的，但实际业务中往往会涉及外部筹资问题。

销售百分比法的基本思路是：借助预计利润表和预计资产负债表来完成对资金需要量的预测。通常先通过预计利润表预测企业留用利润这种内部资金来源的增加，然后再通过预计资产负债表预测企业资金需求总量和外部筹资的增加量。

销售百分比法能为财务管理提供短期预计的财务报表，以适应外部筹资的需要，简便易行。但它假定现有的一些比例关系会延续至下一期，所以并不适用于不确定性较大的长期预测。而且如果有关固定比例关系的假定失实，据以进行预测就会形成错误的结果。因此，在有关因素发生变化的情况下，必须相应地进行调整。

销售百分比法的步骤如下：编制预计利润表，预测留用利润。预计利润表是运用销售百分比法的原理预测留用利润的一种报表，它与实际利润表的内容及格式相同。目的是通过预计利润表，来预测留用利润这种内部筹资的数额，并为预计资产负债表预测外部筹资数额提供依据。其主要步骤为：(1)收集基期实际利润表，计算确定利润表各项目与销售收入的百分比关系；(2)根据测定的预测年度销售收入资料，结合上一步计算出的百分比关系，计算预测年度利润表各项目的预计数，并编制预计利润表；(3)根据预测年度的净利润和预定的股利支付率，计算留用利润的数额。

【例 3-2】 某企业 2006 年实际利润表资料如下表 3-3 所示,所得税税率为 30%。

表 3-3　　　　　　　　某企业利润表　　　　　　（单位:万元）
2006 年度

项目	金额	占销售收入的百分比(%)
销售收入	1 000	100
减:销售成本	760	76
销售利润	240	24
减:营业费用	40	4
管理费用	100	10
财务费用	20	2
利润总额	80	8
减:所得税(30%)	24	—
净利润	56	—

经调查,预计 2007 年销售收入可达到 1 500 万元,则 2007 年度预计利润表结果如下表 3-4 所示:

表 3-4　　　　　　　　某企业利润表　　　　　　（单位:万元）
2007 年度

项目	占销售收入的百分比(%)	金额
销售收入	100	1 500
减:销售成本	76	1 140
销售利润	24	360
减:营业费用	4	60
管理费用	10	150
财务费用	2	30
利润总额	8	120
减:所得税(30%)	—	36
净利润	—	84

该企业预计 2007 年度股利支付率为 1/4,所以留用利润率为 3/4,留用利润

金额为：

$$84 \times 3/4 = 63(万元)$$

(三)预计资产负债表

预计资产负债表是运用销售百分比法的原理预测外部筹资额的一种报表，它与实际资产负债表的内容及格式相同。通过预计资产负债表，来预测资产、负债有关项目的余额，进而预测企业所需外部筹资的数额。

资产负债表中有些资产或负债项目与销售额存在一定的比例关系，即在绝对量上，销售额的变动会引起这些项目同步变动，这些项目被称为敏感性项目，敏感性项目的选定要根据企业的实际情况，不同企业不同时期的敏感性项目的内容不尽相同。敏感性项目又可细分为敏感性资产和敏感性负债项目。通常，敏感性资产项目包括货币资金、应收账款、存货等项目；敏感性负债项目包括应付账款、应付费用等项目。对于那些在短期内不会随着销售规模的变化而相应改变的项目则称为非敏感项目，如对外投资、短期借款、长期负债和实收资本等一般不属于短期内的敏感性项目，留用利润也不宜列为敏感性项目。

预计资产负债表的主要步骤如下：(1)利用基期实际资产负债表，计算确定资产负债表各敏感性项目与销售收入的百分比关系；(2)根据测定的预测年度销售收入资料，结合上一步计算出的百分比关系，计算预测年度资产负债表各敏感性项目的预计数，非敏感性项目(除"留用利润"项目)假定没有变化，维持原有数额；(3)根据由预计利润表计算出的留用利润增加数，确定预计资产负债表中留用利润的余额；(4)加总预计资产负债表的两方，资产总额(左方)与负债及所有者权益总额(右方)的差额，即是使预计资产负债表两方相等的平衡数，也是需要外部筹资的数额。

【例3-3】 承上例，某企业2006年实际资产负债表及其敏感项目与销售额间的比例关系列示如下表3-5所示，编制2007年度预计资产负债表并预测外部筹资金额。

表3-5　　　　　　　　　某企业资产负债表　　　　　　　　（单位：万元）
2006年12月31日

资产项目	金额	占销售收入的百分比(%)	负债及所有者权益项目	金额	占销售收入的百分比(%)
流动资产：			负债		
货币资金	12	1.2	应付票据	50	—
应收账款	120	12	应付账款	120	12
存货	180	18	应付费用	10	1
预付费用	8	—	长期负债	220	

(续表)

资产项目	金额	占销售收入的百分比(%)	负债及所有者权益项目	金额	占销售收入的百分比(%)
			负债合计	400	13
			所有者权益:		
长期资产:固定资产净值	340		实收资本	240	
			留用利润	20	
			所有者权益合计	260	
资产总额	660	31.2	负债及所有者权益合计	660	

计算步骤:

(1)计算确定资产负债表各敏感性项目与销售收入的百分比关系(见表3-5)。

(2)预测年度资产负债表各敏感性项目的预计数,非敏感性项目(除"留用利润"项目)假定没有变化,维持原有数额(见表3-6)。

表3-6　　　　　某企业资产负债表　　　　　(单位:万元)
2007年12月31日

资产项目	占销售收入的百分比(%)	金额	负债及所有者权益项目	占销售收入的百分比(%)	金额
流动资产:			负债:		
货币资金	1.2	18	应付票据	—	50
应收账款	12	180	应付账款	12	180
存货	18	270	应付费用	1	15
预付费用	—	8	长期负债	—	220
			负债合计	13	465
			所有者权益:		
长期资产:固定资产净值	—	340	实收资本	—	240
			留用利润	—	83
			所有者权益合计		323
资产总额	31.2	816	追加外部筹资金额		28
			负债及所有者权益合计		788

(1)确定预计资产负债表中留用利润的余额(见表3-6)。其中:
2007年留用利润余额＝2006年留用利润余额＋2007年留用利润增加额
＝20＋63＝83(万元)

(2)加总预计资产负债表的两方,编制预计资产负债表并确定外部筹资数额(见表3-6)。

其中:
外部筹资数额＝资产总额－考虑外部筹资之前负债及所有者权益加总数额
＝816－(465＋323)＝28(万元)

以上介绍了如何利用预计资产负债表预测外部筹资金额的过程。可以看到,这一计算过程是比较程序化的,因此,为简便起见,亦可改用公式法预测追加的外部筹资金额。预测公式如下:

$$需要追加的外部筹资金额 = \frac{A}{S_1} \times \Delta S - \frac{B}{S_1} \times \Delta S - \Delta E$$

式中:A——基期敏感资产总额
B——基期敏感负债总额
S_1——基期销售额
ΔS——销售额的增加额
ΔE——预测年度留用利润的增加额

根据上例中的数据,直接运用公式预测2007年需要追加外部筹资的金额:

$$需要追加的外部筹资金额 = \frac{A}{S_1} \times \Delta S - \frac{B}{S_1} \times \Delta S - \Delta E$$
$$= 31.2\% \times (1\,500 - 1\,000) - 13\% \times (1\,500 - 1\,000) - 63$$
$$= 28(万元)$$

显然,公式法是根据预计资产负债表的原理,预测企业追加外部筹资金额的简便方法。

上述销售百分比法的介绍,是假定预测年度敏感性项目、非敏感性项目及其与销售的百分比关系不变。在实践中,敏感性项目、非敏感性项目及其与销售的百分比关系都有可能随着外部环境的变化而发生变动,这些变动又往往会对资金总量与追加外部筹资金额的预测产生一定的影响,因此,销售百分比法在实际应用中,应坚持具体情况具体分析的原则,必要时需相应地进行调整。

(四)资金习性预测法

资金习性预测法是指根据资金习性预测未来资金需要量的一种方法。所谓资金习性,是指资金占用量与产销量之间的依存关系。按照资金同产销量之间的依存关系,可以把资金区分为不变资金、变动资金和半变动资金。

(1) 不变资金。是指在一定的产销量范围内,不受产销量变动的影响而保持固定不变的那部分资金。也就是说,产销量在一定范围内变动,这部分资金保持不变。这部分资金包括:为维持营业而占用的最低数额的现金、原材料的保险储备、厂房及其设备等固定资产占用的资金。

(2) 变动资金。是指随产销量的变动而呈同比例变动的那部分资金。它一般包括直接构成产品实体的原材料、外购件等占用的资金。另外,在最低储备以外的现金、存货、应收账款等也具有变动资金的性质。

(3) 半变动资金。是指虽然受产销量变动的影响,但不呈同比例变动的资金,如一些辅助材料上占用的资金。半变动资金可采用一定的方法划分为不变资金和变动资金两部分。

对资金习性进行分析,把资金划分为不变资金和变动资金两部分,从数量上掌握了资金需要量同产销量之间关系的规律性,对准确预测资金需要量起到很大帮助作用。

把企业的总资金划分为不变和变动资金,然后再进行资金需要量预测,主要有以下两种形式:①根据资金占用总额同产销量的关系,直接预测资金占用总额。②将总资金分成相应的部分,先分项预测各部分资金占用数额,再汇总计算总资金占用额。

这两种预测方法在实际应用过程中,都要借助一定的数学方法来实现,主要采用高低点法和回归直线分析法。下面我们将介绍回归直线分析法,回归直线分析法是假定资金需要量与营业业务量之间存在线性关系并建立数学模型,然后根据历史资料,用回归直线方程确定参数并预测资金需要量的方法。其预测模型为:

$$y=a+bx$$

式中:y——资金需要量;

a——不变资金总额;

b——单位业务量所需要的可变资金额;

x——产销量。

根据上述预测模型,利用历史资料确定 a,b 数值后,就可以预测一定产销量 x 所需要的资金量 y。

【例3-4】 某企业 2002~2006 年的销售量及资金需要量数据如表 3-7 所示。假定 2007 年的销售量预计为 7.8 万件,试确定 2007 年的资金需要量。

表 3-7　　　　　　　　某企业销售量与资金需要量表

年度	产销量(x)(万件)	资金需要量(y)(万元)
2002	5.0	450
2003	5.5	475
2004	6.5	520
2005	6.0	500
2006	7.0	550

预测过程如下：

(1)根据表 3-7 的资料，计算整理出表 3-8 的数据。

表 3-8　　　　　　　　线性回归数据整理表

年度	产销量(x)(万件)	资本需要量(y)(万元)	X^2	XY
1999	5.0	450	25	2 250
2000	5.5	475	30.25	2 612.5
2001	6.5	520	42.25	3 380
2002	6.0	500	36	3 000
2003	7.0	550	49	3 850
合计	30.0	2 495	182.5	15 092.5

(2)将表 3-8 的数据代入下列方程组：

$$\begin{cases} a = \bar{y} - b\bar{x} \\ b = \dfrac{\sum xy - \sum x \sum y}{n\sum x^2 - (\sum x)^2} \end{cases}$$

得：

$$\begin{cases} a = \dfrac{2\ 495}{5} - b \times \dfrac{30}{5} \\ b = \dfrac{5 \times 15\ 092.5 - 30 \times 2\ 495}{5 \times 182.5 - 30^2} \end{cases}$$

求得：

$$\begin{cases} a = 205(万元) \\ b = 49(万元) \end{cases}$$

(3)将 $a = 205$(万元)，$b = 49$(万元)代入 $y = a + bx$，得：

$y = 205 + 49x$

(4) 将 2007 年预计产销量 7.8 万件代入上式，测得资本需要量为：
$205 + 49 \times 7.8 = 587.2$（万元）

运用线性回归必须注意以下几个问题：

(1) 资金需要量与营业业务量之间线性关系的假定应符合实际情况，如果线性关系不存在，则需考虑多元回归法。

(2) 确定不变资金规模和单位变动资金规模时，应利用预测年度前连续几年的历史资料，一般认为历史跨度越长，计算也越准确。为满足计算需要，在条件允许的情况下，应尽量使历史资料不少于 3 年。

(3) 在具体测算中，应有意识地考虑价格等因素的变动对资金需要量的影响。

第二节 短期资金筹集

短期资金筹集是指筹集偿还期限在一年内或长于一年的一个营业周期内的资金的行为。在市场经济条件下，短期资金筹集方式很多，主要有：接受银行短期贷款、发行短期融资券和商业信用筹资等。这些筹资方式主要用于解决企业临时性或短期资金流转困难而带来的问题。

一、短期贷款

企业根据生产经营的需要向银行或其他金融机构借入一定的资金，如果贷款期限在一年或一年以内，则称之为短期贷款，其特点是期限短、风险小、利率低，主要用于满足贷款人对短期资金的需求。

(一) 银行短期贷款种类

我国银行短期贷款，基本上是按企业性质、经济部门和贷款用途 3 个方面划分，种类主要有：

1. 生产周转贷款

生产周转贷款指的是企业为满足生产经营过程正常周转需要，在确定流动资金计划内，弥补企业自有资金不足而从银行取得的借款。核定的流动资金定额需要量扣除企业自有流动资金和长期流动资金（定额负债）后的不足部分，通常为生产周转借款的数额。

2. 临时贷款

临时贷款指的是公司为了解决季节性或临时性原因引起的流动资金占用额超过计划占用额的资金需要而向银行申请取得的借款。

3. 结算贷款

结算贷款是指企业销售产品后使用托收承付结算方式时向银行借入的在途结算资金,它是以托收承付结算凭证为保证向银行取得的贷款。

4. 大修理及小型技术措施贷款

企业在进行固定资产大修理和小型技术改造时因资金不足可以向银行申请短期贷款。

(二)银行短期贷款的方式

银行发放短期贷款的具体方式也是企业筹资可采用的方式。银行短期贷款方式主要有以下几种:

1. 信用贷款

信用贷款也称无担保贷款,是指没有保证人作保证或没有财产作抵押,银行完全根据借款人信用的放款方式。该贷款具有自偿性,即企业使用这种贷款能在1年内产生出足以偿还贷款的现金流量。信用贷款主要适用于两种企业:一是信誉好、规模大、实力强、借贷往来时间长的企业;二是符合国家有关规定可采取多类政策性贷款进行筹资的企业。

企业向银行取得短期信用贷款,通常有3种形式,即信用额度贷款、循环贷款协定、单项业务借款。

(1)信用额度贷款。信用额度又称信用限额,信贷限额是银行与借款人之间达成的正式或非正式的在未来一定期限内(通常为一年)的无担保贷款的最大借款额的协定。银行可根据企业生产经营状况的好坏核准或调整信贷限额。通常在信贷限额内,企业可随时向银行申请借款。例如,银行核定某企业某一年内的信贷限额为200万元,那么该企业在这一年内如需要资金,可在限额内向银行申请借款,但累积的借款数额不能超过核准的信贷限额。若企业信誉下降、财务状况恶化,即使银行曾同意过按信贷限额提供借款,企业实际中也可能得不到借款。这时,银行并不承担法律责任。

信用额度贷款的最大优点是为企业提供了筹资弹性。一旦信用额度建立起来,企业就可在不超过信用额度内借款,而当企业资金增加时,也可随时还款,以避免资金的闲置。

(2)循环贷款协定。循环贷款协定又称为周转信贷协定,是一种特殊的信用额度借款,它是银行向客户提供贷款的具有法律约束力的协定。该协定信用条件的主要内容是:在循环贷款协定的有效期内和规定的最高限额内,借款企业可随时向银行提出借款要求,而且银行必须满足企业的借款要求。在银行资金紧张时期,银行即使是从外部借入资金也要满足企业的借款要求。企业可通过借款、还款、再借款、再还款,不停地周转使用。循环贷款协定的周转期通常超过1年,不超过1年的又称短期循环贷款。

借款企业因为享有循环贷款协定正式规定的借款权力,需要对周转信贷的未用部分付给银行一笔承诺损失费。例如,某企业的循环贷款额为150万元,该年度平均借款余额为50万元,那么借款企业要对未用部分100万元支付承诺费。如果承诺费率为5%,则借款企业在该年度支付承诺费5万元(1 000 000×5%)。

循环贷款与信用额度贷款相似,但它们的一个重要区别是:银行有法律义务遵守循环贷款协定并享有承诺费,而非正式的信用额度协议没有法律效力。

(3)单项业务借款。如果企业为了某项特定的交易而需要短期资金,那么,它使用信贷限额或周转信贷方法去向银行借款就不合适了,因为这两种借款方式是随着融资需求的伸缩而变动。而在非重复性的融资需求下,企业的合理选择就是订立单项业务借款协议。在这种借款协议下,减少了借款企业向银行提供的财务报告的数量和深度。单项业务借款协议规定了特定的借款条件,例如借款数额、借款到期日以及借款利率。这种一次性贷款称为单项业务借款。对于这种贷款,银行要对借款人的信用状况、经济情况进行个别评价,然后才能确定贷款的利率、期限、数量。

2. 经济担保贷款

这是银行要求借款人以第三方经济信誉或财产担保人作为还款保证而发放贷款的一种方式。担保人员有监督借款人按期如数还款和代借款人偿还逾期贷款本息之责。银行要审查确认担保方的资格和承担能力。担保方一般是经济实力雄厚,具有法人资格的企业。银行要同借款企业、担保方签订合法完整的信贷合同、担保合同,明确担保方责任。

3. 抵押贷款

抵押贷款是企业通过提供某种资产作为担保抵押给金融机构,以此获取一定数额短期贷款。抵押贷款需要借贷双方签订抵押贷款合同,在合同中必须注明担保品的名称及有关说明。在这种贷款方式下,银行贷款的安全程度取决于担保品的价值大小和变现速度。通常担保品的价值越大,变现速度越快,银行贷款的风险就越小。借款企业可以用自己拥有的应收账款、应收票据、存货或其他流动资产作为短期借款的抵押品。

(三)银行短期贷款筹资的优缺点

1. 利用银行信用筹集短期资金有许多优点

(1)银行资金充足,实力雄厚,能随时为用户提供充足的短期资金,从而满足企业的季节性、临时性的大量资金需求,特别是对于规模大、信誉好的企业更为方便,可以根据需要随时以基本利率借入大量资金,这样的资本利率较低,从而降低资金成本。

(2)使用灵活。银行借款具有较好的弹性,企业可在资金需要增加时借入,在资金需要减少时还款,特别是信用额度制和循环借款协定为企业资金的借入和归还提供了更为便利的条件。

(3)短期贷款的利率一般低于长期借款,资金成本较低。

2. 利用银行信用筹集短期资金的主要缺点

(1)虽然短期贷款的利率低于长期借款,但是比利用商业信用、商业票据筹资的成本都高。担保借款的筹资成本更高,除了支付利息费用外,还需支付担保物的管理费用等。

(2)限制较多。银行对要求借款企业的经营和财务状况进行调查后方可决定是否借款。有些银行为避免风险,对企业施加控制,要企业把流动比率、负债比率维持在一定范围内。

二、商业信用筹资

(一)商业信用的概念和特点

商业信用,是企业在商品交易中因延期付款或延期交货而形成的借贷关系,是企业之间相互提供的信用。商业信用是由商品交易中货币形态的资金运动和实物形态的资金运动相分离产生,是一种自发性筹资方式。它应用广泛,在短期负债筹资中占有相当大的比重。

商业信用作为一种筹资方式具有5个特点。

(1)商业信用是伴随商品交易自然产生并取得的。在商品经济高速发展的现代经济社会中,商业信用伴随赊销和预收而存在,为企业提供短期资金来源,只要企业生产经营活动不间断,这种信用筹资方式就会持续下去,而且市场经济越发达,商业信用越普遍。

(2)商业信用是一种极其方便的筹资方式。如赊销方式中,卖方在无需进行正式的协商,也无需买方开具正式文书的情况下,便可以向买方提供商业信用。同其他筹资方式相比,无疑是极富有吸引力的。

(3)商业信用是建立在企业财务信誉基础上的筹资方式。在一般情况下,决定某个企业获得商业信用机会的大小有两大因素:一是企业的销售规模;二是企业的财务信誉。销售规模的大小从根本上决定信用规模,而财务信誉则为企业获得商业信用提供了可能性。由此可知,维持企业良好的财务信誉,对于企业短期资金的筹集,无疑是非常有利的。

(4)有时筹资成本为零。企业在取得商业信用时,无须花费筹资费用。如果企业获得的商业信用属下列情况之一,也不必支付资金占用费:①没有现金折扣;②使用不带息的票据;③虽然有现金折扣,但企业不放弃利用现金折扣优惠。

(5)期限短,在放弃现金折扣时的成本较高。就单笔交易所形成的商业信用而言,其信用其实是比较短的,应付账款的付款期一般短于两个月,应付票据的付款期最长不超过9个月。如果卖方提供的是有现金折扣的商业信用,则放弃现金折扣的资金成本是相当高的。

(二)商业信用的形式

利用商业信用筹资,主要有以下3种形式。

1. 应付账款

应付账款是在赊购商品的过程中产生的,是一种最典型、最常见的商业信用。它是卖方将商品转移给买方后,并不要求买方立即支付现款,于是买方以应付账款的形式获得了这种卖方提供的信贷。企业运用商业信用筹资往往受到许多限制。首先是时间上的限制。企业不能无理拖欠借款,否则要受到经济上的处罚。其次是经济上的代价。企业延期付款可能会以丧失卖方提供的现金折扣为代价。因此企业运用该方式筹资时,要注意分析这种筹资方式对企业是否有利,经济上是否划算。

以这种方式获得的短期融资总额取决于买方企业的日常赊购和支付的额度。假设:一个企业平均每日的赊购额为 10 000 元,平均付款期限为 25 天,则企业平均欠卖方的贷款额度为:

$$应付账款 = 延期天数 \times 每天的信用采购额$$
$$= 25 \times 10\ 000$$
$$= 250\ 000\ 元$$

2. 商业汇票

商业汇票是企业之间根据购销合同和双方达成的延期付款协定,由收款人或付款人开出,指定付款人到期向收款人无条件付款的票据。商业汇票作为一种筹资方式,对于购货方来说,实际上是先收到商品后付款,相当于赊购商品,只不过是将此款以票据的形式明确下来,构成企业的应付票据。商业汇票根据承兑人的不同可以分为商业承兑汇票和银行承兑汇票两种;根据是否计算利息又分为附息商业汇票和不附息商业汇票两种。商业汇票的利率一般低于银行借款利率,企业不用保持相应的补偿性余额和支付协议费,所以商业票据的筹资成本低于银行借款。但是商业汇票的支付期一般最长不超过 9 个月,到期必须归还,如若延期便要交付违约金,因而风险较大。

3. 预收货款

预收货款是销货方预先向购货方收取的一部分货款或全部货款,而商品在一段时间后再交付。是买方向卖方提供的商业信用,是卖方的一种资金来源。但这种商业信用形式的应用是很有限的,通常应用于所销商品市场上比较紧缺而买方又必需或急需、生产周期较长且投入较大的建筑业和重型机器制造业、书刊报纸的征订等情况。

(三)商业信用条件

商业信用条件是销货人对付款时间、现金折扣及折扣期限所作的具体规定。

如"2/10, n/30"就属于一种信用条件。从总体上来看,信用条件主要有以下 3 种形式。

1. 预收货款

这是购货方在销货方发货物之前支付的货款,一般适用于两种情况:(1)销货方已知购货方信用欠佳;(2)销货的生产周期长,售价高。在这样的信用条件下,销货单位可以得到暂时的资金来源,购货单位不但不能获得资金来源,还要预先垫支一笔资金。

2. 延期付款,但不提供现金折扣

在这种信用条件下,销货方允许购货方在交易发生后一定时期内按发票面额支付货款,如"Net 45"是指在 45 天内按发票金额付款,信用期限为 45 天。这种条件下的信用期一般为 30~60 天,但有些季节性的生产企业可能为顾客提供更长的信用期间。在这种情况下,购销双方存在着商业信用,购货方可利用延期付款而取得资金。

3. 延期付款,但早付款有现金折扣

在这种信用条件下,购货方若提前付款,销货方可给予一定现金折扣。如果购货方不享受现金折扣,则必须在一定时期内付清账款。如"2/10, n/30"意思是信用期限为 30 天,在 10 天内付款可享受货款 2%的现金折扣,这主要是销货方为了加速账款的收现而向买方提供的一种优惠条件。现金折扣比率一般为发票面额的 1%~5%。在这种情况下,购销双方存在商业信用,购货方若在折扣期内付款,则可获得短期资金来源,并能得到现金折扣。若放弃现金折扣,则可在较长时间内占用供货方的资金。

如果销货单位提供现金折扣,购货单位应尽量享受此项折扣,因为丧失现金折扣的机会成本很高。可按下式计算:

$$K=\frac{CD}{1-CD}\times\frac{360}{N-n}$$

式中,K——放弃现金折扣的机会成本;

CD——现金折扣的百分比;

N——实际付款日;

n——现金折扣日。

【例 3-5】 某公司赊购一批商品,价款 200 000 元,供货商提出"1/10, n/30"的信用条件,若该公司于交易完成后的 40 天支付货款,则其承担的放弃现金折扣的机会成本为:

$$K = \frac{CD}{1-CD} \times \frac{360}{N-n}$$
$$= \frac{1\%}{1-1\%} \times \frac{360}{40-10}$$
$$= 12.12\%$$

第三节 长期资金——自有资金筹集

企业的自有资金是企业所有者为创办和发展企业而投入的资金,是企业独立自主地开展生产经营活动的物质条件,是企业发展的"本钱"。企业的自有资金因企业组织形式的不同而有不同的表现形式,在股份制企业中称为"股本",在非股份制企业中称为"实收资本"。企业自有资金的筹集主要采取吸收直接投资、发行股票和保留盈余等方式。其中发行股票是上市公司筹集自有资金的主要方式。

一、吸收直接投资

吸收直接投资是指企业按照"共同投资、共同经营、共担风险、共享利润"的原则直接吸收国家、企业单位、个人、外商投入资金的一种筹资方式。发行股票要有股票作媒介,而吸收直接投资则无需发行任何证券。吸收投资中的出资者,是企业的所有者,可通过一定方式参与企业经营决策,有关各方按出资额的比例分享利润,承担损失。

(一)吸收直接投资的形式

在吸收投资的过程中,投资者可采用4种形式出资。

1. 现金出资

用货币资金对企业投资是直接投资中重要的出资形式,企业货币资金具有较大灵活性,因此应争取投资者尽可能采用现金方式出资。

2. 实物资产出资

实物资产出资是指投资者以房屋、建筑物、设备等固定资产和材料、燃料、商品等流动资产所进行的投资。投资实物的价格,可以由出资各方协商确定,也可以聘请专业资产评估机构评估确定,以评估价作为出资作价基础。

3. 工业产权和非专利技术投资

工业产权是指商标权、专利权、商誉,工业产权、非专利技术加上土地使用权构成企业主要的无形资产。其中国有企业以实物或无形资产(不包括土地使用权)出资的还必须经国有资产管理部门批准。

4. 土地使用权投资

土地使用权是指土地经营者对依法取得的土地一定时期内享有建筑、生产或其他活动的权利。土地使用权的所有者可以将自身拥有的土地使用权作为出资形式投资其他企业，对于受资企业来说则获得了具有经济价值的土地使用权资金。

(二)吸收直接投资的优缺点

1. 吸收直接投资的优点

(1)吸收直接投资所筹的资金属于企业的股权资金，与债务资金相比，可以增强企业财务实力，提高企业的资信和借款能力，并且可以降低财务风险。

(2)吸收直接投资不仅可以直接获得现金，而且可以获得先进设备和先进技术，与通过有价证券的间接投资比较，能尽快地形成生产能力。

2. 吸收直接投资的缺点

(1)通常吸收直接投资的资金成本较高。吸收直接投资，向投资者支付报酬要根据出资额和企业实现利润的多少来进行分配，这比发行债券筹资等的成本高。

(2)由于没有证券为媒介，产权关系有时不够明晰，也不便于产权的交易。

二、发行股票筹资

上市公司筹集自有资金的主要发式是发行股票。股票是上市公司为筹措资金而发行的有价证券，是投资者投资入股并据以取得股息、红利的凭证，它代表了持股人对股份公司的所有权。股票持有人即为公司的股东，他们按其持有的股份享有资产收益、重大决策和选择管理者的权利，并以其投入的资金额为限对公司承担有限责任。

上市公司发行的股票种类很多，包括以下 4 种。

1. 按票面有无记名分类

股票按票面是否记载股东姓名可分为记名股票和不记名股票。

前者票面记载股东的姓名或者名称，股东的姓名或名称要记入公司的股东名册，其转让、继承时要办理过户手续；后者不载明股东姓名或者名称，公司只记载股票数量、编号及发行日期，不记名股票的转让、继承无需办理过户手续，即可实现股权的转移。

2. 按票面是否标明金额分类

股票按票面是否标明金额可分为面值股票和无面值股票。

前者是指在票面上载明一定金额，持有这种股票的股东，对公司享有的权利和承担义务的大小，以其所拥有的全部股票的票面金额占公司发行在外股票总面额的比例大小确定；后者在票面上不载明金额，只注明该股票所代表的股份在其所发行的股份总额中所占的比例或股份数，故也称为"分权股份"、"比例股"。

3. 按股东的权利和义务分类

股票按股东的权利和义务可分为普通股股票和优先股股票。

普通股股票是股份公司发行的代表股东享有平等权利和义务的,不加特别限制的股票,是上市公司最重要、最基本的股份,是构成公司资本的基础。

优先股股票是较普通股股票具有特别权利的股票,优先股的优先权主要表现在两个方面:优先分配股息和公司解散清算时优先分配剩余财产。优先股一方面不需要偿还本金;另一方面按固定股息率支付股利,又具有债券的一些特性。

4. 我国按股票发行对象和上市地区分类

我国按股票发行对象和上市地区分为 A 股股票、B 股股票、H 股股票和 N 股股票。A 股股票又称为境内上市内资股,以人民币标明股票面值,以人民币认购和交易;B 股股票也称为境内上市外资股,即人民币特种股票,以人民币标明股票面值,以外币认购和进行交易,A、B 股股票在深圳、上海上市;H 股股票在香港上市,以外币标价、外币交易的股票;N 股股票是在纽约证券市场上市的股票。

三、普通股筹资

普通股资金是上市公司权益资金中最基本的部分,也是发行股票的基本形式。

(一)普通股股东的权利

普通股的持有者称为普通股股东,普通股股东一般具有如下权利。

1. 对公司的管理权

普通股股东对公司的管理权主要体现为在董事会选举中有选举权和被选举权。通过选出的董事会成员代表所有的股东对企业进行控制和管理。具体来说,普通股股东的管理权主要表现为:投票权、查账权。

2. 分享盈余权

分享盈余权也是普通股股东的一项基本权利。盈余的分配方案由股东大会决定,每一个会计年度由董事会根据企业的盈利数额和财务状况来决定分发股利的多少,并经股东大会批准通过。

3. 股份出售或转让的权利

股东有权出售或转让股票,而无需其他股东的同意。股东可以在证券市场上自由转让或出售,这也是股东的一项基本权利。

4. 优先认股权

当公司增发普通股股票时,普通股股东具有优先于其他投资者购买公司增发新股票的权力,原有股东有权按持有公司股票的比例,在一定的期限内以低于市价的认购价格购买新股。这种特权是为了使老股东能保持其对公司资本的既有份额,使股权不至于过度分散。

5. 剩余财产的要求权

当公司解散、清算时,普通股股东对剩余财产有要求权。但是,公司破产清算时,普通股股东是最后的财产分配者。首先财产的变价收入,要用来清偿债务,然后支付优先股股东,最后才能分配给普通股股东。所以,在破产清算时,普通股股东实际上很少能分到剩余财产。

(二) 股票的发行

股票的发行是指上市公司为设立公司或筹集资金,依照法律规定发售股票并收取股款的行为。

1. 股票发行方式

按股票是否面向社会公众,股票的发行方式可以分为不公开发行和公开发行两种方式。

股票不公开发行又称为私募发行,是指只向少数特定对象直接发行,不需中介机构承销的发行方式。不公开发行的筹备时间短、费用低、手续简单,但发行范围小,股票变现能力差。目前我国采取用发起方式发行的股票和不向社会公开募集方式发行新股,都属于这种方式。

股票公开发行又称公募发行,是指面向社会公众发行股票的方式。这种方式按有无中介机构参与,又可分为公开直接发行和公开间接发行。公开直接发行是指发行公司自己办理发行事宜,承担发行风险;公开间接发行是指由投资银行或证券公司等中介机构承担发行股票事宜。股票公开发行方式发行范围广、发行对象多,易于足额募集资金;股票的变现能力强、流通性好,有助于提高发行公司的知名度和扩大其影响力。但这种发行方式的手续繁杂,发行成本高。

2. 股票发行价格

股票的发行价格按其与面值的关系可分为以下 3 种类型:第一,等价发行。等价发行就是以股票面值为发行价格,也称为平价发行或面额发行。一般在设立公司首次发行股票或给老股东配发股票时采用。等价发行股票可确保及时足额地筹措资金。第二,时价发行是指公司股票按在流通市场上买卖股票的价格发行新股。一般以时价为基础,在综合其他因素后,按低于时价 5%～10% 来确定股票的发行价格。第三,中间价发行。即以股票的市场价格与面值的中间价格作为股票的发行价格。

(三) 普通股筹资的优缺点

1. 企业利用发行普通股筹资的主要优点

(1) 普通股无固定到期日,不用偿还,是一种永久性的资金来源。利用普通股筹集的资金,除非公司清算才需偿还,从而对企业保证最低资金需求具有重要意义。

(2) 没有固定的费用负担,股利分配比较灵活。当公司有盈余,并认为适合分配股利时,就可以分配给普通股东;当公司盈余较少,或虽有盈余但资金短缺或有更有利的投资机会时,则可以少付甚至不支付股利。

(3) 可使公司免受债权人和优先股股东对经营者施加的某些限制,这些限制往往会影响企业经营的灵活性,而利用普通股筹资则不受这种限制。

(4) 提高公司信誉。普通股资金和保留盈余是构成支付公司所借一切债务的基础,发行较多普通股,意味着公司为债权人提供了较高程度的保护,同时也提高了公司的信用等级。

2. 企业采用普通股筹资也有一些缺点

(1) 资金成本较高。一般来说,普通股筹资的成本要大于债务资金。这不仅因为股票投资风险大,股东要求的报酬率高,而且股利是在税后利润中支付,而债务资金的利息可以在税前扣除,另外股票的发行费用也比较高。

(2) 对外增发普通股新股,引进众多新股东,容易分散公司的控制权。并且新股东对公司的累积和盈余有分享权,这等于把一个好公司送给了别人。同时将降低每股普通股的可能净收益,损害现存股东的利益,引起普通股市价下跌,并有被收购的风险。

四、优先股筹资

(一) 优先股的性质及种类

优先股是具有某些优惠条件的股票,是一种性质比较复杂的有价证券,优先股的"优先"主要体现在两个方面:优先分配股利和优先分配财产。它同时具有主权资金和债务资金的双重特征。即一方面,优先股股票有固定的股息率,公司清算时,优先参与剩余财产分配,不参与公司经营管理,这些性质与债券相同。另一方面,优先股股票没有最后的到期日,股息在税后净利中支付,这些方面与普通股相同。在法律上,优先股是股票,利用优先股所筹资金属于自有资金。

优先股按其所包含的权利不同,可作如下分类。

1. 可转换优先股与不可转换优先股

可转换优先股是指按发行契约规定持有人可以在将来一定时期内按一定比例(或价格)转换成普通股的优先股。可转换优先股可以在企业不稳定时受到保护,在企业经营好盈利多时,普通股价上升,行使转换权以获利;反之,企业经营不良时,可不行使转换权,获得固定优先股股息收入。可转换优先股在出售时,价格较高,公司可筹到更多资金,因而普通股股东的利益并不因此受到侵犯。按事先规定不具有转换权力的优先股为不可转换优先股。这种优先股只能获得固定股利支付,不能获得转换收益。

2. 累积优先股与非累积优先股

累积优先股是指公司过去年度未支付的股利可以累积计算,并由以后年度的利润付清的优先股。公司只有在发放完历年拖欠的全部优先股股息之后,才发放普通股红利。累积优先股是较常见的一种优先股,可以保护优先股股东的利益。非累积优先股是指仅用当年利润支付当年优先股股利,股利不予以累积补付的优先股。如果本年利润不足以支付全部优先股股利,对其所欠部分,优先股股东不能要求公司在以后年度补发。

3. 参与优先股与非参与优先股

参与优先股是指优先股股东在获取定额股息后,还有权与普通股股东一起参加剩余利润分配,分得额外股利的优先股。其所得分配额取决于每股普通股股利与每股优先股股利之差。非参与优先股是指优先股股东只能获得固定的股息,不能参与剩余利润分配的优先股。参与优先股一般很少采用,大部分优先股都是非参与优先股。

4. 可赎回优先股与不可赎回优先股

可赎回优先股是指在发行条款中预先设有赎回条款,股份制公司有权按预定的价格和方式赎回的优先股,这样做是出于减轻公司股利支付负担的考虑。大多数优先股股票都附有收回条款,不预先设有赎回条款的优先股股票则为不可赎回优先股。

(二)优先股筹资的优缺点

1. 利用优先股筹资的主要优点

(1)优先股没有到期日,不用偿还本金,这与普通股相同。优先股相当于使用一笔无限制的贷款,无须偿还本金,也无须再作筹资计划。而且大多数优先股都附有收回条款,使得使用这部分资金更有弹性,从而控制公司的资本结构。

(2)利用优先股筹资可以保持普通股股东的控制权。当公司既想向外界筹集主权资金,又不想丧失原有股东控制权时,利用优先股筹资极为合适。从法律上讲,优先股资金属于自有资金,因而优先股扩大了权益资金基础,可增强公司的借款能力。

(3)股利的支付既固定,又具有一定弹性。虽然优先股具有固定的股利,但是,固定股利的支付并不构成公司的法定义务。因为如果公司财务状况不佳,可以暂时不支付固定股利,即使如此优先股的股东也不会像债权人那样会迫使公司破产。

2. 利用优先股筹资的主要缺点

(1)优先股成本较高。优先股股息属于资产收益,要从税后利润中支付,得不到税收屏蔽的好处,因而成本较高。

(2)优先股筹资的限制较多。发行优先股,通常有许多限制条件,例如,对普通股股利支付的限制、对公司借债的限制。

(3)优先股股利可能成为公司的财务负担。因为优先股需要支付固定股利,但又不能在税前扣除,所以,当盈余下降时,优先股的股利会成为一项较重的财务负担,有时不得不延期支付,从而影响公司的声誉。

五、保留盈余筹资

保留盈余是一种内部筹资的方式。公司的税后利润主要用于两个方面:一是作为股利分配给股东;二是作为盈余公积和未分配利润被企业所保留,成为公司扩大生产经营的重要资金来源。因此,公司对税后利润进行分配计提的盈余公积和支付股东的股利后余下的税后利润就可供公司支配使用。把盈余公积和税后利润留归企业支配使用称为保留盈余,这种做法是企业筹集自有资金的重要方式。

1. 保留盈余筹资的优点

对于企业来说,通过保留盈余方式筹集自有资金有较多优点,主要表现为:

(1)从内部筹资,不发生筹资费用。企业向外界筹集长期资金,无论采用股票、债券还是银行借款,都需要支付大量的筹资费用,而利用保留盈余进行筹资,则无需支付这部分开支。因此,在筹资费用相当高的当今社会,使用保留盈余这种内部筹资方式对公司非常有益。

(2)从内部筹资,股东可以获得税收上的好处。企业如果不利用内部融资,将全部盈余都分配给股东,股东收到的股利要缴纳个人所得税,如果适当地利用内部筹资,少发股利,则公司股票会上升,股东可以出售部分股票来代替股利收入,而出售股票的收入所缴纳的资本利得税要低于个人所得税。

(3)内部筹资属于权益筹资,不仅可以增强权益资金的实力,也可以增强企业负债筹资的潜力,不仅为债权人提供了保障,而且也增加了企业的信用价值。

2. 保留盈余筹资的不足

然而,内部筹资也有其不足之处,这些不足使得各公司都不期望长久的不支付股利。

(1)保留盈余的数量常常会受到某些股东的限制。对于有些股东来说,股利收入构成日常收入的主要来源,因而他们希望多发股利;有些股东则对风险反感,宁愿目前多缴股利税,也不愿等到将来再收到更高的股利或较高价出售股票获得利得受益。所以一些公司的股东总是要求股利支付率要维持在一定水平上。

(2)保留盈余过多,股利支付比过少,可能会影响以后的外部融资。这是因为如果股利支付率较高则向外界传达一个良好的信息,使得投资人对该公司股票增强信心,因此,股票的发行和流通更容易。

保留盈余已经成为公司日益重视的内部筹资方式。保留盈余的资金成本就是股东对公司的普通股所要求的报酬率。如果公司能够将保留盈余投资于报酬率更高的项目,将会给公司的股东带来更多的好处。由于向外部筹资,其筹集费用通常很高,而保留盈余不必动用现金支付筹集费用。企业应当加强内部经营管理,增收节支,通过增加留存收益来扩大内部权益资金的积累。显然,保留盈余是一种较好的筹资方式。

第四节 长期资金——债务资金筹集

一般地,人们习惯将偿还期限为1年以内的债务资金称为短期负债;将偿还期限在1年至5年的债务称为中期负债;而将偿还期限超过5年的债务称为长期负债。而在财务管理学中一般将偿还期限在一年或超过一年的一个营业周期以上的债务统称为长期负债。

长期负债筹资的主要作用是为企业所有者提供长期资产运作所需要的那部分资金。如果筹集的资金比实际长期需要的资金更多,或筹措的借款数额超出了它相对于企业所有者权益的基数,以及为短期需要而筹借长期资金,都会导致企业长期债务资金成本的增加,显然这种做法不经济。

筹资企业采取长期负债方式获取资金,必须履行到期还本付息的义务。这种在一定期限内偿付本金和支付利息的义务,使长期负债筹资方式具有偿还性、时限性和约束性等特点。偿还性使企业必须事先安排部分偿债基金,从而改变资金结构。时限性使企业只能在债务资金使用期内充分发挥财务杠杆作用,债务资金整个使用期限和每次计息时限都对企业资金成本产生重要影响。约束性使企业必须按照债务协议使用资金,合理组织财务活动,按契约规定承担债务人的各种义务。

企业的长期债务资金可以通过举借长期借款、发行债券等方式进行筹集。

一、长期借款

长期借款是企业向银行、非银行金融机构和其他组织借入偿还期限在1年以上的资金而发生的各种借款。主要用于满足企业的各种长期资金的需要,相对于短期借款以及其他借债方式而言,长期借款不仅使用期限长,而且融资效率也高。利用长期借款筹资是各类企业筹措长期资金的主要方式之一。

(一)长期借款的种类和形式

企业应根据自身的资金需求数量、管理水平和偿还能力,对贷款机构的利率水平和所要求的偿还方式进行分析,选择适当种类和形式的长期借款筹集资金。按照不同的标准可将长期借款分为不同的种类,常见的分类方式有以下3种。

1. 按提供贷款的机构分类

从贷款机构角度考虑，我国主要有政策性银行贷款、商业性银行贷款，以及投资信托公司、保险公司等大量非银行金融机构贷款可供选择。政策性银行贷款是执行国家政策性贷款业务的银行所提供的贷款。企业取得政策性贷款的资金成本最低，期限也比较长。不过，借款人一般是国有企业。提供政策性贷款的机构主要是国家开发银行和进出口信贷银行等。商业性银行贷款是企业取得长期借款的最主要来源。换言之，商业性银行贷款是企业采取长期借款筹资的最基本形式。非银行金融机构的贷款一般较商业银行贷款要求的利率高，对借款企业的信用和担保品的选择也比较严格。

2. 按有无抵押品作担保分类

从贷款有无抵押品角度考虑，有抵押贷款和信用贷款两种。抵押贷款是以特定的抵押品作为担保的贷款。作为贷款的抵押品可以是不动产、机器设备等实物资产和股票、债券等有价证券，这些抵押品必须是可在市场上出售的。如果贷款到期，贷款企业不能或不愿偿还时，银行可取消企业对抵押品的赎回权并有权处理抵押品。信用贷款则是根据借款人的生产经营、财务状况和信誉，发放的无抵押品担保的贷款，也称无抵押贷款。对于这种贷款，由于风险较高，银行通常要收取较高的利息，并往往附加一定条件的限制。长期以来，受经济体制等因素的影响我国的银行贷款主要采取信用贷款方式。

3. 按贷款的用途分类

按贷款的用途，银行长期贷款有固定资产贷款、技术改造贷款、科研开发和新产品试制贷款等。

同时由于国家宏观经济调控和行业管理的需要，银行贷款又有工业贷款、商业贷款、农业贷款和能源交通贷款等。

(二) 长期借款的利率

长期借款的利率取决于资本市场的供求关系、借款的期限、借款有无担保及公司的资信状况等。

长期借款的利息率一般可以分为固定利率、变动利率和浮动利率3种。

1. 固定利率

固定利率是以与借款公司风险类似的公司发行债券的利率作参考，借贷双方商定的利率，一经确定就不再改变。

2. 变动利率

变动利率是指规定在长期借款的期限内，利率可以定期调整，一般根据金融市场的行情每半年或一年调整一次，调整后贷款的余额按新利率计息。

3. 浮动利率

浮动利率是指借贷双方协商同意，按照资金市场变动情况调整的利率。公司借入资金时一般应开出浮动利率期票,期票注明借款期限,单利率则在基本利率的基础上,根据资金市场变动情况调整计算,可将借款利率定在超过各年基本利率的若干百分点上,当基本利率变动时,尚未偿还的长期借款利率就以同比例变动。基本利率通常以同期借款的公认利率或信誉较好公司的商业票据利率为准。

(三)长期借款筹资的优缺点

长期借款是企业筹措长期债务资金的主要方式,这种筹资方式给企业带来积极影响的同时,也会给企业带来一定的不利影响,企业在使用该筹资方式时应注意扬长避短。

1. 长期借款筹资的优点

(1)筹资速度快。企业利用长期借款筹资,一般所需时间较短,程序较为简单,可以快速得到现金。而发行股票、债券筹集长期资金,则需做好发行前的各种工作(如印刷证券等),发行也需一定时间,故耗时长,程序复杂。

(2)借款成本较低。长期借款的利息可以在税前扣除,这就使公司减轻了利息负担,使借款成本低于股票成本;长期借款和长期债券的利息都可以税前支付,同时,长期借款不需要经过证券机构,筹资成本较低。

(3)借款弹性大。在借款时,公司与银行直接商定贷款时间、数额和利率等;在用款期间,公司如财务状况发生某些变化,亦可以与银行再协商,变更还款数额以及期限等,因此长期借款对公司而言具有较大的灵活性。

2. 长期借款的缺点

(1)筹资风险大。借款通常都有固定的利息负担和固定的到期日。在公司经营状况不佳时,可能产生不能偿付的风险,如公司严重亏损,且无法偿还到期债务,就会有破产的危险。

(2)限制条件多。贷款银行为了保护自己的利益,通常会在与公司签订借款合同时附加许多限制性条款,如补偿性余额、股利支付限制等,这些条款会限制公司的经营活动,降低了借款的使用效果,也有可能给企业经营管理带来许多不利的影响。

(3)筹资数量有限。借款数量受银行或其他贷款机构贷款能力的限制,一般长期借款难以筹到股票、债券可以筹到的大额资金。

二、发行企业债券

债券是企业为筹集债务资金而发行的,约定在一定期限内向债权人还本付息的有价证券。同样,发行债券也是企业筹集债务资金的重要方式。但是由于发行债券会对金融市场秩序产生较大的影响,因此,各国政府对债券发行企业规定了严格的资格审批程序。在我国,政府只允许公司制企业发行债券。

(一) 债券的分类

债券的种类很多,按不同的标准有不同的分类。常见的分类方式有以下4种。

1. 有担保债券与无担保债券

有担保债券是指企业发行的有指定的财产作为担保的债券。按照抵押品的不同,还可进一步分为不动产抵押债券、动产抵押债券和信托抵押债券。其中信托抵押债券是指发行企业以其持有的其他企业发行的证券作为抵押品而发行的债券。无担保债券是指没有具体财产担保而仅凭发行企业的信誉发行的债券,又称"信用债券"。但为了保护投资者利益,对无担保债券发行者使用债务资本有一些约束或限制规定。

2. 记名债券与不记名债券

记名债券是指在券面上记有持券人的姓名或名称。对于这种债券,发行企业只对记名人偿本付息,凭身份证或其他有效证件领取本息。记名债券的转让,由债券持有者以背书等方式进行,并向发行公司通报受让人的姓名或名称,以便公司登记在债券存根簿上。不记名债券是指在券面上不记载持券人的姓名或名称,还本付息以债券为凭。其转让手续简单,只需将债券交付给受让人即发挥效力。我国发行的债券一般是不记名债券。

3. 固定利率债券与浮动利率债券

固定利率债券是指企业在发行债券时在券面上载有确定利率的债券。在债券有效期内,不论经济环境如何变化,债券利率始终不变。浮动利率债券是指发行时不确定债券利率的债券。在债券有效期内,其利率可以根据有关利率(如银行存款利率或国库券利率)的变动作为参照系进行相应的浮动。

4. 可转换债券与不可转换债券

可转换债券是指债券持有者可以根据规定的价格转换为发行企业的股票(一般为普通股)的债券。这种债券在发行时,对债券转换为股票的价格和比率等都作了详细规定。对发行企业来讲,发行这种债券可大大降低其利率,节约企业的利息支出。但其转换会稀释普通股股东的控制权。另外,如果转股价格规定不合理,债券持有者在规定时间内不行使转换权,而发行企业又没有足够的思想准备,有可能引发大规模集中性的本息兑付而导致企业破产。我国公司法规定,可转换债券的发行主体是股份有限公司中的上市公司。不可转换债券是指不能转换为发行企业股票的债券。我国大多数债券属于这种类型。

除上述主要分类外,债券还有其他分类标准。如按照债券是否具有参与发行公司的盈余分配的权利可分为参与公司债券与非参与公司债券;按照债券是否上市,可分为上市债券与非上市债券,上市债券可以在证券交易所挂牌交易,这种债券信用度高、变现能力强,能提高企业的知名度,但上市条件严格,还要承担上市有关费用;非上市债券则不能在证券交易所挂牌交易。

(二)债券发行价格的确定

公司债券的发行价格是发行公司(或其承销机构代理)发行债券所使用的价格,亦即投资者向发行公司认购债券时实际支付的价格。从资金时间价值的原理来认识,公司债券发行的理论价格应由两部分构成:一部分是债券到期还本面额按市场利率折现的现值;另一部分为债券各期利息额折现的现值之和。即:

$$债券发行价格 = \frac{债券面额}{(1+市场利率)^n} + \sum_{t=1}^{n} \frac{债券年息}{(1+市场利率)^t}$$

式中:n——债券期限;

t——付息期数;

市场利率——债券发行时的市场利率;

债券年息——债券面额与票面利率的乘积。

公司债券的发行价格有3种,即等价发行、折价发行和溢价发行。等价发行又叫面值发行,是指按债券的面值出售;折价发行是指债券的发行价格低于债券的票面价值;溢价发行是指发行价格高于债券的票面价值。

为什么会出现以上3种发行价格呢?这主要是由于企业债券的票面利率一经印出,就不能再进行调整,而债券从开始印刷到正式发行,往往需要经过一段时间,资金市场上的平均利率会不断发生变化。如果票面利率与市场利率不一致,就需要调整发行价格(溢价或折价),以调节债券购销双方的利益,因此会出现上述三种发行价格。

【例3-6】 某企业发行面值为100元的债券,票面利率为8%,期限3年,每半年支付利息一次,到期还本。则:

(1)当市场利率为6%时,该债券发行价格为

$$债券发行价格 = \frac{100}{\left(1+\frac{6\%}{2}\right)^{2\times3}} + \sum_{t=1}^{2\times3} \frac{100 \times \frac{8\%}{2}}{\left(1+\frac{6\%}{2}\right)^t} = 105.47 \text{元}$$

(2)当市场利率为8%时,该债券发行价格为

$$债券发行价格 = \frac{100}{\left(1+\frac{8\%}{2}\right)^{2\times3}} + \sum_{t=1}^{2\times3} \frac{100 \times \frac{8\%}{2}}{\left(1+\frac{8\%}{2}\right)^t} = 100 \text{元}$$

(3)当市场利率为10%时,该债券发行价格为

$$债券发行价格 = \frac{100}{\left(1+\frac{10\%}{2}\right)^{2\times3}} + \sum_{t=1}^{2\times3} \frac{100 \times \frac{8\%}{2}}{\left(1+\frac{10\%}{2}\right)^t} = 95 \text{元}$$

(三) 债券的信用评级

信用评审机关对发行债券公司的经济、金融以及债券担保等情况进行分析和调查研究,对所发行的债券评出等级,以反映债券质量的高低。高等级的债券信誉好,发行工作更容易进行。债券的等级一般可分为三等九级,即 A,B,C 三等,AAA,AA,A,BBB,BB,B,CCC,CC,C 9 个级别。

AAA 为最高级债券,其还本付息能力最强,投资风险最小,通常被称为"金边债券"。

AA 为高级债券,有很强的还本付息能力,但它与 AAA 债券相比有一定差距,主要作为利息支付后盾的利润收入,稳定性稍差。

A 为中上等级债券,有较强的还本付息能力,但可能会受环境和经济条件的影响,不过这种债券也是很好的投资选择。

BBB 为中级债券,具备足够强的偿还本金和利息的能力,但缺乏必要的保证因素,还本付息能力受外界因素影响可能减弱。

BB 为中下等级债券,其还本付息能力有限,具有一定的投资风险。

B 为下级债券,对未来如期支付利息和本金的保证能力差,属投机性债券,风险较高。

CCC 为容易失败的债券,属完全投机性债券,风险很高。

CC 为高度投机性债券,风险最高。

C 为最差等级债券,一般无法还本付息。

目前,国际两个最著名的债券评级公司当属美国的穆迪公司和标准普尔公司。债券的评级目前在我国还处于起步阶段,按中国人民银行的有关规定,凡是向社会公开发行的公司债券,需由中国人民银行指定的资信评估机构或公证机构进行评估。

(四) 发售公司债券筹措资金的优缺点

发行债券筹集资金,对发行公司而言有利也有弊,应加以识别权衡,以便抉择。

1. 发售公司债券筹措资金的主要优点

(1) 资金成本较低。与股票相比较而言,债券的发行成本较低;债券利息水平低于股利水平;同时债券利息在税前支付,这使得企业实际负担的利率低于债券的票面利率。

(2) 保障股东的控制权。债券持有人无权参与发行企业的管理决策,因此企业的所有者不会因此丧失其对企业的控制权。

(3) 获得财务杠杆作用。不论公司赚多少钱,债券持有人只能收回固定的利息和本金,而更多的剩余收益可分配给股东,从而提高普通股的每股收益。

(4) 便于调整资本结构。若公司发行可提前赎回债券,则可以通过债券的提前赎回来调整公司的资本结构。

2. 债券筹资的缺点

(1)财务风险较大。债券有固定的到期日,并要定期支付利息。在企业经营不景气时,也需要向债券持有人付息还本,这无疑加重企业的负担,甚至可能导致企业的破产。

(2)限制条件较多。发行债券的限制条件要多于长期借款而且严格,从而会影响企业的资金使用和以后的筹资能力。

(3)筹资数量有限。发行债券的筹资数量通常要受到一定额度的限制,比如我国《公司法》规定,企业发行在外的债券累计规模不能超过公司净资产的40%,这一规定就限制了企业债券筹资的总规模。

第五节 租赁筹资

租赁是资产所有者出让资产的使用权给承租人,在使用期间,承租方定期支付租金的一种财务经济活动。租赁行为实质上具有借贷属性,不过它直接涉及的是物而不是钱,通过融物来实现融资的目的。在租赁业务中,出租人主要是各种专业租赁公司,承租人主要是其他各类企业,租赁大多为设备等固定资产。租赁活动已经由来已久,现代租赁已经成为企业筹资的一种方式,用于补充或部分代替其他筹资方式,在租赁业务发达的条件下,它为企业所普遍采用,是企业筹资的一种特殊方式。

一、租赁筹资的具体形式

根据租赁的目的,可将租赁分为融资租赁和经营租赁两类。

1. 经营租赁(operating lease)

经营租赁是资产所有者以提供设备短期使用权为特征的一种租赁形式。它一般有如下特点:

(1)租赁期限短,不涉及长期而固定的义务。

(2)租赁合同较灵活,在合理期限条件范围内,可以解除租赁契约。

(3)租赁期间标的物的维修、保养等活动由出租人负责。

(4)租赁期满,租赁资产一般归还出租人。

(5)设备的采购完全由出租人自行决策。

(6)主要满足承租人对资产的临时性需要。

2. 融资租赁(financial lease)

融资租赁是指企业需要添置设备时,不是立即筹资购置,而是委托租赁公司根据企业的需要代为购置,然后以租赁的方式租赁过来,从而实现融资的目的。

对于承租企业来说是一种"借鸡下蛋,卖蛋还鸡钱"的做法,又称为资本租赁、财务租赁、金融租赁等。它一般具有下列特点:

(1)出租人几乎可以通过一次出租,就能基本收回在出租资产上的全部投资。而对承租人来说,实际上是以分期付款的方式购买设备。

(2)租赁期限较长。按国际惯例,租赁期如果超过租赁资产经济寿命的75%,即为融资租赁。

(3)租赁期满时,承租企业对租赁资产有优先购买权,或者租赁资产的所有权归属承租方。

(4)租赁合同不能因一方的要求而随意撤销。这一特点保证了租赁双方的权益。在我国,出租人为了早日收回投资,往往允许承租人提前偿付全部租金。

(5)在融资租赁方式下,出租人的主要责任是向承租人融通资金。因此,在租赁期中,有关设备的保养、维修等费用全部由承租人承担。但同时,因使用设备而产生的收益也归承租人独享。

由融资租赁的定义和特点可以看出,它是一种与设备所有权有关的一切风险和收益在实质上转移给承租人的租赁形式,因此,企业将融资租入的固定资产视同自有资产进行管理和披露。

融资租赁又可以根据租赁资产的投资来源和付款对象进行分类,可分为直接租赁、杠杆租赁和售后租回3种形式。

(1)直接租赁(direct lease)。直接租赁是购置租赁资产所需资金全部由出租人支付的租赁业务。出租人购入资产后,可以采取融资租赁方式,也可以采取经营租赁方式出租。购置租赁资产的资金全部由出租人支付,并不等于说出租人全部使用自有资金支付,他可以从资金市场上自行筹资。直接租赁的特点表现为出租人既是租赁资产的全资购买者,又是设备的出租者。

(2)杠杆租赁(leverage lease)。杠杆租赁是国际上比较流行的一种融资租赁形式。它一般涉及承租人、出租人、贷款人三方当事人。从承租人角度看,它与其他融资租赁方式并无区别,同样是按合同规定,在租期内获得资产的使用权,按期支付租金。但对于出租人来说,出租人只垫付购买资产所需现金的一部分(20%~40%),其余部分则以该资产为担保向贷款人借贷支付。因此,在这种情况下,租赁公司同时是出租人又是借资人,据此既要收取租金又要支付利息。这种租赁形式的租赁收益一般大于借款成本,出租人借款购物出租可获得财务杠杆收益,故称为杠杆租赁。

(3)售后租回(sale and leaseback)。售后租回是物主将拥有的设备卖给租赁公司,然后再将出售的设备租回使用的租赁形式。售后租回是企业在缺乏资金时,为改善其财务状况而采取的一种筹资方式。通过售后租回,承租人既可以将长期资金转化为流动资金,又可继续使用原有设备。

二、租金的构成及其计算方法

(一)影响租金的因素

企业采取租赁方式筹集资金,要按租赁合同规定向租赁公司支付租金。租金的数额多少和支付方式将对筹资企业的未来财务状况具有直接的影响,也是企业制定租赁筹资决策的主要依据。

不同的租赁形式,其租金数额是有差异的。

1. 融资租赁的租金的影响因素

融资租赁的租金的多少一般有以下几个影响因素:

(1)设备价款。设备价款是决定租金大小的主要变量,设备价款一般由买价、运杂费和途中保险费等组成。

设备买价是根据市场现行价格确定的。为了防止出租人在租赁设备的买价上任意加码,承租人可直接与供应商洽谈,商定购价以及其他主要商务条款,然后与出租人谈判。有时甚至可先以买方名义同供货人签订购买合同,然后再将合同转让给出租人。如果租赁的设备是进口机器,承租企业还必须注意进口设备的计价方法。在很多融资租赁方式下,设备的运费和途中保险费往往由出租人支付。因此,在确定租金时,应将这两项已支付的费用从设备价款中扣除。

(2)预计租赁设备的残值,指设备的租赁期满时预计的变现净值。

(3)利息,指租赁公司为承租企业购置设备融资应计的利息。

(4)租赁手续费,包括租赁公司为租赁企业承办租赁设备的营业费用以及一定的盈利。租赁手续费的高低一般并无标准,通常由承租企业与租赁公司一起协商确定,按设备的一定比率计算。

(5)租赁期限,一般而言,租赁期限的长短既影响租金的总额大小,又影响每期租金的大小。

(6)租金的支付方式,一般而言,租金支付的次数越多,每次的支付额越小,但由此而负担的利息可能越高。

2. 经营租赁的租金的影响因素

经营租赁的租金则由租赁资产的购买成本、租赁期间利息、租赁资产的维护费用、业务管理费、税金、保险费和租赁物的陈旧风险等构成。在经营租赁方式下,一般由出租人提供设备的维修、保养和保险等服务项目。出于成本补偿和盈利的原因,承租人需向出租人支付包括维修、保养和保险等费用在内的租金。

(二)租金的支付方式

同长期借款偿还方式会影响长期借款本利额的计算一样,租金的支付方式也影响到承租企业支付租金的大小。支付租金的方式一般有下列几种:

(1)按支付日期的先后分为年付、半年付、季付和月付。

(2) 按支付时期的先后可分先付租金和后付租金。先付租金是指在计息期初支付,后付租金则是在计息期末支付。

(3) 按每期支付金额大小和方式分为定期等额支付和定期不等额支付。

(三) 租金的计算方法

租赁业务中的租金,其运动变化规律同期货利率和长期负债的债息基本相似。在租赁筹资活动中,其具体租赁形式和种类的不同使租金的计算也存在一定差异。目前在国际上比较流行的有平均分摊法、等额年金法、附加率法、浮动利率法。在我国,融资租赁的租金计算大多采用平均分摊法和等额年金计算方法。

1. 平均分摊法

平均分摊法是先以事先商定的利息率和手续费率计算出租赁期间的利息和手续费,然后连同设备的成本按支付次数平均。

每次应付租金的公式如下:

$$A = \frac{(C-S)+I+F}{N}$$

式中:A——每次支付的租金;

C——租赁设备购置的成本;

S——租赁设备预计残值;

I——租赁期间利息;

F——租赁期间手续费;

N——租期。

【例 3-7】 某企业于 2005 年 1 月 1 日从租赁公司租入一套设备,价值 50 万元,租期 5 年,预计残值为 1.5 万元并期满归租赁公司,年利率按 9% 计算,租赁手续费为设备价值的 2%。租金每年末支付一次,则每年应支付的租金计算如下:

$$R = \frac{(50-1.5)+[50\times(1+9\%)^5-50]+50\times 2\%}{5} = 15.29 \text{ 万元}$$

2. 等额年金法

等额年金法是将一项租赁资产在未来各租赁期内的租金额按一定的折现率予以折现,使其总额恰好等于租赁资产的成本。在这种方法下,通常要综合利率和手续费确定一个租赁费率,作为折现率。

其计算公式为:$R = \dfrac{C}{(P/A, i, n)}$(后付租金)

$R = \dfrac{C}{(P/A, i, n)\times(1+i)}$(先付租金)

式中:i——租费率;

n——租赁期数;

C——设备成本;

计算过程中应考虑期满残值归属情况做出相应的调整。

【例 3-8】 承前例,设备残值归承租企业,租赁费率11%,则后付租金计算如下:

$$R = \frac{C}{(P/A, i, n)} = \frac{50}{(P/A, 11\%, 5)} = \frac{50}{3.696} = 13.528 \text{ 万元}$$

三、租赁筹资优缺点分析

1. 租赁筹资的优点

(1)迅速获得所需资产。租赁是一种兼融资和融物于一体的筹资方式,相当于在取得购买资产所需资金的同时,立即用这笔资金购买了资产。

(2)限制少,灵活性强。企业运用股票、债券、长期借款的筹资方式,都受到相当多的限制条件,相比之下,租赁的限制条件较少。

(3)免遭设备陈旧过时的风险。随着科学技术的进步,设备陈旧过时的风险很高,而多数租赁协议规定由出租人承担,承租企业可免遭这种风险。

(4)全部租金在整个租期支付,可适当降低不能偿付的危险。

(5)租金费用可以在税前抵扣,承租企业可以享受一定的避税收益。

(6)租金固定,可以获得财务杠杆效应。

2. 租赁筹资的缺点

租赁筹资的主要缺点是筹资成本高,租金总额通常要高于设备价值,不仅包括租赁资产的购买成本和出租人购入资产时的借款利息,还应该包括作为出租人收益的手续费。租赁企业在财务困难期间,支付固定的租金也会造成一定的负担,另外,在通货膨胀期间,企业将失去资产增值的好处。

案例讨论:

可转换债券——茂炼转债风波[1]

【目的】

让学生通过实际案例分析,(1)掌握债券与普通股的主要特征和区别;(2)掌握可转换债券的概念及其与普通债券和普通股票的关系;(3)理解公司治理环境对投资人利益保护的重要影响。

【内容】

1. 事件背景及其经过

---

[1] 根据 http://finance.tom.com 转载《京华时报》有关茂炼转债风波的多篇文章编写而成。

至2004年3月，国内试点的未上市公司发行可转债的企业有三家，包括茂炼转债、丝绸转债、南化转债。除了茂炼转债之外，其他两家均按照当初的承诺成功上市，并为债券持有人带来丰厚回报。茂炼转债能否最终上市也因此引起了市场和持有人的极大关注。

茂名石化隶属于中国石油化工集团公司（中石化集团），是国家特大型综合性的石油化工联合企业。总股本为10.64亿股，其中茂名石化持有10.62亿股，占总股本的99.812%；其余4家发起人各持有50万股，各占0.047%。

1999年7月28日，茂名石化炼油化工股份有限公司通过深圳证券交易所向社会公众发行了15亿元可转债，并于8月17日在深交所上市交易。

从相关的业绩数据显示，茂名石化2001年每股收益0.02元，2002年达到0.24元，2003年为0.29元，已经符合了公开发股必须连续三年盈利的要求。

2004年2月10日，茂炼公告称，15亿元可转债即将在今年7月到期，一旦无法发新股，公司将以每张118.5元的价格把所有可转债赎回。当时茂炼的成交价基本维持在130元附近。2月12日，茂炼早盘突然暴涨至144.88元，随后即被紧急停牌一周。2月23日，茂炼首度复牌，其价格被迅速打压至赎回价118.5元，投资者损失惨重。

2月19日晚茂炼董事会上，以"中国证监会可能认为茂炼自身在关联交易、独立性上不符合116号文的规定，从而不能发A股"进行投票表决，独立董事全部投了弃权票（连同没到的独立董事委托到会独立董事的投票），由于茂名炼油董事会非独立董事和独立董事7∶4的构架，所以丝毫不会影响茂名炼油董事会做出不能转股的决议。

据记者了解，3月1日持有巨额茂炼转债的机构投资者和中小投资者已经行动起来。先是证券公司和基金公司等机构投资者拟于本周联合召开茂炼转债持有人大会，之后，40余位中小散户投资者也已经登门茂名石化公司讨说法。而茂名石化的大股东中石化已经做好了法律诉讼的准备，而且聘请了最强大的律师团队，一副势在必得的气势。

对于茂炼是否上市，公司大股东中国石化由始至终都没有出面表态。中石化有关人员表示，茂名石化终止A股上市的计划最终要在股东大会上进行表决，在股东大会没有正式召开之前，中石化不方便出面发表自己的看法。但据知情人士透露，中石化如此低调实在事出有因。2000年，中石化成功赴港上市，当初对香港联交所有一项重要的承诺，即不进行分拆上市和业务整合。而茂名石化隶属于中石化旗下，一旦上市成功，势必违反了当初对香港联交所的承诺。一边是转债持有人的利益，另一边是香港联交所的规定，既然鱼和熊掌不能兼得，肯定要舍弃一方的利益。

在整个过程中，中石化方面完全避开投资者所提出的茂炼转债及中石化H

股在公告方面的问题,只是认定茂炼公司自身不符合中国证监会2003年9月22日发布的证监发(2003)116号文(以下简称"116号文")。

2. 证监会"两点"表态

证监会有关人士的反复表态可以归纳为两点:一是目前证监会认定茂炼转债事件属于茂炼公司和债券投资者的合同纠纷,建议投资者以法律诉讼的形式解决问题;二是作为监管机构,证监会不能强制茂炼转债转股上市。如果证监会要对茂炼事件立案调查,茂炼转债投资者代表必须首先向证监会提供有关立案材料;证监会不能要求茂炼上市,但如果茂炼主动提出上市申请,证监会将根据实际情况决定是否给予茂炼上市豁免的权利。

3. 事件结局

茂炼转债转股一事终成泡影。3月23日,茂炼公司的股东大会在公司总部如期举行。在同时审议的7项决议当中,茂炼转债能否转A的内容最为引人关注,在股东大会表决的过程中,由于大股东——中石化方面持有茂炼公司99.8%的股份,因此股东大会根本毫无悬念可言。但是,持有人还是抱有一线希望,然而事与愿违,由于中石化投了赞成票,因此,如无意外情况,茂炼转债"停止转A"基本成为定局。

对于这一结果,中国石化董事会秘书陈革表示:"中国石化对近期茂炼转债持有人对茂名炼化停发A股的各种意见及境内媒体对此事件的相关报道一直都极为关注。作为茂名炼化的控股股东,中国石化对茂名炼化发行A股始终持审慎态度,并严格按照相关法律法规来处理茂炼转债事宜。茂炼转债无法转股是因为茂名炼化不能满足中国证监会2003年颁布的《关于进一步规范股票首次发行上市有关工作的通知》所要求的新的发行上市条件,即在关联交易、独立性等方面不符合上市要求。中国石化同时会积极督促茂名炼化妥善处理茂炼转债到期赎回事宜。"

【要求】

1. 可转换债券的含义及其与普通债券和普通股票的关系。
2. 上述事件的发生是否影响了可转换债券持有者(尤其是中小投资型者)的利益,为什么?
3. 茂炼董事会及其股东大会的结构有何特点?在事件中起了什么样的作用?

第四章
资金成本和资本结构

【内容简介】

在财务管理中,资金成本是一个非常重要的概念。无论是企业的投资还是筹资决策都要考虑资金成本因素。本章主要介绍长期借款、权益资金等筹资方式的资金成本测算,企业经营活动中的经营杠杆和财务杠杆效应,传统的资本结构理论和现代资本结构理论及其对企业资本结构决策的借鉴意义。

【学习目的和要求】

通过本章学习,学生应熟练掌握资金成本的计算,经营杠杆、财务杠杆和总杠杆的计算与应用,资本结构理论以及每股收益分析法(EBIT-EPS)、成本分析法等资本结构决策方法。

第一节 资金成本

资金是一种稀缺的经济资源,并且一经投入使用就会产生价值的增值,因此任何企业都不可能无偿地占用他人的资金,必须向资金提供者支付一定的报酬,以作为其放弃资金增值机会的补偿,而这种报酬对于筹资企业来说则是使用该资金的成本或代价。只有在资金成本低于投资收益率时,筹集资金才是有意义的,否则筹资越多亏损越大。可见,资金成本是财务决策中必须考虑的一个非常重要的因素,必须引起财务工作者的重视。

一、资金成本的概念和性质

(一)资金成本的概念及构成

企业从各种渠道、通过各种方式取得的资金都不是无偿使用的,而是要付出代价的。因此,资金成本是指企业为筹集和使用资金而支付的各种费用的总和,主要包括资金筹集费用和资金使用费用两部分。

1. 资金筹集费用

资金筹集费用是指企业从资金所有者手中筹集这些资金所要负担的各项交易费用,主要包括借款的手续费,发行股票、债券而支付的各项代理费,如印刷费、广告费、担保费、公证费等。筹资费用一般都属于一次性费用,它与筹资的次数有关,而与筹集金额和使用时间无直接联系。因此,可看做资金成本的固定费用。

2. 资金使用费用

资金使用费用,又称资本占用费,是资金使用人在生产经营、投资过程中因使用资金而支付给资金提供者的报酬,主要包括支付给股东的股利、向债权人支付的利息等。资金使用费用一般与所筹资金的多少以及使用时间有关,具有经常性、定期性支付的特点,可视为资金成本的变动成本,是资金成本的主要内容。

(二)资金成本的性质

资金成本是一个重要的经济概念,它具有以下几种性质,也可以说是特点:

1. 资金成本是一种机会成本

资金成本是投资者在考虑当前情况愿意提供资金时的报酬率,也就是说资金成本是一种机会成本。同时,资金成本也是企业投资所要求的最低可接受的报酬率,只有这个投资项目的报酬率高于筹资成本,这个项目才是盈利的。

2. 资金成本与资金时间价值既有联系,又有区别

资金时间价值反映了资金随着其运动时间的不断延续而不断增值的性质,有一个重要前提是资金参与任何交易活动都是有代价的,也就是要取得增值,这是资金运动的最终目的。资金成本则是指资金的使用人由于使用他人资金而付出的代价,其基础是资金的时间价值。资金成本与资金的时间价值的区别是:资金成本不仅包括资金的时间价值,还包括投资风险价值;资金的时间价值一般表现为时间的函数,而资金成本除表现为时间的函数外,还表现为资金占用额的函数。

3. 资金成本属于投资收益的再分配,属于收益分配的范畴

资金成本是企业的耗费,企业要为占用资金而付出代价、支付费用,而这些代价或费用最终也要作为收益的扣除额来得到补偿。在会计核算中,一部分资金成本计入企业的成本费用,如利息;而另一部分作为利润的分配项目,如股利。

4. 资金成本实质上是一种预测成本

这是因为计算资金成本的根本目的在于通过资金成本的比较,从而规划筹资方案,这样有利于降低未来项目的投资成本,提高投资效益。因此,资金成本的计算是规划筹资前的一项基本性工作,相应的,其计算结果也是预测数。

二、个别资金成本的计算

个别资金成本是指某种具体筹资方式的成本,反映个别筹资方式的成本水平。一般用相对数来表示资金成本,也就是资金成本率。个别资金成本率是企业用资费用与有效筹资额的比率。其基本的测算公式列示如下:

$$K=\frac{D}{P-F}$$

或

$$K=\frac{D}{P(1-f)}$$

式中:K——资金成本率;

D——使用成本;

F——筹资费用;

f——筹资费用率。

(一)债务资金成本的测算

1. 长期借款成本

企业长期借款资金成本可按下列公式计算:

$$K_L=\frac{I_L(1-T)}{L(1-f_L)}$$

式中:K_L——长期借款资金成本率;

I_L——长期借款年利息率;

L——长期借款筹资额,即借款本金;

f_L——长期借款筹资费用率,即借款手续费用率。

【例4-1】 某企业向银行取得500万元的长期借款,年利息率为8%,期限为5年,每年付息一次,到期一次还本。假定筹资费用率为0.2%,所得税税率为33%,则该笔长期借款的成本可计算如下:

$$K_L=\frac{500\times 8\% \times(1-33\%)}{500\times(1-0.2\%)}=5.371\%$$

如果长期借款有附加的补偿性余额条款,计算资金成本时长期借款筹资额应该扣除补偿性余额,从而其实际的资金成本将会提高。接上例,如果银行要求企业保持20%的补偿性余额,则长期借款的成本就可以计算为:

$$K_L=\frac{500\times 8\% \times(1-33\%)}{500\times(1-20\%-0.2\%)}=7.02\%$$

上述计算长期借款成本的方法比较简单,但是没有考虑货币的时间价值,因此,其计算结果不是十分准确。如果考虑货币的时间价值,可以按内含报酬率计算原理先计算借款的税前成本,然后再计算税后成本。公式为:

$$L(1-f_L)=\sum_{t=1}^{n}\frac{I_L}{(1+K)^t}+\frac{P}{(1+K)^n}$$

$$K_L = K(1-T)$$

式中: K——所得税前的长期借款的成本;

K_L——所得税后的长期借款的成本。

这种方法实际上是将长期借款的成本看做是使这一笔借款的现金流入现值等于其现金流出现值的折现率。在计算时,一般运用内插法求解,然后再调整为税后的资金成本。

【例4-2】 某企业向银行取得400万元的长期借款,年利息率为8%,期限为5年,每年付息一次,到期一次还本付息。假定筹资费用率为0.2%,该借款的资金成本计算过程为:

$$400 \times (1 - 0.2\%) = \sum_{t=1}^{5} \frac{400 \times 8\%}{(1+K)^t} + \frac{400}{(1+K)^5}$$

查表,$(P/A, 8\%, 5) = 3.9927$,$(P/F, 8\%, 5) = 0.6806$ 代入上式有

$400 \times 8\% \times 3.9927 + 400 \times 0.6806 - 399.2 = 0.8064$(万元)

0.8064万元大于0,应提高折现率。

查表,$(P/A, 9\%, 5) = 3.8897$,$(P/F, 9\%, 5) = 0.6499$ 代入上式有

$400 \times 8\% \times 3.8897 + 400 \times 0.6499 - 399.2 = -14.7696$(万元)

-14.7696万元小于0,运用内插法求税前借款资金成本:

$8\% + 0.8064 \div (0.8064 + 14.7696) \times (9\% - 8\%) = 8.05\%$

最后,计算税后借款成本:

$$K_L = K(1-T) = 8.05\% \times (1 - 33\%) = 5.39\%$$

2. 长期债券成本的测算

企业债券成本中的利息费用也在所得税前列支,但发行债券的筹资费用一般较高,应予考虑。此外,债券的发行有溢价发行、平价发行和折价发行,不一定与面值一致。因此,债券的资金成本的测算与长期借款的资金成本的测算有些不同。

在不考虑时间价值的情况下,债券的资金成本率可以按如下公式进行测算:

$$K_B = \frac{I_B(1-T)}{B(1-f_B)}$$

式中: K_B——债券资金成本率;

I_B——债券票面利率;

B——债券筹资额;

f_B——债券筹资费用率。

【例4-3】 某企业发行总面额为1 000万元的债券,票面利率为8%,期限5年,发行费用占发行价格总额的5%,企业所得税为33%。若债券等价发行,则其资金成本为:

$$K_B = \frac{1\,000 \times 8\% \times (1-33\%)}{1\,000 \times (1-5\%)} = 5.64\%$$

若债券溢价发行,以 1 200 万元的总价格发行,则其资金成本为:

$$K_B = \frac{1\,000 \times 8\% \times (1-33\%)}{1\,200 \times (1-5\%)} = 4.7\%$$

如果折价发行,以 800 万元的总价格发行,则其资金成本为:

$$K_B = \frac{1\,000 \times 8\% \times (1-33\%)}{800 \times (1-5\%)} = 7.05\%$$

在考虑货币的时间价值时,也就是按内含报酬率计算原理确定税前的债券成本,再计算其税后成本。这样,债券成本的测算公式为:

$$B(1-f_B) = \sum_{t=1}^{n} \frac{I_B}{(1+K)^t} + \frac{P}{(1+K)^n}$$

$$K_B = K(1-T)$$

式中:K——所得税前的债券成本;

K_B——所得税后的债券成本;

P——债券到期值。

其测算方式与长期借款类似,此处不再重复。

(二)权益资金成本的测算

1. 普通股资金成本

从理论上看,普通股的成本就是普通股股东在一定的风险条件下所要求的最低投资报酬率,即必要报酬率。其测算方法一般有 3 种:股利折现模型、资本资产定价模型和债券收益率加风险报酬率法。

(1)股利折现模型

$$P_O(1-f) = \sum_{t=1}^{\infty} \frac{D_t}{(1+K_C)^t}$$

式中:P_O——普通股发行价格;

D_t——普通股第 t 年的股利;

K_C——普通股投资的必要报酬率,即普通股资金成本率;

f——筹资费率。

运用上列公式测算成本又因股利政策的不同而不同:

如果公司采用固定股利的支付政策,即每年分配的现金股利均为 D,则公式变为:

$$K_C = \frac{D}{P_O(1-f)}$$

【例 4-4】某公司拟发行一批普通股,发行价格为 15 元,每股发行费用为 2 元,预定每年分配的现金股利为每股 1.5 元,则其资金成本为:

$$K_C = \frac{1.5}{15-2} = 11.54\%$$

如果公司采用固定增长股利政策,股利固定增长率为 g,则资金成本率须按下式测算:

$$K_C = \frac{D}{P_O(1-f)} + g$$

【例 4-5】 某公司准备增发一批普通股,发行价格为 15 元,每股发行费用为 2 元,预定每年第一年分配的现金股利为每股 1.5 元,以后每年股利增长 5%,则其资金成本为:

$$K_C = \frac{1.5}{15-2} + 5\% = 16.54\%$$

(2)资本资产定价模型

资本资产定价模型的含义可以简单地描述为,普通股投资的必要报酬率等于无风险报酬率加上风险报酬率。用公式表示如下:

$$K_C = R_f + \beta(R_m - R_f)$$

式中:R_f——无风险报酬率;

R_m——市场报酬率;

β——股票的贝他系数。

【例 4-6】 已知某股票的 β 值为 1.7,市场报酬率为 10%,无风险报酬率为 6%,该股票的资金成本率测算为:

$$K_C = 6\% + 1.7 \times (10\% - 6\%) = 12.8\%$$

(3)债券收益率加风险报酬率法

根据某项投资"风险越大,要求的报酬率越高"的原理,普通股股东对企业的投资风险要大于债券投资者,因而会在债券投资者要求的收益率上增加一定的风险溢价。这种方法比较简单,但主观色彩比较浓厚。

【例 4-7】 某公司已发行的债券的投资报酬率为 6%,现准备发行一批股票,经过分析,该股票高于债券的投资风险报酬率为 3%,则该股票的必要报酬率即资金成本率为:

$$6\% + 3\% = 9\%$$

2. 优先股资金成本

优先股的股利通常是固定的,公司利用优先股筹资也需发生筹资费用,因此,优先股资金成本的测算类似于固定股利政策下普通股资金成本的测算模型。测算公式是:

$$K_P = \frac{D}{P_O(1-f)}$$

式中:K_P——优先股资金成本率;

D——优先股每股年股利；

P_0——优先股发行价格；

f——筹资费率。

【例4-8】 某公司准备发行一批优先股，每股发行价格为6元，发行费用为每股0.2元，预计年股利为0.4元，其资金成本的测算如下：

$$K_P = \frac{0.4}{6-0.2} = 6.9\%$$

3. 留存收益的资金成本

企业的留存收益是由企业税后净利润扣除派发股利后形成的。它归属于普通股股东，包括提取的盈余公积和未分配利润，既可以用做未来股利的分配，也可以作为企业扩大再生产的资金来源。从表面上看，企业使用留存收益好像不需要付出任何代价，但实际上，股东愿意将其留用于企业而不作为股利取出投资于别处，总会要求与普通股等价的报酬。因此，留存收益的使用也有成本，不过是一种机会成本。其确定方法与普通股相同，只是不考虑筹资费用。

三、综合资金成本的计算

企业的资金不可能仅从一个渠道、通过一种方式获得，企业同时可能从多种渠道、采用多种方式筹集资金。因此，要全面衡量一个企业的筹资成本，除了分别计算不同来源、不同方式取得的资金成本外，还要计算综合资金成本。

综合资金成本是指企业全部资金的总成本。它一般是以个别资金占企业全部资金的比重作为权数，对个别资金成本进行加权平均，从而确定综合资金成本。其基本公式为：

$$K_W = \sum_{i=1}^{n} W_i K_i$$

式中：K_W——综合资金成本率；

W_i——第i种资金来源占全部资金来源的比重；

K_i——第i种资金来源资金成本。

综合资金成本的计算存在一个权数计算基础的选择问题，可供选择的价值形式有三种：

1. 账面价值

即以个别资金的账面价值来计算权数。企业财务会计所提供的资料主要是以账面价值为基础的，因此可以直接通过资产负债表得到相关数据，这是它的优点。但是，当债券和股票的市价脱离账面价值较大时，则影响准确性；同时，账面价值反映的是过去的资本结构，不适合未来的筹资决策。

【例4-9】 某公司现有资金总额7 200万元，其中长期借款1 400万元，公司债券2 000万元,优先股500万元,普通股2 000万元,留存收益1 300万元;各种资金的成本分别为5.5%、6.3%、10.25%、15%、14.5%,计算该公司的综合资金成本。

计算过程如下表4-1所示:

表4-1　　　　　　　某公司综合资金成本计算表　　　　　　(账面成本基础)

资金种类	账面价值(万元)	所占比重(%)	个别资金成本(%)	综合资金成本(%)
长期借款	1 400	19	5.5	1.07
公司债券	2 000	28	6.3	1.75
优先股	500	7	10.25	0.71
普通股	2 000	28	15	4.17
留存收益	1 300	18	14.5	2.62
合计	7 200	100	——	10.32

即 $K_W = 10.32\%$

2. 现行市价

即以个别资金的现行市价来计算权数。它的优点是能够反映实际的资金成本和资本结构,有利于筹资管理。但现行市价处于经常变动中,不容易取得;而且现行市价反映的只是现实的资本结构,也同样不适用未来的筹资决策。

接上例,如果公司不是按照账面价值而是按市场价值计算权数,已知市场价值如下表4-2,个别资金成本不变,则综合资金成本变为10.16%。

表4-2　　　　　　　某公司综合资金成本计算表　　　　　　(市场价值基础)

资金种类	市场价值(万元)	所占比重(%)	个别资金成本(%)	综合资金成本(%)
长期借款	1 400	20	5.5	1.09
公司债券	2 080	29	6.3	1.85
优先股	480	7	10.25	0.69
普通股	1 880	27	15	3.98
留存收益	1 250	18	14.5	2.56
合计	7 090	100		10.16

可以看出,由于部分长期资金的市场价值的变化而导致了比重的变化,最终反映在综合资金成本的变化上。按市场价值确定的资金比例反映了公司现实的资本结构和综合资金成本率,但是,由于市场价格的变动较频繁而不宜选中,因此,在实务中常常采用一定时期证券的平均价格。此外,按账面价值和市场价值确定筹资比例,反映的是公司过去和现在的资本结构,未必适用于公司将来的筹资管理决策。

3. 目标价值

即以未来预计的目标市场价值来确定权数。一般认为,采用目标价值确定资金比例,能够体现期望的目标资本结构。就公司的筹资管理决策而言,对综合资金成本的一个基本要求是,要适应公司未来的筹资管理决策。

【例 4-10】 若公司采用目标价值进行测算,则计算过程如下表 4-3 所示:

表 4-3　　　　　　某公司综合资金成本计算表　　　　（目标价值基础）

资金种类	市场价值（万元）	所占比重(%)	个别资金成本(%)	综合资金成本(%)
长期借款	1 800	25	5.5	1.36
公司债券	1 500	21	6.3	1.29
优先股	600	8	10.25	0.84
普通股	2 000	27	15	4.11
留存收益	1 400	19	14.5	2.78
合计	7 300	100	——	10.38

利用资金的目标价值可以体现出公司在未来要采取的资本结构,对公司的筹资决策具有指导作用,但是事实上,资金的目标价值难以客观地确定。

理论上,以市场价值和目标价值为基础计算权数有许多优点,但是,在理财实务中,通常选择账面价值来确定资本比例,原因是易于使用,有据可依。

四、边际资金成本的计算

边际资金成本是指企业追加筹资的资金成本,即企业新增 1 元资金所需负担的资金成本。企业在追加资金时必须要考虑边际资金成本的高低。

（一）边际资金成本的测算原理

前述企业的个别资金成本和综合资金成本,是企业过去筹集的或目前使用的资金成本。然而在现实中,可能出现这么一种情况:当企业以某种筹资方式筹资超过一定限度时,个别资金成本会提高。此时,即使企业保持原有的资本结构也有可能导致综合资金成本的增加。

企业在追加投资时有时只采用一种筹资方式,而在筹资数额较大时,或在资本结构既定的情况下,往往需要通过多种筹资组合来实现。这时,边际资金成本应该按照加权平均法测算,而且其资金比例必须由市场价格确定,而不应采用账面价值。

【例 4-11】 公司现有资金总额 1 000 万元,其目标结构（比例）为长期债务 20%,优先股 5%,普通股权益（包括普通股和留存收益）75%。现拟追加资金 500 万元,仍按此结构进行筹资。经测算,个别资金成本率分别为:长期债务 7.5%,优先股 11.8%,普通股权益 14.8%,则该公司追加资本的边际资金成本如表 4-4 所示:

表 4-4　　　　　　　　边际资金成本计算表　　　　　　　　（万元）

资本种类	目标成本结构(%)	个别资金成本(%)	追加筹资（市场价值）	加权平均边际资金成本(%)
债务	20	7.50	100	1.5
优先股	5	11.80	25	0.59
普通股股利	75	14.80	375	11.1
合计	100	—	500	13.19

(二)边际资金成本规划

在未来追加筹资的过程中,为了便于比较不同规模范围的筹资组合,企业可以预先计算边际成本,并以图或表的形式反映。下面举例说明边际资金成本的规划过程。

【例 4-12】 某公司目前拥有的资金为 1 000 万元,其中长期负债 200 万元,优先股 50 万元,普通股(含留存收益)750 万元。为了满足企业追加投资的需要,公司拟筹措新的资金,试确定筹措新资金的成本。

边际资金成本的测算可以按照下列步骤进行：

1. 确定企业的目标资本结构

假定公司的财务人员进行分析后得出,目前的资本结构属于目标范围内,在今后筹资时应予以保持。

2. 测算各种资金的成本

财务人员在分析了市场状况和企业的筹资能力之后,认为随着公司筹资规模的扩大,各种资金的成本也会发生变化。其变化范围测算结果如下表 4-5 所示。

表 4-5　　　　　　　某公司追加大筹资测算资料表

筹资方式	目标资本结构	追加筹资数额范围(元)	个别资金成本率(%)
长期债务	0.20	15 000 以下	6
		15 000～40 000	7
		40 000 以上	8
优先股	0.05	3 000 以下	10
		3 000 以上	12
普通股权益	0.75	22 500 以下	14
		22 500～75 000	15
		75 000 以上	16

3. 测算筹资总额的分界点

根据目标资本结构和各种资金成本变化的分界点,测算筹资总额的分界点。其计算公式为:

$$BP_j = TF_j / W_j$$

式中:BP_j——筹资总额的分界点;

TF_j——第 j 种资金的成本分界点;

W_j——目标资本结构中第 j 种资金的比重。

计算结果见下表 4-6:

表 4-6　　　　　　　　筹资分界点测算表　　　　　　　　(元)

筹资方式	个别资金成本(%)	各种资金筹资范围	筹资总额分界点	筹资总额的范围
长期债务	6	15 000 以下		75 000 以下
	7	15 000～40 000	15 000/0.2=75 000	75 000～200 000
	8	40 000 以上	40 000/0.2=200 000	200 000 以上
优先股	10	3 000 以下		60 000 以下
	12	3 000 以上	3 000/0.05=60 000	60 000 以上
普通股权益	14	22 500 以下		30 000 以下
	15	22 500～75 000	22 500/0.75=30 000	30 000～10 0000
	16	75 000 以上	75 000/0.75=100 000	100 000 以上

上表显示了特定资金成本率变动的分界点。例如长期债务在 15 000 元以下时,其资金成本率为 6%,而在目标结构中,债务资本的比重为 20%,这表明在债务资金成本率由 6% 上升到 7% 时企业可筹资 75 000 元,当企业筹资超过 75 000元时,债务资金成本率就上升为 7%。

4. 测算边际资金成本

根据上一步划分的筹资额分界点,重新对这几个范围测算加权资金成本。测算过程如下表 4-7 所示。

表 4-7　　　　　　　　　　边际资金成本规划表

序号	筹资总额范围（元）	资本种类	目标资本结构	个别资金成本(%)	边际资金成本(%)	综合边际资金成本(%)
1	30 000 以下	长期债务 优先股 普通股	0.20 0.05 0.75	6 10 14	1.20 0.50 10.50	12.20
2	30 000~60 000	长期债务 优先股 普通股	0.20 0.05 0.75	6 10 15	1.20 0.50 11.25	12.95
3	60 000~75 000	长期债务 优先股 普通股	0.20 0.05 0.75	6 12 15	1.20 0.60 11.25	13.05
4	75 000~100 000	长期债务 优先股 普通股	0.20 0.05 0.75	7 12 15	1.40 0.60 11.25	13.25
5	100 000~200 000	长期债务 优先股 普通股	0.20 0.05 0.75	7 12 16	1.40 0.60 12	14
6	200 000 以上	长期债务 优先股 普通股	0.20 0.05 0.75	8 12 16	1.60 0.60 12	14.20

(三)边际成本的作用

边际成本最能反映出企业筹资成本变化的实际情况,它不仅是企业筹资决策,而且是投资决策的一个重要指标。企业在进行投资决策时,往往要以边际资金成本为折现率来计算投资方案的净现值,或以边际资金成本作为内含报酬率的比较对象。

第二节　经营杠杆和财务杠杆

财务管理中的杠杆管理,是指由于固定费用(包括生产经营方面的固定费用和财务方面的固定费用)的存在,当业务量发生变化的时候,收益会发生更大变化的现象。这种由于杠杆原理产生的收益就称之为杠杆收益,同时存在一定的相关风险(杠杆原理发挥负效应)。资本结构决策就需要在杠杆利益与其相关的风险之间进行合理的权衡。

一、经营杠杆

在其他条件不变的情况下,产销量的增加虽然一般不会改变固定成本总额,但却会降低单位固定成本,从而提高单位利润,这样使得利润的增长率大于产销量的增长率。反之,产销量的减少会提高单位固定成本,降低单位利润,使得利润下降率也大于产销量下降率。假如不存在固定成本,所有成本都是变动的,那么边际贡献就是利润,这时利润变动率就会等于产销量变动率。这种由于固定经营成本的存在而造成的利润变动率大于产销量变动率的现象,称为经营杠杆。运用经营杠杆,企业可获得一定的经营杠杆利益,同时也承受相应的经营风险。

(一) 经营杠杆利益和经营风险

1. 经营杠杆利益

经营杠杆利益是指在企业扩大营业额的条件下,单位营业额的固定成本下降而给企业增加的营业利润。在企业一定的营业规模内,变动成本随着营业总额的增加而增加,固定成本则不因营业额的增加而增加,而是保持固定不变。随着营业额的增加,单位营业额所负担的固定成本会相对减少,从而给企业带来额外的收益。

2. 经营风险

经营风险也叫做营业风险,是指与企业经营有关的风险,尤其是指企业在经营活动中利用经营杠杆而导致营业利润下降的风险。由于经营杠杆的作用,当营业总额下降时,营业利润下降的更快,从而给企业带来营业风险。经营风险影响着企业的筹资能力,因此也是制约企业资本结构决策的重要因素。

影响企业经营风险的因素有很多,主要有:

(1) 产品需求的变动。市场对产品的需求越稳定,经营风险就越小;反之,经营风险就越大。

(2) 产品售价的变动。产品售价变动不大,则经营风险小;否则经营风险会更大。

(3) 产品成本。产品成本是收入的抵减,成本的不稳定,会导致利润的不稳定,从而加大经营风险。

(4) 固定成本比重以及经营杠杆作用。在企业全部的成本中,若固定资产所占的比重较大,则单位产品分摊的固定成本就越多,若产量发生变动,单位产品分摊的固定成本就会随之变动,最后导致利润更大幅度的变动,也就是经营杠杆的作用越大,此时,经营风险就越大;反之,经营风险就越小。

其中,经营杠杆对经营风险的影响最为综合。企业要想获得经营杠杆利益,就要承担由此引起的经营风险,因此,必须在这种经营杠杆利益和经营杠杆风险中做出权衡。

(二)经营杠杆系数

经营杠杆系数是企业营业利润的变动率相当于营业额变动率的倍数,它反映了经营杠杆的作用程度。为了反映经营杠杆的作用程度,估计经营杠杆的利益的大小,评价营业风险的高低,需要测算经营杠杆的系数,用公式表示为:

$$DOL = \frac{\Delta EBIT/EBIT}{\Delta Q/Q}$$

式中:DOL——经营杠杆系数;

$\Delta EBIT$——息税前利润的变动额;

$EBIT$——基期的息税前利润;

ΔQ——销售变动量;

Q——基期的销售量。

为了便于计算,可将上述公式作如下变换:

$\because EBIT = Q(P-VC) - FC$

$\Delta EBIT = \Delta Q(P-VC)$

$\therefore DOL = \frac{Q(P-V)}{Q(P-V) - FC}$

或 $DOL = \frac{S-VC}{S-VC-FC}$

式中:Q——销售数量;

P——销售单价;

V——单位变动成本;

VC——变动成本总额;

FC——固定成本总额。

若 DOL 为负数,由公式可知,销售量没有达到保本点,销售量的增加,可以减少亏损。

注意:在解释经营杠杆系数时,要考虑在一定销售水平上,销售收入的变化对营业利润的影响,这种影响是双向的。

【例 4-13】 某企业生产 A 产品,固定成本总额为 160 万元,变动成本率为 60%,当产品销售额分别为 1 200 万元、800 万元和 400 万元时,其相应的经营杠杆程度分别为:

$$DOL_1 = \frac{1\,200 - 1\,200 \times 60\%}{1\,200 - 1\,200 \times 60\% - 160} = 1.5$$

$$DOL_2 = \frac{800 - 800 \times 60\%}{800 - 800 \times 60\% - 160} = 2$$

$$DOL_3 = \frac{400 - 400 \times 60\%}{400 - 400 \times 60\% - 160} = \infty$$

这里，我们可以看到，当企业的固定成本为0时，企业经营杠杆为1,固定成本越高，企业的经营杠杆越大，当营业利润刚好可以弥补固定成本时，如DOL_3时，企业的经营杠杆为∞，也就是说企业的息税前收益越高，企业的经营杠杆也就越小。

必须指出的是，经营杠杆系数的大小虽能用来描述企业的经营风险，但是它所描述的仅仅是企业总的经营风险的一部分。经营杠杆本身并不会直接导致经营风险，它只是对企业销售或成本的不确定性，也就是风险具有放大作用。因此，经营杠杆系数反映的是企业经营的一种"潜在风险"，这种风险只有在销售或成本具有变动性的条件下，才会产生实际的作用。

二、财务杠杆

(一)财务杠杆的概念

经营杠杆存在的原因是由于固定经营成本的存在，同样，固定财务成本的存在也会给企业带来杠杆效应。财务杠杆是企业在筹资活动中对资金成本固定型资金的利用而给普通股收益带来的影响。同样，运用财务杠杆可以使企业获得一定的财务杠杆利益，同时也要承受相应的财务风险，企业必须对两者做出权衡。

(二)财务杠杆利益和财务风险

1. 财务杠杆利益

财务杠杆利益是指利用债务等成本固定型资金这个杠杆而给股东带来的额外收益。在企业资本结构一定的情况下，企业从息税前利润中支付的债务利息是相对固定的，当息税前利润增加时，每单位息税前利润所负担的债务利息就会相应的降低，扣除所得税后可分配给企业所有者的利润就会增多，从而给企业所有者带来额外的收益。

2. 财务风险

财务风险也称为融资风险或筹资风险，是指与企业筹资有关的风险，这种风险甚至可能导致企业破产。当息税前利润下降时，税后利润下降得更快，从而给企业带来财务风险。

影响企业财务风险的因素很多，主要有：利率水平的变化、获利能力的变化、资本结构的变化即对财务杠杆的利用程度。其中财务杠杆的作用最为综合。企业投资要想获得财务杠杆利益，需要承担由此引起的财务风险。

(三)财务杠杆系数

我们将财务杠杆系数定义为普通股每股收益变动率与息税前利润变动比例的比率。用公式表示为：

$$DFL = \frac{\Delta EPS/EPS}{\Delta EBIT/EBIT}$$

式中:DFL——财务杠杆系数;

ΔEPS——普通股每股收益变动额;

EPS——变动前普通股每股收益;

$\Delta EBIT$——息税前利润的变动额;

$EBIT$——基期的息税前利润。

同样,我们可以做以下推导:

$$\because EPS = \frac{(EBIT-I)(1-T)}{N}$$

$$\Delta EPS = \frac{\Delta EBIT(1-T)}{N}$$

$$\therefore DFL = \frac{EBIT}{EBIT-I}$$

式中:I——债务年利率;

T——企业所得税率;

N——流通在外的普通股数。

如果企业存在优先股筹资、租赁筹资等情况,由于优先股股利也是一项固定费用,且是在税后支付,所以其财务杠杆系数的测算公式又可以表示为:

$$DFL = \frac{EBIT}{EBIT-I-d-\frac{D_p}{1-T}}$$

式中:D_p——优先股股利;

d——租金。

【例 4-14】 某企业全部资本为 560 万元,负债比率为 40%,负债利率为 9%,当销售额为 420 万元时,息税前利润为 80 万元,其中优先股每年股利为 15 万元,企业所得税税率为 33%,则其财务杠杆系数为:

$$DFL = \frac{80}{80 - 560 \times 40\% \times 9\% - \frac{15}{1-33\%}} = 2.136$$

表明当息税前利润增减 1 倍时,普通股每股收益将以 2.136 的速度增减。

(四)财务风险分析

财务风险是由于企业资本结构变化而导致的风险。从前述可知,企业筹集的资金可以分为两个部分:自有资金和借入资金。企业使用自有资金,要定期支付股利;企业使用借入资金,要按期还本付息。但由于营业利润的不确定性,导致了企业资产收益的不确定。如果企业经营有方,投资报酬率大于借入资金利息率,那么,借入资金对于自有资金的比例大,自有资金的收益率就越高;反之,如果企业经营不善,导致投资报酬率小于借入资金利息率,那么,借入资金对于自有资金的比例大,则自有资金的收益率就越低。如果企业的利润不足以支付借款的利息时,企业就要用自有资金来支付利息,这时企业将面临破产的危险。因此,筹资决策中的财务风险分析对企业来说是非常必要的。

常见的财务分析方法有杠杆分析法和概率分析法。杠杆分析法就是用财务杠杆来测定筹资方案的财务风险大小,财务杠杆越大,其财务风险越大;反之,财务风险就越小。

下面我们将重点介绍概率分析法。概率分析法就是用统计学中的概率、标准离差、标准离差率等指标来确定财务风险大小的方法。该方法是通过同一经营状态不同资本结构下自有资金收益率的波动程度来反映财务风险的大小。自有资金收益率计算原理如下:

$$自有资金收益率 = 全部资金收益率 + \frac{借入资金}{自有资金} \times (全部资金利润率 - 借入资金利息率)$$

1. 标准离差

标准离差也称均方差,是指可能值与期望值的偏离值,在此指可能值与期望收益率的偏离值。标准离差越大,风险可能越大。其计算公式为:

$$标准离差 = \sqrt{\sum \left[(可能收益率 - 期望收益率)^2 \times 概率 \right]}$$

式中,可能收益率是指不同市场状况下的收益率,期望收益率是指按可能收益率的概率分布计算的收益率平均值,其计算公式为:

$$期望收益率 = \sum (可能收益率 \times 概率)$$

【例 4-15】 ABC 公司新产品面市,可能出现畅销、一般、滞销三种情况,概率分别为 0.3,0.5,0.2,3 种情况下的 $EBIT$ 分别为 320 万元、240 万元、180 万元。企业所得税税率为 50%。若企业有 3 种筹资方案可供选择:(1)资金全部自有;(2)资金 25%借入,利息率 10%;(3)资金 75%借入,利息率 10%。若企业资金总额为 2 000 万元,试分析各种筹资方案的风险程度。

解:

第一步:计算 3 种方案下的自有资本收益率

表 4-8　　　　　　　　　　3 种方案下的自有资本收益率

方案	市场状态	可能收益率×(%)	期望收益率(%)
方案一	繁荣	8	6.3
	一般	6	
	滞销	4.5	
方案二	繁荣	9	6.73
	一般	6.33	
	滞销	4.33	
方案三	繁荣	17	10.2
	一般	9	
	滞销	3	

*注:可能收益率是在不同市场状态下分别按下列公式计算的自有资金收益率：

$$自有资金收益率 = 全部资金收益率 + \frac{借入资金}{自有资金} \times (全部资金利润率 - 借入资金利息率)$$

第二步：根据表中的资料，计算标准离差：

方案一为：

$$\sqrt{(8\% - 6.3\%)^2 \times 0.3 + (6\% - 6.3\%)^2 \times 0.5 + (4.5\% - 6.3\%)^2 \times 0.2} = 1.249\%$$

方案二为：

$$\sqrt{(9\% - 6.73\%)^2 \times 0.3 + (6.33\% - 6.73\%)^2 \times 0.5 + (4.33\% - 6.73\%)^2 \times 0.2} = 1.67\%$$

方案三为：

$$\sqrt{(17\% - 10.2\%)^2 \times 0.3 + (9\% - 10.2\%)^2 \times 0.5 + (3\% - 10.2\%)^2 \times 0.2} = 4.996\%$$

通过以上分析可以看出，在市场繁荣和一般的条件下，随着借入资金的比例扩大，自有资金的收益率不断上升，增长的幅度也在不断扩大，这种趋势对于负债经营具有很大的吸引力。但是，在市场滞销的情况下，随着借入资金的比例的逐渐增大，自有资金的收益率却在不断下降。同时，我们也看到，随着借入资金比例的扩大，自由资金的收益率期望值也在上升，这种状态和趋势对企业同样具有吸引力。但是，随着借入资金的扩大，自由资金收益率的标准差也在不断地扩大，且扩大幅度越来越强烈。这说明随着借入资金比重的增加，企业的财务风险也在不断增大。

2. 标准离差率

前述的标准离差实际上是一个绝对值，只有在各筹资方案报酬率的期望值相同的情况下才可以用于比较各筹资方案的风险大小，得出准确的结论。但在筹资方案报酬率的期望值不同时,如果用标准离差进行分析,往往会导致分析结果发生偏差。这时就应该使用标准离差率进行分析比较,可以防止这类偏差的出现。

标准离差率又叫做变异系数,是指标准离差与期望值的比值,也就是单位期望值所包含的偏离值。其计算公式为:

$$标准离差率 = \frac{标准离差}{期望值}$$

用前例中的数据计算各方案的标准离差率分别为:
方案一为:1.294%/6.3%=19.83%
方案二为:1.67%/6.73%=24.81%
方案三为:4.996%/10.2%=48.98%

由以上分析,我们可以得出准确的结论:方案三的风险最大,方案二的风险次之,方案一的风险最小。

三、总杠杆

从上述分析可知,经营杠杆通过扩大销售影响息税前利润,而财务杠杆则通过扩大息税前利润影响每股收益,事实上是销售额通过两步最后影响了每股收益。如果经营杠杆和财务杠杆共同作用,那么这种影响就会很大,总的风险也就更高。通常将这两种杠杆的综合效应称为总杠杆。

总杠杆的程度可以用总杠杆系数来衡量,它是普通股每股收益的变动率相对于销量变动率的倍数,是经营杠杆和财务杠杆的综合,其计算公式为:

$$DTL = DOL \times DFL = \frac{\Delta EPS/EPS}{\Delta Q/Q} = \frac{EBIT + FC}{EBIT - I - d - \frac{D_p}{1-T}}$$

式中:DTL——总杠杆系数;其余符号含义同前。

总杠杆系数可以反映出销售量变动对每股利润的影响,表明经营杠杆与财务杠杆之间的关系。在总杠杆的作用下,当企业的经营效益好时,每股利润就会大幅度上升,而当企业的经济效益差时,每股利润下降的幅度则会更大。企业的总杠杆系数越大,每股利润的波动幅度越大,由此造成的风险称为总风险。在其他因素不变的情况下,总杠杆系数越大,总风险越大;总杠杆系数越小,总风险越小。

【例4-16】 某企业的经营杠杆系数为1.2,同时财务杠杆系数为3,则该公司的总杠杆系数为:

$$DTL = 1.2 \times 3 = 3.6(倍)$$

在此例中,总杠杆系数为3.6倍表示,当公司营业总额增减1倍时,普通股利润会以3.6倍的速度随其增减。

一般而言，企业总是将总风险维持在一个可以接受的水平上，承受较高经营风险的企业往往选择较低的财务风险；而承受较高财务风险的企业往往选择较低的经营风险。但是，处于特殊经营环境中的企业可能会采取暂时的特殊风险控制。企业的综合风险水平需要在企业总风险和期望收益之间进行权衡，而且，这一权衡过程是与股东价值最大化的财务目标，也就是财务目标是相一致的。

第三节 资本结构

一、资本结构及资本结构理论

资本结构是企业筹资决策的核心问题。所谓的资本结构是指企业资金的构成及其比例关系。在筹资决策时，企业应确定最佳的资本结构，并在以后追加筹资中继续保持最佳资本结构。

资本结构理论是关于公司资本结构、公司综合资金成本和公司价值三者之间的关系的理论。它是公司财务管理的主要内容，也是资本结构决策的重要理论基础。从资本结构理论的发展来看，主要有早期的资本结构理论、MM资本结构理论和新的资本结构理论。

二、早期资本结构理论

早期资本结构理论主要有3种观点：

(一) 净收益理论

这种观点认为，企业价值或股东财富不只是取决于企业资产的盈利能力亦即息税前利润水平，还取决于由资产盈利能力和资本结构共同决定的归于股东的净收益的大小。也就是说，是净收益而非经营收益最终决定企业价值。

净收益理论得出如上论断是出于这样的假设：负债的资金成本 K_d 和股票的资金成本 K_s 均固定不变。做出这样的假设，也就说明了债权人和股东均不会因为企业增加负债而感到风险加大，或者债权人和股东对负债增加带来的风险未作反应。当债务资金的比例越大时，公司的净收益或税后利润就越多，从而企业价值越大，这是因为债务利息和权益资金的成本均不受财务杠杆的影响，无论企业的债务资金有多高，债务资金成本和权益资金成本均不改变。因此，只要债权资金成本低于权益资本的成本，那么负债越多，企业的加权资金成本就越低，企业价值越大。所以100%的负债是企业最佳的资本结构，如图4-1所示。

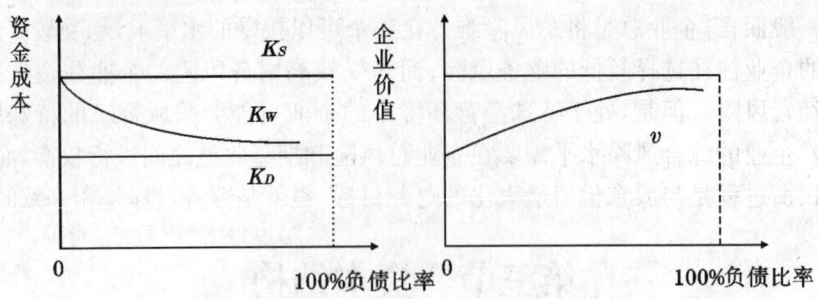

图 4-1 净收益理论下负债比率与企业价值关系图

(二)营业收益理论

营业收益理论是早期资本结构理论的另一个极端,该观点认为企业价值或股东财富仅仅取决于企业的资产获利能力亦即息税前利润水平,而与企业资本结构与资产获利能力共同决定的归于股东的净收益无关。也就是说,是营业净利而非净收益决定企业价值。

营业收益理论得出如上结论是出于这样的假设:负债的资金成本 K_d 不变而股票的资金成本 K_s 会随着负债的增加而增加。不论财务杠杆如何变化,企业综合资金成本都是固定的,因而企业的价值也是不变的。这是因为企业利用财务杠杆时,即使债权资金成本本身不变,但由于加大了权益的风险,也会使权益资金成本上升,恰好抵消了债权资金成本的降低作用,从而企业的综合资金成本保持不变,所以企业的价值也不变,如图 4-2 所示。

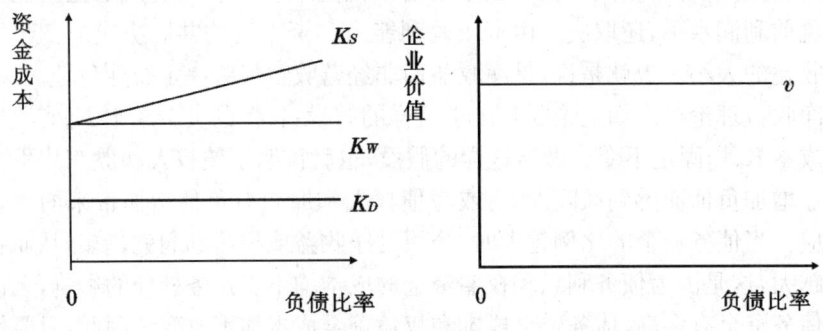

图 4-2 营业收益理论下负债比例与企业价值关系图

按照这种理论,企业的资金成本不受负债比率的影响,企业的价值与财务杠杆没有关系,因此,企业不存在资本结构的选择问题,也不存在最优资金结构。

(三)传统折中理论

早期资本理论观点,除了上述两种极端的观点以外,还有一种介于这两种观点之间的折中观点。它认为,企业利用财务杠杆尽管会导致权益资金成本的上升,但在一定程度内却不会完全抵消利用成本率较低的负债资金所获得的好处,因此会使得综合资金成本下降,企业价值上升。但是,当超过一定限度时,权益资金成本的上升就不能再为负债的低成本所抵消,综合资金成本便会上升,这时企业的价值就会下降。以后,债务资金成本也会随着负债比率的上升而上升,它和权益资金的共同作用,使得综合资金成本继续上升。综合资金成本从下降变为上升的转折点,就是综合资金成本的最低点,也就是企业价值最大化点,它所对应的负债比率就是企业的最佳资金结构。因此,企业可以通过财务杠杆的使用来降低其综合资金成本,并增加公司的总价值,见图4-3。

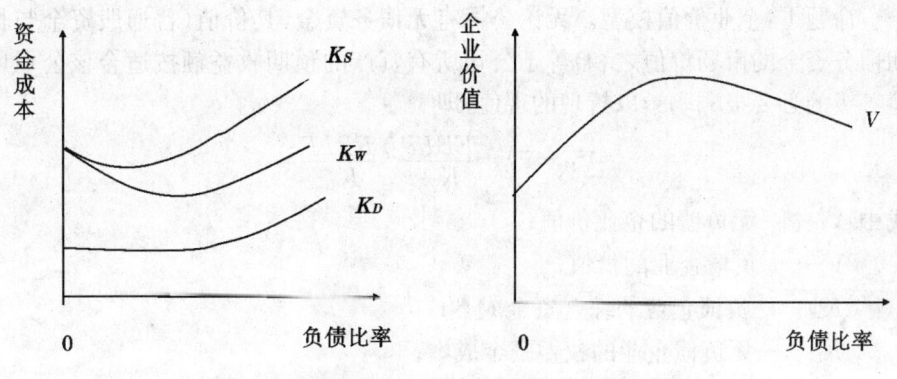

图4-3 折中理论下负债比例与企业价值关系图

三、现代资本结构理论

早期的资本结构理论其实还谈不上理论,它们是建立在对投资主体的行为假设的基础上得出的。目前最具影响力的是MM资本结构理论。这一理论是1958年美国的莫迪格莱尼和米勒两位教授共同创建的,并开创了现代资本结构理论研究的先河。MM理论的提出奠定了西方现代资本结构理论的基础,使得资本结构理论逐渐成为一种严格的、科学的理论。

(一)MM理论

1. 最初的MM资本结构理论的基本假设

最初的MM资本结构理论(简称"MM理论")的基本结论可以简要地归纳为:在符合理论假设的前提下,公司的价值与其资本结构无关。公司的价值取决于其实际资产,而不是其债务和权益的市场价值。

(1) 存在完善的资本市场,投资者不支付证券交易成本,所以债务利率相同;

(2) 公司营业风险的高低由息税前利润标准差来衡量,公司营业风险决定其风险等级;

(3) 投资者对所有公司未来盈利的预期相同;

(4) 个人和公司均可发行无风险债务,并有无风险利率;

(5) 公司为零增长公司,即年平均盈利额不变。

这意味着资本可以自由流通,充分竞争,预期报酬率相同的证券价格相同,有充分信息,利率一致。MM 资本结构理论有两个重要命题,一个是在无税状态下,一个是考虑税的情况。

2. 无税情况下的 MM 模型

MM 理论是从无公司所得税的前提下开始分析的,根据有关假设 MM 理论首先提出两个基本命题:

命题 I:企业价值模型。无论公司有无债务资金,其价值(普通股资金与长期债务资金的市场价值之和)等于公司所有资产的预期收益额按适合该公司风险等级的必要报酬率予以折现的现值,即

$$V_U = V_L = \frac{EBIT}{K_W} = \frac{EBIT}{K_U}$$

式中: V_U——无负债的企业价值;

V_L——负债企业的价值;

K_W——负债企业的综合资金成本;

K_U——无负债企业的权益资金成本;

$EBIT$——预期的息税前利润。

命题 I 的含义是:(1)公司的价值与资本结构无关;(2)有负债企业的综合资金成本与其资本结构无关,它等同于与它风险相同的无负债企业的权益资金成本,即 $K_W = K_U$;(3)公司的股权资金成本率或综合资金成本视企业的经营风险而定。

命题 II:企业的股本成本模型。负债企业的权益资金成本等于无负债的企业的权益资金成本加上风险补偿,而风险补偿的高低视负债程度而定,即:

$$K_S = K_U + \frac{B}{S}(K_U - K_B)$$

式中: K_S——负债企业的权益资金成本;

K_B——负债企业的债务资金成本;

B——负债的市场价值;

S——无负债企业的市场价值。

命题 II 的含义是:负债企业的权益资金成本会随着负债比率的提高而上升,

因此,负债企业的价值不会随着负债比率的提高而上升,因为便宜的负债多带来的好处已经完全被上涨的权益资金成本而抵消。所以,在市场均衡状态下,负债企业的综合资金成本等于无负债的企业的权益资金成本。

将上述两个命题结合起来就可以看出:在市场均衡的条件下,低成本的举债利益正好被权益资金成本的上升所抵消,所以增加负债不会增加或降低企业的综合资金成本,也不会改变企业的价值,即企业价值和综合资金成本不会由于资本结构的改变而变化。

3. 有税情况下的MM模型

莫迪格莱尼和米勒于1963年发表了一篇论文——《公司所得税与资金成本:一项修正》,该文取消了无所得税的假设,认为若考虑所得税的因素,企业价值会随着财务杠杆程度的提高而增加,从而得出企业价值与企业资本结构相关的理论。这便是修正的MM模型,也就是有税情况下的MM模型。

修正的模型中也包含两个命题:

命题Ⅰ:企业价值模型。负债企业的价值等于相同风险等级的无负债企业的价值加上负债的节税收益现值。

$$V_L = V_U + TB$$

根据该命题,当公司举债后,债务利息可以记入财务费用,形成节税收益,由此可以增加企业的净收益,从而提高公司的价值。随着公司债权比例的提高,公司的价值也会提高。所以当负债比率达到百分之百时,企业价值将达到最大。

命题Ⅱ:企业股本成本模型。负债企业的权益资金成本等于无负债企业的权益资本成本加上风险补偿,而风险补偿的高低视负债程度和所得税税率而定。

从命题Ⅱ可知,随着负债比率的增加,权益资金成本也随之增加,由于$(1-T)$小于1,所以,权益资金成本的上升幅度会小于无税时的上升幅度,从而综合资金成本降低。正是这一特征产生了命题Ⅰ的结论,即企业的价值随着负债比率的增加而增加。

(二)权衡理论

MM理论虽然考虑了负债带来的节税收益,但忽略了负债导致的额外的风险和费用。所以,理论与现实仍不相符。于是,20世纪70年代产生了一种新的资本结构理论,即既考虑了负债带来的利益,又考虑了负债增加所带来的风险和成本,并对它们进行了适当的平衡来确定企业的价值,叫做权衡理论。权衡理论也是在MM理论基础上产生的,但是由于它引入了财务拮据成本和代理成本,因此,与MM理论的模型不同,更加贴近现实。

研究权衡理论的代表人物主要有博克斯特(Baxter)、克劳斯和利兹伯格(Kraus,Litzenberger)、戈登和马尔吉尔(Gordon,Malkiel)、斯科特(Scott)。

权衡理论认为,制约企业无限追求免税优惠或负债最大值的关键因素是由债务上升而形成的企业风险和费用。企业债务虽然能带来纳税好处,但同时也会增加公司的财务拮据成本和代理成本,随着企业债务增加而提高的风险和各种费用会增加企业各项额外成本,从而降低其市场价值。

1. 财务拮据成本

企业举债除了可以抵税外,还会带来其他的效应,其中最重要的一条就是拮据成本。财务拮据成本就是企业没有足够的偿债能力,不能及时偿还到期债务而造成的损失。许多企业都要经历财务拮据,当企业发生财务拮据时,严重的可能导致破产。

财务拮据成本主要包括两个方面:

(1)直接成本。因为企业财务拮据而诱发的直接成本,主要是指物质损耗支出和法律上行政方面的开支。具体包括:①企业所有者与债权人之间的争执不休往往会延缓企业的资产清偿,从而导致企业的存货和其他产品发生破损、贬值或陈旧失效;②企业破产时,为所经历的各种法律程序和其他有关工作要支付大量费用,如律师费、诉讼费以及其他行政开支等。

(2)间接成本。由财务拮据而诱发的间接成本,是指由于企业决策者的短期行为,客户、供应商及资金提供者的逃避行为造成的成本,这些成本名目繁多,主要有以下几个方面:①企业管理不善面临破产危机,为解燃眉之急,企业决策者在短期内可能会采取某些不正当行为,例如推迟对大型设备的维修、低价拍卖资产、降低产品质量及节约成本等,从而损害企业的长期价值;②当企业资金短缺、陷入财务困境时,与企业有关系的客户和供应商意识到这一点,他们往往会采取逃避行为,不再向企业供应原材料或购买其商品,这就使企业业务的开展越发困难。

2. 代理成本

在两权分离的条件下,企业所有者常常会委托经营者管理企业,企业管理者为搞好企业经营而举债,由此形成股东与管理者之间、股东与债权人之间的关系。有效合理地处理两者之间的代理关系而发生的成本即代理成本。

按照代理成本学说的创始人詹森和麦克林(Jensen & Meckling)的解释,代理成本说是以代理理论、企业理论和财产所有权理论来系统地分析和解释信息不对称下的企业融资结构问题的学说。詹森和麦克林把代理关系定义为这样一种关系,即委托人授予代理人某些决策权,要求代理人提供有利于委托人利益的服务。代理关系存在于所有的组织和合作中,公司中所有权与控制权相分离引起的资本所有者与经营者的关系也属于代理关系。假定委托人和代理人都追求效用最大化,那么就可以相信,代理人不会总是根据委托人的利益采取行动。为解决这个问题,可以采取如下措施:(1)委托人可以激励和监督代理人,以使其为自己的利益尽力;(2)代理人可以用一定的财产担保不侵害委托人的利益,否则以此给予补偿。即使如此,代理人的行动与使委托人效用最大化的行动仍会有差异,由此造成的委托人利益的损失被称为"剩余损失"。这样,代理成本被定义为委托人的监督成本、代理人的担保成本和剩余损失。

他们认为,代理成本是企业所有权结构的决定因素,代理成本的存在源于经营者不是企业的完全所有者(即存在外部股权)这样一个事实。在这种情况下,经营者的工作努力可能使他承担全部成本而仅获得部分收益;同理,当他在职消费时,他得到全部好处却只承担部分成本。其结果是经营者的工作积极性不高,却热衷于追求在职消费。因此,企业的市场价值也就低于经营者是完全所有者时的市场价值。这两者之间的差额就是外部股权的代理成本,它是外部所有者理性预期之内必须要由经营者自己承担的成本。让经营者成为完全所有者可以解决代理成本问题,但是这又受到经营者自身财富的限制。

债券融资可以突破这一限制,但是债券融资可能导致另一种代理成本,即经营者作为剩余索取者有更大的积极性去从事有较大风险的项目。因为他能够获得成功的收益,并借助有限责任制度把失败的损失推给债权人。当然,这种债权的代理成本也得由经营者来承担,因为债权人也有其理性预期,从而债券融资比例上升导致举债成本上升。詹森和麦克林在对股权和债权的代理成本进行分析的基础上得出的基本结论是,均衡的企业所有权结构是由股权代理成本和债权代理成本之间的平衡关系来决定的,企业的最优资本结构是使两种融资方式的边际代理成本相等从而总代理成本最小。

由于将上述成本考虑进去,企业最佳融资结构应当是在负债价值最大化和债务上升带来的财务危机成本以及代理成本之间选择最适点。换言之,正是这些约束条件(其中最重要的是破产机制)致使企业不可能实现100%的债权融资结构,理想的债务与股权比率就是税前付息的好处与财务拮据和代理成本之间的平衡。这一理论也可以说是对MM理论的再修正,从而更接近实际。

3. 权衡理论的数学模型

权衡理论认为,在考虑财务拮据成本和代理成本的情况下,负债企业的价值可以按下式确定:

$$V_L = V_U + TB - (FPV + TPV)$$

式中:FPV——财务拮据成本的现值;

TPV——代理成本现值。

即负债经营不仅会给企业带来节税收益,获得正面效应,而且也会带来财务拮据成本和代理成本的上升,如下图4-4所示。

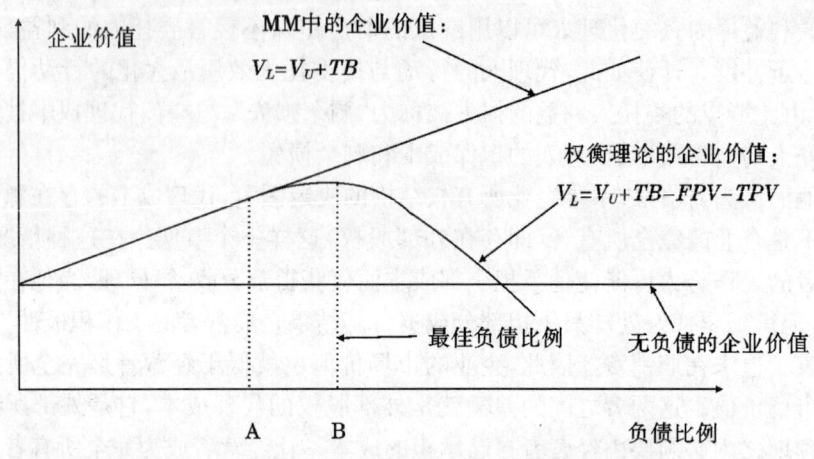

图 4-4 权衡理论下债务比例与企业价值关系图

当负债比率达到 A 点前,举债的节税收益会完全起支配作用。超过 A 点,财务拮据和代理成本的作用显著增强,抵消部分节税收益。在 B 点,节税收益的边际收益会完全被负债损失所抵消,超过 B 点,则拮据成本和代理成本将起主导作用,损失超过节税收益,企业价值呈下降趋势。因此,权衡理论认为,企业的最佳资本结构为图中 B 点,当负债量达到此点时,企业的价值最大。

(三)信息不对称理论

在西方,进入 20 世纪 70 年代以后,理论发展主要集中在不对称信息理论方面,对信息不对称现象的研究逐渐渗透到各个经济学研究分支领域,众多学者也开始从不对称信息的角度来研究企业融资结构问题,并发表了一系列有代表性的文章,把企业融资理论推向一个新的研究阶段。总体而言,这些理论研究并不是继续延续以前企业融资理论中只注重税收、破产等"外部因素"对企业最优融资结构的影响,而是试图通过信息不对称理论中的"信号"、"动机"、"激励"等概念,从企业"内部因素"来展开对企业融资问题的分析。

迈尔斯(Myers)的新优序融资理论是最早系统地将不对称信息理论引入企业融资理论研究的,其理论基本点是:在信息不对称情况下,资本结构的选择可以向外部投资者传递一种"信号",暗示公司投资项目的风险及现金流量的状况,表明管理者的信心。通过考察不对称信息对融资成本的影响,发现这种信息会促使企业尽可能少用股票融资,因为企业通过发行股票融资时,会被市场误解,认为其前景不佳,由此新股发行总会使股价下跌。因此,其优序融资理论的中心思想就是:偏好内部融资,如果需要外部融资,则偏好债券融资,因为公司举债表明了经营者的信心。迈尔斯等人的优序融资理论另外一个非常重要的贡献就是将企业融资问题通过信号的传递与证券市场的反应充分地直接联系起来,而回避了以前理论中必须通过资本资产定价模型才能间接联系的效果,而使得企业融资问题可以通过证券市场得到大量的实证分析。

(四)控制权理论

控制权理论研究学派基本上延续了詹森和麦克林(Jensen&Meckling)的研究思路。该理论认为企业融资结构在决定企业收入分配的同时,也决定了企业控制权的分配。理论指出管理者在通常情况下是不会从股东的最大利益出发的,因此他们必须要被监督和戒律,而债务正是作为一种惩戒工具,它不仅使股东具有法律上的权力强制管理者提供有关企业各方面的信息,而且能够通过对信息的分析决定是否继续经营,还是进行清偿。阿洪与博尔顿(Aghion&Bolton)在交易成本和合约不完全的基础上提出一种与财产控制权非常相关的企业融资理论。该理论认为,由于企业家既追求货币报酬又追求非货币报酬(如个人声誉和在职消费),而投资者只追求货币报酬,所以双方的利益目标包含潜在的冲突。如果合约是完全的,那么合约可以化解双方的利益冲突。但是由于未来是不确定的,合约也就不可能完全,剩余控制权的分配由此就变得很重要。在阿洪和博尔顿的模型中有3种情况:(1)如果融资方式是发行普通股(有投票权的股票),那么投资者掌握剩余控制权;(2)如果融资方式是发行优先股,那么企业家拥有剩余控制权;(3)如果融资方式是发行债券,那么在企业家能按期偿还债务的前提下,他拥有剩余控制权,否则剩余控制权便由企业家转移到债权人手中,即企业破产。阿洪和博尔顿的理论中,剩余控制权产生了,而且不完全合约是剩余控制权的前提。

(五)啄序理论

资本结构的啄序理论认为,公司倾向于首先采用内部融资,比如留存收益,因之不会传导任何可能对股价不利的信息;如果需要外部融资,公司将首先选择债权筹资,再选择其他外部筹资,这种筹资的顺序的选择也不会传递对公司股价产生不利影响的消息。

按照啄序理论,不存在明显的目标资本结构,因为虽然留存收益和增发股票均属于股权筹资,但前者最先选用,后者再选用;获利能力较强的公司之所以安排较低的债权比率,并不是由于已确立较低的目标债权比率,获利能力较差的公司选用债权筹资时由于没有足够的留存收益,所以在外部筹资选择中以债权筹资为首选。

总体来说,现代资本结构理论已经发展成为一个比较成熟的理论,并在西方各国的企业融资行为中起到了理论的指导作用,其中的代理理论、信息不对称理论、控制权理论均涉及了公司治理的问题。然而以上各个理论学派也仅仅是从某个特定角度对企业融资问题进行研究,同时由于融资活动本身和外部环境的复杂性,目前仍难以准确的显示出存在于财务杠杆、每股收益、资金成本和企业价值之间的关系,所以在一定程度上,融资决策还要依靠有关人员的经验和主观判断。

第四节 资本结构决策

通过第三节内容的介绍,可以看出,在现实的经济生活中,资本结构合理性程度客观上对企业价值是存在影响作用的,因此,为了实现企业价值最大化或股东财富最大化的理财目标,客观上要求企业寻求最佳的资本结构方案。

一、最佳资本结构的标准

所谓企业的最佳资本结构就是指企业在适度财务风险的条件下,使其预期的综合资金成本最低,同时使企业价值最大化的资本结构,它应作为企业的目标资本结构。

二、资本结构决策的分析方法

资本结构决策的分析方法分为两大类:定性方法和定量方法。定性分析方法是企业财务人员进行定量分析的同时,首先要认真考虑影响资本结构的各种因素,并根据这些因素通过财务人员的分析判断,来确定企业的最佳资本结构。它是以定量分析方法为基础的。下面我们将分别介绍定性分析方法和定量分析方法。

(一)资本结构决策的定性分析法

1. 企业财务目标的影响分析

企业组织形式的不同,其财务目标也有所不同。对企业财务目标的认识目前主要有三种观点:利润最大化、股票价值最大化、公司价值最大化,下面将对这三种财务目标对资本结构的影响进行简单的分析。

(1)利润最大化目标的影响分析。利润最大化目标是指企业财务活动以获得尽可能多的利润作为总目标。利润是企业财务活动的一项综合性数量指标。企业的筹资和投资行为都会影响到利润。在以利润最大化为财务目标的情况下,企业的资本结构决策也应该围绕着利润最大化目标。这就要求企业应当在企业决策中,在风险适当的条件下合理安排债务资本的比例,尽可能降低资金成本,以提高企业的净利润水平。一般而言,非股份制企业的股权资本没有其市场价值,在现实中利用利润最大化作为财务目标是一种选择。

(2)股票价值最大化目标的影响分析。股票价值最大化是指公司在财务活动中以最大限度的提高公司股票的市场价值作为总目标。它综合了利润最大化的影响,但是主要适用于上市公司的资本结构决策。这就需要公司在财务风险适当的情况下合理安排债务资金的比例,降低综合资金成本,通过增加公司的净利润而使股票市场价格上升。资本结构决策的每股收益无差别分析法,在一定程度上体现了这一财务目标。

(3)公司价值最大化目标的影响分析。公司价值最大化目标是指公司在财务活动中以最大限度地提高公司总价值作为总目标。它综合了利润最大化和每股利润最大化目标的影响,主要适用于公司的资本结构决策。通常情况下,公司的价值等于股权资本的价值加上债务资本的价值。公司的资本结构对于其股权资本和债权资本的价值都有影响。公司在资本结构决策中以公司价值最大化为目标,就应当在适度财务风险的条件下合理确定债权资本比例,尽可能地提高公司的总价值。

2. 投资者动机的影响分析

广义而言,一个企业的投资者包括股权投资者和债权投资者,两者对企业投资的动机各有不同。债权投资者对企业投资的动机主要是在按期收回投资本金的条件下获取一定的收益。股权投资者的基本动机是在保证投资本金安全的基础上,获得一定的股利收益并使投资价值不断增值。企业在决定资本结构时必须考虑投资者的动机,安排好股权资金和债权资金的比例关系。

3. 债权人态度的影响分析

通常情况下,企业在决定资本结构并付诸实施之前,都要向贷款银行和评信机构咨询,并对他们提出的意见予以充分的重视。如果企业过高地安排债务融资,贷款银行未必会接受大额贷款的要求,或者只有在担保、抵押或较高利率的前提下才同意增加贷款。

4. 经营者行为的影响分析

如果企业的经营者不愿让企业的控制权旁落他人,则可能尽量采用债务融资的方式来增加资金,而宁可不发行新股增资。与此相反,如果经营者不愿承担财务风险,就可能较少地利用财务杠杆,尽量减低债务资金的比例。

5. 企业财务状况和发展能力的影响分析

在其他因素相同的条件下,企业的财务状况和发展能力较差,则可以主要通过留存收益来补充资本;而企业的财务状况和发展能力越强,越会更多地进行外部融资,倾向于使用更多的债务资金。

(二)资本结构决策的定量分析法

1. 每股收益分析法

判断资本结构的合理与否,其一般方法是以分析每股收益的变化来衡量。能提高每股收益的资本结构是合理的,反之则不够合理。由于每股收益的高低受资本结构和销售水平的影响,因此处理以上三者之间的关系,可以运用融资的每股收益分析的方法。每股收益是利用每股收益的无差别点进行的。所谓每股收益的无差别点,指每股收益不受融资结构影响的息税前利润或销售水平。

根据每股收益无差别点,可以分析判断在什么样的销售水平下适于采用何种资本结构,每股收益无差别点可以通过计算得出。

每股收益无差别点 EPS 的计算公式为:

$$EPS = \frac{(S-VC-F-I)(1-T)-D_P}{N} = \frac{(EBIT-I)(1-T)-D_P}{N}$$

式中:

　　S——销售额;

　　VC——变动成本;

　　F——固定成本;

　　I——债务利息;

　　T——所得税税率;

　　N——流通在外的普通股股数;

　　D_p——优先股年股利;

　　$EBIT$——息税前利润。

在每股收益无差别点上,无论采取负债融资还是权益融资,每股收益都是相同的。若以 EPS_1 代表负债融资,EPS_2 代表权益融资,有:

$$EPS_1 = EPS_2$$

$$\frac{(S_1-VC_1-F_1-I_1)(1-T)-D_{P1}}{N_1} = \frac{(S_2-VC_2-F_2-I_2)(1-T)-D_{P2}}{N_2}$$

在每股收益无差别点上,$S_1 = S_2$,则:

$$\frac{(S-VC_1-F_1-I_1)(1-T)-D_{P1}}{N_1} = \frac{(S-VC_2-F_2-I_2)(1-T)-D_{P2}}{N_2}$$

使得上述公式成立的销售额就是每股收益无差别点的销售额。

同理,在每股收益无差别点上,$EBIT_1 = EBIT_2$,则:

$$\frac{(EBIT-I_1)(1-T)-D_{P1}}{N_1} = \frac{(EBIT-I_2)(1-T)-D_{P2}}{N_2}$$

使得上述公式成立的息税前利润就是每股收益无差别点的息税前利润。

现举例说明此种方法。

【例 4-17】 某公司目前拥有资金 800 万元,其资本结构为债务资金 200 万元,普通股权益资金为 600 万元。现准备追加筹资 100 万元,有两种筹资方式:增发新普通股和增加债务。该企业所得税税率为 30%。有关资料如下表 4-9 所示:

表 4-9　　　　　　　　　　某公司融资结构情况表　　　　　　　　　单位:(万元)

资金种类	现行资本结构		增资后的资本结构			
			增发普通股		增加债务	
	数额	比重(%)	数额	比重(%)	数额	比重(%)
债务资金	200	25	200	22	300	33
普通股资金	600	75	700	78	600	67
资金总额	800	100	900	100	900	100
其他资料						
年利息额	16		16		25	
普通股股数(万股)	14		14		12	

将以上资料代入公式中得:

$$\therefore \frac{(EBIT-16)\times(1-30\%)-0}{14}=\frac{(EBIT-25)\times(1-30\%)-0}{12}$$

$$\therefore EBIT=79(万元)$$

此时:

$$EPS=\frac{(79-16)\times(1-30\%)-0}{14}=\frac{(79-25)\times(1-30\%)-0}{12}=3.15(元)$$

计算结果表明,当息税前利润为 79 万元,增发普通股和增加债务的每股收益是相同的,都为 3.15 元。

上述分析如下图 4-5 所示:

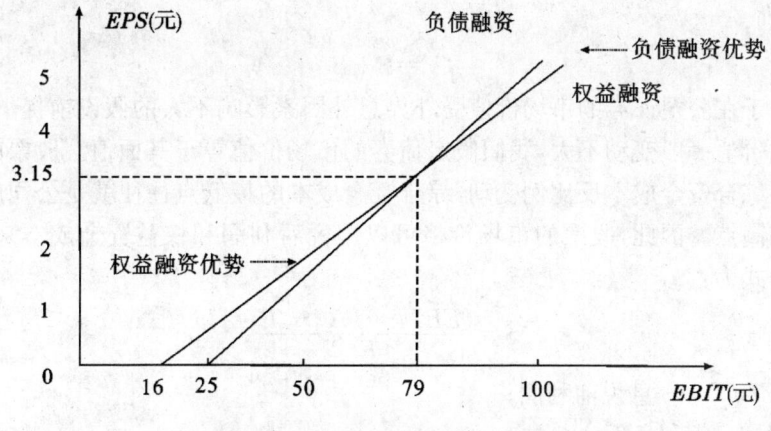

图 4-5　每股收益无差别点分析图

从图中可以看出，当息税前利润高于 79 万元时，增加债务融资比增发普通股融资有利；当息税前利润低于 79 万元时，增发普通股融资比增加债务融资有利。

在这种方法下，当预计的 EBIT 大于每股利润无差别点的 EBIT 时，运用负债筹资可获得较高的每股盈余；反之，当预计的 EBIT 小于每股利润无差别点的 EBIT 时，运用权益筹资可获得较高的每股利润。

这种方法的测算原理比较容易理解，测算过程容易计算。它以普通股每股收益最高为决策标准。但是这种方法也有缺点，它的缺点是只考虑资金结构对每股利润 EPS 的影响，假定 EPS 越大，股票价格就越高，而忽略了资金结构对风险的影响，因此，可用于资金规模不大、资本结构不太复杂的公司。

2. 企业价值分析法

上面的每股收益分析的方法忽略了风险，但是事实上，不同的资本结构对企业的风险和报酬有不同的影响，而风险和报酬的大小又集中体现在企业的总价值上。最佳的资本结构应该是可使企业的总价值最高，而不一定是每股收益最大。因为，只有在风险不变的情况下，每股收益的增长才会导致股价的上升，而一旦每股收益的增长不足以弥补风险增加所需的报酬，尽管每股收益增加，但是股价仍会下跌。因此，对资本结构的全面分析必须综合考虑风险和报酬的因素，从企业总价值、资金成本和资本结构三者的权衡关系进行风险和报酬分析。

同时，在企业价值最大化的资本结构下，公司的综合资金成本也是最低的。

企业的市场总价值 V 应当等于其股票的市场价值 S 和债务的市场价值 B 的和，即：

$$V=S+B$$

由于在公司证券的市场价值受外界意外因素影响不大的假设前提下，债务的市场价值一般变动不大，我们假定债券的市场价值等于其面值。股票的市场价值与综合资金成本反比例变动，综合资金成本的最低点往往就是公司股票市价的最高点。因此，股票的市场价格可以用税后利润和权益资金成本来计算。计算公式为：

$$S=\frac{(EBIT-I)(1-T)}{K_s}$$

式中：$EBIT$——息税前利润；

I——年利息额；

T——企业所得税税率；

K_s——权益资金成本。

考虑到财务风险的影响,权益资金成本采用资本资产定价模型测算,即:
$$K_s = R_f + \beta(R_m - R_f)$$
式中:R_f——无风险报酬率;
  β——股票的贝他系数;
  K_m——平均风险股票必要报酬率。

而公司的资金成本,则用加权平均资金成本 K_W 表示,其基本计算公式为:
$$K_W = K_b = \left(\frac{B}{V}\right)(1-T) + K_s\left(\frac{S}{V}\right)$$
式中:K_b——税前的债务资金成本。

【例 4-18】 某公司全部资金均为普通股资金,股票的账面价值为 2 000 万元,公司认为目前的资本结构不合理,拟以举债购回部分股票的方法予以调整。公司预计年息税前利润为 500 万元,使用的所得税税率为 33%,经过咨询调查,目前的债务利率和权益资金成本情况见下表 4-10。

表 4-10 不同债务规模下的债务利率和权益资金成本测算表

债券的市场价值 B(万元)	税前债务资金成本 K_b(%)	股票的 β 值	无风险报酬率 R_f(%)	平均风险股票必要报酬率 K_M(%)	权益资金成本 K_S(%)
0	—	1.2	10	14	14.8
200	10	1.25	10	14	15
400	10	1.3	10	14	15.2
600	12	1.4	10	14	15.6
800	14	1.5	10	14	16.2
1 000	16	2.1	10	14	18.4

根据上表的资料,运用前面的原理和公式,即可测算出不同债务规模的公司市场价值和资金成本,详细过程见下表 4-11。

从表中可以看出,在没有债务的情况下,公司的总价值就是其原有股票的市场价值。当公司运用部分债务资金替换权益资金时,一开始公司的总价值是上升的,加权平均成本是下降的。当债务资金达到 600 万元时,公司的总价值最高,达到 2 246 万元,加权平均资金成本最低。当债务资金超过 600 万继续增加时,公司的总价值在下降,加权平均资金成本在上升。可见,债务 600 万元是公司的最佳资本结构。

表 4-11　　　　　　　　　　公司市场价值和资金成本

债券的市场价值 B（万元）	股票的市场价值 S（万元）	公司的市场价值 V（万元）	税前债务资金成本 K_b（%）	权益资金成本 K_s（%）	加权平均资金成本 K_w（%）
0	2 027	2 027	—	14.8	14.8
200	1 920	2 120	10	15	14.15
400	1 816	2 216	10	15.2	13.54
600	1 646	2 246	12	15.6	13.36
800	1 437	2 237	14	16.2	13.41
1 000	1 109	2 109	16	18.4	14.23

运用此种方法时,应注意在举借新债时,新债的利率水平不影响旧债的原有利率,新债与旧债的资金成本不同,应分别计算。增发新普通股时常伴随市场价格的变化,因为新、旧普通股拥有系统的市场价格,所以这一新价格也影响原有股票,新旧普通股的资金成本是相同的,不必分别计算。这种方法的缺点是受所比较方案数量的制约,可能会遗漏最佳方案。

案例讨论:

Coleman 技术公司资金成本测算[1]

【目的】

通过案例的分析、讨论,进一步明确和巩固筹资渠道、筹资方式、资金成本、资本结构等概念的含义,熟练掌握个别资金成本、综合资金成本的计算方法。

【内容】

Coleman 技术公司正在考虑一个由公司的信息技术小组建议的重要扩张项目。在进行扩张之前,公司需要估计它的资金成本。假设你是公司财务副总裁的助手,你的第一个任务是估计 Coleman 技术公司的资金成本。副总裁给你提供了他认为与你的任务有关的下列数据:

---

[1] 节选自张鸣等主编:《财务管理学习题与案例》,上海财经大学出版社,2006 年版。

第四章 资金成本和资本结构 129

(1)公司的所得税率为40%。

(2)Coleman技术公司的利率为12%,每半年支付的不可提前偿还的债券还有15年到期,现行市价为1 153.72美元。Coleman技术公司没有使用永久的短期付息债券。新的债券可以私下筹集,没有发行成本。

(3)公司发行的利率为10%、按季度支付股利、面值为100美元的永久优先股的现行市价为111.10美元。

(4)Coleman技术公司的普通股的现行市价为每股50美元。它最近的股利(D_0)为4.19美元,在可见的未来股利预期以5%的固定比率增长。Coleman技术公司的β系数值是1.2,国库券利率为7%,市场的风险溢价估计是6%。在债券收益率加风险溢价法中,公司使用4%的风险溢价。

(5)Coleman技术公司目标资本结构为30%的长期债务、10%的优先股和60%的普通股。

【要求】

为完成项目分析,副总裁向你提出下列问题:

你在估计Coleman技术公司的加权平均资金成本(WACC)时应该包括哪种资本来源?

各要素的资金成本应该在税前还是在税后计算?

成本应该是历史(固有的)成本还是新(边际)成本?

Coleman技术公司债务的市场利率和债务要素资金成本是多少?

公司的优先股资金成本是多少?

Coleman技术公司的优先股对于投资者来说风险要高于其债务,但优先股的收益率低于债务的收益率。这是否意味着出现了错误?(提示:考虑税收。)

这里是否有与留存收益相关的资金成本?

Coleman技术公司用资本资产定价模型法估计的普通股权益资金成本是多少?

利用贴现现金流量法估计的普通股权益资金成本是多少?

利用债券收益率加风险溢价法估计的Coleman技术公司普通股权益资金成本是多少?

最终K_s的估计值是多少?

为什么新的普通股资金成本高于留存收益的资金成本?

Coleman技术公司估计如果发行新的普通股,发行成本降为1.5%。Coleman技术公司将发行成本体现在贴现现金流量中。考虑发行成本,新发行普通股的资金成本是多少?

如果忽略发行成本,Coleman技术公司综合或加权平均资金成本是多少?

有哪些因素会影响公司的加权平均资金成本？公司是否应该以加权平均资金成本作为每一个项目的最低报酬率？

有什么方法可用于确定特定项目或部门的风险调整后的资金成本？有什么方法用于测量项目的 β 系数值？

第五章
项目投资

【内容简介】

投资管理是企业财务管理的核心内容之一。本章首先从投资管理的基本概念入手,简要介绍投资管理的基本知识,使学生从总体上认识投资管理。本章重点是投资项目现金流量分析以及投资项目评价指标及其应用。本章的难点在于项目现金流量的分析,净现值、内含报酬率等动态指标的计算及实际应用。

【学习目的和要求】

通过本章学习,学生应当:(1)掌握投资管理的基本概念和基础知识;(2)能根据所提供的预测数据,对投资项目的现金流量做出恰当的分析;(3)能熟练运用静、动态评价指标进行项目评价和决策;(4)了解不同评价指标的优缺点。

第一节 投资概述

一、企业投资含义及作用

(一)企业投资的含义

企业投资是指企业将一定数量资金投放到某项事业之上,以获得预期收益的经济活动。

企业作为一个以获利为主要目标的经济组织,其收益的取得是通过资金的运作而实现的,投资则是企业资金运动的重要环节,它是连接筹资活动和和日常营运活动的桥梁。没有资金的投放,资金筹集就失去意义;没有资金投放,就无法开展日常的经营活动,也就无所谓资金增值的实现。因此,作为市场经济条件下的企业,必须时刻关注市场上的风吹草动,及时辨别和捕捉投资机会,将资金投放到合适的项目上,并实施有效的管理,这样才能更好地实现企业的经营目标。

(二)企业投资的作用

投资是企业财务活动的重要内容之一,它对于企业的生存和发展具有重要意义。

1. 企业投资是取得收益的基本前提

资本市场上利息、股利、资本利得等形式收益的取得,是以企业对外证券投资、直接投资等投资活动的开展为前提的;而经营利润的取得,则是以对内投资为基本条件的。通过对内投资,企业可以维持或提高技术水平、生产能力,保持或增强市场竞争力,从而获得丰厚的经营利润。

2. 企业投资是维持简单再生产的必要手段

作为企业开展经营活动的硬件条件,厂房、设备等长期资产的实体处于不断的消耗过程之中,随着时间的推移,其生产力呈不断下降趋势,因此,企业必须对设备等固定资产做出适时的更新举措,以维持简单再生产,使企业不至于因过度消耗资产而中断正常的经营活动。

3. 企业投资是扩大再生产的必要前提

当市场占有率提高时,企业的经营规模、技术水平和人员素质必须做出积极的响应,以实现扩大再生产的目的。而经营规模的扩大、技术水平和人员素质的提高则必须通过企业的对内长期投资活动得以实现。

4. 企业投资是降低风险的重要方法

无论企业对内投资活动还是对外投资活动,都会受到一些不确定性因素的干扰,使企业收益处于不确定性的变化之中,这就是风险。通过第二章投资风险价值一节的学习我们知道,从投资的角度,风险可以分为系统性风险和非系统性风险,其中非系统性风险可以通过投资组合的方式予以分散。因此,企业通过扩大投资,将资金投向若干行业或项目,实行多角化经营(投资),可以大大降低经营风险,增强销售和盈余的稳定性。

二、企业投资的内容

1. 实物投资

是指企业将货币资金或其他资源投放到某项实物资产上,以期通过实物资产的有效运营实现预期收益。具体内容包括房地产投资、直接生产经营投资、固定资产投资、流动资产投资、租赁投资、企业合并与购买投资等。

2. 金融投资

是指企业为取得预期收益而将一定量货币资金或其他资源转化为金融资产的经济活动,主要以证券投资为主。具体内容包括股票投资、债券投资、储蓄投资、人寿保险与退休金投资、期货投资、期权投资、信托投资和贷款投资等。这类投资一般是将资金投放到企业外部与自身生产经营没有直接关系的投资对象上，与会计学上的投资概念基本一致。

3. 人力资本投资

是指企业将资金投放到员工继续教育、在职培训、卫生保健、人员流动等方面，以提高人力资源质量、人力资本存量，从而获取更大收益的经济活动。这种投资活动不同于前两种投资活动，它具有高风险、收效慢、后劲大等特点。在知识经济条件下，企业的根本竞争优势在于员工综合素质的提高，因而这种投资活动的重要性尤为突出。

三、企业投资的分类

企业投资按不同的分类标准，可以划分为不同的类别，常见的分类方式主要有以下几种：

（一）长期投资与短期投资

按投资回收期的长短，可以将企业的投资活动分为长期投资和短期投资两类。

短期投资一般是指企业将资金投放到能够在一年以内回收原始投资额的投资对象上的投资行为，也称流动资产投资。主要包括对现金、应收账款、存货等日常经营所必需的短期资产的资金投放，也包括对准备随时变现的各种有价证券等金融资产的资金投放。短期投资一般具有持有时间短、变现能力强、周转速度快、资金占用波动性大等特点。对外短期投资既能发挥现金储备的功能，保证企业偿债能力，又能使企业获得高于银行存款利率的收益，对于企业保持安全性和收益性具有重要意义；对内短期投资则是企业开展经营活动的基本前提，没有这种资金的"垫付"，企业的经营活动就无法"启动"和"周转"起来。从价值创造的过程来看，这种投资在企业经营过程中发挥的是"价值吸收器"和"价值流载体"的作用，因此研究如何以尽可能少的资金占用支撑起企业的经营规模，对减少资金占用、加速资金周转，提高企业效益是非常重要的，当然，其中还存在一个风险和收益权衡的问题。

长期投资则是指企业将资金投放于回收期限在一年以上的投资对象的投资行为。主要包括固定资产投资、无形资产投资、为实现收益及其他特定目的而准备长期（长于一年）持有的各种有价证券和其他形式的实物投资等非流动资产的投资。这种投资具有回收期限长、变现能力差、投资风险高等特点。正是由于长期投资具有上述特点，决定长期投资的资金投向的合理性程度不仅影响企业当前财务状况，对以后各期都会产生相应的影响，并且这种影响的不确定性程度往往也比较高。这就要求企业在进行这类投资时必须做好可行性论证工作，对项目的投资必要性、技术可行性以及经济合理性进行全方位的评价,以保证投资决策的科学性。

(二)内部投资和外部投资

按照企业的资金投向,可以将企业的投资活动分为内部投资和外部投资。

内部投资又称对内投资、生产性投资,其有广义和狭义之分。广义的内部投资泛指企业对内的一切资金投放,包括对现金、应收账款、存货等短期资产的投资,也包括对设备、厂房、无形资产等长期资产的投资。从这一角度看,企业对内投资可能是短期投资,也可能是长期投资。而狭义的对内投资则仅指将资金投放到固定资产、无形资产等长期资产上的投资行为,本章后面所指的内部投资即为狭义的对内投资。企业对内投资的主要目的是为了保证企业生产经营活动的顺利开展,对内短期投资为企业经营活动的开展提供了用以循环周转的流动资产,对内长期投资则为企业经营活动的开展提供了硬件条件。

外部投资又称对外投资,是指企业将资金直接投放到其他企业的经营活动或其他企业发行的各种有价证券所形成的投资。企业可以通过这种投资实现利益分享、控制或影响被投资企业等目的,但其根本(终极)目的是为了获利。外部投资可能是长期投资,也可能是短期投资,其中外部短期投资的目的比较单纯,主要在于保证企业资产流动性的前提下,追求相对较高的投资收益;而外部长期投资的目的则表现出多重性,可能是为了获得投资收益,也可能是为了通过控制权的取得实现对其他企业的控制或施加影响,以创造有利于本企业经营活动开展的外部环境等目的。

(三)实物投资和金融投资

按照投资对象的不同,可将投资划分为实物投资和金融投资。

实物投资是指企业将资金投放到具有实物形态的资产上的一种投资行为。譬如投资厂房、设备、各种存货、房地产、文物、金银珠宝等。实物投资要么能够创造生产条件、形成生产力,比如存货、设备、厂房等的置备;要么具有收藏价值,比如古玩、珠宝等的投资。一般来说,实物投资价值具有相对稳定性,因此实物投资是抵御通货膨胀的有效手段之一;同时,实物投资又具有变现能力弱(文物、珠宝、金银等除外)的特点,因此在开展实物投资活动之前,必须做好财务分析和可行性论证工作,既要发挥实物投资的生产力功能,又要保证企业资产的流动性,在收益和风险之间进行权衡。

金融投资是指企业将资金投放到金融资产或金融产品上,以期获得一定投资收益或实现其他目的的一种投资行为。譬如企业进行股票投资、债券投资、银行存款投资、外汇投资等。金融资产是一种无形、抽象的资产,其实质上体现的是一种权利、一种人与人(可能是自然人,也可能是法人,或二者兼而有之)之间的关系。而这种权利或关系往往以一定的证券为媒介,因此具有相对较强的流动性，交易成本相对较低，但其价值对投资环境的敏感性程度比较高，表现为金融投资的价值相对不稳定性。

四、企业投资管理的基本程序

企业投资管理是一项复杂的工作，其中包括许多重要的环节，每个环节前后关联，形成完整的投资管理活动。任何一个工作环节出了问题都会对投资活动的成败产生重大影响。一般来说，开展投资管理工作，以下几个环节必须重点把握。

(一)投资机会研究

市场经济条件下，商业竞争、市场需求瞬息万变，作为市场中的企业，必须准确把握市场、驾驭时机才能在激烈的市场竞争中胜出。企业任何经营决策的制定都是基于对环境的分析和把握而做出的。因此，企业欲做出科学的投资决策，首先必须对国家产业政策、企业内部环境、区域投资环境等宏观和微观因素进行详细的分析，做好市场调查和市场预测工作，把握市场竞争、需求的新动向，敏锐识别并及时捕捉合适的投资机会，明确未来的投资方向。

(二)可行性论证

投资机会研究仅仅是投资管理工作的一个前奏，它仅解决了明确投资方向的问题。要保证投资项目及其方案的成功实施，还必须开展科学的投资项目可行性论证工作。所谓的项目可行性论证是指，在项目投资决策前，对于与项目有关的社会、经济和技术等方面的情况进行深入细致的调查研究；对各种可能的建设方案和技术方案进行认真的技术经济分析，比较和论证；对项目建成后的经济效益进行科学的预测和评价。在此基础上综合研究项目的技术先进性和适用性、经济的合理性以及建设的可能性和可行性。由此确定该项目是否应投资和如何投资等结论性意见，为决策部门提供科学的、可靠的依据，并作为开展下一步工作的基础。项目可行性论证的核心内容可以归结为以下3个方面，即投资必要性分析、技术可行性分析和经济合理性分析。本章将要学习的项目投资决策实际上就是从财务的角度，论证投资项目的经济合理性，而要全面完成项目可行性论证工作，还必须有市场营销人员和工程技术人员的积极参与，仅有财务人员的参与是远远不够的。

(三)资金筹措与投放

"投资"简单理解就是"有目的的资金的投放"，没有资金也就无所谓投放。尽管有了有利的投资机会、成熟的投资方案，若没有足够的资金予以支持，那么"投资"二字也就成了"画饼充饥"、"水中望月"了。因此，资金的足额筹措、及时投放是项目投资的必要前提。如果资金不能及时到位，那么企业就可能坐失投资良机或出现"半截子工程"问题；如果资金过早、过多供应，又会使企业承担无谓的资金成本,降低收益。因此,企业必须根据投资项目本身的特点安排资金的来源、性质、时间与期限等问题,确保资金既能及时到位、满足需要,又不形成浪费,经济、稳妥地完成项目资金的筹措与投放工作。

(四)风险分析与控制

企业投资特别是长期投资在投放与实施过程中往往面临各种不确定性因素的影响,使投资项目面临一定的风险,最终表现为项目的收益可能偏离企业的预期。这种"偏离"可能是正向偏离,即向着有利于企业的方向偏离,也可能是负向偏离,即向着不利于企业的方向变化。然而,风险和收益往往是一种共生的关系,在对待风险的态度上,既不能过于激进,也不应过于保守,应当根据企业自身的承受能力,确定一个合理的"度",即在风险和收益之间做出适当的权衡。因此,在项目实施与运行过程中,必须对各种可能出现的不确定性影响因素进行分析和控制,将项目的风险水平控制在企业可以接受的范围之内,保证项目的投资目标顺利实现。

五、企业投资管理的基本原则

企业投资的目的在于扩大其经营规模,提高现有生产水平,增加市场份额,抓住机遇获取收益,提高资金的使用效率。企业能否实现这一投资目标,关键在于其能否在复杂多变的市场环境下,抓住瞬息万变的投资机会,处理好与有关方面的关系,作出合理的投资决策。为保证投资决策的科学性,顺利实现投资目标,在开展投资活动时必须坚持以下三个原则。

(一)正确处理企业微观条件和宏观环境之间的关系

任何企业都是生存于一定环境之中的,企业只有全面认识投资环境,充分利用环境提供的契机,才能保证投资决策正确有效,因此开展投资宏观环境和微观条件分析是至关重要的。宏观环境(诸如政治、经济、文化、法律、技术环境等)一般是处于企业外部、不受企业所左右但会影响企业投资活动及其效果的因素。对于这些环境,企业无法通过自身的主观努力予以改变(至少在短期内无法直接改变),只能研究如何适应和利用这些环境所蕴藏的契机。微观条件是指企业自身的内部环境,比如本企业的技术水平、人员素质、设备条件、管理水平及资金实力等因素,这些因素是企业可以通过自身的努力进行改变的,并且这些条件的完备、成熟与否会直接影响到企业的投资效果。

企业投资的微观条件和宏观环境并非总是完全一致的。有时宏观上存在着很好的投资机会,但微观上企业可能受财务实力、管理水平、企业经营方向等诸多方面的限制而不能进行投资;相反,有时企业可能有较好的软、硬件条件,但受国家产业政策、金融政策、当代科技发展水平、人们的需求等因素影响而一时没有找到合适的投资场所。所以当宏观环境与微观条件不一致时,企业要认真分析,调整投资意图,创造投资机会,选择适合企业的投资项目。

（二）正确处理投资需求与资金保证程度的关系

资金的及时足额供应是项目投资顺利开展的基本前提,然而企业用于投资的资金来源总是有限的,不可能所有的投资项目都去投资,这就需要在众多投资项目中根据经济环境及自身条件作出合理选择,选择那些符合企业价值最大化理财目标的投资项目。同时,努力开拓筹资渠道,以抓住更多有利可图的投资机会,增加企业价值。但要注意,不能因过分追求价值增值而过度筹资,致使企业面临较高的财务风险,承担较高的资金成本。正确处理投资需求与资金供应两者的关系既可以抓住有利的投资时机,使所需投资得到保证,产生预期效益,又可避免因筹资过多而造成资金闲置或筹资不足造成投资项目中(终)止。

（三）正确处理企业内部投资与外部投资的关系

企业内部投资和外部投资的资金投向和空间范围不同,投资目的也有较大差异。内部投资本质上可以看成是企业自身肌体功能的健全与扩展,是企业生存和发展的关键。没有适当的对内投资,企业就无法很好地开展自身的主营业务,就不会产生充足、持续的现金流量,对外投资也就丧失了其存在的基础。企业对外投资对于企业的稳定与成长也有重大的意义:对外投资可以为闲置资金寻找出路,使企业获得投资收益,为内部投资提供资金保障;外部投资除了能给企业带来直接的投资收益以外,还可以通过对被投资企业的控制和影响,为内部投资创造有利的条件。

可见,内部投资和外部投资之间存在一种相辅相成的关系,它们的根本目的是一致的,都是为了获得更多的收益。但是,在资金有限的情况下,二者之间在资金供应上又呈现出此消彼长的关系。对于特定的企业来说,在特定的发展时期和发展环境下,二者之间客观上存在一个均衡点,在这个均衡点上,企业价值才能逼近最大化。因此,正确处理两者关系对企业的稳定发展及投资收益的提高至关重要,企业在投资时,必须认真协调内部投资和外部投资的关系。

第二节 投资项目现金流量分析

现金流量是企业长期投资决策中必须考虑的因素,现金流量分析也自然成为项目投资决策工作的重要内容,它为后续的投资决策提供基础数据,现金流量分析恰当与否直接关系到项目评价的结论,最终影响到决策的质量。然而,现金流量分析却是一项十分复杂、困难的工作,这项工作的成效取决于分析人员的社会阅历、经验积累和判断、分析及预测能力。

一、现金流量的含义

现金流量(cash flow)是企业或项目在一定时期内现金流入、流出的数量。一定时期内的现金流入量减去包括税金在内的现金流出量的差额,称为净现金流量(net cash flow,缩写为 NCF),有时也称税后现金流量(cash flow after taxes,缩写为 CFAT)。净现金流量是反映一个企业或投资项目收益水平、获利能力的重要指标。

二、现金流量的构成及其计算

(一)根据项目生命周期阶段分析现金流量

对于一个投资项目而言,其整个生命周期大致可以划分为 3 个阶段,即项目筹建阶段、项目运行阶段和终结清理阶段。每个生命周期阶段都有相应的现金流量发生,我们分别将它们称为"初始现金流量"、"营业现金流量"和"终结现金流量"。

1. 初始现金流量

初始现金流量是指从项目开始筹建直至正式投入运行期间发生的现金流量,一般包括如下几项内容:

(1)固定资产投资。包括固定资产的购建成本、运输成本和安装成本等。一般来说,固定资产投资构成项目初始现金流量的主体。

(2)土地等不计价资产的机会成本。即便企业利用原有土地建设项目,不需要因再为该项目支付土地费用而发生现金流量,但是,土地作为一种稀缺的资源,投入其他企业或用于其他项目,甚至于从事农业生产,都可以产生一定的收益。因此,该土地用于本项目投资所产生的收益至少应当等于上述收益,即上述收益构成土地在本项目上的机会成本,这种机会成本必须在投资决策中予以考虑,作为一种现金流出量。

(3)流动资金垫支。固定资产投资只是解决了生产手段的形成问题,项目要想正式启动起来并循环运行,还必须有其加工和运作的对象,因此需要投入一定数量的资金在原材料、在产品、产成品和现金、应收款等流动资产上。这些资金在项目运行期间一直处于不断的周转循环状态之中,体现为价值形态的转换,当项目终止时,这些投资即可收回。因此,这部分资金并不是项目本身的消耗,项目所承担的是这部分资金的成本。

(4)其他投资。在项目筹建阶段,往往还会发生一些必要的,但无法对象化到具体资产上去的资金投入,比如筹建期间的人工费、培训费、差旅费、谈判费、注册费、咨询费等。

(5)原有固定资产的变价收入。对于改扩建项目来说,一般会涉及原有固定资产的拆分、处置等活动,此时会产生一定的变价收入。而对于新建项目来说,则不涉及该种现金流量。

2. 营业现金流量

这是指投资项目完成而投入使用后,在其寿命周期内由于生产经营所带来的现金流入和流出的数量。这种现金流量一般以年为单位进行测算,它等于销售收入扣除付现成本和所得税后的差额。付现成本是需要支付现金的生产成本和期间费用。与付现成本对应的是非付现成本,非付现成本主要包括折旧费用、长期费用摊销等,发生时在会计核算中按权责发生制原则计入费用,但实际上并没有现金流流出企业。所以,付现成本可以表述为总成本费用减以折旧为代表的非付现成本。现金流入是指营业现金收入;现金流出是指营业现金支出和交纳的税金。一般说来,在假定企业现行各种生产经营政策不变,且企业生产经营较稳定的情况下,可以认为一个投资项目的每年销售收入相当于营业现金收入,付现成本(不含折旧费等)相当于现金支出,则年营业现金净流量的计算公式是:

年净现金流量(NCF)=年营业现金收入-付现成本-所得税

=年产品销售收入-(生产成本+期间费用-折旧费等)
-所得税

=年产品销售收入-生产成本-期间费用-所得税等
+折旧费

=税后净利+折旧费等

即:年营业现金流量=税后净利+折旧费

或:

年营业现金净流量=年产品销售收入-付现成本-[年产品销售收入
-(付现成本+折旧费等)]×所得税率

=年产品销售收入×(1-所得税率)-付现成本
×(1-所得税率)+折旧×所得税率

=税后销售收入-税后付现成本+折旧抵税

3. 终结现金流量

终结现金流量是指项目在寿命周期结束以后,在报废、清理过程中所发生的现金流入或现金流出。主要包括以下几项内容。

(1)固定资产残值收入和变价收入。项目终结以后,若固定资产经济、技术上还可以继续使用,则可以作为生产手段在设备二手市场上转让出去,从而取得变价收入;若固定资产在经济上或技术上不能继续使用,则需要转入报废程序,其回收的残料则可以在原材料市场上进行转让,从而取得残值收入。无论是残值收入还是变价收入,均构成项目的终结现金流量。

(2)原垫支的流动资金收回。如前文所述,垫支的流动资金并不是项目本身的消耗，仅仅是资金的临时垫付，当项目终结时，这些资金可以通过应收账款的回收，材料、半成品、产成品的出售予以回收，此时构成项目的现金流入。

(3)不需用土地的变价收入。项目终结时，如果项目所占用的土地不再为企业所需要，则企业可以将土地使用权转让出去，取得土地使用权的变价收入，这构成项目的现金流入量。

(二)根据现金流向分析计算现金流量

按现金的流动方向，可以将现金流量划分为现金流入量和现金流出量两个方面。结合前述现金流量分析的结果，将现金流入量和现金流出量归结如下：

1. 现金流入量

结合前文的分析可以看出，一个投资项目的现金流入量通常包括：(1)投资项目完成后，每年可增加的营业现金收入或可减少的营业现金支付；(2)固定资产报废后的残值收入或中途的变价收入；(3)固定资产使用期满时，原垫支在流动资金上的资金的收回；(4)原有固定资产的变价收入；(5)项目终结时不需用土地的变价收入。

2. 现金流出量

结合前文的分析可以看出，一个投资项目的现金流出量通常包括：(1)固定资产的投资；(2)流动资金的垫支；(3)营业现金支出；(4)土地的机会成本；(5)税金支出；(6)其他投资等。这样，净现金流量的公式为：

$$某年的净现金流量(NCF)=年现金流入量-年现金流出量$$

(三)现金流量图

现金流量图又称资金流向图，它是用来直观反映投资项目在一定时期内现金流动状况的图示。对于长期投资项目来说，其生命周期往往横跨若干个年份或经营周期，每期都有相应的现金流在流动，分析起来比较麻烦。为了直观、动态反映项目在不同时点上现金的流动情况，人们设计出现金流量图来作为项目现金流量分析的辅助工具。使用现金流量图分析项目现金流量，可以增强分析的直观性，也便于在项目经济指标计算过程中更好地考虑资金时间价值。所以，现金流量图是项目现金流量分析的有力工具。

现金流量图的结构比较简单，它由水平数轴和若干等分点组成。数轴由左向右延续表示时间的推移，由若干等分点将数轴等分成若干间隔，间隔数代表计息周期数；而每一间隔则代表一个时间单位或一个计息周期，它可以是年、季、月等。在数轴的端点及间隔点上从左至右依次标注"$0,1,2,3 \cdots n$"，"0"代表考察期的开始，"$1,2,3 \cdots n$"则分别代表第一个计息周期末，第二个计息周期末，……第 n 个计息周期末。前一个计息周期末与后一个计息周期初相重叠，即同一时刻。在每个间隔点上分别标注向上或向下的箭线，向上的箭线表示现金流入；向下的箭线表示现金流出。箭线的高矮表示现金流量绝对值的大小(见图5-1)。

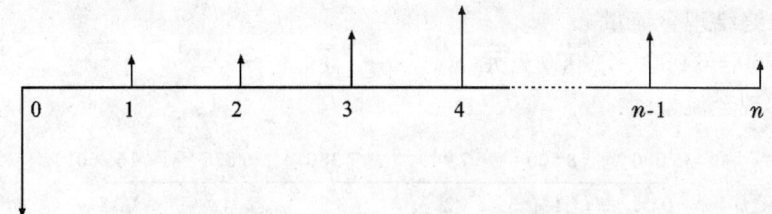

图 5-1 现金流量图示例 1

在应用比较熟练的情况下,也可以不用箭线代表现金流量的流向和数量,可以直接将每个时点上的净现金流量数标注在相应的间隔点上,负号代表净现金流出量,正号代表净现金流入量(见图 5-2)。

```
 -2 000   400   400   650   1 000          650   300
    0      1     2     3     4      n-1     n
```

图 5-2 现金流量图示例 2

(四)现金流量计算实例

【例 5-1】 AB 项目初始投资 24 000 万元,垫支营运资金 6 000 万元,其他投资 5 000 万元,直线法计提折旧,寿命期 5 年,5 年后有残值收入 4 000 万元,其他投资在 5 年内平均摊销。5 年中每年销售收入 16 000 万元,付现成本第一年为 6 000 万元,以后每年增加 800 万元,所得税率 30%。要求对该项目有关的现金流量进行分析,计算净现金流量。

1. 初始现金流量

$-24\,000+(-6\,000)+(-5\,000)=-35\,000$ 万元 (净现金流出)

2. 营业现金流量

年折旧额 $=(24\,000-4\,000)\div 5=4\,000$ 万元

年摊销额 $=5\,000\div 5=1\,000$ 万元

表 5-1　　　　　　　　　　营业现金流量计算表　　　　　　　　(单位:万元)

年份 项目	1	2	3	4	5
销售收入:a	16 000	16 000	16 000	16 000	16 000
付现成本:b	6 000	6 800	7 600	8 400	9 200
折旧费:c	4 000	4 000	4 000	4 000	4 000
开办费摊销:d	1 000	1 000	1 000	1 000	1 000
税前利润:$e=a-b-c-d$	5 000	4 200	3 400	2 600	1 800
所得税:$f=e\times 30\%$	1 500	1 260	1 020	780	540
净利润:$g=e-f$	3 500	2 940	2 380	1 820	1 260
净现金流量:$h=g+c+d$	8 500	7 940	7 380	6 820	6 260

3. 终结现金流量

4 000＋6 000＝10 000 万元

4. 现金流量图

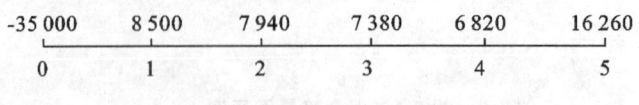

图 5-3　AB 项目现金流量图

三、应用现金流量指标的原因

财务会计以历史成本为基础，按权责发生制和配比的原则计算企业的收入和成本，并以收入补偿成本费用及税金后的余额——净利润作为净收益，用来评价企业的经济效益。而在长期投资决策中则不能以这种方法计算的收入和支出作为评价经济效益高低的基础，而应以现金流入作为项目的收入，以现金流出作为项目的支出，以净现金流量作为项目的净收益，并在此基础上评价投资项目的经济效果。投资决策之所以要以按收付实现制计算的现金流量作为评价项目经济效益的基础，主要出于以下两方面考虑：

1. 采用现金流量有利于科学地考虑资金时间价值

长期投资项目寿命周期较长，其现金流量往往涉及若干年份，资金时间价值规律决定在考察项目经济效果时，不能将不同时点上的现金流量简单加减、配比，而应当考虑资金时间价值，将它们换算到一个可比较的基础之上进行考察。这就要求在决策时一定要弄清每笔预期收入和支出发生的确切时间，因为不同时间的资金具有不同的价值。因此，在衡量方案优劣时，应根据各投资项目寿命周期内现金流量的时间分布情况，以资金成本或要求的必要报酬率作为折现率，计算投资项目的综合经济效果。而利润指标的计算，是以权责发生制为基础的，并不考虑资金收付的确切时间。利润与现金流量的差异主要表现在以下几个方面：(1)购置固定资产、无形资产付出大量现金时并不完全计入当期费用时；(2)将固定资产、无形资产的价值以折旧或摊销的形式逐期计入费用时，却又不需要支付现金；(3)计算利润时不需考虑垫付的流动资产的数额和具体回收的时间；(4)只要销售行为已经确定，就计算为当期的销售收入，尽管其中有一部分并未于当期收到现金。可见，要在投资决策中考虑资金的时间价值因素，就不能直接利用利润指标来衡量项目的优劣，而必须采用现金流量指标。

2. 采用现金流量指标能克服人为主观因素的影响

这样使投资决策更客观、更科学。在长期投资决策中以客观实际发生的现金流量作为决策的依据，能科学、客观地评价投资方案的优劣，而利润指标则明显的存在不科学、不客观的成分。这是因为：(1)利润的计算没有一个统一的标准,在一定程度上要受存货估价、费用摊销和折旧计提方法的影响,因而,净利润的计算要比现金流量的计算带有更大的主观随意性,作为决策的主要依据不太可靠;(2)利润指标反映的是某一会计期间"应计"的现金流量,而不是实际的现金流量。若以未实际收到现金的收入作为收益,具有较大的风险,容易高估投资项目的经济效益,存在不科学、不合理的成分。

第三节 项目投资决策

从资金投向上看,项目投资属于企业内部投资,它具有一次性投资数额大、影响时间长、影响范围广、不确定性程度高、管理难度大等特点,对企业的长远发展具有重大影响,因此项目投资成为企业投资管理的重点和难点之一。本节将在前两节学习的基础上,进一步学习项目投资决策的有关知识。

一、项目投资的含义与类别

(一)项目投资的含义与特点

项目投资是一种以特定项目为对象的长期投资行为,其投资对象可能是新建项目也可能是更新改造项目。从性质上看,它是企业直接的、生产性的对内投资,直接形成企业的生产能力。一般包括固定资产投资、无形资产投资、开办费投资和流动资金投资等内容。

与其他投资形式相比,项目投资具有以下突出特点:(1)投资金额大。项目投资特别是战略性项目投资,投资数额一般都很高,尤其是在制造性企业中,项目投资形成的资产占企业总资产的比重均很大。(2)影响时间长。项目投资一般用于形成企业的长期资产,且其本身就可能构成企业发展战略的一部分,因此对企业未来的经营活动往往产生长远、重大的影响。(3)变现能力差。项目投资影响时间长,一般具有较强的专用性,通用性较差,一旦完成,要想改变用途或出手变现是相当困难的,要么找不到买方,要么变现价格太低。(4)投资风险大。作为企业投资行为的一部分,项目投资同样受到许多内外不确定性因素的影响,导致项目未来收益带有较大的波动性,即投资风险是客观存在的,加上项目投资具有投资金额大、影响时间长和变现能力差等特点,必然造成其投资风险较其他投资更大的结果。因此,投资风险控制就成为项目投资管理的重要工作内容。

(二)项目投资的分类

不同类别的项目投资具有不同的特点,其复杂性也各不相同,在投资管理上的要求也不尽相同。以工业企业为例,其项目投资大致可以划分为以下两大类别(见图5-4):

$$\text{项目投资} \begin{cases} \text{新建项目投资} \begin{cases} \text{单纯固定资产投资} \\ \text{完整工业项目投资} \end{cases} \\ \text{更新改造项目投资} \end{cases}$$

图 5-4　工业企业项目投资分类图

其中,新建项目是指将一个项目从无到有地投资建设完成,其目的在于新增企业生产能力,扩大企业经营规模或经营范围,如企业添置机器设备、增建生产线、上新的产品线等。新建项目按其投资对象的具体内容,还可以进一步细分为单纯固定资产投资和完整工业项目投资两类。其中,单纯固定资产投资又称固定资产投资,这种投资一般只包括为形成固定资产本身而发生的必要的资金投入,不包括周转资金的投入。可见,单纯的固定资产投资仅仅能够形成必要的生产手段,还不是完整的工业项目投资,这种投资本身并不能独立为企业创造收益,必须与其他投资或原有项目相结合,才能发挥出价值创造的功能,如前述添置新设备投资即属此类。完整工业项目投资不仅包括前述"单纯固定资产投资",而且还牵涉到流动资金投资,甚至还包括其他长期资产项目(如无形资产、开办费等)的投资,直至形成能够独立创造收益的工业项目,如前述增建生产线投资、上新的产品线投资即属此类。完整工业项目投资与工程管理中的"建设项目"范畴是一致的。图 5-4 中更新改造项目投资是指对原有项目进行更新或功能改造而发生的资金投入,其目的在于恢复或改善现有项目的生产能力,如企业定期发生的设备更新投资、厂房改扩建投资、生产线改造投资等。

二、项目投资管理的程序

项目投资具有投资数额大、回收期漫长的特点,在漫长的回收期内项目要经受来自企业内部和外部许多影响因素的干扰,使项目面临较大的风险,影响投资目标的有效实现。因此,对项目投资实施科学的管理是十分必要的,对于降低投资风险、实现投资目标具有重大的意义。一般来说,项目投资管理要遵循以下步骤:

(一)投资项目提出

这一阶段实质上是在做项目背景分析工作。由企业中高层管理人员牵头,由供、产、销及财务部门人员参与,对国家产业政策、市场供求、自身能力等内外环境进行分析,发现有利的投资机会或时机,为企业的资金投向寻找出路,并且在此基础上提出项目建议书。

(二)投资项目评价

投资项目评价的主要任务是对各投资项目或备选方案的可行性进行分析,在此基础上进行筛选、择优,即开展通常所说的项目可行性研究工作。项目评价主要从投资项目的"三性"入手:(1)在详细的市场调查和缜密的市场分析的基础上,做好市场预测工作(投资项目是面向"未来"而不是过去和现在的),从而评价项目投资的"必要性",这项工作主要由市场营销人员完成;(2)结合市场分析的结论,对项目建议书中所提出的工程方案、工艺方案和设备方案进行分析,从而评价投资项目技术方面的"可行性",这项工作主要由工程技术人员完成;(3)在前述工作的基础上,进行财务预测和财务分析,通过一系列经济指标的计算和分析,预测投资项目的预计经济效果,从而评价投资项目的经济"合理性",这项工作主要由财务人员来完成。这3个方面的工作完成以后,就可以起草可行性研究报告,提交企业决策部门,作为项目决策的依据。

(三)投资项目决策

项目评价工作完成以后,企业决策层即可根据评价结论做出是否投资、如何投资的决策,即在若干可行的方案中进行择优。根据各企业决策权分布的不同,项目决策的主体在不同的企业可能会有所差别。一般来说,投资额较小的项目,有时中层经理就有决策权;投资额较大的项目一般由总经理决策;投资额特别大的投资项目,要由董事会或股东大会投票表决。

(四)投资项目实施

投资项目决策以后,即转入项目的实施阶段。这是入选项目投资方案具体化过程,也是项目实体形成的过程。这一阶段的工作重点在于资金、成本、质量和时间的管理。企业应当根据工程造价和计划施工进度合理安排建设资金的供应,在确保施工不间断的前提下,尽可能节约使用资金;严格按照工程预算资料和设计资料控制施工质量和工程造价,以确保项目投资按预算完成,实现预计经济效果;按照计划施工进度严格控制工期,以确保项目能够及时投产,不至于贻误市场良机。

(五)投资项目再评价

项目评价和项目决策是基于对未来的预测而做出的,在投资项目实施过程中,许多情况可能与原预计情况并不相符或发生较大变化,这些变化必将影响到原来的评价结论,导致项目的可行性与预计相比有较大的出入。所以,在项目实施过程中,一旦出现新的、预料之外的情况,就要随时根据变化的情况作出新的评价,如果发现原投资决策已经不合理,那么就要对项目是否中止做出决策,以避免出现更大的损失。

(六)投资项目后评价

投资项目后评价是指项目投产运行一段时间以后,将项目的实际运行效果与预计水平相比较,以发现原项目评价、决策、实施以及运行过程中存在的问题或总结出经验,供日后其他项目投资管理借鉴。

三、项目投资期间与现金流量

(一)项目投资计算期

项目投资计算期是指投资项目从投资建设开始到最终清理结束整个过程的全部期间,即第二节中所提及的项目生命周期。完整工业投资项目的计算期包括建设期、经营期和清理期三大阶段(如图5-5)。

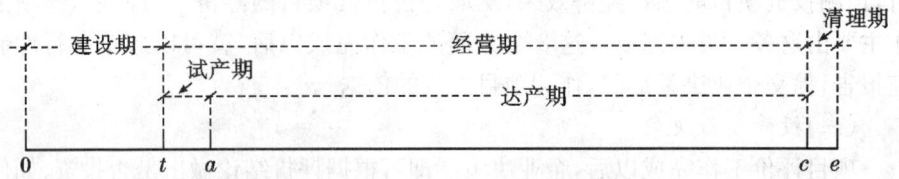

图 5-5 项目投资计算期示意图

其中建设期的第一年初(记作第 0 期)称为建设起点,建设期的最后一年末(第 t 年)称为投产日,建设起点(0)到投产日(t)之间的时间间隔称为建设期(用 S 表示);项目经营期的最后一年(记作第 c 年)称为清理日,从投产日(t)到清理日(c)之间的时间间隔称为经营期(用 M 表示),经营期包括试产期(从 t 到 a,用 T 表示)和达产期(从 a 到 c,用 A 表示);从清理日(c)到生命周期最后时刻(e)的时间间隔称为清理期(用 C 表示)。项目计算期各部分之间存在以下关系:

$$e = S + M + C \\ = S + T + A + C$$

(二)项目现金流量

1. 项目现金流量构成

与项目各计算期相对应,项目投资现金流量也同样可以按照项目生命周期阶段划分为初始现金流量、营业现金流量和终结现金流量三部分,其具体内容及计算方法在第二节已经作过详细的介绍,这里不再赘述。

2. 确定项目现金流量的假设

为了简化项目财务分析和指标计算工作,有必要研究确定项目现金流量的基本假设,以使项目现金流量分析得以顺利开展。通常,人们是在以下 3 个基本假设下进行项目现金流量分析的。

(1)"两性"具备假设。假设项目投资的"必要性"和技术的"可行性"已经具备,项目评价人员确定现金流量仅仅是为了评价项目在经济上的合理性(这种经济效果的评价可能是国民经济评价也可能是财务评价,二者在现金流量的计算口径和计量尺度上有时会有所差别),分析过程中不再考虑市场和技术问题,仅关注财务方面即可。

(2)时点假设。为了简化现金流量的分析和经济指标计算工作,不论现金流量实际发生情况如何,均假设其在期初或期末发生;不论所涉及的价值指标实际上是时点指标还是时期指标,均假设按照期初或期末的时点指标处理。

(3)确定性假设。假设在既定的宏观环境下,与项目现金流量有关的价格、产销量、成本水平、企业所得税税率等因素均为已知常数,这样项目的现金流量特别是营业现金流量才可能确定出来。

3. 估计现金流量时应注意的问题

为了正确估计项目现金流量,防止多算、重算或漏算有关内容,需要注意以下问题:

(1)坚持有无的原则,考查增量现金流量。在确定某投资项目现金流量的时候,应当坚持有无的原则,即分析当有这个项目前后企业现金流量的变化情况,计算出的增量现金流量即为项目本身引起的现金流量变动额。按照这个原则,只有那些由于采纳某个项目引起的现金支出增加额,才是该项目的现金流出;只有那些由于采纳某个项目引起的现金流入增加额,才是该项目的现金流入。

(2)尽量利用现有会计利润数据。尽管在评价项目经济效果时,不能直接用会计利润来代替现金流量,但为了简化现金流量分析、计算工作,应当尽量使用预计会计报表中的预计利润资料,在会计利润的基础上对个别项目进行调整,使之转化为净现金流量,这样可以节省大量的时间和精力。

(3)不考虑沉没成本因素。沉没成本是过去已经发生无法收回的成本,对于正在评价的投资项目来说,无论是否投资,沉没成本都已经发生了,其数额不影响投资决策,属于决策无关成本。

(4)关注机会成本。对于任何一个企业来说,资金都是稀缺的经济资源,同一时期可能具有多种可供投放的机会,有限的资金用此项目投资,就不能同时用于彼项目上。此时,彼项目上的投资收益就构成此投资项目的机会损失,只有此项目的收益不低于彼项目的收益,投资于此项目才是划算的。否则,还不如将资金投放于彼项目上去。因此,尽管放弃彼项目的收益不构成公司真正的现金流出,也必须将其作为此项目的成本来加以考虑,否则就不能保证所选择的项目是最优的。

(5)全面考虑项目的整体效果。采纳某个投资项目之后,很可能会对本企业其他部门或项目产生有利或不利的影响,在进行投资决策时必须将这些影响视为项目的收入或成本,以全面反映项目对企业经济效益的影响效果。如某企业准备生产新产品并将其推出市场,因为新产品和老成品是竞争性产品,所以新产品的畅销必然带来老产品销量的减少,在评价投资开发新产品项目的净现值时,老产品被侵蚀的销售量所带来的损失就应该计入项目投资评价中的成本。

四、项目投资决策评价指标及其计算

(一)项目投资决策评价指标的含义

项目投资决策评价指标是由一系列综合反映投资效益、投入产出关系的量化指标构成的,用来衡量和比较投资项目可行性,据以进行方案决策的定量化评价标准与尺度。运用决策指标进行项目评价的好处在于,可以使用个别或少量的经济指标就可以综合反映投资项目的经济效果,提高项目评价的效率和精度。

(二)项目投资决策评价指标的类型

从不同的角度可以将投资决策指标划分为不同的类别,不同类型的决策指标计算方法、决策规则及地位作用各不相同。

1. 静态指标和动态指标

按是否考虑资金时间价值可将决策指标分为静态指标和动态指标两类。静态指标在计算过程中不考虑资金时间价值,直接将不同期间的现金收支进行对比,计算经济效果,因而又称非折现现金流量指标,包括静态投资回收期、平均报酬率等指标。动态指标在计算过程中考虑资金时间价值,采用统一的折现尺度,将不同期间的现金流量换算到一个可比的基础之上,进而计算出项目的经济效果,因而又称折现现金流量指标,包括净现值、获利指数、动态投资回收期和内含报酬率等。

2. 正指标和反指标

按指标的性质和范围不同,可将决策指标分为正指标和反指标两类。指标数值在一定范围内越大越好的称为正指标,例如平均报酬率、净现值、内含报酬率和获利指数等均属正指标;指标数值在一定范围内越小越好的称为反指标,例如投资回收期即属该类指标。

3. 绝对量指标和相对量指标

按指标的数量特征,可将决策指标分为绝对量指标和相对量指标。绝对量指标是指以单一量纲表示的、以绝对数指标值大小为判断优劣标准的决策指标,如以时间为计量单位的投资回收期和以价值量为计量单位的净现值指标即属此列。相对量是指由两个相同或不同量纲的指标进行对比而形成的、以对比值(相对数)大小为判断优劣标准的决策指标,如获利指数指标和内含报酬率指标即属相对量指标。

4. 主要指标、次要指标和辅助指标

按决策指标在项目决策中的重要性和相对地位,可将决策指标区分为主要指标、次要指标和辅助指标三类。例如,在常用的项目投资决策指标中,净现值、内含报酬率等为主要指标,获利指数、投资回收期为次要指标,平均报酬率为辅助指标。

(三)项目投资决策评价指标计算

1. 静态指标

静态指标又称非折现现金流量指标,这类指标在计算过程中不考虑资金时间价值,直接将不同时点的现金流量进行比较。常用的静态指标主要有静态投资回收期和平均报酬率两个指标。

(1)静态投资回收期。静态投资回收期(payback period:PP)是指完全回收初始投资额所需要的时间,一般以年为计量单位。

①若项目投产以后各年的营业净现金流量(NCF)相等,则静态投资回收期计算如下:

$$静态投资回收期 = \frac{项目原始投资额}{年营业净现金流量}$$

$$PP = \frac{C}{NCF}$$

【例 5-2】 某投资项目原始投资额为 1 500 万元,预计投产以后每年的营业净现金流量均相等为 450 万元,则其静态投资回收期为:

$$PP = \frac{1\ 500}{450} = 3.33(年)$$

②若项目投产以后各年的营业净现金流量(NCF)不相等,则静态投资回收期可按如下思路进行:逐年累计项目有关净现金流量(包括初始投资额),当累计净现金流量符号出现相反变化(由负变正)时停止累计,采用插值法计算静态投资回收期。

$$PP = t_1 + \frac{\left|\sum_{t=0}^{t_1} NCF_t\right|}{\left|\sum_{t=0}^{t_1} NCF_t\right| + \left|\sum_{t=0}^{t_2} NCF_t\right|}$$

式中:t_1——最后一次出现累计净现金流量为负值的年份;

t_2——第一次出现累计净现金流量为正值的年份;

NCF_t——第 t 年的净现金流量。

决策规则:应用静态投资回收期法进行方案评价,首先应该确定一个可接受的最长回收期限,称为目标回收期。如果特定方案的计算结果大于目标回收期,则应放弃该方案;如果特定方案的计算结果小于或等于目标回收期,则应接受该方案。而在有多个方案的互斥选择中,则应选用投资回收期最短且短于目标回收期的方案。

【例 5-3】 某项目初始投资额为 12 000 万元,项目寿命期 5 年,投产后各年营业净现金流量分别为 2 000 万元、6 000 万元、5 000 万元、5 500 万元和 4 000 万元。则该项目的静态投资回收期计算如下(见表 5-2):

表 5-2　　　　　　　某项目静态投资回收期计算表　　　　　　（单位：万元）

年份	净现金流量 NCF	累计净现金流量(ΣNCF)
0	−12 000	−12 000
1	2 000	−10 000
2	6 000	−4 000
3	5 000	1 000
4	5 500	6 500
5	4 000	10 500

$$PP = 2 + \frac{|-4\ 000|}{|-4\ 000| + |1\ 000|} = 2.8 \text{ 年}$$

方法评价：投资回收期的概念容易理解，计算也比较简便，鉴于远期现金流量估计的不确定性较大，投资回收期法采取了一种非常极端的做法，对回收期满后的现金流量不予考虑，所以它更强调资金的流动性特征。但这一指标的缺点也较为突出：①它未考虑资金的时间价值，将未来不同时点的现金流量简单相加，这对于长期投资决策来说显然是不合适的；②它仅仅关注回收期内的现金流量，而未考虑回收期满后的现金流量状况，如此可能会埋没收益状况更好的投资项目；③对目标回收期的确定也显得过于武断；④过于偏重短期，对诸如新产品的研究开发等长期投资项目重视不够，易引发短期经营行为。

(2) 平均报酬率。平均报酬率（average rate of return，缩写为 ARR）是指投资项目寿命期内平均的年投资报酬率。其计算公式如下：

$$\text{平均报酬率（ARR）} = \frac{\text{年平均净现金流量}}{\text{初始投资额}} \times 100\%$$

决策规则：应用平均报酬率法进行方案评价，也应该首先确定一个企业可接受的最低报酬率标准，如果特定方案的计算结果大于或等于该标准报酬率，则应接受此方案；如果特定方案的计算结果小于该报酬率标准，则应放弃此方案。而在有多个方案的互斥决策中，则应选用平均报酬率最高且高于目标收益率的方案。

【例 5-4】　某项目初始投资额为 12 000 万元，项目寿命期 5 年，投产后各年营业净现金流量分别为 2 000 万元、6 000 万元、5 000 万元、5 500 万元和 4 000 万元，企业要求实现的平均报酬率为 25%，则该项目的平均报酬率计算如下：

$$ARR = \frac{(2\ 000 + 6\ 000 + 5\ 000 + 5\ 500 + 4\ 000) \div 5}{12\ 000} \times 100\% = 37.5\%$$

由于计算的平均报酬率高于目标平均报酬率，所以该投资项目应该接受。

方法评价：平均报酬率法计算简便、简明易懂。但是它同样未考虑资金的时间价值，将不同时点的现金流量简单比较，可能会得出错误的结论。

静态投资决策指标的共同优点在于计算方法简明易懂,操作方便。但它们也有致命的不足,即均未考虑资金时间价值,对于影响期限较长的项目投资决策来说,这一点显然是不合理的。因此,静态投资决策指标一般用于投资项目初选阶段,而详细可行性论证阶段则使用动态指标。

2. 动态指标

动态指标又叫折现现金流量指标,这类指标在计算过程中考虑资金时间价值,将项目上未来现金流量以特定的折现率进行折现,然后在此基础上计算相应的评价指标。常用的动态指标主要有净现值、获利指数、动态投资回收期和内含报酬率等指标。

(1)净现值。净现值(net present value,缩写为 NPV)是反映投资项目最终净收益绝对额的经济指标,通常表述为"项目寿命周期内各年净现金流量的现值总和"。由此其计算公式则可表述如下:

净现值＝∑每年净现金流量的现值

$$NPV = \sum_{t=0}^{n} \frac{NCF_t}{(1+k)^t}$$

式中:NCF_t——第 t 年的净现金流量;

　　　k——折现率;

　　　n——项目预计终结年限。

计算净现值指标的关键有三:其一,合理确定项目的受益期 n;其二,合理预测项目未来各年的净现金流量 NCF_t;其三,合理选择折现率 k。其中,项目受益期和各年现金流量可以根据市场调研和市场预测资料结合其他相关资料进行预计;折现率既可以选择企业的资金成本,也可以选择行业平均收益率,还可以选择企业预期实现的投资报酬率。

决策规则:在单个项目采纳与否的投资决策中,若某项目净现值大于等于零则应接受该项目,若某项目净现值小于零则应拒绝该项目;而在互斥决策中,则应在可行方案中选择净现值最大的投资方案。

【例5-5】 某公司经过初步测算分析,拟在总装车间增设一条新工艺生产线。其原始投资额定为125万元,其中固定资产投资为100万元,开办费投资为5万元,流动资金投资为20万元。建设期为1年,建设期与购建固定资产有关的资本化利息为10万元,于该投资项目终结时一并付清。固定资产投资和开办费投资于建设起点投入,流动资金于完工时即第一年末投入。该生产线计划使用期为10年,固定资产按直线法折旧,期满有10万元净残值;开办费自投产年份起分5年摊销完毕。预计投产后第一年获营业利润8万元,以后连续每年递增50%;最后3年每年获利80万元,所得税税率为33%;流动资金原始投资于终结点一次收回。假设资金成本为10%,要求计算该投资项目的各处净现金流量及项目净现值。

解：依题意计算有关数据如下：

①资金流量计算期 $n=1+10=11$（年）

②固定资产原值 $=100+10=110$（万元）

③固定资产年折旧额 $=(110-10)\div 10=10$（万元）

④开办费年摊销额 $=5\div 5=1$（万元）

⑤投产后每年获利分别为：8,12,18,27,40.5,60.75,91.125,80,80,80（万元）

⑥建设期净现金流量：

$NCF_0=-(100+5)=-105$（万元）

$NCF_1=-20$（万元）

⑦经营期每年净现金流量：

$NCF_2=8\times(1-33\%)+10+1=16.36$（万元）

$NCF_3=12\times(1-33\%)+10+1=19.04$（万元）

$NCF_4=18\times(1-33\%)+10+1=23.06$（万元）

$NCF_5=27\times(1-33\%)+10+1=29.09$（万元）

$NCF_6=40.5\times(1-33\%)+10+1=38.135$（万元）

$NCF_7=60.75\times(1-33\%)+10=50.7025$（万元）

$NCF_8=91.125\times(1-033\%)+10=71.05375$（万元）

$NCF_9=80\times(1-33\%)+10=63.6$（万元）

$NCF_{10}=80\times(1-33\%)+10=63.6$（万元）

$NCF_{11}=80\times(1-33\%)+10+(10+20)=93.6$（万元）

⑧项目净现值：

$$NPV=\sum_{t=0}^{n}\frac{NCF_t}{(1+k)^t}$$

$$=-105+\frac{-20}{(1+10\%)^1}+\frac{16.36}{(1+10\%)^2}+\cdots$$

$$+\frac{63.6}{(1+10\%)^{10}}+\frac{93.6}{(1+10\%)^{11}}$$

$$=-105-20\times 0.9091+16.36\times 0.8264+\cdots$$

$$+63.6\times 0.3855+93.6\times 0.3505$$

$$=103.45（万元）$$

由于计算的投资项目的净现值大于 0，所以该项投资应该接受。

方法评价：运用净现值法进行项目投资评价的优点是，该指标考虑了资金的时间价值，符合长期投资决策的要求；关注了投资项目全程的现金流量，评价比较全面;能够反映各投资方案的净收益。但是,净现值指标仅能反映各方案收益的绝对水平,却不能揭示方案本身所能达到的真实报酬率是多少;而且在原始投资不等的互斥决策中,该指标不具可比性。

(2)获利指数。获利指数(profitability index,缩写为 PI)又称利润指数、现值指数,是指投资项目投产以后净现金流量的总现值与初始投资额现值之间的比值。其计算公式为:

$$获利指数 = \frac{项目投产后净现金流量总现值}{初始投资额总现值} = 1 + \frac{净现值}{初始投资额总现值}$$

$$PI = \frac{\left[\sum_{t=1}^{n} \frac{NCF_t}{(1+i)^t}\right]}{C} = 1 + \frac{NPV}{C}$$

决策规则:在单个项目采纳与否的投资决策中,若某项目获利指数大于等于1则应接受该项目,若某项目获利指数小于1则应拒绝该项目;而在互斥决策中,则应在可行方案中选择获利指数最大的投资方案,并结合净现值指标进行决策。

【例 5-6】 现仍以例 5-5 的有关资料为例,计算该项目的获利指数。

$$PI = 1 + \frac{NPV}{C} = 1 + \frac{103.45}{105 + \frac{20}{(1+10\%)}} = 1.840$$

因为该方案的获利指数大于1,所以该方案应予接受。

方法评价:运用获利指数法进行项目投资评价的优点是,考虑了资金的时间价值;能够反映各投资方案单位投资赚取现金流量的能力。但由于获利指数是用相对数来表示的,在投资额不等的互斥决策中,获利指数最大的项目选择并不一定符合企业价值最大化目标,即此时获利指数指标缺乏鉴别力,可能使企业作出错误的选择。

(3)动态投资回收期。动态投资回收期(discounted payback period,缩写为DPP)是在考虑资金时间价值的前提下,计算投资项目回收初始投资额所需要的时间。与静态投资回收期相比,动态投资回收期考虑了资金时间价值,理论上较为科学。

动态投资回收期可以按以下步骤进行计算:首先,采用特定的折现率对各年的净现金流量进行折现处理;然后,逐年累计项目各年净现金流量(包括初始投资额)现值,当累计净现金流量现值符号出现相反变化(由负变正)时停止累计,采用插值法计算动态投资回收期。

$$PP = t_1 + \frac{\left|\sum_{t=0}^{t_1} NCFP_t\right|}{\left|\sum_{t=0}^{t_1} NCFP_t\right| + \left|\sum_{t=0}^{t_2} NCFP_t\right|}$$

式中：t_1——最后一次出现累计净现金流量现值为负值的年份；

t_2——第一次出现累计净现金流量现值为正值的年份；

$NCFP_t$——第 t 年的净现金流量现值。

动态投资回收期指标与静态回收期指标的决策规则完全一致，这里不再重复。

【例 5-7】 某项目初始投资额为 12 000 万元，项目寿命期 5 年，投产后各年营业净现金流量分别为 2 000 万元、6 000 万元、5 000 万元、5 500 万元和 4 000 万元，假设企业资金成本率为 10%。则该项目的动态投资回收期计算如下（见表 5-3）：

表 4-1　　　　　某项目动态投资回收期计算表　　　　（单位：万元）

年份	净现金流量	现值系数	现值	累计现值
0	−12 000	1	−12 000	−12 000
1	2 000	0.909	1 818	−10 182
2	6 000	0.826	4 956	−5 226
3	5 000	0.751	3 755	−1 471
4	5 500	0.683	3 757	2 286
5	4 000	0.621	2 484	

$$PP = 3 + \frac{|-1\ 471|}{|-1\ 471| + |2\ 286|} = 3.39 \text{ 年}$$

方法评价：动态投资回收期指标克服了静态投资回收期忽视资金时间价值的缺点，理论上讲比较科学。除此以外，静态投资回收期的其他缺点一概"遗传"了下来，同时，它也脱离了原静态投资回收期计算简便的最大优点，因此，在实际应用中该方法的利用率较低。

(4) 内含报酬率。内含报酬率（internal rate of return，缩写为 IRR）又称内部收益率，是指某一特定投资项目内在的真实报酬率水平。如果使用该水平的折现率对项目未来的净现金流入量进行折现，则其现值总和必然等于投资额的总现值，因此内含报酬率在数量上等于使该投资项目净现值等于零时的折现率。即若 $\sum_{t=0}^{n} \frac{NCF_t}{(1+k)^t} = 0$，则此时的 k 即为内含报酬率 IRR。

①若项目投产后各年净现金流量相等为 NCF，则可按如下步骤计算 IRR：

首先，计算年金现值系数。

$$(P/A, IRR, n) = \frac{C}{NCF}$$

式中：$(P/A, IRR, n)$——折现率为内含报酬率、期限为 n 期的年金现值系数；

C——初始投资额；

NCF——各年相等的净现金流量。

然后,反查年金现值系数表,在期限 n 行(或列)查找该系数值,若能够找到该系数,则该系数所在的列(或行)对应的折现率即为内含报酬率;若无法找到该系数,则在该行(或列)中找出位于该系数左右(或上下)且与该系数最邻近的两个系数及其所在列(或行)对应的两个折现率,并转入下一步;

最后,根据上述两个邻近的系数及折现率,采用插值法计算出该投资方案的内含报酬率。

【例 5-8】 某项目初始投资额为 12 000 万元,预计项目投产后各年净现金流量均相等,为 3 500 万元,项目有效寿命期为 5 年,则该项目内含报酬率计算如下:

$$(P/A, \text{IRR}, 5) = \frac{C}{\text{NCF}} = \frac{12\,000}{3\,500} = 3.429,查年金现值系数表知:$$

$$14\% —— 3.433$$
$$\text{IRR} —— 3.429$$
$$15\% —— 3.352$$

插值计算:$\dfrac{\text{IRR} - 14\%}{3.429 - 3.433} = \dfrac{15\% - 14\%}{3.352 - 3.433} \Rightarrow \text{IRR} = 14.05\%$

②若项目投产后各年净现金流量不相等,则采用逐步测试法计算内含报酬率,具体计算原理如下(见图 5-6):

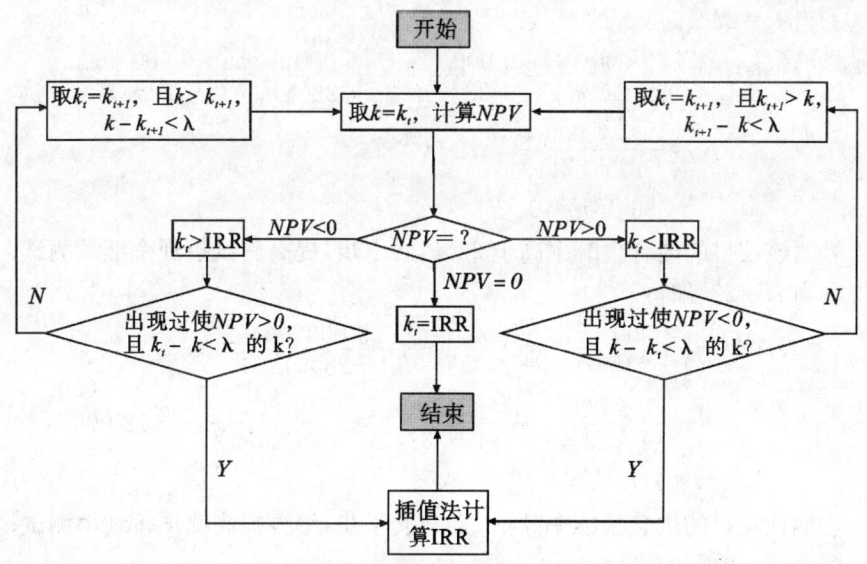

图 5-6 内含报酬率计算原理图

注:上图 λ 为根据计算精度要求而确定的折现率变动步长。

首先,估计一个折现率,并按这个折现率计算项目净现值。若净现值等于零,则这个折现率就是内含报酬率,结束计算;若净现值大于零,则说明估计的这个折现率小于内含报酬率,应调高折现率重试;若净现值小于零,则说明估计的这个折现率大于内含报酬率,应调低折现率重试。经逐步测试,最后找出使净现值由正到负的两个邻近的折现率,则项目内含报酬率位于这两个折现率之间。

然后,根据上述两个折现率及其相对应的正负两个净现值,采用插值法计算出一个使净现值等于零的折现率,即为该方案的内含报酬率。

$$IRR = i_1 + (i_2 - i_1) \times \frac{|NPV_1|}{|NPV_1| + |NPV_2|}$$

式中:i_1——使测试净现值 NPV_1 大于零,且为正值中最小的折现率;

i_2——使测试净现值 NPV_2 小于零,且为负值中最大的折现率。

$(i_2 - i_1)$ 的值应当尽可能的小,以确保计算的精度满足决策要求。

决策规则:应用内含报酬率法进行方案评价,在单个项目采纳与否的决策中,若内含报酬率大于或等于必要报酬率则应接受该项目;若内含报酬率小于必要报酬率则应拒绝该项目。而在互斥决策中,则应选用内含报酬率超过必要报酬率最多的投资项目,并结合净现值法进行决策。

【例 5-9】 某项目初始投资额为 12 000 万元,项目寿命期 5 年,投产后各年营业净现金流量分别为 2 000 万元、6 000 万元、5 000 万元、5 500 万元和 4 000 万元,企业要求实现的必要报酬率为 20%,则该项目的内含报酬率计算如下:

① 当 $i_1 = 22\%$ 时:

$$NPV_1 = \frac{2\,000}{1+22\%} + \frac{6\,000}{(1+22\%)^2} + \frac{5\,000}{(1+22\%)^3} + \frac{5\,500}{(1+22\%)^4}$$
$$+ \frac{4\,000}{(1+22\%)^5} - 12\,000$$
$$= 386 \text{ 万元} > 0$$

表明该项目的内含报酬率高于 22%,转下步,提高测试折现率继续测试;

② 当 $i_2 = 23\%$ 时:

$$NPV_2 = \frac{2\,000}{1+23\%} + \frac{6\,000}{(1+23\%)^2} + \frac{5\,000}{(1+23\%)^3}$$
$$+ \frac{5\,000}{(1+23\%)^3} + \frac{5\,500}{(1+23\%)^3} + \frac{4\,000}{(1+23\%)^5} + -12\,000$$
$$= 101 \text{ 万元} > 0$$

表明该项目的内含报酬率高于 23%,转下步,继续提高测试折现率测试;

③ 当 $i_3 = 24\%$ 时:

$$NPV_3 = \frac{2\,000}{1+24\%} + \frac{6\,000}{(1+24\%)^2} + \frac{5\,000}{(1+24\%)^3} + \frac{5\,500}{(1+24\%)^4}$$

$$+ \frac{4\,000}{(1+23\%)^5} - 12\,000$$

$$= -183 \text{ 万元} < 0$$

表明该项目的内含报酬率低于 24%,则可断定项目内含报酬率处于 23%~24%之间,停止测试并转下步计算内含报酬率;

④采用插值法计算内含报酬率:

$$IRR = 23\% + (24\% - 23\%) \times \frac{|101|}{|101| + |-183|} = 23.36\% > 20\%$$

由于内含报酬率(23.36%)高于企业要求的必要报酬率(20%),因此该项目可以投资,其实际报酬率超过企业的预期。

方法评价:运用内含报酬率法进行项目投资评价的优点是,考虑了资金的时间价值,符合长期投资决策的要求;可正确反映各投资方案的真实报酬水平。但是,它计算复杂,一般要经过多次试算才能求得;另外,内含报酬率计算是以项目前期产生的收益的再投资,仍然按照内含报酬率水平增值为前提,这在实际中往往很难做到。

五、投资决策指标比较

本节以上内容按照决策过程中是否考虑资金时间价值,将项目投资决策指标分为静态指标和动态指标两大类,并分别对这两类指标中常用的决策指标的计算方法及应用做了介绍。那么这些指标之间有何区别?在具体应用过程中应注意什么问题呢?现对这些指标进行比较,以便更好地理解和应用它们。

(一)静态指标与动态指标的比较:

(1)静态指标忽视了资金的时间价值,将不同时点上的现金流量简单对比,对于跨期的项目投资决策来说是不科学的;而动态指标则考虑了资金时间价值,将不同时点的现金流量折现处理后再进行比较,比较科学。

(2)静态投资回收期只能反映投资回收的速度,不能反映项目盈利水平,并且忽略了资金时间价值,因而夸大了投资的回收速度。

(3)对于有效寿命期不同、现金流量发生时间不同的投资项目,静态指标由于忽视资金时间价值而缺乏鉴别能力;而净现值、内含报酬率和获利指数等动态指标却可以合理鉴别。

(4)静态指标中的平均报酬率由于没有考虑资金时间价值,因而夸大了项目的盈利水平;而内含报酬率 IRR 是在预计现金流量的基础上,充分考虑资金时间价值后计算的真实报酬率,相对比较客观。

(5) 作为静态指标中静态投资回收期的判别标准——目标投资回收期的确定具有较大的主观性；而动态指标中的净现值、内含报酬率都可以以企业的资金成本为比较对象，而企业的资金成本是可以通过分析、计算得到的，因而这一取舍标准符合客观实际。

通过以上的比较可以看出，静态指标和动态指标在项目投资决策的客观性、准确度等方面存在较大的差别。对于长期投资决策来说，动态指标更加可靠。但静态指标具有简明、易懂、操作简便等特点，因此在项目的初选阶段往往得到广泛的应用。

(二) 动态指标比较：

1. 净现值和内含报酬率的比较

在单个项目采纳与否的决策中，两者的评价结论是一致的。但在互斥决策中，当初始投资额不同或现金流量分布不同时，二者的评价结论有时会有所差别。因为内含报酬率是相对数，仅反映项目本身的收益水平，而净现值是项目能给企业带来的收益绝对额，获得最大收益符合企业价值最大化的理财目标。因此，在互斥方案选择时，若二者存在差异，应以净现值指标为主。另外，两个指标下，企业的再投资回报率是不相同的，净现值以资金成本或必要报酬率为再投资回报率，而内含报酬率法下则假设再投资按内含报酬率水平增值，因此在互斥决策中，当项目现金流量分布不同时，也会出现不同的结论。

2. 净现值与获利指数的比较

两个指标计算过程中使用的信息是完全相同的，因此单个项目采纳与否的决策中二者的结论是完全一致的。但当初始投资额不相等时，两者的评价结论会出现分歧，因为净现值是绝对数，而获利指数是相对数，只反映投资回收的程度，最高的净现值符合企业的最大利益。所以，在无资金限量的互斥方案决策中，应选择净现值较大的项目。

总之，在采纳与否的决策中，3个指标的结论相同，均可以采用。但在原始投资额不相等的互斥决策中，内含报酬率和获利指数两个指标有时会得出错误的结论，而净现值在任何情况下都是正确的。

案例讨论：

宝都公司厂房使用方案决策[1]

【目的】

通过案例的分析、讨论，掌握、巩固项目现金流量分析方法，熟练使用项目投资决策动态指标进行项目决策。

【内容】

宝都公司正在对一座早已购置、目前正在出租的厂房使用方案进行重新评价，当时该厂房的购置价格为 225 万元。公司可以继续向现有的租赁用户出租，获得每年 12 万元的租金。而且，现有租赁用户也表达了愿意租赁该厂房至少 15 年。此外，如果不采用出租方案，公司可以对现有厂房结构进行改造以满足自身经营的需要。宝都公司生产经理认为，该厂房经过改造后可以适合于以下两种新产品生产流水线中任何一条。与这两种新产品生产流水线方案相关的厂房改造投资、设备初始投资、成本和收益数据列于下表：

新产品生产流水线方案的成本和收益 （单位：万元）

现金流量	产品 A	产品 B
厂房改造投资	36	54
设备初始投资	144	162
税前现金收入（期限为 15 年）	105	127.5
税前现金支出（期限为 15 年）	60	75

该厂房对产品 A 或产品 B 生产流水线的使用期限仅为 15 年。因为 15 年后，厂房规模太小将不再适合任何生产线。到时，宝都公司准备再将厂房出租给类似于目前的租赁用户。为了便于再次出租，宝都公司需要在第 15 年年末对厂房进行再装修。估计如果采用产品 A 的生产流水线，厂房的再装修投资为 3.75 万元。估计如果采用产品 B 的生产流水线，厂房的再装修投资将高达 28.125 万元。这些付现投资支出将作为该年支出抵扣所得税。

无论采用何种方案，宝都公司都将把该厂房的购置价格 225 万元在 30 年内计提完折旧，期末残值为零。生产线寿命期为 15 年，采用直线折旧法。设公司

---

[1] 节选自张鸣等主编：《财务管理学习题与案例》，上海财经大学出版社，2006 年版。

所得税税率为34%，对该投资所要求的收益率为12%。

出于简化，假设所有现金流量均发生在年末。生产线设备购置的初始投资均发生在第0年年末，再装修成本发生在第15年年末。同样，假设宝都公司经营总体上都是盈利的。

【要求】

作为财务管理人员，你将会向公司管理层提出何种建议？

第六章
金融投资

【内容简介】

金融投资是非实物、非直接的,是对虚拟抽象资产的投资,主要表现为对各种有价证券的投资。本章首先介绍金融投资的基本财务理论,包括金融投资的一般原则、效率市场假说理论、证券投资的风险与收益等,然后就短期证券投资和长期证券投资的具体内容做了阐述,最后介绍了几种常见的金融创新工具。

【学习目的和要求】

通过本章学习,学生应了解效率市场假说的理论及其在证券投资理论中的地位,掌握证券投资的相关风险,能根据长、短期证券(主要是债券和股票)的具体投资条件计算投资收益率,了解几种常见的金融创新工具。

第一节 金融投资概述

第五章投资概述一节中根据资金投向可以将企业投资分为内部投资和外部投资两类,其中外部投资既包括对外直接投资,也包括对外间接投资,并以对外间接投资为主要形式。对外间接投资主要是以各种有价证券和其他金融产品为资金投放的对象,对于这类投资人们一般将其称为金融投资。这些投资项目的管理效果直接影响到企业经营的效益性和安全性,对于企业财务管理目标的实现具有重大的影响。

一、金融投资的含义与意义

金融投资是人们经过精心的策划和安排,将资金投放到各种金融资产上,以期实现既定投资目的的投资行为,一般多称为证券投资。它是一种对外的、非实物、非直接的、对虚拟抽象资产的投资,主要是对各种有价证券的投资。比如投资其他企业发行的债券、股票、短期融资券、政府债券以及金融期权、期货等衍生金融产品,均属于金融投资的范畴。

受市场空间、市场竞争力以及自身管理水平等因素的限制,企业本身规模不可能无限扩大,这就必然面临一个企业规模间接扩张和闲置资金的盘活问题,而金融投资就是一个很好的出路。企业可以通过对债券、股票、金融衍生产品的投资,实现单纯的获利目标,增加利润;也可以根据自身的战略安排,将部分资金投放到某企业的股票上去,通过对被投资企业股份的拥有实现施加重大影响以控制供应、生产和销售的目的,进而降低自身的经营成本、提高经营效率和效益,或通过分红实现间接的投资收益。可见,尽管金融投资属对外间接投资,资金并非投放到企业自身的经营活动上去,但对于企业理财目标的实现却具有不容忽视的意义。

二、金融投资的一般原则

金融投资的原则是投资者在金融投资时应遵循的基本准则。这些原则是金融投资选择最起码的要求。

(一)量力而行原则

企业应根据自身资金富余程度和资金筹措能力安排金融投资规模,量入为出。如果企业存在直接投资项目,并且是自身财务战略的重要组成部分或者收益明显高于证券投资,则应以合理的最低限度的现金流入量扣减直接投资额后的余额,适当安排证券投资规模。也就是说投资者必须根据企业资产规模和富余财力进行投资,使用闲钱投资证券,不能因为对外投资的盲目扩张而耽搁主营业务的开展。此外,投资前还应对投资交易场所、投资交易法规、投资交易对象等投资环境做深入的调查和分析,同时客观剖析自身的投资管理能力,做到知己知彼、百战不殆,不能盲目跟风。

(二)分散投资原则

投资风险按其可分散性可以分为非系统性风险和系统性风险。在一定的市场条件下、一定的历史时期下,不同企业的非系统性风险水平各不相同,并且往往存在一定程度的负相关性,可以通过适当的投资组合予以分散。因此,如果金融投资的投资目的不是为了控制某一被投资公司的话,投资者就不应开展只买一种证券的单项投资,而应进行购买多种证券的组合投资。分散而有选择地购买多种证券,可收到"趋利避险"、"以盈补亏"的效果,在保证投资收益的前提下,将风险降到最低水平。

(三)理智投资原则

金融投资作为一种对外间接投资,投资目的的实现程度完全取决于投资者对投资环境的了解和对被投资企业客观、冷静的分析和预测,任何的冲动和盲动都可能造成重大的损失。因此,要求投资主体应当沉着冷静,不受传言干扰,控制成功的喜悦和失利的悲痛,深入而敏锐地观察研究市场供求,包括区域经济大气候、上市公司的小气候,以及市场价位的变化方向等方面,沉着、冷静、理智地制定投资决策,贸然决策、盲目买卖是不可取的。

(四)合法投资原则

遵纪守法,不参加黑市交易,不购买假冒证券,不买国家不允许上市(柜)的证券,证券投资者才会在市场经济中长久地生存和发展。市场经济在本质上是法制经济、信用经济和公平经济,投资者应恪守合法性原则。

三、效率市场假说

证券投资风险与收益的确定和证券投资决策是以效率市场假说为前提的。效率市场假说是关于证券市场价格对相关信息反映程度的假定。作为一种对外的间接投资,金融投资者只能根据被投资企业通过市场传递出来的信息进行决策。这些信息的对称程度、充分程度、准确程度均会影响投资者决策的科学性及其后果。而这些信息的体现则主要通过证券的市场价格来实现。证券价格对信息的揭示程度则体现一个资本市场的效率高低。资本产品价格对有关信息的反映速度越快、越全面,金融市场就越有效率。

(一)有效资本市场假说的含义

所谓有效资本市场,是指资本市场充分活跃、发达,信息充分、及时、准确、对称,在市场上资金需求者和投放者仅根据公开的市场信息就可以做出合理的决策。"有效资本市场假说理论认为,在一个有效的资本市场上,有关某个资本产品的全部信息都能够迅速、完整和准确地被某个关注它的投资者所得到,进而该资本产品的购买者能够根据这些信息明确地判断出该资本产品的价值,从而以符合价值的价格购买到该资本产品。"

"将有效资本市场假说理论应用于证券市场,就可以得到这样一个结论:在一个有效的证券市场上,证券价格曲线上任意一点的价格均最真实、最准确地反映该证券及其发行人在该时点的全部信息。所谓'有效'是指价格对信息的反应速度,即及时性,而且还包括价格对信息反映的充分性和准确性。"

(二)有效资本市场的前提条件与现实约束

通过有效资本市场的含义可以看出,资本市场的有效性程度直接关系到整个资本市场的运行效率,关系到社会资源的配置效率,从微观上看则影响个别企业的投融资效率。如何才能使有效的市场在现实经济生活中得以建立?一般来说至少需要具备以下4个条件:

(1)信息公开的有效性。这是一个以发行者为主体的主观条件,即要求证券发行者能够完整、客观、及时地向市场传递自身的财务信息。这是市场有效的基本前提。

(2) 信息从被公开到被接受的有效性。这个条件主要受各种客观因素的影响,比如信息传递的渠道、方式、机制,以及来自政府的管制等。

(3) 投资者对信息作出判断的有效性。这是一个以投资者为主体的主观条件,即投资者本身对信息的洞察力和判断力直接影响到对信息使用的有效性。

(4) 投资者实施投资决策的有效性。这个条件主要受投资者在实施投资决策过程中各种主、客观因素的影响。

(三) 有效资本市场的基本形式

最早提出有效市场假说的是美国财务管理学者法马(Fama)。因为在现实的经济生活中,能够完全满足有效资本市场 4 个条件的情况几乎是不存在的。法马在 1965 年和 1970 年各发表一篇文章,将有效资本市场划分为 3 类:弱势有效市场、次强势有效市场和强势有效市场。

1. 弱势有效市场

这一市场状态仅仅满足有效资本市场的第二和第四个条件。在该市场上存在两类信息——"公开信息"和"内幕信息",即违背有效资本市场的第一个条件,信息在公布过程的有效性受到损害;3 种投资者——掌握"内幕信息"和全部公开信息并能正确解读这些信息的投资人、只能解读全部公开信息的投资人、不能解读全部公开信息但至少能解读历史价格信息的投资人,即上述有效资本市场的第三个条件不具备。在这种市场状态下,"内幕信息"掌握者和"精明"的信息解读者往往能够凭借自身的优势获得额外的收益,但任何投资者如果仅仅根据历史信息进行交易,均不会取得额外收益。

2. 次强势有效市场

这一市场状态满足有效资本市场的第二、第三和第四个条件。在该市场上同样存在两类信息——"公开信息"和"内幕信息",即违背有效资本市场的第一个条件,信息公布过程的有效性受到损害。而所有投资人对各自掌握的全部信息的解读能力都是一致的,即都能正确解读全部信息。在这种市场状态下,"内幕信息"掌握者能够凭借自身的优势获得额外的收益,但若仅仅根据一切公开的信息,如公司的年度报告、投资咨询报告、董事会公告等都不能获得额外的收益。

3. 强势有效市场

这一市场状态满足上述有效资本市场的所有条件。即在这种市场状态下,不存在"内幕信息",所有信息都被完全披露并有效传递,全部投资人都能完全解读这些对称的、公开的信息,做出科学的投资决策并完美实施。此时,任何投资人都不可能通过掌握"内幕信息"获得额外收益。

实证研究表明,美国等发达国家的证券市场均已达到次强势有效市场。我国一些学者认为,中国股票市场已达到弱势有效,但尚未实现次强势有效。事实上,即使是发达的股票市场,也不是在所有时间和所有情况下都是有效的,个别情况会出现例外,所以称为假说。

法马的有效市场是建立在美国高度发达的证券市场和股份制占主导地位的美国理财环境的基础之上的,并不完全符合中国的国情。从中国理财环境和中国企业的特点来看,我们认为,有效市场应具备以下特点:(1)当企业需要资金时,能以合理的价格在资金市场上筹集到资金;(2)当企业有闲置资金时,能在市场上找到有效的投资方式;(3)企业理财上的任何成功与失误,都能在资本市场上得到反映。

四、证券投资的风险与收益

(一)证券投资风险

证券投资面临的风险是多方面的,按其能否通过投资组合予以分散可以归结为系统性风险和非系统性风险两大类别。

1. 系统性风险

系统性风险也称为不可分散风险、市场风险,是由于外部经济环境因素变化引起整个金融市场不确定性加强,从而对市场上所有证券都产生影响的共同性风险。主要包括以下几种:

(1)利息率风险。由于利息率的变动而引起金融资产价格波动,投资者遭受损失的风险,叫利息率风险。市场利率实际上可以看成是证券投资的机会成本,或证券估价的折现率,因此证券的价格,必将随利息率的变动而变动,并呈反向变动关系。一般而言,银行利率下降则证券价格上升,银行利率上升则证券价格下跌。不同期限的证券,利息率风险不一样,期限越长,风险越大。

(2)再投资风险。再投资风险是指当证券到期时,由于市场利率下降而造成的无法通过再投资而获得先前水平收益的风险。一般来说,长期证券投资可以将市场利率予以"锁定",减少再投资风险,但可能因此而面临利息率风险;短期证券投资经常暴露在利息率变动之下并受其影响,面临较高的再投资风险,但其利息率风险一般较低。

(3)购买力风险。购买力风险是指由于发生通货膨胀而使证券到期或出售时所获得的货币资金的购买力降低的风险。一般而言,通货膨胀情况下,若证券上的收益水平低于通货膨胀水平,则证券上的收益甚至本金就会遭到通货膨胀的侵蚀,使投资人遭受损失。因此,在通货膨胀发生时投资变动收益证券比投资固定收益证券更好。投资人可以选择普通股股票、浮动利率债券等收益水平会随通胀调整的证券作为投资对象。

2. 非系统性风险

非系统性风险也称公司特有风险，是指由于特定经营环境或特定事件变化引起的不确定性，从而对个别企业进而对其证券产生影响的风险，这种风险一般可以通过组合投资的方式予以一定程度的分散，因此又称为可分散风险。主要包括以下几种：

(1) 违约风险。违约风险是指由于企业经营管理不善、财务管理失误以及主观故意等原因导致的证券发行人不能按时还本付息的风险。违约风险大小受证券发行人财务实力、经营效率(益)以及信誉度等因素影响。一般而言，政府发行的证券违约风险小(一般可视为无风险证券)，金融机构发行的证券次之，工商企业发行的证券风险较大。

(2) 流动性风险。流动性风险是指当投资人想出售持有的证券获取现金时，证券不能立即出售的风险。若一种证券能在较短期限内按市价大量出售，则其流动性较高，该种证券的流动性风险较小；反之，若一种证券不能在短时间内按市价大量出售，则其流动性较低，该种证券的流动性风险较大。

(3) 破产风险。破产风险是在证券发行者破产清算时，投资者无法收回应得权益的风险。当证券发行者由于经营管理不善而持续亏损、现金周转不畅而无力清偿债务或其他原因而导致难以持续经营时，他可能会申请破产保护。若破产清算财产不足以清偿全部债务，则不论债券投资人，还是股票投资人都将面临无法足额回收投资的风险。投资人可以通过投资具有优先清偿特权的证券降低证券投资的破产风险。

(二) 证券投资收益

通过前述证券投资风险的分析可以看出，不同证券所面临的风险及其水平各不相同。从投资人角度看，冒风险投资某种证券，就必然要求与其所冒风险水平相适应的额外回报率，这样他才可能去投资该种证券；从证券发行企业角度看，欲使自己的证券发行成功，就必须向投资者支付与证券风险相当的额外报酬率。即证券投资的必要报酬率包括两部分：无风险报酬率(通常以国库券收益率为无风险报酬率)和风险报酬率，具体表示如下：

证券投资必要报酬率＝无风险报酬率
　　　　　　　　　　＋利率风险补偿率
　　　　　　　　　　＋再投资风险补偿率
　　　　　　　　　　＋购买力风险补偿率
　　　　　　　　　　＋违约风险补偿率
　　　　　　　　　　＋流动性风险补偿率
　　　　　　　　　　＋破产风险补偿率

从投资人的角度看，证券投资的总体回报除按上述机制决定的股利或利息收益以外，还包括证券交易现价与原价的价差。投资回报率的高低是影响证投资决策的主要因素。证券投资的收益有绝对数和相对数两种表示方法,在财务管理中常用相对数,即收益率来表示。具体计算方法见长期投资收益一节的相关内容。

五、选择证券的依据

证券投资是一个主客观互动的过程,既要考虑客观上证券市场所提供的机遇,又要客观分析自身的能力和水平,不能盲目选择投资对象。一般来说,证券的选择应考虑以下因素:

(一)根据自己的期望值选择

有价证券的种类很多,风险和收益水平各不相同。一般来说国债安全性高,但其收益也最低;金融机构发行的债券也相对比较安全,其收益水平高于国库券,但比企业发行的证券收益要低;企业发行的债券、股票风险水平最高,但其收益也比其他证券投资收益要高。投资者在证券选择过程中,应当根据自身的收益期望水平和风险承受能力进行权衡,不能因过分追求投资收益而忽视风险的客观存在。

(二)根据上市公司的优劣选择

从根本上,证券的投资收益的高低取决于证券发行企业的经营管理水平和经济效益的高低。管理水平高、业绩优良的企业的证券易引起投资者的关注,具有较高的流动性和收益性,因此投资者应选择优秀公司的股票或债券,在证券市场较成熟的国家,绩优股是人们普遍关注的焦点。另外,尽管某公司目前业绩稍差,但若有可靠信息表明其未来业绩会有较大提升,那么这种证券也可以作为选择的对象。

(三)根据主要产品生命周期选择

处于产品不同生命周期阶段,企业的发展前景和收益趋势各不相同,进而也就具有不同的投资前景。如果上市公司的产品目前有蓬勃向上的势头,而且又处于发展期,则其生命周期尚长,投资前景看好,如能源、交通、原材料、钢铁企业,都属于不老企业,适合于中长期投资。倘若公司的产品虽然销路极佳,但其产品生命周期已步入成熟后期,那么它将很快衰落,基于这种产品业务发行的证券的投资前景黯淡,至少不能作为长线投资的选择对象。这里当然还包括国家的产业政策和行业形势所带来的影响,一般地,凡是政府支持鼓励的,其证券必定兴旺,可以大胆投资。

(四)根据市场整体形势选择

证券市场整体形势是整个社会经济的晴雨表,若市场呈现出交易兴旺、买卖活跃、成交量大的状态,则投资者一般都持乐观态度,人气旺盛,则成交量将增加,此时进行证券投资是比较有利的。相反,若证券市场整体低靡、成交量持续下降、缺乏人气,此时进行证券投资则容易被"套牢"或发生直接的投资损失。

(五)根据心力和财力选择

投资人特别是自然投资人的心理承受能力和资金宽裕程度是影响证券投资的重要因素。若投资者经验丰富,有较好的心理素质和财力,可以投资风险证券以获得较高的投资收益,或可进入二级市场捕捉热门股;若财力较弱或心理承受能力较差,可选绩优股或低风险证券以获稳定收益。

第二节 短期证券投资

一、购买短期有价证券的原因

短期有价证券是企业除现金以外流动性最强的资产,持有短期有价证券对于企业收益性和流动性的保持具有重要的意义。具体来说,企业购买短期有价证券具有以下两方面的意义。

(一)作为现金储备形式

如果企业资金过度地被现金占用,则充其量可以获得银行存款利率水平的利息收入,相对于短期投资而言承担较高的机会成本。而将资金投资于短期证券既可以获得高于银行存款利率的投资收益,降低现金的机会成本,又可以保持企业资产的流动性,当需要现金支付时,可以将短期有价证券迅速转化为现金,保证企业经营活动的连续性不受影响。因此,3个月到期的有价证券一般被视为现金等价物。并且,当短期有价证券收益率高于贷款资金成本时,企业往往借入短期资金而非出售有价证券,在满足资金紧急需要的同时,保证一定的收益水平。

(二)作为一种投资手段

短期有价证券的资金来源是生产经营过程中暂时闲置的资金,因此不能投资于长期项目。若保留在存款账户中,收益较低。投资于短期有价证券上,就可在保证资金流动性的同时,为企业创造高于同期存款利息的收益。

二、从事短期有价证券投资应考虑的因素

作为证券投资的一种,短期有价证券投资同样面临着证券投资的许多风险因素的影响,这些风险因素必须引起投资者的足够重视,主要包括违约风险、利率风险、市场流通性和到期日的长短等因素。

违约风险是证券发行者不能按期支付利息和偿还本金的风险。它的大小主要受发行者的财务实力、资金筹措能力和信誉度等因素的影响。投资之前应做好资信调查和证券评估工作,以便将违约风险控制在一定的水平之内。

作为短期证券投资的机会成本或证券估价的尺度,市场利率的变动直接影响证券的价值。因此在金融市场供求关系起伏较大时,企业特别要时刻关注市场利率对有价证券价值的影响。当市场利率持续上升时应当尽量投资浮动利率债券,反之尽可能投资固定利率债券。

市场流通性不仅影响短期证券投资的安全性,也会影响其收益性。市场变现能力较差的短期有价证券,通常不宜作为企业短期投资对象。

短期证券投资到期日是短期有价证券的期限。大部分投资者都希望把可能的风险限制在一个确定的时间范围内,以尽量减少收益和风险的不确定性。到期日较短的证券可避免或减少市场利率变动风险和通货膨胀风险。究竟多长的到期日合适,应由公司财务人员根据市场资金供求关系和企业资金循环的具体情况来选择决定。

三、短期有价证券的投资方式

(一)可转让大额定期存单

可转让大额定期存单(certificate of deposit)是一种定期的、大额的并可转让的银行票证。起初它是投资者向银行存入一定金额和期限的资金,银行承诺在存款期内支付利息。以后各金融机构也相继发行不同种类的存单,并逐步进入二级市场流通,成为可转让的票证,深受投资者的欢迎。

这种存单的利率一般略高于同期国库券的利率。利率的高低依其期限长短、发行人的资信高低而不同。起初为固定利率,后来又出现了浮动利率。长期实践表明,投资存单的各类公司都能获得很大的收益。可转让大额定期存单在美国、日本等国家颇为盛行,在我国也出现过一段时间,后来随着利率的调整逐渐被取消。

(二)短期商业票据

短期商业票据起初是基于商品交易而产生的双名票据,后来逐渐演变为一种短期资金的融通方式,从投资人角度看,则成为一种有效的短期投资工具。其特点是:(1)投资期限较短。英国为7~364天,一般为20~40天;美国一般为1~183天,最长不超过270天。(2)发行额大。(3)面额大。英国发行面额一般在几十万英镑;美国通常为每张50万美元或100万美元。(4)利率较高,一般比国库券利率高许多。(5)商业票据只有完整的一级市场,没有确定的二级市场。

(三)银行承兑汇票和银行本票

银行承兑汇票是指将款项存入银行,由银行承诺到期付款(承兑)的一种票据。随着金融市场的发展,银行承兑汇票逐渐脱离商品交易,成为货币市场上筹资和投资的金融工具。其优点是:(1)安全可靠。(2)灵活方便。(3)期限短,收益高于同期国库券利率。

(四)国库证券

国库证券由国家财政部门发售,并由政府担保,信誉最高。国库证券的期限分短期、中期和长期三种,短期3个月,长期3年或3年以上。企业投资国库证券的优点是:(1)风险低。(2)收益较稳定。

(五)回购协议

回购协议(repurchase agreement)是一种协议的买卖。出售回购协议者为协议中先卖出后购回有价证券的一方,他们通常是商业银行和证券经纪商。购买购回协议者即短期投资者,他们多为大企业、保险公司或地方政府。

投资回购协议的具体操作是双方签订协议,在资金市场上买卖证券现货的同时,根据协议,证券发行或经销商同意在将来某个时候重新买进他们出售给投资者的各种短期有价证券。其购回的价格和购回日期,均根据投资者的需要而商量决定。表面看,似乎是卖证券,投资者虽然暂时获得证券,但不直接从证券发行者或二级市场上取得收益,也不从证券的利息或股息获得收益,而是凭回购协议上的资金利息(包括证券买卖差价)来获利。证券本身固有收益仍归原所有人或发行人。因此,证券实际上在这里只充当担保品。这些充当担保品的证券有政府债券、公司债券、大额存单等。

投资回购协议的好处在于时间可以很短,能获取协议中约定的购回固定利息等收益,而不冒购买短期债券时可能遇到的价格风险。

第三节 长期证券投资收益计算与评价

长期证券投资是指企业将资金投放于不准备在一年以内变现的有价证券,以期实现一定投资目的的投资行为。其原则、依据等基本理论在本章第一节已作论述。本节主要阐述公司或其他投资者从事个别长期有价证券投资的收益计算和评价方法。

一、债券投资支出额的测算

在完善的资金市场上,理性投资者的套利行为使得债券的投资价值与债券成交价格趋于一致,投资人获得市场利率水平的投资收益。因此,基于债券上未来现金流入量和市场利率计算的债券投资价值即可看成是债券投资的资金支出额。

(一)一般情况下的债券估价模型

债券估价模型是按复利计算方式估价的债券价格模型。债券价格由每期债息现值之和加到期本金收入现值求出。公式如下:

$$P = \sum_{t=1}^{n} \frac{M \times i}{(1+k)^t} + \frac{M}{(1+k)^n}$$

式中:P——债券价格;

M——债券面值;

i——债券票面利率;

k——市场利率或投资者要求的收益率;

t——计息期限;

n——债券还本期限。

当市场利率 k 和票面利率 i 具有不同的对比关系时,债券投资支出额会出现不同的情况。若市场利率 k 高于票面利率 i,债券投资价值低于票面面值,此时债券必须折价发行,即债券投资支出额低于票面面值;若市场利率 k 等于票面利率 i,债券投资价值等于票面面值,此时债券按面值发行,即债券投资支出额等于票面面值;若市场利率 k 低于票面利率 i,债券投资价值高于票面面值,此时债券溢价发行,即债券投资支出额高于票面面值。

【例 6-1】 某债券面值 1 000 元,票面利率为 8%,期限 5 年,每半年计算并支付利息一次。甲公司准备对这种债券进行投资,已知市场利率为 10%,问债券价格为多少值得投资?

解:$P = \sum_{t=1}^{n} \frac{M \times i}{(1+k)^t} + \frac{M}{(1+k)^n}$

$= \sum_{t=1}^{2\times 5} \dfrac{1\,000 \times \dfrac{8\%}{2}}{\left(1+\dfrac{10\%}{2}\right)^t} + \dfrac{1\,000}{\left(1+\dfrac{10\%}{2}\right)^{2\times 5}}$

$= 40 \times (P/A, 5\%, 10) + 1\,000 \times (P/F, 5\%, 10)$

$= 40 \times 7.721\,7 + 1\,000 \times 0.613\,9$

$= 922.77$ 元

即当该债券发行价格不高于 922.77 元时值得投资。

(二)单利计息且到期一次还本付息方式下的债券估价模型

在这种计息方式下,债券利息按单利计算,不计复利,平日不支付利息,债券到期时利随本清。此时债券估价模型为:

$$P = \frac{M \times i \times n + M}{(1+k)^n}$$

式中:P——债券价格;

M——债券面值;

i——债券票面利率;

k——市场利率或投资者要求的收益率;

n——债券还本期限。

【例 6-2】 某债券面值 1 000 元,票面利率为 8%,期限 5 年,每年计算利息一次,到期一次还本付息。甲公司准备对这种债券进行投资,已知市场利率为 10%,问债券价格为多少值得投资?

解:$P = \dfrac{M \times i \times n + M}{(1+k)^n}$

$= \dfrac{1\,000 \times 8\% \times 5 + 1\,000}{(1+10\%)^5}$

$= 1\,400 \times (P/F, 10\%, 5)$

$= 1\,400 \times 0.620\,9$

$= 869.26$ 元

即当债券发行价格不高于 869.26 元时值得投资。

(三)零息债券的估价模型

这种债券的票面利率为零,投资者以低于面值的价格购买,买价与面值之差即为投资债券到期时的利息收入。其估价模型为:

$$P = \dfrac{M}{(1+k)^n}$$

式中:P——债券价格;

M——债券面值;

k——市场利率或投资者要求的收益率;

n——债券还本期限。

【例 6-3】 某零息债券面值 1 000 元,期限 5 年。甲公司准备对这种债券进行投资,已知市场利率为 10%,问债券价格为多少值得投资?

解:$P = \dfrac{M}{(1+k)^n}$

$= \dfrac{1\,000}{(1+10\%)^5}$

$= 1\,000 \times (P/F, 10\%, 5)$

$= 1\,000 \times 0.620\,9$

$= 620.9$ 元

即当债券发行价格不高于 620.9 元时值得投资。

二、债券投资收益率的计算

债券投资收益率是一定时期内投资者所得债券收益与债券投资额的比率。其中,债券收益由债券利息、债券价格与债券面值之差(债券买卖差价)构成。

影响债券收益率的因素主要有债券利率、债券买卖价差以及债券还本期限等。

(一)单利计息方式下的债券投资收益率

在单利计息方式下,由于投资方式不同,其债券投资收益率有三种不同的计算方法。

1. 最终实际收益率

债券最终实际收益率是指在债券初始发行时购入债券并一直持有到期,在此期间所获得的报酬水平,计算方法如下:

$$债券最终实际收益率 = \frac{年利息 + (债券面值 - 买价) \div 偿还年限}{购买价格} \times 100\%$$

【例6-4】 甲公司于2001年1月1日以950元的价格折价发行面值为1 000元、票面利率为8%、5年期的债券,某投资人于2001年1月1日购入该债券并一直持有至2006年1月1日,则其最终实际收益率计算如下:

$$债券最终实际收益率 = \frac{1\,000 \times 8\% + (1\,000 - 950) \div 5}{950} \times 100\% = 9.47\%$$

2. 到期收益率

债券到期收益率是指在二级市场上中途购入已经发行的债券并一直持有到期,在此期间所获得的报酬水平,计算方法如下:

$$债券到期收益率 = \frac{年利息 + (债券面值 - 买价) \div 剩余年限}{购买价格} \times 100\%$$

【例6-5】 某投资人于2003年1月1日以940元的价格购入甲公司于2001年1月1日以950元的价格折价发行的面值为1 000元、票面利率为8%、5年期的债券,并一直持有至2006年1月1日,则其到期收益率计算如下:

$$债券到期收益率 = \frac{1\,000 \times 8\% + (1\,000 - 940) \div 3}{940} \times 100\% = 10.64\%$$

3. 持有期间收益率

债券持有期间收益率是指在二级市场上中途购入已经发行的债券并于债券到期前转手出售,在此期间所获得的报酬水平,计算方法如下:

$$债券持有期间收益率 = \frac{年利息 + (售价 - 买价) \div 持有期间}{购买价格} \times 100\%$$

【例6-6】 某投资人于2003年1月1日以940元的价格购入甲公司于2001年1月1日以950元的价格折价发行的面值为1 000元、票面利率为8%、5年期的债券,并于2005年1月1日以970元的价格转手出售,则其持有期间收益率计算如下:

$$债券持有期间收益率 = \frac{1\,000 \times 8\% + (970 - 940) \div 2}{940} \times 100\% = 10.11\%$$

(二)复利计息方式下的债券投资收益率

复利计息方式下的债券投资收益率是指在考虑资金时间价值的前提下,将债券上未来的一切现金流量按照某一折现率换算到一个共同的可比较的基础上,在此基础上计算投资报酬率。此时,债券投资报酬率的计算可以运用内含报酬率原理,即债券的投资收益率为使债券上未来现金流量总现值等于债券投资价格的折现率。原理公式如下:

$$P = \sum_{t=1}^{n} \frac{M \times i}{(1+k)^t} + \frac{M}{(1+k)^n}$$

式中:P——债券实际购买价格;

M——债券面值;

i——债券票面利率;

k——债券投资收益率(待求);

n——债券还本期限。

【例 6-7】 甲公司于 2001 年 1 月 1 日以 950 元的价格折价发行面值为 1 000 元、票面利率为 8%、5 年期的债券,某投资人于 2001 年 1 月 1 日购入该债券并一直持有至 2006 年 1 月 1 日,则其投资报酬率计算如下:

解:

令 $k_1 = 8\%$,此时债券投资价值为 $\sum_{t=1}^{5} \frac{1\,000 \times 8\%}{(1+8\%)^t} + \frac{1\,000}{(1+8\%)^5} = 1\,000$ 元,高于债券实际投资价格,说明债券内含报酬率高于 8%;

令 $k_2 = 9\%$,此时债券投资价值为 $\sum_{t=1}^{5} \frac{1\,000 \times 8\%}{(1+9\%)^t} + \frac{1\,000}{(1+9\%)^5} = 961.08$ 元,高于债券实际投资价格,说明债券内含报酬率高于 9%;

令 $k_3 = 10\%$,此时债券投资价值为 $\sum_{t=1}^{5} \frac{1\,000 \times 8\%}{(1+10\%)^t} + \frac{1\,000}{(1+10\%)^5} = 924.16$ 元,低于债券实际投资价格,说明债券内含报酬率低于 10%;

则债券投资报酬率(内含报酬率)计算如下:

$$k = 9\% + (10\% - 9\%) \times \frac{|961.08 - 950|}{|961.08 - 950| + |924.16 - 950|} = 9.30\%$$

即该债券的投资报酬率为 9.30%。

三、债券投资的特点分析

明确债券投资的特点对于加强债券投资管理,提高投资收益水平,降低投资风险具有重大的意义。

(一)债券投资的优点

(1)本金安全性高。债券本质上是一种债权证明,投资人作为债券发行企业的债权人,当企业破产时,其对清算财产具有优先于股东的要求权,因此与股权投资相比本金比较安全。

(2)收益稳定。债券投资的收益主要来源于利息收入,这种收入不随借债企业本身收益水平的变化而变化。另外,即使投资浮动利率债券,当市场利率下调时债券利息可能也要随之向下调整,但投资人的利息收入与市场利率之间的对比关系仍旧没有变化。由此可见,债券投资的收益是比较稳定的。

(3)多数债券都有较好的流动性。由于债券投资具有本金安全、收益稳定等特点,因此债券的流动性一般都较高,当企业需要现金时,可以将债券在二级市场上比较容易地变现。

(二)债券投资的缺点

与其他投资方式相比,债券投资也有不足之处,主要表现在:

(1)购买力风险较大。多数债券的面值和利息率在发行时就已确定,如果投资期间的通货膨胀率比较高,则本金和利息的购买力将不同程度地受到侵蚀。在通货膨胀率很高时,投资者虽然名义上有收益,但实际上却可能遭受损失。

(2)没有经营管理权。投资于债券只是获得固定收益的一种手段,投资者无权像股票投资人那样参与债券发行单位的经营管理。

四、股票投资的目的及投资取向

一般说来,企业进行股票投资主要有两个目的:一是作为一般的证券投资,获取股利收入和股票买卖差价;二是调整资金结构,扩充企业规模,通过购买某一企业的大量股票,达到控制该企业的目的。在第一种情况下,企业应仅将某种股票作为其证券组合的一个组成部分,不应冒很大风险将大量资金投放到一家企业的股票上;而在第二种目的支配的情况下,企业应集中资金,投资到被控企业的股票上。这时投资者考虑更多的不是目前利益——股票投资报酬的高低,而是企业的长远利益——有多少股权才能实现控制对方的目的。

五、股票的估价

股票估价是投资者对股票投资价值的估算。股票的投资价值又称经济价值、内在价值,在数量上等于股票上未来各期净现金流量以一定折现率折现后的现值总和。

(一)正常情况下的股票价格模型

$$V = \sum_{t=1}^{n} \frac{d_t}{(1+k)^t} + \frac{V_n}{(1+k)^n}$$

式中:V——股票投资价值;

　　d_t——第 t 期的预期股利;

　　k——投资者期望的必要收益率或市场利率;

V_n——股票在未来出售时的预计价格；

n——预计持有股票的时期数；

t——获取股利的具体时间。

【例6-8】 某投资人准备投资甲公司发行的普通股,预计该股票未来10年中每年每股可以分得现金股利2元钱,第10年末该股票在证券市场上的交易价格为30元,投资者期望的投资报酬率为20%。问题:该股票的当前交易价格是多少时该投资人可以投资?

解:$V = \sum_{t=1}^{n} \frac{d_t}{(1+k)^t} + \frac{V_n}{(1+k)^n}$

$= \sum_{t=1}^{10} \frac{2}{(1+20\%)^t} + \frac{30}{(1+20\%)^{10}}$

$= 2 \times (P/A, 20\%, 10) + 30 \times (P/F, 20\%, 10)$

$= 2 \times 4.1925 + 30 \times 0.1615$

$= 13.23$ 元

即当该股票的市场交易价格不高于13.23元时,该投资人可以投资该股票。

(二)股利收入稳定且准备长期持有情况下的股票估价模型

当股票发行企业实行固定股利政策时,投资人每期所获得的股利收入相等,此时可按下列模型进行股票估价:

$$V = \frac{d}{k}$$

式中:V——股票投资价值;

d——未来每期相等的股利;

k——投资者期望的必要收益率或市场利率。

【例6-9】 某投资人准备投资甲公司发行的普通股,甲公司实行固定股利政策,预计未来每年每股可以分得现金股利2元钱,投资者期望的投资报酬率为10%。问题:该股票的当前交易价格是多少时该投资人可以投资?

解:$V = \frac{d}{k} = \frac{2}{10\%} = 20$ 元

即当该股票的市场交易价格不高于20元时,该投资人可以投资该股票。

(三)固定增长股利政策下的股票估价模型

固定增长股利政策是指每期股利支付额在上期股利基础上以固定比例增长,此时投资人获得的股利收入是一个以1加固定增长率为公比的等比数列。假设D_0为当前每股股利,g为固定的股利增长率,则准备长期持有的普通股估价模型推导如下:

$$V = \frac{D_0(1+g)}{(1+k)} + \frac{D_0(1+g)^2}{(1+k)^2} + \frac{D_0(1+g)^3}{(1+k)^3} + \cdots\cdots + \frac{D_0(1+g)^n}{(1+k)^n} \quad (1)$$

等式两边同时乘以 $\frac{(1+g)}{(1+k)}$ 得：

$$\left(\frac{1+g}{1+k}\right)V = \frac{D_0(1+g)^2}{(1+k)^2} + \frac{D_0(1+g)^3}{(1+k)^3} + \frac{D_0(1+g)^4}{(1+k)^4} \cdots\cdots + \frac{D_0(1+g)^{n+1}}{(1+k)^{n+1}} \quad (2)$$

(1)式－(2)式得：

$$\left(\frac{k-g}{1+k}\right)V = \frac{D_0(1+g)}{(1+k)} - \frac{D_0(1+g)^{n+1}}{(1+k)^{n+1}}, 当 n\to\infty 时, \frac{D_0(1+g)^{n+1}}{(1+k^{n+1})}\to 0, 整理$$

得：

$$V = \frac{D_0(1+g)}{k-g} = \frac{D_1}{k-g}$$

式中：V——股票投资价值；

D_0——当前每股股利；

k——投资者期望的必要收益率或市场利率；

D_1——未来第一期股利；

g——股利增长率。

【例 6-10】 甲公司实行固定增长股利政策，当前每股股利 2 元钱，预计未来每年每股股利以 8% 的速度增长，投资者期望的投资报酬率为 15%。问题：该股票的当前交易价格是多少时该投资人可以投资？

解：$V = \dfrac{D_0(1+g)}{k-g}$

$\quad\;\; = \dfrac{2\times(1+8\%)}{15\%-8\%}$

$\quad\;\; = 30.86$ 元

即当该股票的市场交易价格不高于 30.86 元时，该投资人可以投资该股票。

六、股票投资收益率的计算

股票投资收益率是指投资者在一定时期内的股票所得收益与股票投资额的比率。股票收益一般包括股息红利收益、买卖差价两方面。这些收益不易在投资时就准确计算出来。因此，它只是预测的收益率。股票投资收益率主要有下列几种计算方法。

（一）本期股利收益率

本期股利收益率是指拟投资股票年现金股利与投资价格之间的比率。其中股票投资价格是指当日股票收盘价；年现金股利可取上年每股实际现金股利额。具体计算公式如下：

$$本期股利收益率 = \frac{年现金股利}{本期股票购买价格} \times 100\%$$

【例6-11】 某股票上年每股实际支付5元现金股利,当前每股市场交易价格为25元,则其本期股利收益率为:

$$本期股利收益率 = \frac{5}{25} \times 100\% = 20\%$$

(二)持有期间收益率

持有期间收益率是指投资人购入股票以后不是准备长期持有,而是持有一段时间以后在证券市场上转手出售,在其持有该股票期间所获得的投资报酬率。股票持有期间的收益主要分为股利收益和买卖差价收益(资本利得收益)。

(1)若股票持有期间不超过一年,则不必考虑资金时间价值,计算方法如下:

$$持有期间收益率 = \frac{售价 - 买价 + 现金股利}{购买价格} \times 100\%$$

【例6-12】 某投资人于2005年6月20日以每股30元的价格购入甲公司股票,2006年3月10日每股分得现金股利收入2元钱,2006年5月26日将该股票在二级市场上以每股32元的价格出售。则其持有期间收益率为:

$$持有期间收益率 = \frac{32 - 30 + 2}{30} \times 100\% = 13.33\%$$

(2)若股票持有时间超过一年,则投资收益率计算过程中应当考虑资金时间价值,此时可以采用内含报酬率计算原理进行计算,具体计算过程参见[例6-7],此处不再重复。

七、股票投资的特点

明确股票投资的优缺点对于加强股票投资管理,提高投资收益水平,降低投资风险具有重大的意义。

(一)股票投资的优点

(1)能获得较高收益。作为企业的所有者,股东承担企业的最终风险和收益,与债权人相比股东所冒的风险更高,因此风险和报酬同增的规律决定股东必将获得高于债权人的收益。如果企业资金报酬率高于债务利息率的话,财务杠杆效应会大大提升股东的价值,使股东获得远远高于债权人的收益。

(2)能适当降低购买力风险。普通股的股利不固定,在通货膨胀率比较高的情况下,由于物价普遍上涨,股份公司盈利增加,股利的支付也随之增加。因此,较之固定收益证券,普通股能有效地降低购买力风险。

(3)拥有相应的公司经营、控制权。股东可以依据自身所持股权份额的大小相应拥有企业的投票权,并据此参与企业的经营决策,实现自己的目的或想法。

(二)股票投资的缺点

股票投资的缺点主要是风险太大,这是因为:

(1)求偿权居后。股东特别是普通股股东对企业剩余收益和清算财产的分配权居于最末端,由此可能面临收益下降或投资亏损的风险。

(2)价格不稳定。股票特别是普通股股票的价格受多种因素影响,十分不稳定。譬如政治因素、经济因素、企业内部因素、投资者心理因素等均会影响到股票的价格,从而使投资者承担较大的风险。

(3)股利收入不稳定。股票特别是普通股股利是在支付债权人利息、缴纳企业所得税以后方可支付的,其有无和多寡均无法律上的保证,完全取决于企业经营状况和财务状况的优劣。如果企业全部资金报酬率低于债务利息率,则投资人无法从当年的经营活动中获得股利回报。

第四节 金融创新工具交易

广义的金融创新是指整个金融领域所有新的创造和新的发展,包括金融工具(即金融产品)、金融交易技术、金融机构、金融市场及金融管理制度等多方面的创新。狭义的金融创新只是指金融工具的创新,而其他方面的创新不过是金融工具创新的伴随物。本书仅对金融创新工具进行一般论述。由于金融创新工具是一柄"双刃剑",既被投资者用来作"套期保值",规避风险,又被当做投资途径和获取巨额收益的手段。所以,本书把金融创新工具交易作为金融投资的一个新领域在此给予介绍。实际上,金融创新工具交易涉及投资、筹资和分配资金等若干内容。

一、金融创新工具的概念

金融创新工具(derivative financial instruments),它是基于或衍生于诸如货币、汇率、利息率、股票指数等传统金融产品的新的金融工具。创新工具自身并不具有价值,其价格是从可以运用创新工具进行买卖的货币、汇率、股票、债券等金融产品的价值中衍生出来的。这种衍生性给予创新工具以广阔的运用空间和灵活多样的交易形式。目前,在国际金融市场上最为普遍运用的创新工具主要是金融期货(financial future)、期权(option)和互换(swap)。由于创新工具是衍生工具(derivative instruments),不能独立存在,其价值在很大程度上受制于相应的传统金融工具。能够产生衍生物的传统产品又称基础工具。根据目前的发展,金融基础工具主要有:(1)外汇汇率;(2)债务或利率工具。如债券、商业票据、存款单等;(3)股票和股票指数。虽然金融基础工具的种类不多,但借助各种技术就可以在基础工具的基础上设计出品种繁多、特性不一的金融创新工具。

通过各种派生技术进行组合设计,目前市场已出现了数量庞大、特性各异的衍生产品。主要有:(1)创新工具与基础工具的组合。如期货衍生产品与基础工具的结合,就有外汇期货、股票期货、股票指数期货、债券期货、商业票据期货、定期存单期货等形形色色的品种。(2)创新工具之间的组合,构造出"再创新工具"。如期权除了以基础工具作为标的物之外,也可以同其他创新工具(如期货)进行组合,如"期货期权"。互换与期权组合可构造出"互换期权"(swaption)一类的新创新工具。(3)直接对创新工具的个别参量和性质进行设计,产生与基本创新工具不同的创新产品。如期权除了"标准期权"之外,通过一些附加条件,可以构造出所谓"特种创新工具",如"两面取消期权(binary double barrier knock out option)"、"走廊式期权(corridor option)"等。金融创新工具系列具有无数种创造派生产品的技术。金融创新工具形式的迅速发展,使人们对金融创新工具的定义很难作出一个统一的公认符合实际的表述。

二、金融创新工具的特点

(一)金融创新工具的价值变动主要受制于基础工具的价值变动

这是由于创新工具是在基础工具上派生出来的产品,也是创新工具能够发挥避险作用的原因所在。股票指数的变动影响着指数期货的价格,认股证跟随着正股价格而波动,都是这一特性的表现。

(二)创新工具特性复杂

一方面,金融创新工具变化神速,使人们对其不易理解和运作;另一方面,由于采用多种组合技术,使得创新工具的特性更为复杂。这种情况导致金融产品的设计要求高深的数学方法,也要求借助计算机运算,从而使普通投资者难以辨明风险所在,不易完全正确操作和运用。

(三)创新工具设计具有灵活性

创新工具能适应不同市场参与者的需要,根据所要求的时间、金额、杠杆比例、价格、风险等级等参数进行设计,创造出大量的特性各异的金融产品,满足各种需要。

(四)创新工具多具有财务杠杆作用

金融创新工具交易在运作时多采用交纳保证金方式进入市场进行交易。金融创新工具市场的参与者只需运用少量资金即可控制资金数量巨大的交易合约。当然,高额盈利与巨大风险相伴而行。

(五)交易活动的特殊性

主要表现在两个方面:一是集中性。从交易中介机构看,主要集中在大型投资银行等机构进行。二是灵活性。从市场分析看,大量的交易活动是通过场外交易方式进行的,用户主要通过投资银行作为中介参与派生产品交易,投资银行代为寻找对象或直接作为交易对手个别进行。因此,大量的产品交易是非标准化的,这在很大程度上是金融创新工具的灵活性所致。

三、金融创新工具的类别

金融创新工具的种类层出不穷,但从大类分,主要有金融期货、金融期权和金融互换。

(一)金融期货

金融期货主要是外汇期货、利率期货和股票指数期货。其中,外汇期货交易是买卖双方按照事先约定的价格在期货交易所买卖某种货币,而在未来一定时间进行交割的一种外汇业务,它是在商品期货交易基础上发展起来的一种创新金融业务。其特点是:期货合约代表汇价预期、具有约束力、外汇期货交易具有一定程序、交付保证金、合约属于有形商品,以及随着时间的缩短其现货与期货差价会缩小等。利率期货交易则是买卖双方按事先约定价格买进或卖出某种有息资产,而在将来某一时间交割的业务。利率期货是有利息的有价证券期货,交易目的是为了得到预先确定的利率。股票指数期货则是以金融市场的股票价格指数为买卖对象的期货。股票指数期货合约是参与股票指数期货市场的买卖双方根据事先约定的价格,同意在未来某一特定时间进行股票指数交易的一种协定。金融期货市场中最年轻、最复杂的市场就是股票指数期货市场。股票指数期货的特点是:使用现金结算、具有高杠杆作用、把股票指数换算成现金进行交易,以及具有综合防范风险的功能等。

(二)金融期权

期权又称选择权,它是一种买进或卖出特定标的物的权利的契约。该契约的买方在支付权利金给卖方后,得到在到期日前以预定的方式行使价格购买或出售一定数量标的物的权利而无义务,卖方在买方行使权利时,有依契约履行的义务而无权利,即期权为买方单方面的选择权。期权卖方的交易目的是获得期权费(又称期权价格),期权买方的交易目的是获得选择权。不论买方是否最终选择执行期权,期权费都不予退回。

期权的风险结构具有不对称的特征,主要表现在两个方面:一是市场风险不对称。当期权买方处于有利地位时,有可能获得高额利润,处于不利地位时,最大损失只限于已支付的期权费。而期权卖方的情形正相反,他的市场风险很大,收益却只限于已收取的期权费。二是信誉风险不对称。在期权交易与支付期权费期间,期权卖方承担买方能否履行合同并支付期权费的信誉风险;而在期权有效期内,期权买方却承担卖方能否按期权合同买入或卖出某种金融资产的信誉风险。无力承担这种较高不对称风险者只能放弃期权。

(三)金融互换

金融互换是交易双方依据预先约定的规则,在一段时间内交换一系列付款的交易。它有3种形式:一是通货互换(currency swap),是在定约时交换一定数量的两种不同货币,之后在一定时间内按预先约定的权利偿还本金及偿付利息。二是利率互换(interest rate swap),是根据约定的协议,同种货币以不同利率进行交换。如两个公司进行浮动利率债券和固定利率债券的交换。三是基础互换(basic swap),是以不同的基础利率或定价公式为基础计算的两种浮动利率付款之间的互换。此外,还包括一些与互换有关的新产品。

互换最初源于20世纪70年代初,英国公司为逃避英当局的外汇管制而安排的对放贷款(back to back loan)业务。互换是在平行贷款(paraller loan)和对放贷款的基础上发展起来的。金融互换市场是目前为止最为成功的场外交易金融创新工具市场。

四、金融创新工具市场

人们为了保证资产价值不受难以预料的汇率、利率变动影响,许多公司和金融机构都想通过新的手段减少、规避风险,投机者们则想通过对风险下赌注谋求巨额利润。简言之,资产保值、规避风险,是金融创新工具及其交易市场产生的最初动机。创新工具设计的理想目标是借助先进的技术,运用低成本、高效率、高流动性的工具,由保值者和投机者共同参与的市场内重新分配各种价格风险。当然,创新工具市场本身带来的风险则是其负面效应问题。

金融创新工具市场发展的基本动机有3个:(1)对有关政策和规章变动作出反应的防御性动机;(2)创造和吸引客户与自己的证券选择目标相一致的新工具的侵略性动机;(3)为满足客户证券组合偏好而创造新工具的反应性动机。这3种动机通过金融资产的供求双方共同发挥作用,在现实中大致表现为逃避管制和分散、规避风险两类动机。就创新工具中的金融期货、期权和互换而言,创新动力主要基于降低交易成本和减少、规避风险。这一动机也充分体现在创新工具所具有的功能的特征之中。

金融创新工具市场的存在促进了市场经济发展和竞争,社会资源得到最合理的配置,生产效率得到极大提高,并且对于企业转移风险、发现价格、削弱垄断、强化杠杆作用都具有重要意义。

附表一 债券投资与股票投资的综合比较

需掌握的要点	债券投资	股票投资
投资的目的	短期债券投资:合理利用暂时闲置资金,调节现金余额(使现金余额达到合理水平),获得收益;长期债券投资:获得稳定的收益	一是获利,即获取股利收入及股票买卖差价;二是控股,即通过大量购买某一企业的股票达到控制该企业的目的

(续表)

需掌握的要点	债券投资	股票投资
估价	债券未来现金流入(各期利息和到期值)的现值,称为债券的价值或债券的内在价值。 (1)一般情况: 债券价值$=M\times(P/F,k,n)+I\times(P/A,k,n)$ (2)一次还本付息单利计息: 债券价值$=(M+M\times i\times n)\times(P/F,k,n)$ (3)零票面利率债券: 债券价值$=M\times(P/F,M,n)$	股票的价值是指其预期的未来现金流入的现值,又称为"股票的内在价值"。它是股票的真实价值。购入股票预期的未来现金流入包括两部分:每期预期股利和出售时得到的价格收入。 (1)股利稳定不变的股票价值的计算:$V=D/k$ (2)股利固定成长的股票价值的计算: $V=D_0(1+g)/(k-g)=D_1/(k-g)$
决策原则	只有债券的价值不低于购买价格时,才值得购买	只有当股票价值不低于购买价格时,才值得购买
特点	与股票投资相比,投资风险比较小,本金安全性高,收入稳定性强,但其购买力风险较大,且投资者没有经营管理权	投资收益高,购买力风险低,投资者拥有经营控制权,但其求偿权居后,股票价格不稳定,收入不稳定

案例讨论:

分散证券投资风险的策略与方法[1]

——化险为夷:SS 公司的果断选择

【目的】

通过案例资料的阅读与分析,对各种投资对象的收益和风险水平进行评价,并能够在此基础上运用组合投资理论进行证券投资组合,以实现一定的投资目的。

【内容】

SS 公司是一个经济实力非常强的大型家电生产企业。多年来,其产品一直

---

[1] 选自吴安平等编著:《财务管理学教学案例》,中国审计出版社,2001 年版。

占领着国内、外销售市场。近年来由于市场竞争的不断激烈,企业的生产经营面临着一些实际困难,经济效益开始出现下滑的迹象。为使企业走出困境,把有限的资金用在刀刃上,2000年初,公司领导召开会议,集体通过了"以销定产的产品生产计划,并利用手中多余资金1 500万元对外投资,以获投资收益"的决定。在会上,围绕这一决定,专门组织安排了10名调查人员进行市场调研。

经整理、分析调研资料,拟定可供公司选择的投资对象如下:

1. 国家发行7年期国债,每年付息一次,且实行浮动利率。第一年利率为2.63%,以后每年按"当年银行存款利率加利率差0.38%"计算支付利息。

2. 汽车集团发行5年期重点企业债券,票面利率为10%,每半年付息一次。

3. 春兰股份,代码600854,中期预测每股收益0.45元,股票市场价格为22.50元/股。总股本30 631万股,流通股7 979万股。公司主营:设计制造空调制冷产品,空调使用红外遥控。财务状况十分稳健,公司业绩良好;但成长性不佳。春兰股份的星级评定为"★"。近3年财务数据及市场表现见表1。

表1　　　　春兰股份有限公司近3年财务数据及市场表现

年份 财务指标	1999	1998	1997
主营收入(万元)	194 737	191 431	16 215
净利润(万元)	26 494	27 204	24 966
扣除后净利润	26 290	27 204	24 966
总资产(万元)	232 372	194 198	136 493
股东权益(万元)	153 660	141 690	80 310
每股收益(元)	0.865	1.15	1.57
扣除后每股收益	0.86	1.24	1.65
每股净资产	5.02	6.01	5.07
每股现金流量	0.11	0.51	
净资产收益率	17.24	19.20	31.09

4. 格力电器,代码0651,中期预测每股收益0.40元,股票市场价格为17.00元/股。总股本29 617万股,流通股21 676万股。公司主营:家用空调器、电风扇、清洁卫生器具。公司空调产销量居国内第一位,有行业领先优势,尤其是出口增长迅速,比去年出口增长70.7%,经营业绩稳定增长。格力电器的星级评定为"★"。近3年财务数据及市场表现见表2。

表2　　　　　　　　格力电器近3年财务数据及市场表现

年份 财务指标	1999	1998	1997年
主营收入(万元)	516 564	429 814	345 166
净利润(万元)	22 916	21 508	21 025
扣除后净利润	22 916	21 508	21 025
总资产(万元)	342 386	292 591	198 158
股东权益(万元)	105 724	95 814	60 225
每股收益(元)	0.705	0.66	1.40
每股净资产	3.25	2.94	4.01
每股现金流量	1.08	1.75	—
净资产收益率	21.68	22.45	34.91

5. 华工科技,代码0988,中期预测每股收益0.10元,股票市场价格为68元/股。总股本11 500万股,流通股3 000万股。公司主营:激光器、激光加工设备及成套设备、激光医疗设备等。该股科技含量高,成长性好,公积金也高。华工科技的星级评定为"★★"。近3年财务数据及市场表现见表3。

表3　　　　　　　华工科技近3年财务数据及市场表现

年份 财务指标	1999	1998	1997
主营收入(万元)	9 340	8 133	5 798
净利润(万元)	3 056	2 221	1 845
总资产(万元)	18 501	13 515	11 878
股东权益(万元)	14 152	10 625	9 573
每股收益(元)	0.27	0.26	0.22
每股净资产	1.67	1.25	1.13
净资产收益率	21.59	20.91	19.27

【要求】

1. 根据案例资料,如果企业为了扩大经营规模,实现规模效应,面对上述可供选择的投资方案,应如何进行投资组合,且分散或避免投资风险?
2. 根据案例资料,如果企业仅为获得投资收益,面对上述可供选择的投资方案,应如何进行投资组合,且分散或避免投资风险?
3. 试探讨证券投资的风险及其具体表现?
4. 结合证券市场实际阐述防范证券投资风险的具体措施?
5. 如何分散证券投资风险?
6. 如何利用证券投资给企业带来更多投资收益?

第七章
营运资金管理

【内容简介】

本章从营运资金概述入手，介绍营运资金的基本概念、营运资金流转特点、营运资金管理政策等内容，在此基础上介绍了现金、应收账款和存货3种主要流动资金的管理策略和管理办法。

【学习目的和要求】

通过本章的学习，学生应该掌握营运资金的基本知识，掌握最佳现金持有量的确定、应收账款的信用政策（包括信用标准、信用条件和收账政策）及其制定、存货的成本及其控制方法等知识。

第一节 营运资金概述

一、营运资金的含义

营运资金又称营运资本，是指企业在生产经营过程中占用在流动资产上的资金。营运资金这一概念起源于古老的美国小商贩，他将货物装上马车，然后去贩卖。用于流转以创造利润的货物被称为营运资金，马车和马是他的固定资产，用他的权益资金购买；但是购买货物的资金是他到银行去借的，称为"营运资金贷款"，每次贩卖结束，都要归还借款，保持良好信用，以便使再贷款成为可能。营运资金概念发展到今天，有广义与狭义两层含义。广义的营运资金是企业流动资产的总称，又称其为毛营运资金；狭义的营运资金又称净营运资金，是指流动资产减去流动负债后的余额。我们通常所说的营运资金是指后一种。营运资金的管理既包括流动资产的管理，也包括流动负债的管理。

（一）流动资产

流动资产是指可以在一年或超过一年的一个营业周期内变现或者耗用的资产，主要包括现金、有价证券、应收及预付款项和存货等。

1. 现金

现金指可立即用来购买物品、支付各项费用或用来偿还债务的支付手段，主要包括库存现金和银行活期存款，有时也将即期或到期的票据看做现金。现金是流动资产中流动性最强的资产，拥有大量现金的企业具有较强的偿债能力和抗风险能力。但因为现金不会带来报酬或只有极低的报酬，所以，在现金管理中要控制好现金的持有量。

2. 短期投资

短期投资是企业购入的各种能随时变现的有价证券以及不超过一年的其他投资，其中主要是指有价证券投资。企业进行短期投资，一方面能带来较好的收益，另一方面可增强企业资产的流动性，降低企业的财务风险。

3. 应收及预付款项

应收及预付款项是指企业因销售商品或提供劳务而形成的应收而未收或预先支付的款项，包括应收账款、应收票据、其他应收款和预付款。在市场经济条件下，企业为了增强市场竞争能力，保持一定数额的应收及预付款项是不可避免的。企业应对应收及预付款项进行严格控制，力求加速账款的回收，减少坏账损失。

4. 存货

存货是指企业在生产经营过程中为销售或者耗用而储备的各种资产，包括商品、产成品、半成品、在产品、原材料、辅助材料、低值易耗品及包装物。存货在流动资产中占的比重比较大，所以加强存货的管理与控制，使存货保持在最优水平上，就成为财务管理的一项重要内容。

（二）流动负债

流动负债是指将在一年或者超过一年的一个营业周期内偿还的债务，主要包括短期借款、应付债券、应付票据、预收账款、应计费用等。流动负债具有成本低、偿还期限短、流动性强等特点，但必须认真管理，否则会造成沉重的偿还压力。

营运资金因具有较强的流动性而成为企业日常生产经营活动的润滑剂和基础，在现金流入量与流出量不同步和现金流量不确定的现实情况下，企业持有一定量的营运资金是十分重要的。但企业应控制营运资金的持有数量，既要防止营运资金的不足，也要避免营运资金过多。这是因为营运资金越大，风险越小，但收益率也越低；相反，营运资金越小，风险越大，但收益率也越高。企业需要在风险和收益之间进行权衡，从而将营运资金的数量控制在一定范围之内。

二、营运资金的特点

为了有效地管理营运资金,必须研究营运资金的特点,以便有针对性地进行管理。营运资金一般具有如下特点。

(一)营运资金的周转具有短期性

这一特点是指营运资金周转一次所需时间较短,一般会在 1 年或 1 个营业周期内收回。根据这一特点,营运资金可以用商业信用、银行短期借款等方式加以解决。

(二)营运资金的实物形态变现性强

这一特点是指短期投资、应收账款、存货等流动资产一般具有较强的变现能力。当企业出现资金周转不灵、发生临时现金支付危机时,可将这些资产在较短的时间内出售变卖,获取现金,以应付资金的临时需要。

(三)营运资金的数量具有波动性

流动资产的需要量随企业内外条件的变化而变化,有时高有时低,波动很大。季节性企业如此,非季节性企业也是如此。随着流动资产数量的变动,流动负债的数量也会发生相应的变化。

(四)营运资金的实物形态具有变动性

企业营运资金的实物形态是经常变化的,一般在现金、原材料、在产品、产成品、应收账款之间变化。企业筹集的资金一般都以现金的形式存在;为了保证生产经营的正常进行,必须拿出一部分现金去采购材料,这样一部分现金转化为原材料;原材料投入生产后,当产品尚未最后完工脱离加工过程以前,形成了在产品和自制半成品;当产品进一步加工完成后,就成为准备出售的产成品;产成品经过出售有的可直接获得现金,有的因赊销而形成应收账款;经过一定时期以后,应收账款通过收现又转化为现金。总之,流动资产每次循环都要经过采购、生产、销售过程,并表现为现金、原材料、在产品、产成品、应收账款等具体形态。为此,在进行流动资产管理时,必须在各项流动资产上合理配置资金数额,以促进资金周转顺利进行。

(五)营运资金的来源灵活多样

企业营运资金因周转速度快,变现能力强,所以筹集方式灵活多样,通常有银行短期借款、短期融资券、商业信用、应交税金、应交利润、应付工资、应付费用、预收货款、票据贴现等。

三、营运资金的管理原则

营运资金在企业全部资金中所占比例较大,而且随着企业生产经营的进行不断地处在形态变化和流转过程中。营运资金管理是财务管理的一项重要工

作,管理过程中应遵循下列原则:

1. 根据生产经营状况,合理确定营运资金需要量

营运资金需要量与企业的生产经营活动有直接关系,当企业产销两旺时,流动资产会不断增加,流动负债也会相应增加;而当企业产销量不断减少时,流动资产和流动负债也会相应减少。因此,企业财务人员应认真分析企业的生产经营状况,采用一定的方法预测营运资金需要量,以便合理的使用营运资金。

2. 在保证生产经营需要的前提下,节约使用资金

在营运资金管理中,必须正确处理保证生产经营需要和节约使用资金两者之间的关系。要在保证生产经营需要的前提下,遵守勤俭节约的原则,挖掘资金的潜力,精打细算地使用资金。

3. 加速营运资金周转,提高资金的利用效率

营运资金的周转是指企业的营运资金从现金投入生产经营开始,到最终转化为现金的过程。在其他因素不变的情况下,加速营运资金的周转,也就相应地提高了营运资金的利用效率。因此,企业要千方百计地加速营运资金的周转,提高资金使用效率,取得最优的经济效益。

4. 合理安排流动资产和流动负债的比例关系,保证企业的短期偿债能力

流动资产、流动负债以及两者之间的关系能较好地反映企业的短期偿债能力。如果一个企业的流动资产多,流动负债少,说明企业的短期偿债能力强;反之,则说明企业的短期偿债能力弱。但如果企业的流动资产太多,流动负债太少,也不是正常现象,这可能是因为流动资产闲置或流动负债利用不足所致。因此,在营运资金管理中,要合理安排流动资产和流动负债的比例关系,以便既节约资金,又能保证企业足够的偿债能力。

四、营运资金政策

(一)营运资金持有政策

营运资金持有量的高低,影响着企业的收益和风险。较高的营运资金持有量,使企业有较大把握按时支付到期债务,及时供应生产用材料和准时向客户提供产品,从而保证经营活动平稳地进行,风险性较小。但是,由于流动资产的收益性一般低于长期资产,较高的营运资金持有量会降低企业的收益性;而较低的营运资金持有量带来的后果正好相反,企业的收益率较高,但较少的营运资金持有量会降低偿债能力和采购支付能力,造成信用损失、材料供应中断等,会加大企业的风险。

通过以上分析可以看到,营运资金持有量的确定,就是在收益和风险之间进行权衡。较高的营运资金持有量,风险性较小,但会降低企业的收益性;较低的营运资金持有量,收益性较高,但会加大企业的风险。营运资金持有政策可分为

三类,如表7-1所示。

表 7-1　　　　　　　　营运资金持有政策

种　类	特　点
宽松的营运资金政策	收益、风险均较低
紧缩的营运资金政策	收益、风险均较高
适中的营运资金政策	收益、风险介于两者之间

在适中的营运资金持有政策下,营运资金的持有量不过高也不过低,恰好现金足够支付之需,存货足够满足生产和销售之用,除非利息高于资金成本(这种情况不大发生),企业一般不保留有价证券。也就是说适中的营运资金政策对于投资者财富最大化来讲理论上是最佳的。所以,各个企业应当根据自身的具体情况和环境条件,按照适中营运政策的原则,确定适当的营运资金持有量。

(二)营运资金筹集政策

研究营运资金的筹集政策,先需要对构成营运资金的两要素——流动资产和流动负债做进一步的分析,然后再考虑两者的匹配关系。

1. 流动资产和流动负债分析

一般来说,我们按照周转时间的长短对企业的资产进行分类,即周转时间在一年以下为流动资产,包括货币资金、短期资金、应收账款、应收票据、存货等等;周转时间在一年以上的为长期资产,包括长期投资、固定资产、无形资产等等。对于流动资产,如果按照用途再做区分,则可分为临时性流动资产和永久性流动资产。临时性流动资产是指那些受季节性、周期性影响的流动资产,如季节性存货、销售和经营旺季的应收账款;永久性流动资产则指那些即使企业处于经营低谷也仍然需要保留的、用于满足企业长期稳定需要的流动资产。

企业的负债按照债务时间的长短,以一年为界限,分为短期负债和长期负债。短期负债包括短期借款、应付账款、应付票据等;长期负债包括长期借款、长期债券等。与流动资产按照用途划分相对应,流动负债可分为临时性负债和自发性负债。临时性负债指为了满足临时性流动资金需要所发生的负债,如春节前商品零售企业为了节日销售需要,超量购入货物而举借的外债;食品制造企业为赶制季节性食品,大量购入某种原料而发生的借款等等。自发性负债指直接产生于企业持续经营中的负债,如商业信用筹资和日常营运中产生的其他应付款,以及应付工资、应付利息、应付税金等等。

2. 流动资产和流动负债的配合策略

营运资金筹集政策,主要是就如何安排临时性流动资产和永久性流动资产的资金来源而言的,一般可以分为3种:配合型筹资政策、激进型筹资政策和稳健型筹资政策。

(1)配合型筹资政策。配合型筹资政策的特点是:对于临时性流动资产运用临时性负债筹集资金满足其资金需要;对于永久性流动资产和固定资产(统称为永久性资产,下同),运用长期负债、自发性负债和权益资本筹集资金满足其资金需要。配合型筹资政策见图 7-1。

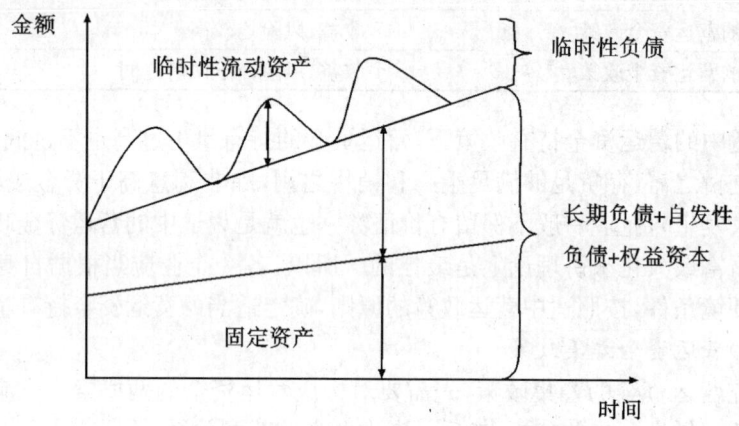

图 7-1 配合型筹资政策

配合型筹资政策要求企业临时负债筹资计划严密,实现现金流动与预期安排相一致。在季节性低谷时,企业应当除了自发性负债没有其他流动负债;只有在临时性流动资产的需求高峰期,企业才举借各种临时性债务。

(2)激进型筹资政策。激进型筹资政策的特点是:临时性负债不但融通临时性流动资产的资金需要,还解决部分永久性资产的资金需要。该筹资政策见图 7-2。

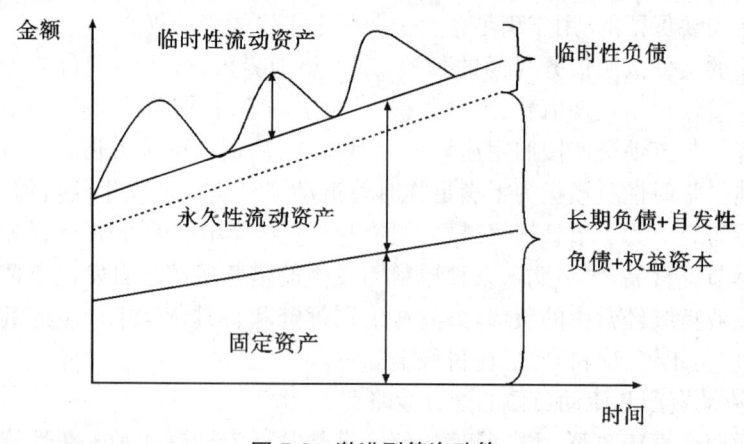

图 7-2 激进型筹资政策

从图7-2可以看出激进型筹资政策下临时性负债在企业全部资金来源中所占比重大于配合型筹资政策,此种情况下企业流动性有所下降,偿债压力增大。

(3)稳健型筹资政策。稳健型筹资政策的特点是临时性负债只融通部分临时性流动资产的资金需要,另一部分临时性流动资产和永久性资产,则由长期负债、自发性负债和权益性资本作为资金来源,见图7-3。

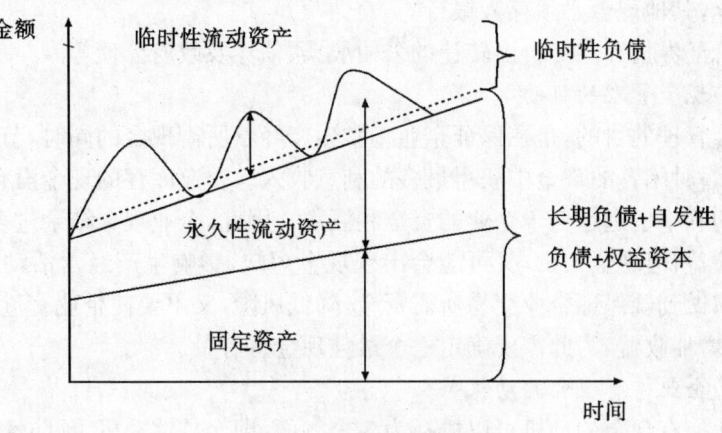

图7-3　稳健型筹资政策

从图7-3可以看到,与配合型筹资政策相比,稳健型筹资政策下临时性负债占企业全部资金来源的比例较小。在此种筹资政策下,企业的短期偿债能力较强,但收益性较差。

一般来说,如果企业能够驾驭资金的使用,采用收益和风险配合得较为适中的配合型筹资政策是有利的。

第二节　现金管理

现金是企业生产经营必不可少的财务资源,也是企业流动资产的主要构成内容。加强现金管理、有效控制现金收支,对于保证企业生产经营过程正常、高效运行具有重要意义。

一、现金管理的范围、目的及其持有动机

(一)现金管理的范围

现金是可以立即投入流通的交换媒介。它的首要特点是普遍的可接受性,即可以立即用来购买商品、货物、劳务或偿还债务。因此,现金是流动性最强的资产。现金包括企业库存现金、随时可动用的短期银行存款、有价证券、汇票、期

票和支票等项目。

对于库存现金,我国有明文规定,即各单位为应付日常零星开支可以留存一定限额的现金,而超过限额部分必须于当天存入银行。日常现金的收入、支出和保管业务由出纳员负责办理。

银行存款指企业存放在银行的现金款项。每个企业除按规定保留一定限额库存现金,其他现金必须存入银行。

有价证券指那些可自由转让的公司股票、债券及政府公债等。

(二)现金管理的目的

现金管理的目的,是在保证企业正常生产经营所需现金的同时,节约使用资金,并从暂时闲置的现金中获得最多的利息收入。企业库存的现金没有收益,银行存款的利率也远远低于企业的资金利润率。因此,企业现金结余过多,会降低企业的收益;但现金太少,又可能会出现现金短缺,影响生产经营活动。现金管理应力求做到既保证企业交易所需资金,降低风险,又不要使企业有过多的闲置资金,以增加收益,为此需要确定一个最佳现金持有量。

(三)企业持有现金的动机

企业持有现金的动机可以概括为3个方面,即交易性动机、预防性动机和投机性动机。

1. 交易性动机

交易性动机,是指企业为了应付正常的交易活动如购买材料、支付工资、缴纳税款、支付股利等,必须有一定数量的现金。对企业来说,现金收入与现金支出不总是同步发生,收入多于支出,形成现金闲置;收入小于支出,需要借入现金。又由于季节性变化也会出现临时增加的现金需求量。除此之外,企业要应付如添置机器、偿还债务等业务需要,也需要一定量的现金余额作保证。

2. 预防性动机

预防性动机,是指企业为应付意外的现金需求,而保证有充足的现金。企业预计的现金需要量一般是指正常情况下的需要量。在正常的企业经营中,会出现市场变化、政策变化、自然环境突变等意外事件,为应付意外事件,企业究竟考虑多大的意外现金需求呢?预防性动机所需现金的多少取决于以下3个因素:

(1)取决于企业愿意接受缺少现金风险的程度;

(2)取决于企业预测现金收支可靠的程度;

(3)取决于企业可以使用的备用借款能力。

3. 投资性动机

投资性动机,一方面是企业保留一定数额的现金,当市场经济变化中出现良好投资机会(如利率或有价证券价格走势有利)时,企业可以及时利用现金进行投资;另一方面是企业暂以现金形式积累,到一定程度后用于特定投资。

理论上对现金进行上述分类,但实际中却较难严格分清,这是由于现金的货币形态及其流动使用的特殊性,决定了现金管理的目的是有效保证企业有供随时支用的现金余额,至于用于交易还是投资应根据业务所需进行安排。

二、企业持有现金的影响因素及其管理内容

(一)企业持有现金的影响因素

企业持有现金的影响因素,主要有以下4个方面。

(1)企业预期的现金流量,由企业产销规模决定企业现金流量的大小。

(2)企业紧急举债的能力。企业若具备较强的举债能力,则可减少持有现金的数量,反之则应适当增加。

(3)金融市场的发达程度。金融市场发育越充分,企业就越能通过持有有价证券方式缩减现金持有量,反之,应增加。

(4)企业现金收支的控制状况及效率,也会影响企业现金的持有量。

(二)现金管理的内容

现金作为企业一项特殊的流动资产,可用来购买商品、支付报酬,并且是评价企业偿债能力的重要指标,企业如果没有足够现金,会陷入困境,导致破产,因此,持有足够现金、保持良好财务状况至关重要。但由于现金的收益性差,企业一般又不愿持有大量现金,所以,现金管理的关键是确定一个最佳持有量。其任务是,在预测企业一定时期的现金收支和净现金需求的基础上,确保企业正常生产经营所需现金,但又要尽量缩减闲置现金数额,确保现金比例合理性,提高现金使用效率。

现金管理内容主要有:

(1)确定合理的现金持有量,既使现金存量花费的代价最低,又相对确保现金需求。

(2)编制现金预算。

(3)建立和完善现金收支的管理制度,严格遵守国家规定的现金使用范围,并实施严格的内部控制制度,确保现金安全和高效使用。

(4)加强现金管理,认真考核现金管理效果。

三、现金收支的控制

(一)现金收支管理规定与内部控制

按现行制度规定,企业应遵循国家颁布的现金管理暂行条例和银行结算方法有关规定处理现金收支。其规定主要是:

(1)现金使用范围的规定。这里的现金,是指人民币现钞,即企业用现钞从事交易,只能在一定范围内进行。该范围包括:支付职工工资、津贴;支付个人劳

务报酬；根据国家规定颁发给个人的科学技术、文化艺术、体育等各种奖金；支付各种劳保、福利费用以及国家规定的对个人的其他支出；向个人收购农副产品和其他物资的价款；出差人员必须随身携带的差旅费；结算起点(1 000元)以下的零星支出；中国人民银行确定需要支付现金的其他支出。

(2)库存现金限额的规定。企业库存现钞,由其开户银行根据企业的实际需要核定限额,一般以 3～5 天的零星开支为限。

(3)不准坐支现金的规定。即企业不得从本单位的人民币现钞收入中直接支付交易款。现钞收入应于当日终了时,送存开户银行。

(4)不得出租、出借银行账户。

(5)不得签发空头支票和远期支票。

(6)不得套用银行信用。

(7)不得保存账外公款,包括不得将公款以个人名义存入银行和保存账外现钞等各种形式的账外公款。

加强现金管理,还应在遵守上述规定外,不断建立和完善现金收支的各种内部控制制度。即在企业内部建立完善内部牵制制度,分工科学,职责明确；建立和完善现金的清查盘点制度及现金收支凭证的档案管理制度,使现金管理科学合理。

(二)提高现金管理效率的方法

加强现金管理的主要目的在于加速现金的周转速度,提高其利用效率,其方法主要有：

1. 现金流量同步化

所谓现金流量同步指企业使得现金流入量与现金流出量发生的时间趋于一致,从而减少交易性现金置存量。基于这种认识,企业可以重新安排付出现金的时间,尽量使现金流入和现金流出趋于同步。

2. 使用现金浮游量

现金浮游量是指企业银行存款账面余额与银行里企业存款账上的存款余额之间的差额。企业所能享受的浮游量取决于如下两个因素：(1)企业收到客户支票后加速收款的能力；(2)企业开出支票后延迟付款的能力。有效率的企业可尽量缩短客户所交来的支票的处理时间,尽量延缓其所开出支票的兑现时间。

3. 加速现金回收

赊销开始后,企业就应尽快收回现金。西方企业常用的加速收款方法有：锁箱法和集中银行法。

(1)锁箱法。企业确定在某些地区租用加锁的专业邮政信箱,并通知客户将货款就近汇至指定的邮政信箱,企业委托信箱所在地代理银行每天数次收取邮政信箱中的邮件货款,并存入该企业在当地的账户,代理银行定期向企业提供每天收款的记录。由于客户直接将票据寄到当地指定的邮政信箱而不是企业总部,这样,就可以大大缩短票据的邮寄时间,加快款项的回收速度。同时,也免除了企业办理收款及将款项存入银行等手续,缩短了票据停留在企业的时间。但是,采用锁箱法成本较高,租用邮政信箱需要支付租金,授权当地银行开启邮政信箱,银行要收取额外的服务费用,同时,银行还要扣除一定数量的补偿性余额,这样,就增加了企业的费用支出。所以,企业在采用锁箱法时,要充分考虑到其优缺点,权衡利弊,以便取得较好的资金使用效果。

(2)集中银行法。即在收款额较集中的若干地区设立若干个收款中心,并指定一个主要开户银行为集中银行,企业客户的货款交到距其最近的收款中心,收款中心将现金交到企业指定的集中银行。采用集中银行法可缩短收款时间,提高收款的效率。

采用集中银行法的优点是:由各个收款中心向各地区客户寄发付款账单,客户付款直接邮寄到最近的收款中心,因此,可大大缩短账单和货款的邮寄时间;各个收款中心收到客户寄来的支票,可以直接存入当地的银行,这样可以缩短支票兑现的时间。

但是,这种方法也存在一定的缺陷:各个收款中心的地方银行都要求有一定的补偿性余额,这样就增加了企业闲置的现金。设立的收款中心越多,补偿性余额也就越多,从而增加了现金的持有成本。设立收款中心需要一定的管理费用。收款中心设立的越多,发生的管理费用就越多,从而增加了企业的成本开支。

4. 推迟应付款的支付

推迟应付款的支付是指企业在不影响自己信誉的前提下,尽可能的推迟应付款的支付期,充分运用供货方所提供的信用优惠。企业如遇急需现金的情况,甚至可以放弃供货方的折扣优惠,在信用期的最后一天支付款项。当然,这要权衡折扣优惠与急需现金之间的利益得失而定。

5. 控制工资支出

企业改变用现金发放工资的形式,或发信用卡,或在银行为职工单独开立一个账户供支付职工工资之用。

6. 资金调拨与银行业务的电子化

随着金融机构管理条例的执行,各专业银行和非银行的金融机构的业务允许交叉,加之现代电子计算机技术运用于现金管理和资金调拨,这无疑都大大节省了交易时间,降低了现金余额,提高了现金使用效率。

四、现金最佳持有量的确定

前面已经谈到,现金持有量的关键在于适度。现金管理的重要环节就是通过分析利弊得失,确定现金最佳持有量。其分析模式有成本分析模式、存货模式、现金周转模式等。

(一)成本分析模式

成本分析模式是通过分析持有现金的成本,寻找成本最低的现金持有量。

在成本分析模式中,首先对持有现金的3种成本分别进行分析,找出他们与现金持有量的关系,然后确定最佳现金持有量。现金的持有成本包括投资成本、管理成本和短缺成本3种。

1. 投资成本

现金的投资成本等于企业的资金成本即投资者所要求的收益率。现金投资成本有人称之为现金持有量的机会成本。现金持有量越大,机会成本越高。它与现金持有量的关系如图7-4所示。

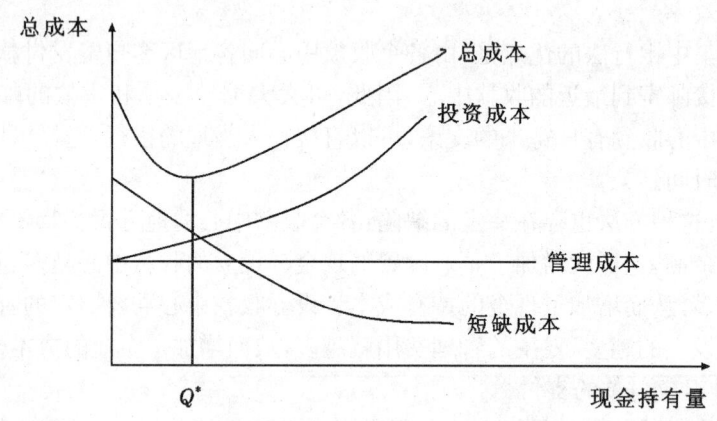

图7-4 现金持有成本分析图

2. 管理成本

现金管理成本指企业持有一定数额的现金还需支付现金的管理费用,如管理人员工资、安全措施等等。管理成本是固定成本,一定范围内与现金持有量无关。它与现金持有量的关系如图7-4所示。

3. 短缺成本

现金持有量短缺成本指企业在生产经营过程中会因现金短缺而遭受的损失。现金持有量越大,短缺成本越小。现金短缺成本与现金持有量关系如图7-4所示。

最合理的现金持有量的成本分析模式,就是在分析上述3种现金持有成本的基础上,找出其3种成本的总额为最低的现金持有量,最佳现金持有量意味着持有这一现金余额时的总成本最低。

从图中可以看出,机会成本向右上方倾斜,短缺成本向右下方倾斜,管理成本是一条与横轴平行的直线,总成本是一条U形曲线。当现金余额处于Q^*点时,持有现金的总成本最低。因为在 Q^* 点上,短缺成本的下降完全被投资成本的增加所抵消,企业已经无法再降低总成本。超过 Q^* 点后,企业每增加一元的持有额,机会成本上升速度就会快于短缺成本下降速度,总成本增加。企业现金管理目的是降低资金成本,所以,Q^* 点即最佳现金持有量。

采用成本分析模式确定现金最佳持有量,先计算投资成本、管理成本和短缺成本的总和,然后确定总成本最低时的 Q^* 点。

【例 7-1】 某企业现有 3 个现金持有方案,它们各自的投资成本、管理成本、短缺成本如下表 7-2 所示。

表 7-2　　　　　　　　　　现金持有方案表

成本项目	甲	乙	丙
现金持有量	25 000	50 000	75 000
机会成本*	3 000	6 000	9 000
管理成本	20 000	20 000	20 000
短缺成本	12 000	6 750	2 500

*注:机会成本率即该企业的资本收益率为12%。

这 3 种方案的总成本计算结果见表 7-3:

表 7-3　　　　　　　　　　现金持有成本计算表

成本项目	甲	乙	丙
机会成本	3 000	6 000	9 000
管理成本	20 000	20 000	20 000
短缺成本	12 000	6 750	2500
总成本	35 000	32 750	31 500

将以上各方案的总成本加以比较,丙方案的总成本最低,也就是说当企业持有 75 000 元现金时,各方面的总代价最低,对企业最合算,故 75 000 元是该企业的最佳现金持有量。

(二)存货模型

存货模型又称鲍莫模型(baumol model)。经济学家威廉·鲍莫首先注意到,现金资产类似于存货资产的特点,将其视为特殊存货,可按确定最佳存货量的经济订货量(economic ordering quantity model,EOQ)的原理确定现金最佳持有量。

该模型的基本原理是,在现金和短期有价证券之间进行转化,尽量减少现金的闲置,利用一切可能利用的收益机会。

前面已经提到,机会成本是企业因置存资金而丧失了投资于短期有价证券而获益的机会所付出的代价,如图7-5所示;交易成本是指持短期有价证券变现所花费的费用(经纪费用),如图7-5所示。机会成本又称投资成本,它与现金持有量成正比,交易成本与现金持有量成反比,机会成本与交易成本之和构成现金持有的决策相关总成本,公式表示如下:

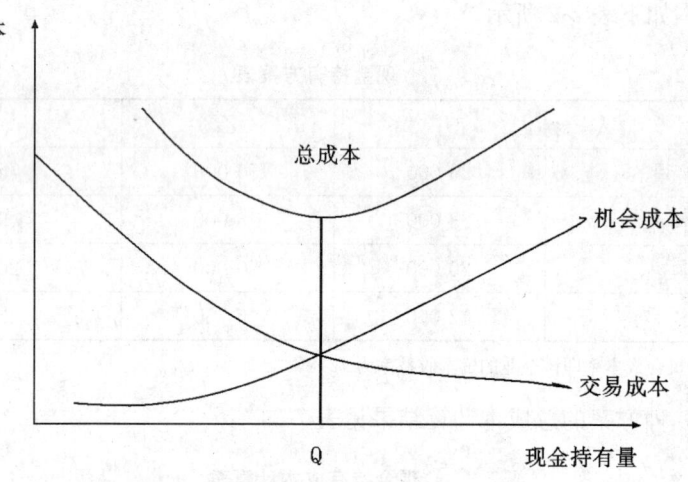

图7-5 存货模式现金最佳持有量分析图

$$总成本 = 现金机会成本 + 现金交易成本$$
$$= \frac{Q}{2} \times K + \frac{T}{Q} \times F$$

式中:Q——平均现金存量;

F——每次交易固定成本;

K——短期有价证券利率;

T——净现金需求,指为满足一定时期生产经营所需新筹集的现金总额。

要使现金置存总成本最低,对上式中的Q求一阶导数,并令其等于零,则:

$$Q^* = \sqrt{\frac{2FT}{K}}$$

式中,Q^*指现金最佳持有量。

【例7-2】 某企业预计全年需要现金6 000元,现金与有价证券的转换成本为每次100元,有价证券的利息率为30%,则最佳现金余额:

$T=6\ 000, F=100, K=30\%$

$$Q^* = \sqrt{\frac{2FT}{K}} = \sqrt{\frac{2\times 100\times 6\,000}{30\%}} = 2\,000 \text{ 元}$$

现金持有量存货模式作为财务管理中现金管理的一种重要手段,能为企业准确测算现金的合理存量及有价证券的转换次数。它一般适用于一定时期现金收支变化不大、总需求可测定、随时可转换的有价证券,且有价证券报酬率可知。

(三)现金周转模式

现金周转模式是指从现金投入生产经营开始,到最终转化为现金的过程。它大致包括如下3个方面:

(1)存货周转期,是指从原材料入库到转化成产成品并出售所需要的时间。

(2)应收账款周转期,是指将应收账款转化为现金所需要的时间,即从产品销售到收回现金的时间。

(3)应付账款周转期,是指从收到尚未付款的材料开始到现金支出之间所用的时间。

上述3个方面与现金周转期之间的关系可用图7-6加以说明。

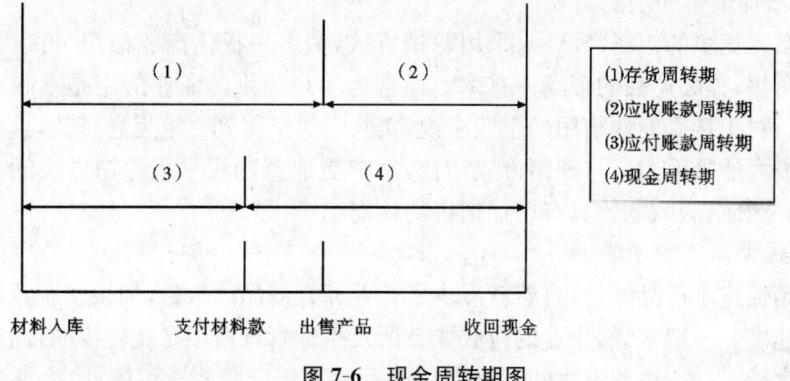

图7-6 现金周转期图

根据图7-6所示,现金周转期可用下列计算公式表示:

现金周转期=存货周转期+应收账款周转期-应付账款周转期

现金周转期确定以后,便可确定最佳现金余额,其计算公式如下:

$$\text{最佳现金金额} = \frac{\text{年现金需求总额}}{360} \times \text{现金周转期}$$

【例7-3】 某企业预计存货周转期为100天,应收账款周转期为40天,应付账款周转期为50天,预计全年需要现金360万元,求最佳现金余额。

现金周转期=100+40-50=90 天

$$\text{最佳现金余额} = \frac{360}{360} \times 90 = 90 \text{ 万元}$$

现金周转模式简单明了,易于计量。但是这种方法假设材料采购与产品销售产生的现金流量在数量上一致，企业的生产经营过程在一年中持续稳定地进行，即现金需要和现金供应不存在不确定因素。如果以上假设条件不存在，则求得的最佳现金余额将发生偏差。

第三节　应收账款管理

应收账款是指企业因对外赊销产品、材料、劳务及其他原因产生的，应向购货单位或接受劳动单位及其他单位收取的款项，包括应收销售款、应收票据、其他应收款等。

一、应收账款的功能与成本

(一) 应收账款的功能

应收账款的功能是指应收账款在企业的生产经营活动中的作用，主要表现在以下两个方面：

1. 增加销售的功能

在激烈竞争的市场经济中，采用赊销方式，为客户提供商业信用，可以扩大产品的销售，提高产品的市场占有率。通常为客户提供的商业信用是不收利息的，所以，对于接受商业信用的企业来说，实际上等于得到一笔无息贷款，这对客户具有极大的吸引力。与现销方式相比，客户更愿意购买采用赊销方式的企业的产品。因此，应收账款具有增加销售的功能。

2. 减少存货的功能

赊销促进了产品销售，自然就减少了企业库存商品的数量，加快了企业存货的周转速度。一般来说，企业的应收账款所发生的管理费用是比较少的，而存货则需要存储、保管，由此发生的管理费用要远远高于应收账款。因此，企业通过赊销的方式，将产品销售出去，资产由存货形态转化为应收账款状态，这样可以降低企业的成本水平。

(二) 应收账款的成本

上面介绍了应收账款的功能，这些都是应收账款的积极作用。但是，应收账款并不是免费的午餐，企业在享受赊销所带来的好处的同时，也是要付出代价的，这种代价就是应收账款的成本，主要包括以下几个方面：

1. 应收账款的机会成本

这是指企业的资金因占用在应收账款上而丧失的其他投资收益，如投资于有价证券的利息收益等。机会成本的大小与企业应收账款占用资金水平密切相关，占用的资金规模越大，机会成本就越高。这种机会成本率一般是按照有价证券的利息率、企业资金利润率或资金成本来计算的。其计算公式为：

应收账款机会成本 = 应收账款平均占用资金 × 机会成本率

应收账款平均余额 × 变动成本率 → 变动成本/销售收入

平均每日赊销额 × 平均收账期

年赊销额 ÷ 360天

2. 应收账款的管理成本

这里是指企业对应收账款进行管理所发生的费用,主要包括:(1)调查客户信用情况的费用;(2)收集各种信息的费用;(3)账簿的记录费用;(4)收账费用;(5)其他费用。

3. 应收账款的坏账成本

这里是指由于应收账款无法收回而给企业造成的经济损失。应收账款是商业信用产生的结果,由于客户财务状况恶化等原因,无法收回应收账款,由此会产生坏账而给企业带来经济上的损失。这种成本一般与企业的信用政策有关,并且与应收账款的数量成正比。一般来说,严格的信用政策产生坏账的概率比较小,过于宽松的信用政策就容易产生坏账。

二、应收账款管理的目标

企业发生应收账款的原因,主要有以下两种:

第一,商业信用。这是发生应收账款的主要原因。在市场经济条件下,存在着激烈的商业竞争。竞争机制的作用迫使企业以各种手段扩大销售。除了依靠产品质量、价格、售后服务、广告等外,赊销也是扩大销售的手段之一。对于同等的产品价格、类似的质量水平、一样的售后服务,实行赊销的产品或商品的销售额将大于现金销售的产品或商品的销售额,这是因为客户将从赊销中得到好处。处于扩大销售的竞争需要,企业不得不以赊销或其他优惠方式招揽客户,于是就产生了应收账款。由竞争引起的应收账款是一种商业信用。

第二,由结算手段导致的销售和收款的时间差距。商品成交的时间和收到货款的时间常不一致,这也导致了应收账款。当然,现实生活中,现金销售是很普遍的,特别是零售企业更常见。不过,就一般批发和大量企业来讲,发货的时间和收到货款的时间往往不同。这是因为货款结算需要时间,结算手段越是落后,结算所需时间就越长,销售企业只能承认这种现实并承担由此引起的资金垫支。由于销售和收款的时间差而造成的应收账款不属于商业信用,也不是应账款的主要内容,不再对它进行深入讨论。

既然企业发生应收账款的主要原因是扩大销售,增强竞争力,那么其管理的目标就是求得利润。应收账款是企业的一项资金投放,是为了扩大销售和盈利而进行的投资。而投资肯定要发生成本,这就需要在应收账款信用政策所增加的盈利和这种政策的成本之间作出权衡。只有当应收账款所增加的盈利超过所增加的成本时,才应当实施应收账款赊销;如果应收账款赊销有着良好的盈利前景,就应当放宽信用条件,增加赊销量。

三、信用政策

企业的信用政策也称应收账款政策,是企业基于对客户资信情况的认定,对客户给予先交货后收款的结算优惠的一种财务经营策略。

从企业而言,竞争的压力使得企业采用赊账的信用销售方式,当然购销双方应达成一定协议,作为企业的信用政策,包括信用标准、信用条件、收账政策、综合信用政策4个方面。

(一) 信用标准

信用标准是指企业同意向客户赊销而要求客户具备的最低资信标准。企业决定信用标准,主要考虑客户的信誉情况,也考虑企业经营和市场竞争等因素,应合理制定针对各客户的不同信用标准。既要避免标准订得过高,信用条件苛刻,失去大量信用条件一般的客户,也要避免标准过于宽松,使得信用品质较差的客户违约给企业造成损失。因此,企业要制定一个比较合理的信用标准。信用标准通常使用预计的坏账损失率来衡量。

【例7-4】 某公司原来的信用标准是只对预计坏账损失率5%以下的客户提供商业信用。该公司的销售利润率为20%,同期有价证券的利息率为年利率10%,变动成本率为60%。现该公司拟修改原来的信用标准,为了扩大销售,决定降低信用标准,有关资料如表7-4所示。

表7-4　　　　　　　　　　不同信用标准条件下的资料

项　目	原方案	新方案
信用标准(预计的坏账损失率)(%)	5	8
销售收入(元)	100 000	150 000
应收账款的平均收账期(天)	75	90
应收账款的管理成本(元)0	1 000	1 250

为了评价这两个信用标准孰优孰劣,必须计算这两个方案各自的利润和成本。在这种情况下,应测算如下几个项目的变化:

(1)销售量变化对销售利润的影响;
(2)应收账款投资及其机会成本的变化;
(3)坏账成本的变化;
(4)管理成本的变化。

现分别对这两个方案进行计算,详见表 7-5。

表 7-5　　　　　　　不同信用标准下比较计算表　　　　　　(单位:元)

项　目	原　方　案	新　方　案	差　额
销售利润	100 000×20%=20 000	150 000×20%=30 000	10 000
应收账款机会成本	100 000×75/360×60%×15%=1 875	150 000×90/360×60%×15%=3 375	1 500
应收账款管理成本	1 000	1 250	250
坏账成本	100 000×5%=5 000	150 000×8%=12 000	7 000
应收账款成本总额	7 875	16 625	8 750
信用政策后净收益	12 125	13 375	1 250

从上表可以看出,选择原方案实现的利润要比选择新方案所实现的净收益少,因此,应当选择新方案,即采用较为宽松的信用标准。

(二)信用条件

信用条件是指企业要求客户支付赊销款项的条件,包括信用期限、折扣期限和现金折扣3个方面。信用条件的表示方法是:"1/20,n/40",其含义是若客户在 20 天内付款,可享受 1%的现金折扣;如果客户放弃现金折扣,全部款项必须在 40 天内付清。该信用条件是:40 天为信用期限,20 天为折扣期限,1%为现金折扣比例。提供比较优惠的信用条件能增加销售量,但也会带来额外的负担,会增加应收账款的机会成本、坏账成本、现金折扣成本等。

1. 信用期限

信用期限是企业赊销商品或提供劳务时允许客户延迟付款最后期限。企业给予客户一定的信用期间,可吸引客户,增加利润。客户必须在信用期限内付款,超过信用期限属于违约。原则上,因延长信用期限而增加的利润与因增加应收账款投资而付出的代价及可能产生的坏账损失之间的正差越大越好。

2. 现金折扣及其折扣期限

现金折扣是企业为鼓励客户提前支付货款而给予客户在货款上的减除额。向客户提供这种价格上的优惠,主要目的在于吸引客户为享受优惠而提前付款,缩短企业的平均收款期。另外,现金折扣也能招揽一些视折扣为减价出售的客户前来购货,借此扩大销售量。现金折扣条件可以表示为:"3/10,2/20,n/30"。

即若客户在 10 天内付款,享受 3% 的折扣;10 至 20 天内付款,给予 2% 的折扣;20 至 30 天内付款,需要全额支付。

现金折扣可以为企业带来一定的利益,通过吸引一批视现金折扣为减价出售的新客户来购买,从而增加销售数量,加之折扣优惠,可以吸引客户快速付款,当然提供现金折扣也会产生现金折扣成本。

【例 7-5】 某企业预测的 2006 年度赊销额为 2 640 万元,其信用条件为 $n/60$,变动成本率为 65%,资金成本率(或有价证券利息率)为 20%。假设企业收账政策不变,固定成本总额不变。企业现有 3 个信用条件的备选方案:A:维持 $n/60$ 的信用条件;B:将信用条件放宽到 $n/90$;C:将赊销条件改为"2/10,1/20,$n/60$",估计约有 60% 的客户(按赊销额计算)会利用 2% 的折扣;15% 的客户将利用 1% 的折扣。其他相关资料见表 7-6(单位:万元)。

表 7-6　　　　　　　　不同信用条件资料表　　　　　　　(单位:万元)

项　目	方案 A	方案 B	方案 C
年赊销额	2 640	2 800	2 640
综合坏账损失率(%)	3	5	2
收账费用	40	56	30

要求:选出最佳信用条件方案。

根据前述分析该企业最佳信用条件方案选择如下,见表 7-7。

表 7-7　　　　　　　　信用条件分析表　　　　　　　(单位:万元)

项　目	方案 A	方案 B	方案 C
年赊销额	2 640.00	2 800.00	2 640.00
减:变动成本	1 716.00	1 820.00	1 716.00
信用政策前收益	924.00	980.00	924
减:信用成本			
应收账款机会成本	57.20①	91.00	22.88②
收账费用	40.00	56.00	30.00
坏账损失	79.20	140.00	52.80
现金折扣代价	——	——	35.64③
小计	176.40	287.00	141.32
信用政策后收益	747.60	693.00	782.68

注:①57.20=2 640÷360×60×65%×20%

②22.88=2 640÷360×(60%×10+15%×20+25%×60)×65%×20%

③35.64=640×12%×60%+(1%×15%)

(三)收账政策

收账政策是指企业为催收过期应收账款所制定的基本程序和策略,又称收账方案。如果采用较为积极的收账政策,可能会减少应收账款投资,减少坏账损失,但要增加收账成本;如果采用比较消极的收账政策,则可能会增加应收账款投资,增加坏账损失,但会减少收账费用。在实际工作中,可参照信用标准、信用条件的方法制定收账政策。

一般而言,收账费用支出越多,坏账损失越小,但这两者之间并不一定存在线性关系。通常情况是:(1)开始花费一些收账费用,应收账款和坏账损失有小部分的降低;(2)收账费用继续增加,应收账款和坏账损失明显减少;(3)收账费用达到某一限度以后,应收账款和坏账损失的减少就不再明显了,这个限度称为饱和点,如图7-8中的P点。

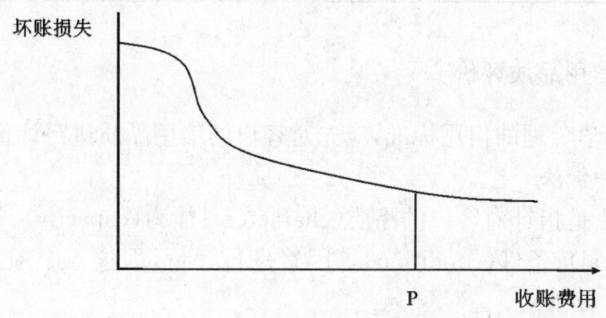

图7-8 收账费用与坏账损失关系图

企业要制定一个良好的收账方案,一方面要依靠管理人员的经验;另一方面要使用量化管理方法,尽量科学地权衡成本与利益。

企业将应收账款持有成本、坏账损失、收款费用之和视为应收账款信用成本,制定最佳收账方案就是使应收账款信用成本最低。

(四)综合信用政策

前面我们分析的是单项信用政策,但要制定最优的信用政策,应把信用标准、信用条件、收账政策结合起来,考虑信用标准、信用条件、收账政策的综合变化对销售额、应收账款机会成本、坏账成本和收账成本的影响。这里决策的原则是赊销的总收益应大于赊销带来的总成本。综合决策的制定相当复杂,计算中的几个变量都是预计的,有相当大的不确定性。因此,信用政策的制定不仅仅靠数量分析,在很大程度上要由管理的经验来判断决定。制定综合信用政策时,应考虑的基本模式见表7-8。

表 7-8　　　　　　　　　　　　综合信用政策制定模式

信用标准（预计坏账损失率%）	信用条件	收账政策
0~0.5 0.5~1	从宽信用条件 （60 天付款）	消极收账政策 （拖欠 20 天不催收）
1~2 2~5	一般信用条件 （45 天付款）	一般收账政策 （拖欠 10 天不催收）
5~10 10~20	从严信用条件 （30 天付款）	积极收账政策 （拖欠立即催收）
20 以上	不予赊销	—

四、客户信用品质评价

为确定科学合理的信用标准，应先对客户的信用品质进行评价。

（一）5C 评价法

5C 评价法是指针对客户的品质（character）、能力（capacity）、资本（capital）、抵押（collateral）、条件（condition）等因素进行评价，因这 5 个项目都以字母 C 开头，故称 5C 评价法。

(1) 品质。品质指客户的信誉，即履行偿债义务的可能性。企业必须设法了解客户过去的付款记录，看其是否有按期如数付款的一贯做法，以及与其他供货企业的关系是否良好。这一点经常被视为评价客户信用的首要因素。

(2) 能力。能力指客户的偿债能力，即其流动资产的数量与质量以及与流动负债的比例。客户的流动资产越多，其转换为现金支付款项的能力就越强。同时，还应注意客户流动资产的质量，看是否有存货过多、过时或质量下降，影响其变现能力和支付能力的状况。

(3) 资本。资本指客户的财务状况与财务实力，表明客户可能偿还债务的背景。

(4) 抵押。抵押指客户拒付款或无力支付款项时，能被用作抵押的资产。这对于不知底细或信用状况有争议的客户尤为重要。一旦收不到这些客户的款项，便以抵押品抵补。如果这些客户提供足够的抵押，就可以考虑向他们提供相应的信用。

(5) 条件。条件指可能影响客户付款能力的经济环境。比如，万一出现经济不景气，会对客户的付款产生什么影响，客户会如何做等等，这需要了解客户在过去困难时期的付款历史。

通过以上5个方面的分析,便基本上可以判断客户的信用状况,为最后决定是否向客户提供商业信用奠定基础。

(二)信用评分法

信用评分法是先对一系列财务比率和信用情况指标进行评分,然后进行加权平均,得出客户的综合信用分数,并以此进行信用评估的一种方法。进行信用评分的基本公式:

$$Y = a_1 x_1 + a_2 x_2 + a_3 x_3 + \cdots\cdots + a_n x_n = \sum_{i=1}^{n} a_i x_i \quad (i=1,2,\cdots,n)$$

式中:Y——某企业的信用评分;

a_i——事先拟订出的对第i种财务比率和信用品质进行加权的权数($\sum_{i=1}^{n} a_i = 1$);

x_i——第i种财务比率和信用品质的评分。

【例7-6】 某企业有关财务比率和信用品质的资料如表7-9所示:

表7-9　　　　　　　某企业财务比率和信用品质资料表

项　目	财务比率和信用品质(1)	分数(x_i)(0~100)(2)	预计权数(a_i)(3)	加权平均数($a_i x_i$)(4)=(2)×(3)
流动比率	1.8	90	0.20	18.00
资产负债率(%)	45	85	0.10	8.50
销售净利率(%)	18	80	0.10	8.00
信用评估等级	AA	85	0.20	17.00
付款历史	良好	80	0.20	16.00
企业未来预计	良好	80	0.10	8.00
其他因素	一般	70	0.10	7.00
合　计	—	—	1.00	82.50

在上表中,第(1)栏是根据搜集来的资料及分析确定的;第(2)栏是根据第(1)栏的资料确定的;第(3)栏是根据财务比率和信用品质的重要程度确定的。

在采用信用评分法进行评估时,分数在80分以上者,说明企业信用状况良好;分数在60~80分之间时,说明信用状况一般;分数在60分以下时,说明信用状况较差。

(三)客户风险等级分类评价法

客户风险等级是人为将客户的信用资料按其风险程度转换成不同风险级次,根据发生坏账的比率确定级次,如下表7-10所示。

表 7-10 客户风险等级分类表

风 险 等 级	坏账损失率(%)
1. 放心	
2. 放心	0～0.5
3. 限定	0.5～1
4. 限定	1～2
5. 慎重地限定	2～5
6. 严加限制	5～10
7. 不应给予	10～20
8. 任何信用	超过20

通过客户风险等级分类,可以做到对各类客户信用级次心中有数,采取不同的信用政策,减少信用风险,提高应收账款管理效率。

五、应收账款的管理

信用政策建立以后,企业要做好应收账款的日常管理工作。应收账款的管理是指对企业应收账款发生前、发生后所进行的全面管理。其事前管理是指企业事先在对客户进行调查分析基础上制定信用决策的过程。这一过程中,客户有关信用资料的收集既有来自内部,如企业同客户的交易资料,也有来自外部的客户资料。应收账款的事后监督是指在赊销业务发生以后,对应收账款的回收实施管理。

(一)应收账款投资额的确定

应收账款平均资金占用额＝平均每日赊销额×变动成本率×平均收账天数

应收账款投资额就是前面所说的应收账款平均资金占用额。企业的赊销额取决于企业的销售能力和信用政策,平均收账天数则主要取决于企业的信用政策。因此,企业的信用政策对应收账款投资额起到举足轻重的影响。应收账款投资额的合理水平与企业自身的状况有关,不能一概而论。一般来说,当企业的生产能力已经得到充分利用,没有剩余生产能力,企业的边际利润已经很低时,就应适当地限制信用销售,而应将应收账款控制在较低的水平;当企业还有过剩的生产能力,通过扩大销售依然可以获得边际贡献时,就可以考虑采用比较宽松的信用政策,增加应收账款投资额,以扩大销售量,增加企业利润。

(二)应收账款的账龄分析

企业不仅要控制应收账款投资额,还要掌握应收账款的回收情况。了解应收账款回收情况常用的分析方法就是应收账款的账龄分析。账龄分析即对应收账款按拖欠时间的长短进行分组,并编制成表。账龄分析可以汇总反映每一客户的信用期限、信用额度及其百分比。对于企业而言,客户拖欠时间越长,催收款的难度越大,可能发生的收账费用越多,形成坏账损失的可能性也大。

账龄分析表是一张能显示应收账款在外天数(账龄)长短的报告,其格式见表 7-11。

表 7-11 账龄分析表

应收账款账龄	账户数量	金额(千元)	百分率(%)
信用期内	200	80	40
超过信用期 1~20 天	100	40	20
超过信用期 21~40 天	50	20	10
超过信用期 41~60 天	30	20	10
超过信用期 61~80 天	20	20	10
超过信用期 81~100 天	15	10	5
超过信用期 100 天以上	5	10	5
合计	420	200	100

利用账龄分析表,企业可以了解到以下情况:

(1)有多少账款尚在信用期内。由于这些账款尚未到偿付期,属正常欠款,但到期后能否收回,还要待时再定,故及时的监督仍是必要的。

(2)有多少欠款超过了信用期,超过时间长短各是多少、占多大比例,有多少欠款会因拖欠时间太久而可能成为坏账。对不同的欠款,企业应采取不同的收账方法,制定出经济、可行的收账政策;对可能发生的坏账损失,则应提前做出准备,充分估计这一因素对损益的影响。

通过应收账款账龄的动态分析,利于企业制订和修正信用政策,有针对性地进行应收账款管理,从而有效地催收账款。

(三)坏账管理

坏账管理的主要内容:如何确认坏账损失以及建立坏账准备制度。

1. 坏账损失的确认

任何企业在实施信用销售时,应收账款的坏账损失是难以避免的。按照现行制度规定,确认坏账损失的标准有 3 条。

(1)因债务人破产,依照法律清偿后,仍确实无法收回的债权。

(2)债务人死亡,既无遗产可供清偿,又无义务承担人,确实无法收回的债权。

(3)债务人逾期 3 年未履行的偿债义务,经主管财政机关审核认可,可作为坏账损失处理的债权。

只要企业的应收账款现状符合上述任何一个条件,均可作为坏账损失处理。当企业的应收账款已经作为坏账损失处理后,并不意味着企业已经放弃了对该项应收账款的索取权,实际上,企业仍拥有继续催收的法定权利。

2. 建立坏账准备制度

坏账准备制度是指企业按照事先确定的比例估计坏账损失,计提坏账准备金,待发生坏账时再冲减准备金。建立坏账准备制度的关键是合理的确定计提坏账准备的比例。计提比例的确定是建立在历史、经验数据基础之上的。企业通常根据以往应收账款发生坏账的比例和目前信用政策的实际情况来估计计提坏账准备的比例。

(四)收账管理[1]

收账是企业应收账款管理的一项重要工作,收账管理应包括如下两部分内容:

1. 确定合理的收账程序

催收账款的程序一般是:信函通知;电话催收;派人员面谈;法律行动。当客户拖欠账款时,要先给客户一封有礼貌的通知信件;接着可寄出一封措辞较直率的信件;进一步则可通过电话催收;如再无效,企业的收账员可直接与客户面谈,协商解决;如果谈判不成,就只好交给企业的律师采取法律行动。

2. 确定合理的讨债方法

客户拖欠欠款的原因可能比较多,但可概括为两类:无力偿付和故意拖欠。

无力偿付是指客户因经营管理不善,财务出现困难,没有资金偿付到期债务。对这种情况要进行具体分析,如果确实遇到暂时困难,经过努力可以东山再起的,企业应帮助客户渡过难关,以便收回较多的账款。如果客户遇到严重困难,已达破产界限,无法恢复活力,则应及时向法院起诉,以期在破产清算时得到债权的部分清偿。

故意拖欠是指客户虽有能力付款,但为了自身利益,想方设法不付款。遇到这种情况,则需要确定合理的催收方法,以达到收回账款的目的。常见的催收方法有如下几种:

(1)讲理法。讨债人要有礼貌地说明理由。坚持说理,以理服人,无故拖欠货款是不应该的,已对债权人产生消极影响,造成经济损失。若不及时付款,引起法律纠纷,对双方都不利。

(2)恻隐术法。讨债人应讲清自己的困难,说明本身的危险处境,以打动债务人的恻隐之心,使债务人良心发现,按时付款。

---

[1] 荆新,王化成,刘俊彦:《财务管理学》,中国人民大学出版社,2002年版。

(3)疲劳战法。抓住欠债企业的一两个领导(如厂长、总会计师、财务科长),长期软磨硬泡,坚持打持久战,不达目的决不罢休,总有一天,该领导人意志瓦解,终于同意付款。

(4)激将法。用言语刺激债务人,使其懂得若不及时付款将会损害他的形象和尊严,对方为了面子,不得不付款。

(5)软硬术法。软硬兼施,由两个人讨债,一人态度强硬,寸步不让;另一人态度和蔼,以理服人,如果二人配合得好,会收到较好的效果。

第四节 存货管理

存货是指企业在生产经营过程中为销售或者生产耗用而储存的各种资产,包括商品、产成品、半成品、在产品以及各类材料、燃料、包装物、低值易耗品等。其中,原材料、在产品和产成品是生产企业存货的主要内容,也是本章讨论的主要内容。存货是企业生产过程中重要的流动资产。加强存货管理,减少资金占用,对加速资金周转、降低生产成本具有极其重要的意义。

一、存货的种类、特点及功能

(一)存货的种类

存货可以按照不同的标准进行分类,主要有以下几种分类方法:

1. 按照经济用途分类

存货按照经济用途不同,通常可以分为销售用存货、生产用存货和其他存货三类。

销售用存货是指为了销售的目的而储存的存货,主要包括产成品、库存商品等等。

生产用存货是指为了生产耗用而储存的存货,主要包括原材料、各种辅助材料、在产品、修理用备件、半成品等。

其他存货指除了以上存货之外,供企业一般性耗用的物品,如职工福利用品、劳保用品等。

2. 按照来源分类

存货按照来源不同,可以分为外购存货和自制存货两种。

外购存货是指企业从外部购买的存货,如工业企业的外购原材料、外购低值易耗品以及商业企业的外购商品等,外购存货可能为了销售,也可能为了耗用。

自制存货是指由企业自己生产制造出的存货,如工业企业的产成品、自制半成品等。

3. 按照存放地点分类

存货按照存放地点的不同,可以分为库存存货、在途存货、委托加工存货和委托代销存货等。

库存存货是指已运到企业并已验收入库的存货。

在途存货是指正在运输中的存货,包括运入在途存货和运出在途存货。

委托加工存货是指企业委托外单位加工但尚未加工完工的各种存货,如委托加工材料。

委托代销存货是指企业委托外单位代销,但尚未办理代销货款结算的存货。

(二)存货的特点

存货作为企业一项重要的流动资产,其特点有:

(1)存货管理的艰巨性、复杂性极为突出。存货规模在很大程度上取决于企业产销规模及周转速度。同时,存货管理科学与否直接影响生产的正常接续,或导致销售机会的丧失,或导致储存成本上升。

(2)存货资金的占用形态随着生产过程而改变。原材料表现为储备资金,投入生产后当产品尚未完工前转化为在产品资金,产品完工入库又表现为产成品资金。在生产经营过程中,各种存货资金形态有继起性和并存性的特点。

(3)存货与固定资产相比有一显著特点,其周转期较短,在一个财务年度内能完成一次或若干次周转。

(三)存货的功能

存货的功能是指存货在生产经营过程中的作用。前面提到,存货主要指原材料、在产品和产成品。它们的功能分述如下:

(1)储存必要的原材料和在产品可以保证生产正常进行。生产过程中所需要的原材料,是生产中必需的物质资料。为了保证生产顺利进行,必须适当地储备一些材料。尽管有些企业自动化程度很高,并借助电脑加强管理,提出了存货向零进军的口号,但要完全达到这一目标并非易事。存货在生产不均衡和商品供求波动时,可起到缓和矛盾的作用。即使生产能按照事先规划好的程序来进行,但要每天采购材料也不现实,经济上也不一定合算。所以,为了保证生产正常进行,储存适当的原材料是必须的。在产品也因同样原因需要保持一定的储备。

(2)储备必要的产成品,有利于销售。企业的产品,一般不是生产一件出售一件,而是要组织成批生产、成批销售才经济合算。这是因为,客户为节约采购成本和其他费用,一般要成批采购,为了达到运输上所需要的最低批量也应组织成批发运。另外,为了应付市场上突然到来的需求,也应适当储存一些产成品。

(3)适当储存原材料和产成品,便于组织均衡生产,降低产品成本。有的企业生产的产品属于季节性产品,有的企业产品需求很不稳定。如果根据需求情况时高时低地进行生产,有时生产能力可能得不到充分利用,有时又会出现超负荷生产,这些情况都会使生产成本提高。为了降低生产成本,实行均衡生产,就要储备一定的产成品存货,也要相应地保持一定的原材料存货。

(4)留有各种存货的保险储备,可以防止意外事件造成的损失。采购、运输、生产和销售过程中,都可能发生意料之外的事故,保持必要的存货保险储备,可避免或减少损失。

二、存货的成本

要保持一定数量的存货,必然会有一定的成本支出。与储存存货有关的成本,包括以下几部分:

(一)取得成本

取得成本是指为取得某种存货而支出的成本,通常用 TC_a 来表示。其又分为订货成本与购置成本。

1. 订货成本

订货成本指取得订单的成本,如办公费、差旅费、邮资、电报电话费等支出。订货成本中有一部分与订货次数无关,如常设采购机构的基本开支等,称为订货的固定成本,用 F_1 来表示;另一部分与订货次数有关,如差旅费、邮资等,称为订货的变动成本。每次订货的变动成本用 K 来表示,订货次数等于存货年需要量 D 与每次进货量 Q 之商。订货成本的计算公式为:

$$订货成本 = F_1 + \frac{D}{Q}K$$

2. 购置成本

购置成本指存货本身的价值,经常用数量与单价的乘积来确定。年需要量用 D 表示,单价用 U 表示,于是购置成本用 DU 表示。

订货成本加上购置成本就等于存货的取得成本。用公式可表示为:

$$TC_a = F_1 + \frac{D}{Q}K + DU$$

(二)储存成本

储存成本是指为保持存货而发生的成本,包括存货占用资金所应计的利息、仓库费用、保险费用、存货破损和变质损失等等,通常用 TC_c 来表示。

储存成本也分固定成本和变动成本。固定成本与存货数量无关,如仓库折旧、仓库职工的固定月工资等,常用 F_2 表示。变动成本与存货数量有关,如存货资金应计的利息、存货破损和变质损失、存货的保险费用等,单位成本用 K_c 来表示。用公式表达的储存成本为:

$$TC_c = F_2 + K_c \frac{Q}{2}$$

(三)缺货成本

缺货成本是指由于存货供应中断造成的损失,包括材料供应中断造成的停工损失、产成品库存缺货造成的拖欠发货损失和丧失销售机会的损失(包括需要主观估计的商誉损失)。如果生产企业以紧急采购代用材料解决库存材料中断之急,那么缺货成本表现为紧急额外购入成本(紧急额外购入的开支会大于正常采购的开支)。缺货成本用 TC_s 表示。

如果以 TC 来表示储备存货的总成本,它的计算公式为:

$$TC = TC_a + TC_c + TC_s$$
$$= F_1 + \frac{D}{Q}K + DU + F_2 + \frac{Q}{2}K_c + TC_s$$

三、存货管理的目标

如果工业企业能在生产投料时随时购入所需的原材料,或者商业企业能在销售时随时购入该项产品,就不需要存货。但实际上,企业总有储存存货的需要,并因此占用或多或少的资金。同时,零购物质的价格往往较高,而整批购买在价格上常有优惠。另外,数量较少的购货订单,供货商往往不愿意接受。然而,过多的存货要占用较多的资金,并且会增加包括仓储费、保险费、维护费、管理人员工资在内的各项开支,而且存货占用资金是有成本的,占用过多会损失利息,并导致利润的损失,各项开支的增加更直接使成本上升。进行存货管理,就要尽力在各种存货成本与存货效益之间做出权衡,达到两者的最佳结合,这也就是存货管理的目标。

四、存货的日常控制

存货日常控制是指在日常生产经营过程中,按照存货计划的要求,对存货的使用和周转情况进行组织、调节和监督。存货控制的方法主要有以下几种:

(一)存货的归口分级控制

存货的归口分级控制,是加强存货管理的一种重要方法。这一管理方法包括如下3项内容。

1. 在厂长、经理的领导下,财务部门对存货资金实行统一管理

企业必须加强对存货资金的集中、统一管理,促进供、产、销相互协调,实现资金使用的综合平衡,加速资金周转。财务部门的统一管理主要包括如下几方面:

(1)根据国家财务制度和企业具体情况制定企业资金管理的各种制度。

(2)认真测算各种资金占用数额,汇总编制存货资金计划。

(3)把有关计划指标进行分解,落实到有关单位和个人。
(4)对各单位的资金运用情况进行检查和分析,统一考核资金的使用情况。

2. 实行资金的归口管理

根据使用资金和管理资金相结合,物资管理和资金管理相结合的原则,每项资金由哪个部门使用,就归哪个部门管理。各项资金归口管理的分工一般如下:

(1)原材料、燃料、包装物等资金归供应部门管理。
(2)在产品和自制半成品占用的资金归生产部门管理。
(3)产成品资金归销售部门管理。
(4)工具用具占用的资金归工具部门管理。
(5)修理用备件占用的资金归设备动力部门管理。

3. 实行资金的分级管理

各归口的管理部门要根据具体情况将资金计划指标进行分解,分配给所属单位或个人,层层落实,实行分级管理。具体分解过程可按如下方式进行:

(1)原材料资金计划指标可分配给供应计划、材料采购、仓库保管、整理准备各业务组管理。
(2)在产品资金计划指标可分配给各车间、半成品库管理。
(3)成品资金计划指标可分配给销售、仓库保管、成品发运各业务组管理。

(二)经济批量控制

欲实现存货管理的目的,需要对存货进货批量和进货时间施加控制,使存货的总成本最低。这种使存货总成本最低的每次采购量叫做经济批量或经济订货量。

1. 经济批量的基本模型

经济批量的基本模型需要建立的假设条件有:

(1)企业能够及时补充存货,即需要订货时便可立即取得存货。
(2)能集中到货,而不是陆续入库。
(3)不允许缺货,即无缺货成本,$TC_s=0$,这是因为良好的存货管理本来就不允许出现缺货成本。
(4)需求量稳定,并且能预测,即 D 为已知常量。
(5)存货单价不变,即 U 为已知常量。
(6)企业现金充足,不会因现金短缺而影响进货。
(7)所需存货市场供应充足,不会因买不到需要的存货而影响其他。

建立了上述假设以后,存货总成本的公式可以简化为:

$$TC=F_1+\frac{D}{Q}K+DU+F_2+K_c\frac{Q}{2}$$

当 F_1, K, D, U, F_2, K_c 为常量时,TC 的大小取决于 Q。为了求出 TC 的极

小值,需对变量 Q 求一阶导数并令其等于零,由此得出经济批量的计算公式如下:

$$Q^* = \sqrt{\frac{2KD}{K_c}}$$

这一公式称为经济批量基本模型,求出的每次订货批量,可使 TC 达到最小值。

这个基本模型还可以演变为其他形式:

每年最佳订货次数公式:

$$N^* = \frac{D}{Q^*} = \frac{D}{\sqrt{\frac{2KD}{K_c}}} = \sqrt{\frac{DK_c}{2K}}$$

与批量有关的存货总成本公式:

$$TC_{(Q^*)} = \frac{KD}{\sqrt{\frac{2KD}{K_c}}} + \frac{\sqrt{\frac{DK_c}{K_c}}}{2} \times K_c = \sqrt{2KDK_c}$$

最佳订货周期公式:

$$t^* = \frac{1}{N^*} = \frac{1}{\sqrt{\frac{DK_c}{2K}}} = \frac{\sqrt{2KDK_c}}{DK_c}$$

经济批量占用资金:

$$I^* = \frac{Q^*}{2} \times U = \frac{\sqrt{\frac{2KD}{K_c}}}{2} \times U = \sqrt{\frac{KD}{2K_c}} \times U$$

【例 7-7】 A 企业每年耗用某种材料 3 600 件,该材料单位成本 10 元,单位储存成本 2 元,一次订货成本 25 元,则:

$$Q^* = \sqrt{\frac{2DK}{K_c}} = \sqrt{\frac{2 \times 3\,600 \times 25}{2}} = 300 \text{ 千克}$$

$$N^* = \frac{D}{Q^*} = \frac{3\,600}{300} = 12 \text{ 次}$$

$$TC(Q^*) = \sqrt{2KDK_c} = \sqrt{2 \times 25 \times 3\,600 \times 2} = 600 \text{ 元}$$

$$t^* = \frac{1}{N^*} = \frac{1}{12}(\text{年}) = 1 \text{ 个月}$$

$$I^* = \frac{Q^*}{2} \times U = \frac{300}{2} \times \frac{300}{2} \times 10 = 1\,500 \text{ 元}$$

2. 陆续供应、陆续消耗情况下的经济批量模型

实际的经济业务中,采购的存货往往不是一次瞬时到货,同时经营活动的连

续性决定对存货的消耗也是连续不断的,因此,存货往往是呈陆续供应、陆续消耗状态的。此时经济批量模型的基本假设与基本模型的假设基本相同,只是在存货到货方式上有所放宽,即存货是陆续到货的。此时的采购次数与到库方式无关,仍旧是 $\frac{D}{Q}$,但平均库存水平与基本模型相比有所变化,此时的库存水平由入库速度和消耗速度共同决定。假设存货入库速度为 r_1,存货消耗速度为 r_2,则批量 Q 入库所需时间为 $\frac{Q}{r_1}$,最高库存水平为 $\frac{D}{Q}(r_1-r_2)$,平均库存水平为 $\frac{D}{2Q}(r_1-r_2)$,其余因素未发生变化。由此存货总成本模型变为:

$$TC = F_1 + \frac{D}{Q}K + DU + F_2 + \frac{D(r_1-r_2)}{2Q}K_c$$,则经济批量模型为:

$$Q^* = \sqrt{\frac{2DK}{K_c\left(1-\frac{r_2}{r_1}\right)}}$$

其余指标计算原理同前,此处不再重复。

【例 7-8】 A 企业每年耗用某种材料 3 600 件,该材料单位成本 10 元,单位储存成本 2 元,一次订货成本 25 元,材料陆续供应、陆续消耗,供应速度为每日 20 千克,消耗速度为每日 15 千克,则:

$$Q^* = \sqrt{\frac{2\times 3\,600\times 25}{2\times\left(1-\frac{15}{20}\right)}} = 500\ \text{千克}$$

3. 数量折扣条件的经济批量模型

数量折扣是销售方为鼓励客户加大采购批量而承诺当采购批量达到一定水平时,在采购单价上给予一定的折扣。在存在数量折扣的情况下,存货采购单价可能随采购批量变化而发生变化,此时存货的购置成本就称为决策有关变量。决策时必须考虑因采购批量对购置成本产生影响进而影响存货总成本这一客观现实。存在数量折扣条件的经济批量可以按如下思路确定:

(1)先按前两种模式计算不考虑数量折扣时的经济批量 Q_1^*;

(2)若 Q_1^* 大于折扣起点,则 Q_1^* 就是经济批量;若 Q_1^* 小于折扣起点,转下一步;

(3)比较 Q_1^* 下的总成本和各折扣起点下的总成本,最低总成本对应的采购批量即为经济批量 Q^*。

【例 7-9】 某企业年需要某种材料 160 000 件,市场价格为每件 20 元,订货成本 200 元/次,每件材料年储存成本 4 元。供应商规定,若一次定货量达到 5 000 件,可以享受 1.5% 的价格折扣;若一次定货量达到 8 000 件,则可以享受 3% 的价格折扣。则该种材料的经济批量确定如下:

(1) 不考虑数量折扣时的经济批量:

$$Q_1^* = \left(\frac{2 \times 160\,000 \times 200}{4}\right)^{\frac{1}{2}} = 4\,000 \text{ 件}$$

(2) 4 000 件没有达到折扣起点,则分别计算各种情况下的总成本:

$$TC_{4\,000} = 160\,000 \times 20 + \frac{160\,000}{4\,000} \times 200 + \frac{4\,000}{2} \times 4 = 321\,600 \text{ 元}$$

$$TC_{5\,000} = 160\,000 \times 20 \times (1 - 1.5\%) + \frac{160\,000}{5\,000} \times 200 + \frac{5\,000}{2} \times 4 = 3\,168\,400 \text{ 元}$$

$$TC_{8\,000} = 160\,000 \times 20 \times (1 - 3\%) + \frac{160\,000}{8\,000} \times 200 + \frac{8\,000}{2} \times 4 = 312\,400 \text{ 元}$$

可见当每次的采购量为 8 000 件时,存货上的总成本最低,即经济采购批量为 8 000 件。

(三) 订货点控制

为了保证生产和销售的正常进行,工业企业必须在材料用完之前订货,商品流通企业必须在商品销售完之前订货。那么,究竟在上一批购入的存货还剩多少时,订购下一批存货呢?这就是订货点的控制问题。所谓订货点就是订购下一批存货订单时的库存水平。确定订货点,必须考虑如下因素:

(1) 平均每天的正常耗用量,用 n 来表示;
(2) 预计每天的最大耗用量,用 m 来表示;
(3) 订货提前期,指从发出订单到货物验收完毕所用的时间,用 t 来表示;
(4) 预计最长订货提前期,用 r 来表示;
(5) 保险储备,是指为了防止耗用量突然增加或交货误期等多储备的库存量,用 S 来表示。

保险储备 S 可用下列公式来表示:

$$S = \frac{mr - nt}{2}$$

订货点 R 可用下列公式计算:

$$R = nt + S = \frac{mr + nt}{2}$$

【例 7-10】 A 公司每天正常耗用某一零件 10 件,订货的提前期为 20 天,预计最大耗用量为每天 16 件,预计最长提前期为 25 天。则 A 公司该零件的订货点确定如下:

保险储备:

$$S = \frac{mr - nt}{2} = (16 \times 25 - 10 \times 20)/2 = 100 \text{ 件}$$

订货点:

$$R = nt + S = \frac{mr + nt}{2} = 10 \times 20 + 100 = 300 \text{ 件}$$

(四) ABC 控制法

ABC 控制法是意大利经济学家巴雷特于 19 世纪首创的,以后经不断发展和完善,现已广泛应用于存货管理、成本管理和生产管理。对于一个大型企业来说,常有成千上万种存货项目,在这些项目中,有的价格昂贵,有的不值几文,有的数量庞大,有的寥寥无几。如果不分主次,面面俱到,对每一种存货都进行周密的规划、严格的控制,就抓不住重点,不能有效地控制主要存货资金。ABC 控制法正是针对这一问题而提出来的重点管理方法。

ABC 控制法就是按照一定的标准,将企业的存货划分为 A,B,C 三类。最重要的存货为 A 类,一般存货为 B 类,不太重要的存货为 C 类。通常分类的标准主要有两个:一是金额标准,二是品种的数量标准,其中金额标准是最基本的,品种数量标准仅作参考。所以,A 类存货一般是种类少,但资金占用较多的存货;C 类存货通常是种类繁多,但资金占用不多的存货;B 类存货是介于 A 类和 C 类之间的存货。把存货划为 A,B,C 三类,目的是对存货占用资金进行有效的管理。A 类存货种类虽少,但占用的资金较多,应集中主要力量管理,对其经济批量要进行认真规划,对收入、发出要进行控制;C 类存货虽然种类繁多,但占用的资金不多,不必耗费大量人力、物力、财力去管,这类存货的经济批量可凭经验确定,不必花费大量时间和精力进行规划。

运用 ABC 控制法控制存货资金一般分如下几个步骤:

(1) 计算每一种存货在一定时间内(一般为 1 年)的资金占用额;

(2) 计算每一种存货资金占用额占全部资金占用额的百分比,并按大小顺序排列,编成表格;

(3) 根据事先测定好的标准,把最重要的存货划为 A 类,把一般存货划为 B 类,把不重要的存货划为 C 类,并画图表示出来;

(4) 对 A 类存货进行重点规划和控制,对 B 类存货进行次重点管理,对 C 类存货只进行一般管理。

【例 7-11】 某企业生产需 20 种材料,共占用材料资金 10 万元,按占用资金的多少分为 A 类、B 类、C 类,如表 7-12 所示。

表 7-12　　　　　　　各种存货所占种类数和资金数及其比重

存货品种	占用金额(元)	分类	各种存货种类和比重		各种存货占用资金数量和比重	
			种类(种)	比重(%)	数量(元)	比重(%)
1	50 000	A	2	10	75 000	75
2	25 000					
3	10 000	B	5	25	20 000	20
4	5 000					
5	2 500					
6	1 500					
7	1 000					
8	900	C	13	65	5 000	5
9	800					
10	700					
11	600					
12	500					
13	400					
14	300					
15	200					
16	190					
17	180					
18	170					
19	50					
20	10					
合计	100 000		20	100	100 000	100

根据表 7-12 的数据绘制出 ABC 控制法分类图,见图 7-9：

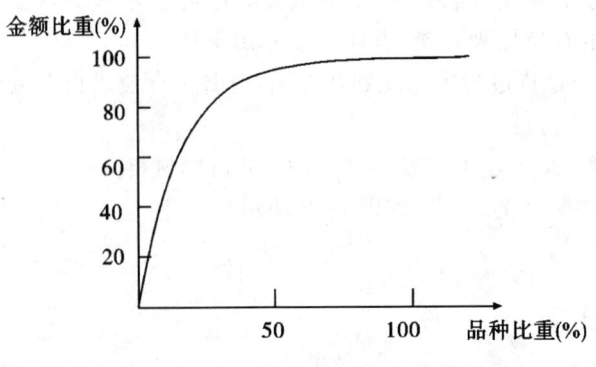

图 7-9　ABC 控制分类图

(五)存货的 JIT 控制[1]

适时工作制(just-in-time)是存货在需要时才取得并进入生产过程的一种存货管理和控制的方法。JIT 制度的目标不仅是减少存货,还包括不断提高生产率、产品质量和生产弹性。

JIT 制度抛弃了那种认为订货成本应被固定在现有水平上的想法,不断采取措施使订货成本下降是 JIT 制度的内容之一。比如,采用小型送货车并事先安排好卸货的时间,有助于实现在收货时间和成本方面的经济性;督促供应商尽量减少所生产的原材料中的不合格品,以降低一些成本;对产品、设备、程序进行修正以降低生产调整的时间和成本。通过成功地削减这些与订货有关的成本,企业可以使订货总成本曲线更为平坦,使最优订货量向左移动,这与 JIT 的观念是一致的。此外,不断努力缩短供货延迟时间、降低生产上的无效率和减少销售预测中的误差可以减少甚至消除安全存货。

适时工作制的运转需要以下几个条件:

1. 地理位置集中

如果客户的生产营运要"适时"的取得零部件,供应商工厂到客户工厂之间应该只需要相对较短的传送时间。比如,日本的丰田汽车,它的绝大多数供应商都分布在工厂方圆 60 公里的范围内。

2. 可靠的质量

生产过程应该保证从供应商那儿所取得的零件是合格的。在日本的观念是每一个生产环节都应当将下一个生产环节看做是它的最终客户。质量控制主要是进行生产过程控制,而不是通过检查来挑出不合格产品。

3. 可以管理的供应商网络

要使适时工作制运转,必须有一组适量的供应商,并且与他们签订长期合同。

4. 可控的运输系统

要在供应商和使用者之间保持可靠的传送线路。

5. 生产弹性

供应环节应该能对使用环节所采用的零部件迅速做出反应,这关键是要有迅速的工具转换能力。

6. 较小的生产批量

绝大多数使用适时工作制的企业都要求生产批量低于每天耗用量的 10%。

7. 有效率的收货和处理材料

很多企业都淘汰了正规的收货方式,企业的每个部分都可以作为收货地点。

---

[1] 傅元略:《财务管理》,厦门大学出版社,2003 年版。

8. 管理当局的积极参与

适时工作制是整个企业的。管理当局应提供给公司各种资源以保证该制度的运转，而且在运转困难的转化期内，管理当局一定要对适时工作制态度坚决。

案例讨论：

海尔集团的上料管理与"红绿旗"警示制度

【目的】

实地参观海尔集团的生产组装车间，将所学知识融入实际营运资金管理过程中，做到活学活用，提高学生的实践分析能力。

【内容】

海尔集团在加速生产流转方面形成了一套特有的管理制度：销售部门根据市场反馈的信息，提前一个月下达生产订单，生产过程中遵循"材料周转小于4小时"的原则上料，正在流水线上的产品一旦发现无市场需求，则马上停止该种产品的上料和生产，以减少库存，防止积压，真正让"物"流动起来。据统计，海尔一条半成品组装生产线一天之间可以更换20~30个不同的型号。海尔认为，在企业效益好的时候，较高的收益往往会掩盖部分积压的不良现象，当企业效益下滑时，问题就会马上暴露出来，雪上加霜。所以，无论企业现时的收益水平如何，加速生产流转、防止产品积压的问题不容忽视。

海尔集团的财务人员经过长期认真的观察和精心测算发现，材料从领用到生产下线的最佳周转期为4个小时。销售部门在下达订单后，生产部门马上安排生产，采购部门负责材料的配送，不足供料要及时补上，在生产车间停留时间超过4个小时的材料即为呆滞材料，材料配送人员要及时撤料。车间在具体执行这一制度的过程中，在相关人员配合下，又进一步提出可以采用"红绿旗"警示制度，即对不足4小时使用的材料，生产人员要插上绿旗，提示供料；对超出4小时未用的呆滞材料则插上红旗，警示供料人员立即撤料。"材料周转小于4小时"的原则是海尔集团根据加速生产及资金流转的成本控制思想，结合企业具体的生产实际，所作的管理上的创新，它需要各部门的相互配合，将销售、采购及生产等部门全都调动起来，收到了良好的效果。比如，某车间在采用4小时材料周转警示控制前，材料周转天数为10天，材料资金占用为500万元，且有部分长期呆滞材料留置车间，占用了大量资金。执行"红绿旗"控制制度后，该车间材料的周转严格控制在4小时之内，既保持了生产现场的整洁，又减少了资金的占用，使得资金周转速度加快20倍，材料资金占用降低为25万元。"超4小时的材料即为呆滞材料"的观念已深入海尔人的思想,为其零流动资金占用的企业管理目标的实施打下了坚实的基础。

【要求】

运用本章所学的知识,对海尔集团的上料管理与"红绿旗"警示制度进行小组案例分析。

第八章
利润分配管理

【内容简介】

利润分配是财务理论的重要内容,本章主要介绍公司利润的形成、利润的分配程序及其分配原则、各种股利理论、股利政策及其优缺点以及股票股利与股票分割等主要内容。其中,确定利润分配政策应考虑的因素、股利理论、股利政策的种类及其优缺点是本章的重点和难点。

【学习目的和要求】

通过本章学习,学生应掌握公司利润的构成要素、利润的分配程序、各种股利理论以及股利政策的内容等核心知识点,而且,学生应能够区分现金股利与股票股利两种基本股利支付形式、股票股利与股票分割对企业的影响。学生能够运用本章所学知识分析解释我国证券市场股利分配中存在的某些经济现象。

第一节 公司利润的形成

一、利润概述

利润是企业在一定时期从事生产经营和投资业务及其他非经营活动所取得的最终成果,也就是收入与成本费用相抵后的差额。

企业生产经营的主要目的就是要追求更大的利润,增强企业的获利能力和抵御市场风险能力。只有最大限度地获取利润,才能扩大企业再生产规模,增加所有者财富。

利润包括了企业在一定期间内经常性活动、与经常性活动相关的其他活动(如投资活动等)和非经营性活动所取得的全部收益,在量上表现为企业全部收入抵减全部支出后的余额,如果企业的收入不足以抵补其支出,就表现为亏损。企业利润的有无和多少,不仅与企业管理水平和增产节约效果密切相关,而且还决定着投资者的利益和企业的命运。所以,利润指标是评价企业经济效益和经营管理水平的重要依据。利润也是企业生存和发展的重要资金来源,更是企业盈利分配的基础。

二、利润的构成

利润的分配必须以利润实现为前提,而正确计算一定时期的利润总额是确保正确进行利润分配的基础。企业的利润包括营业利润和营业外收支净额,用公式表示为:

$$利润总额=营业利润+营业外收支净额$$

(一)经常性活动利润

经常性活动利润是企业在一定期间内从事经常性生产经营活动所取得的利润,集中反映企业经常性生产经营的财务成果。企业经常性活动利润的实质是企业提供的社会剩余产品价值的货币表现。企业营业收入扣除营业成本、费用和各种流转税及附加税费后的数额即为经常性活动利润,它是企业利润总额的主体。企业经常性活动利润由主营业务利润加上其他业务利润,扣除当期的期间费用等构成。

1. 主营业务利润

主营业务利润是企业从事基本生产经营活动取得的利润,是营业利润的主要组成内容。工业企业的主营业务利润就是产品销售利润,包括销售产成品、半成品及其他工业性劳务等所取得的利润,由产品销售净收入扣除产品销售成本、产品销售费用和产品销售税金及附加后形成。计算公式如下:

$$主营业务利润=产品销售净收入-产品销售成本-产品销售税金及附加$$

产品销售净收入是指产品销售收入扣除销售退回、销售折让和销售折扣后的余额;产品销售成本是指已销产品的实际生产成本;产品销售税金及附加包括增值税、营业税、城市维护建设税以及资源税、教育费附加等内容。

2. 其他业务利润

其他业务利润是企业从事基本生产经营活动以外的其他经常性经营活动所取得的利润。工业企业的其他业务利润包括材料销售、固定资产出租、包装物出租、外购商品销售、无形资产转让、提供非工业性劳务等取得的利润。它由其他销售收入扣除其他销售成本、其他销售税金及附加后形成。计算公式如下:

$$其他业务利润=其他业务收入-其他业务成本-其他业务流转税金$$

上述其他业务利润也是按配比原则确定的。公式中的"其他业务流转税金"是其他销售业务所缴纳的增值税、营业税、城市维护建设税以及教育费附加。

3. 期间费用

期间费用包括管理费用、财务费用和营业费用。管理费用和财务费用这两项费用是企业行政管理部门在一定经营期间内为取得生产经营性利润而发生的不能归属于产品负担的经营性耗费。管理费用、营业费用和财务费用按其性质属于期间性费用，直接体现为当期损益，抵减营业利润。

管理费用是企业行政管理部门为组织管理生产经营活动而发生的各项费用，包括公司经费、工会经费、职工教育经费、劳动保险费、待业保险费、董事会会费、咨询费、诉讼费、税金、土地使用费、土地损失补偿费、技术转让费、技术开发费、无形资产摊销、开办费摊销、业务招待费、坏账损失、上缴上级管理费等。

财务费用是企业为筹集和使用资金而发生的有关费用。如经营期间的利息净支出、汇兑净损失、调剂外汇手续费、金融机构手续费以及筹资发生的其他财务费用。

营业费用是企业在销售产品和提供服务过程中发生的应当由企业负担的运输费、装卸费、包装费、保险费、广告费、展览费，以及专设销售机构人员经费等支出。

4. 资产减值损失

企业资产减值损失项目，反映企业各项资产发生的减值损失，如应收账款减值准备、存货资产减值准备等。

综上所述，经常性活动利润的计算公式总结如下：

经常性活动利润＝主营业务利润＋其他业务利润－期间费用－资产减值损失

（二）与经常性活动相关的活动利润

与经常性活动相关的活动包括公允价值变动收益以及投资收益项目。比如，企业转让无形资产使用权、出售原材料、对外投资（收取的利息、现金股利）等，属于与经常性活动相关的活动，由此产生的经济利益的总流入扣减总支出也构成营业利润的一部分。其中，公允价值变动收益反映企业交易性金融资产、交易性金融负债，以及采用公允价值模式计量的投资性房地产等公允价值变动形成的应计入当期损益的利得或损失。投资收益项目则反映企业以各种方式对外投资所取得的投资净收益，它由企业的股票投资、债券投资、联营投资和其他投资的净收益组成。投资净收益的计算公式是：

投资净收益＝对外投资收益－对外投资损失

式中：企业投资净收益由企业股票投资、债券投资、联营投资和其他投资净收益组成，它是企业利润总额的组成部分之一。投资收益包括对外投资分得的利润、股利、债券利息、投资到期收回或者中途转让有价证券所获取的款项高于其账面价值的差额收入，以及按照权益法核算的股权投资在被投资企业增加的净资产中按投资比例应拥有的份额。投资损失包括对外投资到期收回或者中途转让有价证券所取得的款项低于账面价值的差额,以及按照权益法核算的股权投资在被投资企业减少的净资产中所应负担的份额。

综上两部分,营业利润的计算公式可以概括为:

营业利润＝经营性活动利润＋与经常性活动相关的活动利润

(三)营业外收支净额

营业外收支净额是企业与生产经营无直接关系的各项营业外收入减去营业外支出后的余额。

营业外收入是相对企业营业收入而言,它虽然与企业某时期的生产经营活动无直接关系,但与企业整体经营有联系,因而成为企业利润总额的组成部分之一。比如,企业处置固定资产、无形资产等活动,不是企业为完成其经营目标所从事的经常性活动,也不属于与经常性活动相关的活动,由此产生的经济利益的总流入不构成营业收入,所以应当确认为营业外收入。营业外收入通常包括处置非流动资产利得(如固定资产、无形资产的利得)、债务重组利得、非货币性资产交换利得以及罚款收入等。

相应地,营业外支出则包括处置非流动资产损失(如处置固定资产、无形资产的损失)、债务重组损失、非货币性资产交换损失以及罚没支出等。

综上所述,利润总额包括了企业一定时期为完成其经营目标所从事的经常性活动以及与之相关的活动所产生的净受益以及非生产经营性活动所取得的营业外收支净额之和。其计算公式为:

利润总额＝营业利润＋营业外收入－营业外支出
净利润＝利润总额－所得税

第二节 利润分配的原则及程序

利润分配关系是企业存在于经济利益关系的各种当事人,包括国家、投资者、企业、债权人和职工等方面之间的经济利益关系。如果分配不当,就会影响企业的生存和发展。实际上,利润分配是企业根据财产所有关系及各权益者所占比例对企业实现利润进行的划分。利润分配管理的目的在于寻找在企业发展中与各方面存在共同利益的基点。企业通过利润分配决策与筹资决策、投资决策的相互协调,建立良好的财务激励机制和财务约束机制,为企业近期、远期发展奠定基础。

一、利润分配原则

现代企业制度以现代产权制度为基础,现代产权制度又以产权关系理顺为前提。企业利润的分配关系取决于企业的产权关系。我国企业产权制度已初步建立了以股份公司和有限责任公司为主要形式的所有制体系。以所有者权益为基础,为合理解决企业利润分配关系提供了条件。在现代产权制度规范的条件下,企业利润分配应遵循以下三项原则。

(一)按顺序分配的原则

按顺序分配的原则有以下几个要点:

(1)确保企业债权人的收益。因为支付给债权人的债务融资成本应在当期或以后各期由企业的收入补偿。其中,计入财务费用的部分由当期收入补偿;计入固定资产价值的部分由以后各期的收入补偿。当收入不能补偿的情况下,企业的利润总额将出现负数,此时,包括国家、优先股股东和普通股股东以及企业高层管理人员中虚拟股持有者和税后利润分配者均不能参与企业的资本收益分配。

(2)确保企业生产经营活动的正常进行。因为企业如果前期出现了经营亏损,必然影响到企业的正常生产经营活动,为此国家允许企业在一定时间内用税前利润弥补亏损,从而确保企业生产经营活动的正常进行。

(3)确保国家的收益。因为,在企业的会计利润与应税所得之间出现永久性差异或暂时性差异的情况下,不能按企业的会计利润来计缴企业所得税,必须按企业的应税所得缴纳企业所得税。

(4)确保企业优先股股东的利益。因为,在普通股股东参与企业资本收益分配前,必须分配优先股股东当年的固定收益或以前各年累积的未分配收益。

(二)按比例分配的原则

按比例分配是指属于同一分配顺序的各项目之间的分配必须按比例进行。如对税前利润的分配,必须在国家和企业产权资本的提供者之间按比例进行分配,在实务中一般是规定的企业所得税税率;再如,企业税后利润的分配,必须在企业留存收益和现金股利之间确定一个恰当的比例,在实务中,一般由国家规定企业法定盈余公积的比例,由企业董事会规定任意盈余公积的比例以及现金股利和其他股利形式的比例。

(三)按政策分配原则

利润分配涉及各种利益关系,是一项十分敏感的工作,企业必须遵纪守法,坚持原则,主动纳税,按财务制度规定分配税后利润。如债权人的债务资金收益水平、国家的所得税税率、法定盈余公积的比例以及不再提留法定盈余公积的比例,国家均有明确规定,企业必须照章执行。

二、利润分配的一般程序

(一)企业的利润分配程序

利润分配程序是企业根据国家的财务管理制度和企业章程,将净利润进行具体分配的步骤和顺序。我国企业利润分配程序应当遵循国家财政部颁布的《企业财务通则》与会计准则等规定。

1. 税前调整事项

税前利润调整是指按照现行财务制度和税收制度规定，要加以调整的项目。此类调整项目主要包括：

(1)在规定期限内经批准可以用本年度税前利润弥补的以前年度亏损。

(2)实行"先税后分"办法以后，企业对外投资分回的利润、股利等投资收益，在分回以前已经缴纳所得税的，则应从税前利润总额中扣除。但所得税率不一致时，少缴的部分还应按规定补足所得税。

(3)企业超过国家规定在所得税前列支的费用开支以及罚款、罚息、滞纳金等，在缴纳所得税前应对利润总额予以调整、追加，消除账面利润与应税利润之间的时间性差异和永久性差异。

企业的利润总额在上述3种情况下加以调整后，即为企业实际的应纳税所得额。

2. 正确计算、及时缴纳所得税

所得税是国家直接参与企业利润分配的形式，是国家对企业实现利润进行调节的税种，缴纳所得税是盈利企业的义务。企业上缴所得税体现了国家与企业的分配关系。

3. 企业的利润分配顺序

企业的利润总额在依法缴纳所得税后，从税后利润开始，应按下列顺序进行分配：

(1)承担被没收的财务损失，支付各项税收的滞纳金和罚款。

(2)弥补企业以前年度亏损。

(3)提取法定盈余公积金。法定盈余公积金按净利润的10%比例计提，达到注册资本金的50%时，可以不再提取。

(4)提取公益金。公益金按企业净利润的5%～10%比例计提，用于集体福利设施支出。

(5)向投资者分配利润。企业以前年度未分配利润，可并入本年度向投资者分配。

上述步骤的意义是：

第一，企业的行政性罚没支出不许在税前利润列支，以免损害国家利益，减弱依法惩处的警示作用。

第二，企业以前年度的亏损，如果未能在5年内弥补，就只能从税后利润中弥补，以体现企业自主经营、自负盈亏、自我发展、自我约束的性质。

第三，法定盈余公积金的法定提取比例为10%，法定盈余公积金可用于弥补亏损、发展生产经营或转增资本金。企业使用盈余公积金转增资本金后,法定盈余公积金的余额不得低于注册资本的25％。

第四,公益金主要用于企业职工集体福利设施支出。公益金在本质上仍属于企业所有者权益,其提取比例不强求一致。

第五,资本金制度的建立,使投资者按出资比例参与利润分配。因此,企业在按规定提取公积金和公益金之后,便需向投资者分配利润。

可见,企业利润分配步骤之间存在这样一种逻辑关系,企业以前年度亏损未弥补完,不得提取盈余公积金、公益金,在提取盈余公积金、公益金之前,不得向投资者分配利润;企业必须按当年税后利润(减弥补亏损)的10％提取法定盈余公积金;企业在对税后利润进行了前述各项划分之后,才能向投资者分配利润。

(二)股份公司的利润分配程序

股份公司在缴纳了所得税之后,其税后利润分配顺序是:

(1)承担被没收财物损失,支付各项税收的滞纳金和罚款。

(2)弥补以前年度亏损。

(3)提取法定盈余公积金。

(4)提取公益金。

(5)支付优先股股息。其分配总额应包括以前年度转入的未分配利润。优先股先于普通股分配并取得股利率固定的股利,根据优先股的类型不同,其股东所享受的分配股利的权利也不同。

(6)提取任意盈余公积金。股份公司提取任意盈余公积金的比例由公司董事会决定。任意盈余公积金的提取,是为了满足经营管理的需要、控制向投资者分配利润的水平,以及调整各年度利润分配的波动。按公司章程或股东会议决议对利润分配所采取的限制,提取比例由董事会决定,提取任意公积金必须在分配优先股股利之后,但是在分配普通股股利之前,这是股份有限公司利润分配的一个主要特点。

(7)支付普通股红利。

相对于其他性质的企业来说,股份公司利润分配程序的特点主要表现在第5、6和7项的分配内容上,前4项的分配顺序与其他企业相同。

第三节 股利分配理论与政策

公司如何把股利支付给股东,在这个问题上存在多种观点。但总体说来主要有两种理论:股利相关论和股利无关论,这两个理论又分支出一些观点。

一、股利无关论

股利无关论是由美国经济学家莫迪格莱尼和米勒在 1961 年发表的著名论文《股利政策、增长和股票价值》中首先提出的:公司股利政策不会影响公司的价值。这个理论通常被称为 MM 理论。

(一)MM 理论的假设

MM 理论以下假设为基础:

(1)证券市场是完全资本市场,没有发行费用,没有交易费用,投资者和管理者一样可以公平地免费获得相同的信息。各种证券无限分散,任何投资者都不可能控制证券价格。

(2)没有个人或公司所得税存在,也就是说股票价格上涨的资本利得和股票股利的现金所得之间没有所得税差异。

(3)公司的投资政策独立于股利政策。

(4)每一个投资者对未来投资机会和公司利润都能预计,都有完全把握。

MM 理论认为,存在一种套利机制,通过这一机制可使支付股利与外部筹资这两项经济业务所产生的效益与成本正好相互抵消。当公司做出投资决策后,如果将盈利以股利形式发放给股东,同时又发行新股票筹措等额资金用于投资,就存在股利发放和外部筹资之间的套利过程。股利交付给股东,会使股票市价上涨,但发行新股票又会使股票终值下跌,结果是股东的股利所得正好被股票终值下跌所抵消。筹资和股利支付后,每股市价等于股利支付前的每股市价。由此,MM 理论认为,股东对盈利的留存与股利发放不会有任何偏好,因而股东财富也就不受公司现在与将来的股利政策的影响。公司的价值完全取决于公司未来的盈利能力,而非利润分配方式。

(二)股利无关论的股利理论

在股利无关论的股利理论下,可以认为:

(1)投资者不关心公司股利的分配。当公司管理当局留存较多的利润用于再投资时,必然导致公司股票价格上升,此时对投资者而言尽管股利较低,但需用现金的投资者可以通过出售股票的方式换取现金;但当公司决定发放较多的股利时,投资者又可以现金买入股票,扩大投资,即投资者对资本利得并无偏好。

(2)股利的支付率不影响公司价值。在投资者不关心公司股利分配的情况下,公司的价值完全由投资的获利能力所决定。公司的盈余在股利和保留盈余之间的分配并不影响公司的价值。

投资者并不关心他们的收入是来自资本收益还是红利收入。股利政策只不过是公司的一种融资策略。为了筹措增长所需的资金,公司可以对外发行股票,而将内部盈余资金分发股利;也可以采用内部盈余资金融资,相应少发红利,且不再对外发行股票。前一种融资方法为投资者提供股利收入,而后一种融资方式为投资者提供资本收益。这两种收益的唯一区别是性质不同,但数额相同。所以这种观点认为"股利能更好地回报股东"是不正确的。

MM 理论是根据套利机制推论出股东对于股利发放与盈利留存没有偏好,并据此得出公司股利政策,与公司价值无关的结论。但是 MM 理论的前提假设与实际相比显然相当不合理,所以得出的结论也与事实相差甚远。事实上,公司股票价格会随股利增减而变动。对此,MM 理论认为,是股利所传递的有关公司未来盈余增减的信息内容影响了股票价格,而不是股利支付模式本身。同时,MM 理论还辩解说,有的股东追求资本所得,有的股东追求股利所得,公司不必考虑股东意愿,而应从公司生产经营的具体需要出发制定股利政策,以追求发展为目标。结果,股利政策千差万别,每个投资者各得其所。据此,MM 理论认为,公司股票价格与股利政策无关。

二、股利相关论

检验 MM 理论的正确性,关键在于检验其假设是否成立。现代股利政策理论认为,MM 理论是正确的,但是其正确性是与其前提——"完善的资本市场"、"理性行为"和"充分确定性"——联系在一起的,并在这些假设条件下才能得到体现。然而,在现实中,MM 理论的假设条件并不成立,股利政策实际上非常重要,甚至米勒和莫迪格莱尼在他们 1961 年的论文中也承认,"企业股利政策对其股票市场价格的影响,无论对决定政策的公司官员或分散投资的投资者,还是对试图理解并评价资本市场运行的经济学家都是十分重要的"。现代股利政策理论通过放松假设条件来解释股利政策在现实中的重要性,形成了关于股利政策性质的 3 种理解:代理成本解释、税收原因和信息揭示、投资者偏好等理论。

股利相关论主要包括以下 4 种理论。

(一)"一鸟在手"论

美国经济学家戈登(Myron Gordon)和林特纳(John Lintner)认为,股票的投资收益包括股利收入和资本利得两种。在一般情况下,经由保留盈余再投资而来的资本利得的不确定性高于股息支付的不确定性。由于大部分投资者都是风险厌恶型,故投资者偏好股利而非资本利得,其结果是,权益资本成本随着股利支付额的减少而增加,在股票预期投资报酬率方程式 $K_s = (D_1/P_0) + g$ 中,股息收益因素 D_1/P_0 的风险低于 g 的风险,故投资者衡量 1 美元预期股息的价值要高于 1 美元预期资本利得的价值。简单地说,就是资本利得风险大于股利收益的风险,故随着股利分配比率的降低,股票投资的资本成本将上升,使股票价格下降。正如 Gordon 所认为的,未来的资本利得就像林中的鸟儿一样不一定能抓得到,眼前的股利则如手中的鸟一样飞不掉,"二鸟在林,不如一鸟在手"。

正因为如此,该理论被称为"一鸟在手"理论。

(二)税负差异论

美国 20 世纪 70 年代到 80 年代初,长期资本利得所得税率不同于普通所得税率,长期资本利得只有 40% 按普通所得税率计征所得税(此税法在里根执政期间已取消),因此若某位投资者边际税率为 48%,其股息收益应缴纳 48% 的税金,其长期资本利得只需缴纳 19.2% 的税金。根据美国 1992 年的税法,对股利所得征收的所得税最高税率为 31%,对资本利得征收的所得税税率为 28%,仍有一些差异。鉴于此,投资者自然会喜欢少支付股息而将较多的盈余保留下来用作再投资。因此,税负差异论认为股息所得税率比资本利得的税率高,只有采取低股息支付率的政策,才有可能使公司价值最大化。另外,如果投资者不出售股票,就没有获得资本利得,也就不需要纳税。投资者将资金保留在公司中继续增值,至出售股票获得资本利得时才需纳税,这种推迟纳税的效果,有利于投资者得到更多的收益。因此,从所得税的效应看,那些能够充分利用留存收益进行有效投资、增加股东财富的行为,不发或少发股利对股东更为有利。

(三)信息揭示论

MM 理论关于公司价值与其股利政策无关的假说得以成立的假设之一,是投资者和公司管理人员对公司未来发展和收益状况有相同的了解和预期。但是实际上,投资者对公司实际状况和未来前途的了解远不如公司管理人员清晰,即存在信息不对称的问题。

这种观点认为,股利政策之所以会影响公司股票的价值,是因为股利能将公司的盈余状况、资金状况和财务信用等提供给投资者。所以,假如一个公司的股利支付比率一直很稳定,如果突然大幅度地变动股利支付比率,那么投资者会认为公司的财务状况或盈余情况有较大变动,因而,股票价格也会发生变动。股票的市场价格由公司经营状况和盈利能力确定,有关这方面的信息是通过多种渠道传达到股票市场上去的。公司财务报表和审计机构的审计报告是这种信息的重要来源。但是,由于公司可能在会计报表和设置账户等方面做手脚,进行一些合法的和不合法的变通处理,使公司财务报告反映的盈余状况优于公司的实际盈利状况,给人以假象。有时这种假象可以制作的非常巧妙,以致权威审计机构也难以发现。因此,财务报告和审计报告并不是绝对可靠的信息来源。从长远看,缺乏实际盈利能力的企业是无法按期支付股利的。公司的股利发放以实际盈利能力为基础,难以做假。因此,股票市场将股利发放的变化视作有关公司盈利能力和经营状况的重要信息。一般地说,增加股利发放额被看做是公司经营状况良好,盈利能力稳定,是一个好信息,同时伴随着股票价格上升;反之,则股票价格下降。投资者对股利下降做出的反应,要比对股利上升所做的反应强烈。这种股票市场反应的不对称性,是导致公司努力稳定股利发放额,不轻易降低股利的一个重要原因。

(四)投资者偏好论

不同类型的投资者对企业的股利政策有不同的偏好,比如退休人员或其他低收入阶层,通常会喜欢经常性的高额股利,因为他们的收入较低,较多的股利收入可以弥补其收入的不足,又不会影响其税收负担。相反,收入较高的投资者,纳税所得已经达到较高水平的阶层,宁可企业少分些股利,多些投入,这样,既可以避免因取得股利收入而要以较高的个人所得税税率缴纳个人所得税,又可以为将来退休积累较多的财富。因此较少的股利分配可能会导致低收入投资者的不满,因为尽管可以通过出售股票来得到必要的收入,但这一方面给人一种坐吃山空的感觉,另一方面复杂的交易程序和必要的交易费用也会使他们感到不快。而如前所述,较多的股利分配又可能会不符合较高收入投资者的口味。根据以上分析,投资者会因自己的爱好不同而选择不同的投资对象,那些希望定期得到股利收益的投资者将投资于较高股利回报的收益型企业,而那些希望较小分配股利的投资者将投资于再投资比例较高的成长型企业。

总之,影响股利政策的因素包括投资者偏好、税率差别、信息传递和投资决策等。

三、股利政策及其分类

股利政策是管理当局对股利有关的事项所采取的方针策略,其内容包括股利的宣布日、股权登记日和发放日的选择、股利支付比率的确定、发放现金股利所需资金的筹集方式等。

股利政策可以按不同的标准进行分类。

(一)按股利支付比率分类

所谓股利支付比率就是指每股现金股利与每股税后利润之比。按照支付比率的高低,可以将股利政策分为4种:

1. 全部发放的股利政策

全部发放的股利政策是指将公司的税后利润全部以现金股利形式发放给投资者的分配政策。全部发放的股利政策在股权结构集中的家族企业公积金较多,现金流量充裕且又无有利可图的投资机会或者准备解散清算的公司采用。

2. 高比例支付的股利政策

一般我们将股利支付率达到并超过60%的现金股利称为高比例支付的股利政策。这种政策一般适用于资金充裕而投资项目又较少的公司,如自来水公司、商业公司和电力公司较多采用这一政策。

3. 低比例支付的股利政策

股利支付率低于30%的现金股利政策,我们通常称为低比例支付的股利政策,这种政策一般适用于处于成长期的公司,其扩张时期需要更多的资金,保留盈余对公司更有利。

4. 不支付的股利政策

这种政策是将公司的税后利润全部用于公司再投资的分配政策。这种政策适用于刚成立或风险较大、外部筹资困难的公司。

(二)按股利支付方式分类

股利支付方式是公司股利支付的具体形式。股利政策按股利支付的具体方式可以分为3类。

1. 纯现金股利的股利政策

即公司长期保持现金股利的发放,不分配其他形式的股利。这种方式适用于现金充裕和经营稳定的公司。

2. 纯股票股利的股利政策

即公司长期保持股票股利的发放,不分配其他形式的股利。这种方式适用于现金短缺和迅速成长的公司。

3. 混合的股利政策

即公司根据需要和可能将现金股利和股票股利结合,这种方法既考虑了股东的利益,又考虑了公司的经营和投资需要,因此,比较可取,应用广泛。

(三)按股利的稳定性分类

按照股利的稳定性可以分为以下4种政策。

1. 稳定的股利政策

稳定的股利政策是指公司股利的发放不因公司的盈利多少而变化,一直维持一定数额的股利。

2. 变动的股利政策

即公司发放股利的数额视公司盈利的多寡而定。

3. 阶梯式的股利政策

这种政策是介于前两者之间的一种股利政策,其特点是分阶段采用稳定股利的发放方式,而在各阶段之间采用变动股利的支付方式,股利数额可升可降。

4. 低正常股利加额外股利政策

这种政策也是介于稳定的股利政策和变动的股利政策之间的一种股利政策。这一政策的特点是,确定一个较低数额的股利并保证每年都发放,而在公司盈利大幅度增加时,则加付额外股利。

四、具体的股利政策

根据影响股利政策的因素不同,公司在进行股利分配的实务中,结合公司的实际情况经常采用如下一些股利政策。

(一)剩余股利政策

1. 分配方案

剩余股利政策的理论依据是股利无关理论,是指在公司有着良好的投资机会时,根据一定的目标资本结构,测算出投资所需的权益资本,先从盈余当中留用,然后将剩余的盈余作为股利予以分配。

采用该政策时,公司通常遵循以下步骤:

(1)设定目标资本结构,即确定权益资本和债务资本的比率,在此资本结构下,综合资本成本将达到最低。

(2)根据目标资本结构比例,确定用权益资本通融资金支出预计所需的资金总额。

(3)最大限度的留存收益来满足各个投资方案所需的权益资本。

(4)投资方案所需权益资本已经满足后,若有剩余,再将其作为股利发给股东。

【例8-1】 假定某公司2006年的税后可分配利润为800万元,2007年的投资项目计划需要资金1 000万元,公司的目标资本结构为权益资本占60%,债务资本为40%。则按照目标资本结构的要求,公司投资方案所需的权益资本数额为:

$1\,000 \times 60\% = 600$(万元)

公司当年全部可用于分配股利的盈余为800万元,可以满足上述投资方案所需的权益资本数额并有剩余,剩余部分再作为股利发放。当年发放的股利总额为:

$800 - 600 = 200$(万元)

假定该公司当年流通在外的普通股股数为100万股,那么每股股利为:

$200 \div 100 = 2$(元)

可见,在完全遵照股利政策时,假定公司设定的目标资本结构确定不变,将使公司的股利发放额每年随投资机会和盈余水平的变化而变化。即使在盈余水平不变的情况下,股利将与投资机会的多少呈反方向变动:投资机会越多,股利支付越少;反之,投资机会越少,股利支付越多。而在投资机会维持不变的情况下,股利发放额将因公司每年盈利的变动而呈同方向变动。

2. 采用本政策的理由

公司采用剩余股利政策的根本理由在于保持理想的资本结构,使综合资金成本最低。如上例,如果公司将所有的税后可分配利润全部分配给股东,或者全部作为股利发放给股东,然后再去筹资,这就会破坏最佳的目标资本结构,导致公司综合资本成本的升高。因此,在完全市场上,股东对于盈余的留存或发放股利的无偏好,只要公司投资项目的投资收益率高于股票市场的必要报酬率,保持目标资本结构下所需的资金,就能使公司的股票价值达到最大化。

但是同时也应该看到,这种分配政策下股利的发放容易造成股利波动,因为每年的股利几乎都在变动,这样不利于投资者安排股利收入和支出,也不利于公司树立良好形象。所以,一般适用于公司初创阶段。

(二) 固定或持续增长的股利政策

1. 分配方案

固定或持续增长的股利政策的理论依据是股利相关理论,是指企业将每年发放的股利固定在一个固定的水平上并在较长的时期内不变,只有当公司认为未来盈余将会显著地、不可逆转地增长时,才可考虑提高股利发放额。不过,在通货膨胀的情况下,大多数公司的盈余会随之提高,且大多数投资者也希望公司能够提供足以抵消通货膨胀不利影响的股利,因此在长期通货膨胀的年代里也应该提高股利发放额。

2. 采用固定或持续增长的股利政策的理由

(1) 稳定的股利向市场传递公司正常发展的信息,有利于树立公司良好的形象,增强投资者对公司的信心,从而使公司股票的价格能保持相对稳定。

(2) 稳定的股利额有利于投资者安排股利收入和支出,特别是那些对股利有很高依赖性的股东。如果股利忽高忽低,则不会受这些股东的欢迎,股票的价格因此会下跌。

(3) 稳定的股利政策可能会不符合剩余股利理论,但考虑到股票市场会受多种要素的影响,其中包括股东的心理状态和其他要求,为了将股利维持在稳定的水平上,即使推迟某些投资方案或暂时偏离目标资本结构,也可能要比降低股利或降低股利增长率更为有利。

(4) 稳定的股利可以消除投资者对未来股利的不安全感,使投资者愿意支付更高的价格购买,股利稳定的公司的股票,由此,可以降低公司权益资本的成本。

但是,采用该股利政策会造成股利支付与盈余的脱节,在公司盈利水平较低的年份仍要支付较高的股利,容易引起公司资金短缺,导致财务状况恶化,从而影响公司的发展。而且,采用这一股利政策往往不能像剩余股利政策那样保持较低的资金成本。当公司的盈余较多时,解决发放稳定的股利不会对公司造成很大的债务威胁,所以一般适用于经营比较稳定或正处于成长期、信誉一般的公司。

(三) 固定股利支付率政策

1. 分配方案

固定股利支付率政策的理论依据是股利相关理论,是指公司确定一个股利占盈余的比率,长期按此比率支付股利的政策。在这一政策下,各年的股利额随企业经营的好坏而上下波动,获利较多的年份股利额较多,反之,则股利较少。

【例 8-2】 某企业采用固定股利支付率政策,其固定支付率为 65%,在企业发生亏损时不发任何股利,假定 2003 年至 2006 年的每股盈余情况如下表的第二列,则每年应发放的股利就如下表的第三列。

表 8-1　　　　　　　　　　　股利和盈余表

年份	每股盈余(元)	每股股利(元)
2003	4.5	2.925
2004	3.0	1.950
2005	−2.5	0
2006	1.5	0.975

2. 采用固定股利支付率股利政策的理由

采用固定股利支付率政策的理由是，能使股利与公司盈余紧密地配合，以体现多盈多分、少盈少分、无盈不分的原则，即体现风险投资与风险收益的对等。但是，这种政策下各年的股利变动较大，缺乏财务弹性，极易造成公司不稳定的感觉，对稳定股票价格不利，也不利于公司树立良好形象。所以，一般适用于稳定发展的公司和公司财务状况较稳定的阶段。

(四)低正常股利加额外股利政策

1. 分配方案

低正常股利加额外股利政策的理论依据是股利相关理论，在该股利政策下，公司一般情况下每年只支付一个固定的、数额较低的股利；在盈余较多的年份，再根据实际情况向股东发放额外股利。但额外股利并不固定，不意味着公司永久地提高了规定的股利率。

2. 采用低正常股利加额外股利政策的理由

(1)这种股利政策具有较大灵活性。

一方面当公司盈利不佳或需要较多资金追加投资的时候，可维护设定的较低但正常的股利，这样可以减少公司的负担，另一方面也不会使股东产生对股利的跌落感；而当公司收益有较大幅度增加时，则可适度增发额外股利，把经济繁荣的部分利益分配给股东，增强他们对公司的信心，使公司的股票价格可以维持在一个较高的水平上。

(2)一些依靠股利度日的股东每年至少可以得到虽然较低但比较稳定的股利收入，从而吸引住这部分股东。

但是这种股利政策也具有一定的不足之处，主要表现在：

(1)按照这种股利政策，公司在盈利较少或无盈利的情况下，仍需支付正常的股利。尽管所付的正常股利数额可能不大，但是毕竟是股利的支付，会增加公司的资金流出，这对于本来就资金短缺的公司来说，就好比"雪上加霜"，无疑会产生一些不利的影响。

(2)如果公司的经营状态良好，赢利较多，并持续支付额外股利，这很容易提高股东对股利的期望值,从而将额外股利视为正常股利,一旦公司盈利下降而减少额外股利时,便会导致股东极大的不满。

因此,公司采用这一政策应较为谨慎,一般认为,只有那些未来各年盈余变化较大且现金流量较难把握的公司,采用这种股利政策才有可能是最佳的政策。

在上面介绍的几种股利政策中,固定股利政策和低正常股利加额外股利政策是被企业普遍采用,并为广大的投资者所认可的两种基本政策。企业在进行收益分配时,应充分考虑各种政策的优缺点和企业的实际情况,选择适宜的净利润分配政策。

五、影响股利政策的因素

不同的股利支付理论产生不同的股利政策,所以股利理论是影响股利政策最重要的因素。此外,股利政策还受以下几方面因素的制约。

1. 法律因素

一般来说,法律不会要求公司一定要分配股利,但对某些情况下公司不能发放股息却作了限制。主要包括:

(1)资本保全原则。公司必须保有充分的权益资本以维护债权人利益,法律规定禁止公司从资本中支付股息。在这里"资本"一词是指公司普通股的面值还是公司普通股面值与超过面值计入的资本之和,应视具体法律而定。

(2)企业积累的原则。这一规定要求股份公司在分配股利之前,应当按照法定程序先提取各种公积金。这也是为了增强企业抵御风险的能力,维护投资者的利益。

(3)净利润原则。这是规定企业在分配股利时只能从当期实现的利润和过去积累的留存收益中支付。也就是说,公司的股利支付,不能超过当期与过去的留存收益之和。

(4)保持一定的偿债能力原则。公司在分配股利时,必须保持充分的偿债能力。企业分配股利不能只看利润表上的净利润数额,还必须考虑到企业的现金是否充足。如果因为企业分配现金股利而影响了企业的偿债能力或正常的经营活动,则公司的股利分配政策将受到限制。

2. 契约性约束因素

当公司以长期借款协议、债券契约、优先股协议以及租赁合约等形式向公司外部筹资时,常常应对方的要求,接受一些关于股利支付的限制性条款。比如当公司对外借债时,债权人为防止公司以发放股利为名,私自减少股东资本的数额,增大债权的风险,通常要对企业股利支付加以限制,如规定每股股利的最高限额等,这是债务约束;在优先股股东未能得到应得的股利之前,普通股股东不能获得股利收入,这是优先股约束。规定契约性限制条件的目的在于促使公司把利润的一部分按有关条款的要求，以某种形式进行再投资，以保障借款利息和优先股股利的正常发还，维护两者的利益。

3. 公司自身的因素

公司自身因素的影响是指股份公司内部的各种因素及其面临的各种环境、机会而对其股利政策产生的影响，主要包括现金流量、举债能力、投资机会、资金成本等。

(1) 变现能力。指企业在经营活动中，必须有充足的现金和其他适当的流动资产，这是维持其正常商品经营的重要条件，否则就会发生支付困难。公司在分配现金股利时，必须要考虑到现金流量以及资产的流动性，过多地分配现金股利会减少公司的现金持有量，影响未来的支付能力，甚至可能会出现财务困难。

(2) 举债能力。举债能力是企业筹资能力的一个重要方面，不同的企业在资本市场上的举债能力会有一定的差异。公司在分配现金股利时，应当考虑到自身的举债能力，如果举债能力较强，在企业缺乏资金时，能够较容易的在资本市场上筹集到资金，因此就可以采取比较宽松的股利政策；如果举债能力较差，就应该采取比较紧缩的股利政策，少发现金股利，留有较多的公积金。

(3) 投资机会。企业的股利政策与公司的资金需求量密切相关。如果企业有良好的发展前景和众多的投资机会，企业将倾向于减少股利支付，将大部分利润用于再投资，以充分利用目前的投资机会，加速企业发展；如果企业目前缺乏良好的投资机会，企业将倾向于适当增加股利发放，以增加股东的股利收入。

(4) 资金成本的影响。前已述及，资金成本的高低是企业选择筹资渠道的一个重要依据。当企业筹措大量资金时，同发行股票和债券相比，利用保留盈余筹资具有成本低和隐蔽性好等特点。同时，以留存收益进行筹资，还会增加股东权益资本的比重，进而可以提高公司的举债能力。因此，很多企业将保留盈余视作公司的第一筹资方式。

4. 股东因素

股东在稳定收入、股权稀释、税负等方面的偏好也会对公司的股利政策产生影响。

(1) 稳定收入。公司股东的收益包括两部分，即股利收入和资本利得。对于永久性持有股票的股东来说，往往要求较为稳定的股利收入，如果公司留存较多的收益，就会首先遭到这部分股东的反对。而且，公司留存收益带来的新收益或股票交易价格产生的资本利得具有很大的不确定性，因此，与其获得不确定的未来收益，不如得到同期的确定的股利。

(2) 股权稀释。如果通过增募股本的方式筹集资金，现有股东的控制权就有可能被稀释，因此当他们没有足够的现金认购新股时，为防止自己的控股权降低，宁可公司不分配股利而反对募集新股。另外，随着新股的发行，流通在外的普通股股数比将增加,最终将导致普通股的每股收益和每股市价的下跌,从而不利于现有的股东。

(3)税负。按照税法的规定,政府对企业征收企业所得税以后,还要对股东分得的股息、红利征收个人所得税。各国的税率有所不同,有的国家个人所得税税率很高。因此,为了减轻税负,高收入阶层的股东,通常愿意公司少支付股利而将较多的盈余收益作为再投资用。而且,即使这两种收入以相同的税率,由于股利收入课税发生在股利分发时,而资本利得课税可以递延到实际出售时,其资本利得的实际税负也小于股利收入的税负。与此相反,对于那些低收入阶层的股东来说,其所适用的所得税率比较低,这些股东就会更重视当期的股利,而不愿冒风险去获得以后的资本利得。因而,对这类股东来说,税负并不是他们关心的内容,他们更关心的是较高的股利支付率。

第四节 股利的支付程序与方式

所谓的股利支付是指股份制企业从公司利润中以现金、股票或其他形式支付给股东的报酬,是利润分配的一种形式。股利一般按季度、半年或一年一次以现金股利或股票股利的形式向股东分发,一年分派股利的次数各国有异,但是公司应至少每年向股东支付一次股利。公司发放股利要经过公司董事会批准。

一、股利支付的程序

股份公司支付股利必须遵循法定的程序。一般是由董事会提出分配预案,然后提交股东大会表决,通过了才能进行分配。股东大会决议通过分配预案之后,要向股东宣布发放股利的具体方案,并确定股权登记日、除息日和股利发放日,这几个日期对分配股利是非常重要的。

(一)股利宣告日

股利宣告日,即公司董事会将股利支付情况予以公告的日期。公司董事会根据定期支付股利的周期,举行董事会会议,在会上讨论并宣布将要进行的股利分配。例如,某公司每季度支付一次股利,公司董事会成员于2005年8月14日举行董事会会议,讨论第四季度股利分配发放问题并发表如下通告:"公司董事会于2005年8月14日举行了董事会会议,决定正常的股利分配为每股0.80元,2005年9月18日前所有持有公司股票的股东都获取这一部分股利。股利将在2005年10月2日正式发放。"那么8月14日就是股利宣告日。

(二)股权登记日

股权登记日,即有权领取股利的股东资格登记截止日期,也称为除权日。公司规定股权登记日是明确股东能否领取股利的日期界限,因为股票是经常流动的,所以确定这个日期非常必要。前例中,9月18日是公司规定的获得此次股利分配的最后股权登记日。凡是在这一天之前列入公司股东名册上并且该日仍旧在册的股东,都将获得此次分配的股利。而在这一天之后列入公司股东名册上的股东,将不得获取这次分配的股利,股利归原股东所有。这一差异将在股票价格上体现出来。

(三)除息日

由于从股票交易发生到公司注册股东名单的改变,需要一定的手续和时间,为了避免混乱和不必要的矛盾,通常规定能够获得股利的股票的实际交易日与公司公布的股权登记日之间,要有一定的时间间隔。只有在公司规定的登记日若干天之前进行的股票交易,新股东才有可能出现在公司股权登记日那天的股东注册名单上,并获得股利收入。除息日,即除去股利的日期,一般是从股权登记日的前4个营业日至股权登记日当天。在除息日之前,股利权从属于股票,除息日之后股利权不再从属于股票。这是考虑到在股票交易中办理过户需要一定的时间。现代交易手段为股票交收提供了方便,如有的国家实行"T+0"回转交易制度,T为股票交易的日期,T后面是应增加的转手交易的日数,"+0"则是不需增加日数,当天即可转手。在这种情况下,除权日和除息日可以确定为同一天。但为避免不必要的麻烦,除息日还是稍稍提前一点为好。除息日以后买进股票的投资者不能领到股息,公司的股息仍要支付给原来的股票持有人。因此,除息日后的股票交易价格将略有下降。

前例中,如果这一时间间隔为4天,则只有在距2005年9月18日4个工作日之前,进行股票交易的新股东才能获得股利收入。在这之后进行的股票交易,股利归原股东所有。若2005年9月18日为星期二,如证券交易所和公司在周末照常上班,则9月12日为除息日。不同的除息日对股票价格有明显的影响,在除息日之前进行的股票交易,股票价格包括应得的股利收入在内。在除息日之后进行的股票交易,股票价格将不包括股利收入,从而降低0.80元。

(四)股利支付日

股利支付日,即向股东发放股利的日期。在发放日这一天,公司采取各种方式如邮寄支票、现金等,将股利支付给公司股东。

【例8-3】 某公司2005年12月15日召开董事会会议,讨论了股利分派事宜。会后对外发布公告:"公司董事会于2005年12月15日举行了董事会2005年度第四次会议,决定2005年普通股股利每股3元,2006年1月15日公司在册股东有权取得股利,这次股利将于2006年2月1日发放。"这意味着:2005年12月15日为发放股利宣告日;2006年1月15日为股权登记日;股权登记日之前的4天即2006年1月12日为除息日,1月11日及1月11日之前购入该公司股票的股东才有权登记领取这次股利;2006年2月1日为股利发放日。

二、股利支付的方式

股利支付一般包括 4 种基本方式。

1. 现金股利

现金股利是以现金支付的股利,它是股利支付的主要方式。公司支付现金股利必须具备两个基本条件:一是公司要有足够的未指定用途的留存收益(未分配利润);二是公司要有足够的现金。

由于现金股利会减少公司的现金,影响到资产的变现能力,所以公司在发放现金的同时,应该采取措施吸引投资者将其获得的股利再次投资到公司中来。比如说服股东将分得的现金股利购买公司的新股,用于公司再投资等。

现金股利按发放的稳定性与规律性,可以分为正常股利、额外股利、清算股利三种形式。

(1)正常股利。指公司根据自身的经营状况和盈利能力,有把握确定在未来一定时期内能够按时、按量支付股利。这部分股利也称股息,因为其稳定性与债券的债息相似。

(2)额外股利。由于某种原因公司不愿意对某些股利定期支付做出保证,或者没有能力做出保证,因而这部分股利称为额外股利,又称为分红,表示与股息的区别。额外股利的发放与否、发放多少完全由当期的收益状况和投资决策决定,正常股利与额外股利都是对股东权益和税后利润的分配。

(3)清算股利。指公司清算资产时,将偿付债权人之后的剩余部分在股东之间所进行的分配。清算股利不是来源于公司的现金和留存收益,而是来源于公司资产的减少。

2. 股票股利

股票股利是公司以股票形式发放的股利,即按股东股份的比例发放股票作为股利的形式,其实质是增发股票。有两种情况:一是公司以新发行的股票分配给股东;二是当企业注册资本尚未足额时,以其未被认购的股票作为股利分配给股东。在具体操作上,可以在增资发行新股时,预先扣除当年应分配的股利,再配售给老股东们;也可以在发行新股时增资配股,即股东在不用支付现金及资产的情况下就能得到公司新发行的股票。

3. 财产股利

企业分配股利的原因在于企业实现了净利润(包括现时净利润和累计净利润)。通常情况下,企业在现金支付能力不足时,所采取的补救措施就是发放财产股利。但发放财产股利,可能会掩盖产品的销售过程,规避流转税。西方财务管理中在处理财产股利时首先将财产的账面价值调整为市价,即视同债券出售,然后按市价作为应付的股利,即视同以出售价款支付股利。在派发财产股利时,需要对用于派发股利的财产进行分割,但企业都有大量的零星股份存在,财产分割往往很难办理,因此,财产股利的形式很少见。

公司采用财产股利支付形式,主要是基于以下考虑:一是减轻现金支付压力。采用财产股利支付形式,不会增加公司的现金流出,因而可以减轻公司的现金支付压力。二是保持公司股利政策的稳定性。当公司财务出现暂时困难,不支付股利势必会影响投资者对公司的信心,支付现金股利又缺少现金时,采用财产股利支付形式,可以保持公司股利政策的稳定性,树立良好的公司形象。三是保持对其他公司的控制权。当公司为达到对其他公司进行控制的目的,用大量现金购买其股票后,无多余现金发放股利,将所购股票作为股利发放给股东,有利于保持对其他公司的控制权。

财产股利形式会给公司带来一些负面影响:(1)公司中难免有一些股东可能主要靠定期分得的股利维持生计,若公司以财产形式支付股利,他们会将收到的财产出售以获取现金收入,财产在出售过程中不可避免地将会付出代价(即便是有价证券也需向经纪人支付手续费和佣金),这会减少他们的实际收益。他们有可能因此出售手中持有的股票,转而进行别的投资。(2)财产股利支付形式往往是潜在投资者选择股票时需要考虑的一个重要因素。公司采用财产股利支付形式,表面上是公司现金短缺的一种表现,但也有可能会被一些投资者认为是公司财务状况陷于困境的先兆,从而会损害公司的财务形象,还会间接影响公司的股价。

公司在选择财产股利支付形式时应注意的问题有:(1)公司的财务状况。公司为保持股利政策的稳定性,需要发放股利,而又因现金短缺,可选择以财产股利支付形式来减轻现金支付压力。若公司有较多的现金则一般不宜选择财产股利支付形式。(2)两种具体形式的选择。由于财产股利有两种具体形式,公司在具体确定股利支付形式时应认真思考。一般说来,若公司资金短缺,选择实物股利比较合适,如房地产公司在商品房销售不景气时,以积压的商品房作为股利支付给股东,既可满足股东对股利的分配要求,又可减轻公司的销售压力,缓解公司资金紧张的矛盾。若公司具有支付现金的能力,但为了影响和控制别的公司,可将现金用于购买别的公司的股票,再将股票以证券股利形式支付给股东,以实现投资目的。(3)股东的意见和要求。与现金股利和股票股利相比较,股东通常不愿意获取财产股利。由于公司的股利政策最终需经股东大会批准方能实施,因此,在确定选择财产股利支付形式时,应注意公司股东的构成以及他们的意见和要求。

4. 负债股利

负债股利,是企业以负债形式所确定的一种延期支付股利的方式。公司通常以应付票据的负债形式,确定延期支付股利的责任。股东因手中持有带息的期票,补偿了股利没有即期支付的时间价值,公司则因此而承担相应的利息。此种股利形式通常是在股份公司宣布发放股利后,发生难以预测的财务困难,为维护公司信誉而采取的一种权宜之计。公司很少用长期债券来抵付股利。如果公司在万不得已的情况下,要以发行公司债券来抵付股利,那就必须事先征得股东大会的批准。

派发负债股利,一方面会相应地减少留存收益,另一方面会相应地增加负债,其实质是权益间的一种转换,即将股东权益转换为债权人权益。因此,派发负债股利后,股东权益总额将减少,负债总额将增加。负债股利事实上很少,董事会在做出分派股利的决定时,若已预见到可能要用负债股利支付的方式,往往会推迟做出分派股利的宣告,或推迟支付股利的日期,甚至不支付股利。

可见,财产股利和负债股利实际上是现金股利的替代。这两种股利方式目前在我国公司实务中很少使用,但并非法律所禁止。

三、股票股利和股票分割

(一)股票股利

1. 股票股利

股票股利是公司以发行的股票作为股利的支付方式。股票股利并不是直接增加股东的财富,不会导致公司资产的流出或负债的增加,但会引起所有者权益各项目的结构发生变化。

股票股利习惯上以现有股票的百分率表示,如某公司宣告发放 2% 的股票股利,则股东每拥有 100 股股票就会获得 2 股新股。

【例 8-4】 ABC 公司发放股票股利前,股东权益情况如下表 8-2:

表 8-2 ABC 公司股东权益表

项 目	原普通股股东权益(万元)
股本(100 万股,每股面值 10 元)	1 000
股本溢价	1 000
留存收益	4 000
普通股股东权益	6 000

如果公司宣布发放 5% 的股票股利,也就是发放 5 万股的股票股利。假定该股票当时的市价为 20 元,则这 5 万股的公允价值就为 100 万元,则这 100 万元应从"留存收益"中转出。增加股本 50 万元,并不影响股票的面值,溢价 50 万元要计入"股本溢价"。发放 5% 的股票股利后,普通股股东权益变为下表 8-3:

表 8-3　　　　　　　　　ABC 公司股东权益变动表

项　目	原普通股股东权益（万元）	分配 50% 股票股利后的普通股股东权益（万元）
股本（每股面值 10 元）	1 000	1 050
股本溢价	1 000	1 050
留存收益	4 000	3 900
普通股股东权益	6 000	6 000

从上例中可以看出：发放股票股利，不会对公司股东权益总额产生影响，但会发生资金在各股东权益项目间的再分配。其次，如果盈利总额不变，会由于普通股股数增加而引起每股盈余的下降，比如假定上例公司本年的盈余为 210 万元，那么发放股票股利之前的每股盈余为 2.1 元，在股票股利发放后盈余仍然不变，那么每股盈余就变为 2 元。一般来说，如果不考虑股票市价的波动，发放股票股利后的股票价格，应当按发放的股票股利的比例下降。如下式：

$$发放股票股利后的每股收益 = \frac{发放股票股利前的每股收益}{1 + 股票股利发放率}$$

$$发放股票股利后的每股市价 = \frac{股利分配权转移日的每股市价}{1 + 股票股利发放率}$$

但又由于股东所持股份的比例不变，每位股东所持股票的市场价值总额仍保持不变。

2. 发放股票股利对股东和公司的意义

公司发放股票股利并没有向股东支付任何资金，对于股东来说，也不可能直接从公司手中收到任何财富。股票股利发放的前后相比，尽管股东手中的股票数量增加，但每一股东对公司权益占有的份额并没有丝毫的改变。每一股东所拥有的公司权益额不变。因此，从表面上而言，发放股票股利对公司和投资者没有显著的影响，既不增加公司的账面价值，也不增加股票财富。但是实际上，股票股利对公司和投资者仍具有一定的意义。

(1) 对股东而言，股票股利的意义在于：

第一，有时公司发放股票股利后其股价并不成比例下降，这可使股东得到股票价值相对上升的好处。

第二，发放股票股利通常由成长中的公司所为，因此投资者往往认为发放股票股利预示着公司将有较大发展，盈余将大幅度增长，足以抵消增发股票带来的消极影响，这种心理会稳定住股价甚至略有上升。

第三，在股东需要现金时，还可以将分得的股票出售，有些国家税法规定出售股票所需交纳的资本利得（价值增值部分）税率比收到现金股利所需交纳的所得税率低,这使得股东可以从中获得纳税上的好处。

(2)对公司而言,股票股利的意义在于:

第一,发放股票股利可使股东分享公司的盈余无须分配现金,这使公司留存了大量现金,便于进行再投资,有利于公司长期发展。

第二,在盈余和现金股利不变的情况下,发放股票股利可以降低每股价格,从而吸引更多的投资者。

第三,发放股票股利往往会向社会传递公司将会继续发展的信息,从而提高投资者对公司的信心,在一定程度上稳定股票价格。但在某些情况下,发放股票股利也会被认为是公司资金周转不灵的征兆,从而降低投资者对公司的信心,加强股价的下跌。

(二) 股票分割

1. 股票分割及其影响

股票分割是指将某一特定数额的新股按一定比例交换一定数额的流通在外的股份的行为。例如,两股换一股的股票分割是指两股新股换取一股旧股。有时也有逆向分割存在,如两股并为一股,这种方法叫做股票反分割,也叫做股票合并。

股票分割与股票股利非常接近,所以一般根据证券管理部门的具体规定对二者加以区分。例如,有的国家证券交易机构规定,发放25%以上的股票股利即属于股票分割。股票分割后对公司的股本结构和股东权益不会产生任何影响。股票分割时,发行在外的股数增加,使得每股面额降低,每股盈余下降,但公司价值不变,股东权益总额、股东权益各项目金额及其相互间的比例也不会改变。

【例8-5】 接上例,假使公司采取的是股票分割的股利政策,如果公司按1股换成2股的比例进行股票分割,则分割前后的股东权益项目都不会发生改变,仅仅是股票面值变为原来的一半,由原来的10元减为5元。变动后的股东权益项目如下:

表8-4　　　　　　　ABC公司变动后的股东权益

原普通股股东权益(万元)	1∶2股票分割后的普通股股东权益(万元)
股本(200万股,每股面值5元)	1 000
股本溢价	1 000
留存收益	4 000
普通股股东权益	6 000

假定股票分割后的公司的盈利总额不变,则分割后的每股市价会因此而下降。又由于股票分割对公司的现金流量没有产生效应,它仅仅是改变了股票的发行数目,因此不会对公司的现金流量和股本的总价值产生影响。

2. 股票分割的主要目的和动机

(1)可以降低股票市价。一般来说,股票价格过高,不利于股票交易活动,通过股票分割降低股价,使公司股票更广泛地分散到投资者手中,增强股票的流通性。

(2)为发行新股做准备。股票价格过高使许多潜在的投资者力不从心,而不敢掉以轻心对股票进行投资。在新股发行之前,利用股票分割降低股票价格,有利于提高股票的可转让性和促进市场交易活动,由此增加投资者对股票的兴趣,促进新股票的畅销。

(3)有助于公司兼并、合并政策的实施。当一个公司兼并或者合并另一个公司时,首先将自己的股票加以分割,可提高被兼并方股东的吸引力。假设甲公司准备通过股票交易实施对乙公司的兼并,设甲、乙公司目前的股票市场价格为30元和3元,根据对对方公司的价值分析,甲公司管理当局认为以1∶10的交换比例对于双方都是合理的。但是1∶10可能会使乙公司股东的心理上难以承受。为此,甲公司决定先按1股变5股对本公司的股票进行分割,然后再以1∶2的交换比例实施对乙公司的兼并。尽管实质并未改变,但1∶2的交换比例更易于使乙公司的股东接受。

四、股票回购

除正常支付股利外,公司还可以通过收回股票的方式向股东支付现金报酬。例如,1973年至1974年间,美国政府限制股利发放,但没有限制股票回收。于是,许多公司通过回收股票的方式向股东支付了大量现金。

(一)股份公司回收股票的方式

1. 在证券市场上收购

这是股票回收最常见的方法。该行动要受到有关机构的监督和管理。例如,美国证券交易委员会就禁止同时进行新股票的发行和旧股票的回收,并且不允许私下协商回收股票。股票回收数额也有严格限制,不许超过公司已发行股票总额的一定比例。

2. 对全体或部分股东进行招标回收

即由公司确定一个价格,要求股东将股票售还给公司。这里的回收价格通常高于当时股票的市价,从而吸引股东。回收工作可委托金融机构办理,公司为此支付必要给金融机构的手续费。

3. 直接与某些主要股东协商收回

这种回收方式是公司采取与个别股东一对一谈判的形式,以适当的价格收回股东手中的股票。这里的价格应保持公正合理,不能损害其他股东的利益。被收回的股票一般并不取消,而是保存在公司内作为库藏股。一旦需要,还可以重新出售。股东从公司股票回收中得到的收益称为资本收益。部分西方国家税法规定,股东的资本收益所得税税率低于股利收入的所得税税率。因此,股东愿意以资本收益形式获益,从而影响到公司的股利政策。

(二)股票回购的意义

对于股东来说股票回购与发放现金股利没太大的差别,是否有利还要具体分析股东所在国度的税收政策以及其他因素的影响程度。对于公司来说,股票回购有以下6个方面的意义。

1. 股票回购可以改变公司的资本结构

通过回购公司的股票,可以减少权益资本的比例,加大负债的比例,在经营状况良好的情况下,可发挥财务杠杆的作用,使股东获得更高的收益。当公司认为其股东权益资本所占比例过高而负债比例过低,就可能通过对外举借债务,并用举债所得到的资金回购自己发行在外的股票,以优化公司的资本结构。

2. 巩固或转移公司的控股权

有些公司的大股东为了使其所代表股份公司的控股权不被改变,以公司自身名义或通过自己的关联公司回购自己的股份。有些股份公司的法定代表人为了保证不改变自己在公司中的地位,在公司管理中实现自己的意志,有些时候也采取回购股份的方式分散或削弱原控股股东的控股权。

3. 提高每股收益

由于财务上的每股收益指标以流通在外的股份数作为计算基础,不少股份公司基于自身形象、上市需求和投资者渴望高回报等原因,采取了股票回购并库存自身股份的方式来提高每股收益指标,减少实际应支付的红利的股票数量。

4. 稳定公司股价

过低的股价会降低人们对公司的信心,使消费者对公司产品产生怀疑,削弱公司的竞争力及在股票市场上的融资能力,影响未来的发展。公司在其股价过低时可以通过回购公司股票来维护公司的形象。此外,为使市价发行的新股顺利地被投资者接受,上市公司也经常在二级市场进行股票回购,以稳定交易和提高股价。

5. 避免股利波动

当公司拥有多余资金而又没有把握长期维持高股利政策时,以股票回购的方式将多余资金分给股东,可避免过大的股利波动。

6. 作为公司的反收购策略

股票回购可以减少流通在外的股份数,提高股票价格,使收购方收购难度加大。

(三) 股票回购的缺陷

(1) 公司回购股票会减少公司的投资机会,缩小公司的经营规模。

(2) 股票回购,会让投资者产生公司管理当局无良好投资计划的印象,从而会损害公司的财务形象。

(3) 公司在股票回购时,若价格定得不合理,会使公司在经济上蒙受损失。

(4) 公司如果经常性地回购股票,会有操纵股价之嫌。

(四) 股票回购应注意的问题

1. 遵守法律制度的约束

在西方国家成熟的证券市场中,回购是一种合法化的公司行为,但由于回购股票的行为对公司股价的影响过大,而且通常涉及内幕消息,因此各国均对此进行了严格的约束。西方国家公司回购的股票一般作为库藏股票处理。我国新《公司法》第 143 条规定:"公司不得收购本公司股份。但是,有下列情形之一的除外:(1)减少公司注册资本;(2)与持有本公司股份的其他公司合并;(3)将股份奖励给本公司职工;(4)股东因对股东大会作出的公司合并、分立决议持异议,要求公司收购其股份的。"按上述规定收购的本公司的股票,必须在 10 日内注销并依照法律、行政法规办理变更登记并公告,也即按照现行法律,我国公司不存在库藏股概念。

2. 考虑公司自身的实际情况

公司选择股票回购方式,一般应以现金暂时充裕、股价偏低、资本结构不尽合理为前提,否则,势必会得不偿失。

3. 尊重股东的意见和要求

公司在股票回购前应将回购计划向股东公布,取得股东的理解,得到股东的支持。

案例讨论:

股利政策的选择[1]

——华美股份有限公司股利政策选择案例

【目的】

通过案例资料的分析、讨论,进一步巩固企业利润分配顺序、股利政策类型及其优缺点、股利政策选择等知识点。并在此基础上,能够结合具体案例进行股

---

[1] 节选自吴安平等编著:《财务管理学教学案例》,中国审计出版社,2001 年版。

利政策制定与选择。

【内容】

华美股份有限公司,其前身是华美汽水厂,创办于20世纪80年代,当时是当地最大的饮料企业,生产的华美汽水是当地的名牌产品,在当地的市场占有率较高。随着市场经济的不断深化,人民的生活水平日益提高,消费需求也不断地向多样化、高品质方面发展,华美汽水厂也适应市场需求,开发出多种新型饮料,先后推出华美碳酸饮料、华美果味饮料、华美矿泉水、纯净水等饮品,企业效益一直尚佳,市场占有率稳中有升。华美汽水厂也于1993年改组为华美饮品股份有限公司,总股本1 500万股。在公司的章程中,对公司股利分配的有关规定如下:

1. 公司净利润按以下顺序进行分配:(1)弥补上一年度亏损;(2)提取10%法定公积金;(3)提取5%法定公益金;(4)支付股东股利。

2. 公司实行同股同权的分配政策。公司董事会在每年会计年度结束后提出分配预案,报股东大会批准实施,除股东大会另有决议外,股利每年派发一次,在每个会计年度结束后6个月内,按股东持股比例进行分配。当公司董事会认为必要时,在提请股东大会讨论通过后,可增派年度中期股利。

3. 在向个人股东分配股利时,按照《中华人民共和国个人所得税法》和国家税务总局发布的《征收个人所得税若干问题的规定》,代扣代缴个人所得税。

在生产经营过程中,最初由于当时的饮品包装多为玻璃瓶式,不易运输,外地饮品较难打入当地市场,华美公司借助于地利人和,在当地市场中一直占有较高的市场优势,经营业绩一直稳步上升。经股东大会决议,公司制定了固定股利政策,即每年每股发放0.2元现金股利。

随着市场经济的不断深化,我国饮品市场发展越来越迅猛,国际、国内市场一体化趋势在饮品市场中尤为明显,一些国际、国内知名的饮品,如可口可乐、百事可乐、娃哈哈、乐百氏等,不断涌入本土市场,饮品行业竞争日益激烈,华美饮品公司的市场占有率不断降低,经营业绩也逐步下降。公司管理人员对此忧心忡忡,认为应对公司的各个方面进行重新评价定位,当然也包括股利政策方面。华美公司拟于2000年1月15日召开董事会会议,要求公司的总会计师提出新的股利分配政策方案,以供董事会议讨论。总会计师为此召集有关人员进行了深入细致的调查,获取了以下有关资料:我国饮品行业状况:饮品行业在我国这几年发展速度很快,在我国国民经济各行业中,一直走在前列,目前市场竞争非常激烈,但市场并没有饱和。据有关资料统计:欧洲每年人均各类饮品消费量为200千克,菲律宾每年人均仅消费碳酸饮料就达到40千克,而我国每年人均消费的各种饮料,还不到10千克。可见,与其他国家相比,我国饮品有巨大的市场潜力。近年来,我国桶装水、瓶装水市场需求旺盛,年产量已达到400吨左右,占所有饮料年产量的1/3,尤其是家庭式桶装水,因适应多种需求,发展势头良好。但水的合格率却不尽如人意。另外,随着人民生活质量和保健意识的提高,果味饮料、碳酸饮料市场日趋萎缩,绿色无污染保健饮品、纯果汁饮品、植物蛋白饮品,以及茶饮品成为饮品家族的新生力量,在市场上崭露头角,满足了人们的高品质的需求,市场潜力巨大。

华美公司目前状况:公司目前的生产能力主要生产三大类产品,其中40%的生产能力生产传统产品——碳酸饮料和果味饮料,目前市场已供过于求,销售情况较差,并且此类产品市场主要在农村,销售利润率比较低。公司目前的主要生产能力(大约50%左右)在生产第二大类产品,即市场需求旺盛的矿泉水和包装纯净水,此类产品是公司目前利润的主要来源。另外,公司今年初新开发的绿色纯果汁饮品系列,比较符合消费者当前的消费趋势,已经呈现出比较旺盛的市场竞争力,预计将成为华美公司新的利润增长点。不过,由于华美公司生产力有限,目前公司只有10%的生产能力在生产此系列产品,所创造的利润也有限。

华美公司目前广告宣传力度不够。根据市场调查表明:各种品牌的饮品销售额,与相关的广告宣传力度有极大的关系,广告做得多,消费者受到的消费提示就越多,市场份额也就越大。饮品行业中各大公司都在竭尽全力地进行广告宣传,以扩大市场知名度,进而扩大销售,提高企业经营业绩。华美公司在前些年中一直未充分认识到广告宣传对公司业绩的有效作用,每年在广告宣传方面的费用比同行业平均水平低30%,致使华美公司产品知名度逐渐下降,市场占有率也日益萎缩。

华美公司在饮品行业中的优势:

(1)华美公司创办以来,公司产品品质优良,市场形象较好,在有关的市场监督中,市场评价一直较好。

(2)华美公司有较强的科研开发能力。年初已经开发出绿色纯果汁饮品系列,目前正在开发研制绿色无污染保健饮品,并积极在植物蛋白饮品的口味、质地的调试度方面进行研究。

(3)华美公司地处城乡结合之处,地理位置十分优越,有充足的原材料来源,原材料和劳动力成本都比较低,还可以同时发展城市和农村两大市场。

华美公司的投资计划:

(1)华美公司将直面竞争,抓住市场机遇,积极调整企业的生产结构,逐步缩减碳酸饮料,特别是果味饮料的产量,将生产能力转向新开发的、市场前景看好的绿色纯果汁饮品。为此,华美公司将引进一条新的生产线,以及相应的配套设施,预计需投资800万元资金,投产后当年即可见效,预计投资报酬率在25%左右。

(2)华美公司为适应市场竞争,将不断加强公司的科研开发能力,继续研制开发新产品,拟在绿色无污染保健饮品、植物蛋白饮品方面有所建树。在下一年度中,预计将投入研制费用200万元。

华美公司的财务状况见表1。

表1　　　　　　　　　华美公司有关财务指标

项　目	1999年度	1998年度
主营业务收入(万元)	1 800	2 040
主营业务成本(万元)	1 250	1 400
主营业务利润(万元)	480	566
利润总额(万元)	460	510
净利润(万元)	308.2	341.7
年初未分配利润(万元)	170.4	180
可供分配的利润(万元)	478.6	521.7
提取法定盈余公积(万元)	30.8	34.2
提取法定公益金(万元)	15.4	17.1
可供股东分配的利润(万元)	432.4	470.4
应付普通股股利(万元)		300
未分配利润(万元)		170.4
税后每股收益(元)	0.25	0.27

华美公司资金筹集情况。目前华美公司尚未确定具体的资金筹集方案,但有关资料如下:

(1)华美公司目前资产负债率为35%,当前饮品行业平均的资产负债率为40%。

(2)根据有关方面的调查:有30%的股东比较偏好资本收益,有20%的股东比较偏好现金收益,有50%的股东无特别偏好。

(3)当前股市中,如果发行新股筹资,每股发行价在5~6元之间,发行费率4%。华美公司目前的市盈率偏低,为5倍,而投资者对本行业的期望投资报酬率为20%左右。预计在调整生产结构、实现投资计划后,公司业绩会有所改善,市盈率会上升到10倍,接近于同行业水平。

(4)华美公司有较好的银企关系,银行能随时为公司提供约50万元的流动资金。如果华美公司准备筹集长期债务资金,经调查,可能的长期债务资金成本见表2。

表2　　　　　　　　　可能的长期借款利率

资产负债率(%)	0~20	20~45	45~60	60~100
资本成本(%)	5	6	7	10

(5)华美公司的现金流量情况:华美公司每年的销售收入中,有40%为赊销收入,其中:有80%的客户信用较好,一般可于半年内付款,有15%的客户要拖到一年后付款,有2%的客户可能延至一年半后才付款,另有3%的客户可能形成坏账;华美公司于下年6月将有220万元的长期借款到期。

【要求】

1. 华美公司目前采用的是哪种股利政策?这种股利政策与其他股利政策相比,有什么缺点?
2. 如果你是华美公司总会计师,你对华美公司目前的股利政策如何评价?
3. 你认为华美公司是否应该进行股利政策的调整?如果调整,应该考虑哪些因素?
4. 采取不同的股利政策对华美公司有何不同的影响?
5. 请你根据资料对华美公司的股利政策作出决策。

第九章
成本管理

【内容简介】

本章主要从成本知识、标准成本系统、战略成本管理等几个方面展开介绍。其中,第一节成本知识主要介绍和回顾成本的基本概念、分类和成本管理的发展以及内涵;第二节标准成本系统主要介绍成本中心的确定、成本标准的制定、成本业绩计量和成本差异分析等;第三节主要介绍作业成本管理及其程序;第四节则介绍成本战略以及公司如何获取成本竞争优势等。

【学习目的和要求】

通过本章的学习,应全面掌握成本管理的基本原理和方法,了解成本构成内容的变化趋势,娴熟地运用标准成本系统进行公司财务管理,深刻理解成本战略对公司发展的重大作用。在此基础上能够运用本章所学知识解释日常工作生活中的成本现象,解决相应的成本问题。

第一节 成本费用及其管理概述

一、成本和费用概述

(一)成本的概念

会计学界、管理学界乃至经济学界,人们往往从不同的角度和目的出发对成本给予不同的定义,各种教材、专著中对成本概念的表述也有多种。通常,一般的生产性企业对于成本的认识集中在"产品成本"上,这就是我们一般理解的狭义成本概念。在会计研究领域,成本是变化发展最大的概念之一。财务会计学认为成本是取得资产的代价或是生产产品和提供劳务所发生的支出。这一认识目前普遍为人们所接受。管理会计学则认为,成本是实现一定目标未来要付出或承担的价值牺牲,甚至包括在决策过程中可能要放弃相应收益的代价。结合上述两方面的观点,美国会计学会在《成本概念与标准》的报告中给出如下定义:成本是为了实现一定的目的而付出的(或可能要付出的),用货币测定的价值牺牲。这一概念充分考虑了成本的内涵与外延,概括内容相当广泛,且十分抽象,因为它不仅仅局限在某个具体的成本计算对象上,而是扩展到企业生产经营目的上。因而,这一概念给了我们诸多启示:

(1)作为成本内涵的价值牺牲,可能是已经发生和付出的,也可能是在特定目标下将要付出的,从时间上充分认识成本的过去、现在和将来。

(2)对成本的计量和计算,不但强调成本(或费用)的发生与成本计算对象之间的直接联系,而且还强调其与企业生产经营目的的联系,并以此认识为基础,重整企业的成本规程,从而为企业的成本控制服务。

(3)成本内容的范围只包括企业为正常生产经营所发生的,而非正常生产经营所引起的特殊支出,或不是为生产经营而发生的各种损失均不能确认为成本的内容。

(4)从总体认识看,这一成本概念不仅强调了成本与生产经营这一目的的联系,还强调了对成本计算目的的研究的思路,即提醒我们在设计成本计算程序或为成本管理提供服务时,必须紧紧围绕着企业生产经营管理目的来展开。

由于成本管理的目的不同,于是出现了诸如变动成本、固定成本、目标成本、作业成本等新的成本概念,这些概念我们将在本章中介绍,这些成本概念组成了多元化的成本概念体系。仅用"成本"一词已很难使人确切理解其含义。因此在成本管理中,只有当成本以特定目标和特定问题表示时,成本才有意义。

(二)费用的概念

费用作为会计要素或会计报表的重要构成内容,是和收入相对应而存在的。最广义的费用是指可以从收入中减除的一切已耗成本。广义的费用将损失包括在内;狭义的费用则仅指生产经营费用,不包括损失。《企业会计制度》将费用定义为:企业为销售商品、提供劳务等日常活动所发生的经济利益的流出。如果把费用按经济用途进行分类,可以划分为应计入产品成本、劳务成本的费用(生产费用)和不应计入产品成本、劳务成本的费用(期间费用)两大类。应计入产品成本、劳务成本的生产费用又可再划分为直接费用和间接费用。直接费用包括直接材料费、直接人工费和其他直接费用。间接费用是指制造费用。在生产过程中所发生的直接材料费、直接人工费、其他直接费用及制造费用构成产品的生产成本,也叫产品的制造成本。生产费用是一定时期内企业为生产产品所发生的各种用货币表现的耗费;产品成本是为生产一定种类和数量的产品所耗费的物化劳动和部分活劳动的货币表现。

(三)成本与费用的区别与联系

成本有广义和狭义之分。狭义的成本也称生产成本或生产经营成本,它是指企业为生产各种产品(包括产成品、自制半成品或提供劳务)、自制材料、自制工具、自制设备等所发生的各项费用;而广义的成本则是指取得各种资产的代价,如取得固定资产的代价就是固定资产成本,购买原材料的代价就是原材料的成本,生产产品所花费的代价就为产品的制造成本。

成本与费用既有区别又有联系。两者之间的区别是,费用通常是指某一时期(月、季、年)内实际发生的消耗,与时间有关;而成本则是按一定的计算对象归集,与成本对象相联系,反映的是某一时期某种产品所应负担的费用。而两者之间的联系为费用是计算成本的基础。以制造成本为例,制造成本是指企业生产经营过程实际消耗的直接材料、直接工资、其他直接支出和制造费用,应按照一定的标准分配计入生产经营成本。前三项为直接费用,直接计入产品成本;制造费用为间接费用,应按适当标准计入产品成本。管理费用、财务费用和销售费用,属于期间费用,与产品产量关系不密切,不计入产品的制造成本,作为当期费用处理。成本与费用的关系可用图9-1来表示:

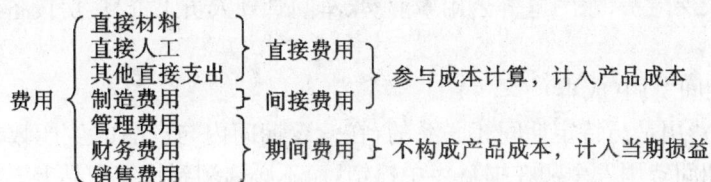

图9-1 成本与费用的关系图

采用制造成本法确定企业产品成本,必须严格规定费用归集和分配费用,同时必须划清以下界限:

(1)对本期成本费用和下期成本费用的界限,企业应按照权责发生制原则和配比原则进行划分。对属于本期发生的成本费用,不论其款项是否支付,均确认为本期成本费用;反之,不属于本期发生的成本费用,即使其款项已在本期支付,也不确认为本期成本费用。

(2)对产品成本和产成品的界限,企业应当注意核实期末的在产品数量,按照规定的计算成本的方法正确计算在产品成本,不得对在产品或产成品的成本进行人为调整。

(3)各种产品成本的界限。凡是直接费用,应直接计入有关产品,对于几种产品共同发生的费用,必须按照收益原则,采用一定的方法和程序将其计入相关产品的生产成本。

从会计分期原则和权责发生制原则、配比原则上看,在不同的会计期间,成本和费用是有严格区别的,两者不能混用。而从持续经营原则来看,成本最终都要转化为费用,成本和费用的概念有时并不严格加以区别。由于本章主要介绍的是成本费用的管理,因此对于成本与费用的概念并不严格加以区分,此后的成本管理均包含了成本与费用的管理。

二、成本费用的分类

会计学按照经济内容,把成本分为产品成本和期间费用。

1. 产品成本

产品成本是以销售为目的而购入或制造产品的相关成本,一般分成直接材料、直接人工和制造费用,简称"料工费"。直接材料就是产品制造过程中耗费的原材料,通常构成完工产品的实体。例如电器公司生产电冰箱使用的薄钢板,杂志社出版杂志使用的纸张等等。直接人工就是直接生产产品的员工的工资、津贴和奖金。例如计算机装配厂装配工人的工资,汽车零部件厂车工的工资等等。制造费用是为生产产品所发生的、不能直接追溯到产品上去的各项间接费用,并可进一步分成间接材料、间接人工和其他制造费用。制造费用包括的内容很多,如折旧费、保险费、水气电等公用事业费、车间管理人员工资、厂房设备维护费等等。

2. 期间费用(成本)

期间费用是与特定期间相联系的,在一定期间内与产品的生产数量没有直接联系,期间费用发生额在损益表中摊销,而不必追溯到特定产品上。期间费用一般包括营业费用、管理费用和财务费用三项。营业费用主要包括营销费用、配送成本和客户服务成本;管理费用主要包括研究与开发成本、设计成本和行政管理成本;财务费用主要包括利息、银行手续费和汇兑损益等。

除按上述经济内容和计入产品的方式分类之外,还可从其他视角分类:

(1)按计算时间将成本分成实际成本和标准(计划或目标)成本。前者根据成本实际发生的数额计算;后者则是在成本实际发生之前计算的预期成本或计划成本。

(2)按成本习性可将成本分为变动成本和固定成本。变动成本总额随产品销售量的增减变化而变化;固定成本总额在一定期间和范围内,与销售量多少无关,处于稳定状态。

(3)按决策权力将成本分成可控成本和不可控成本。在企业中,如果一个部门的决策影响到某个成本项目是否发生或在多大程度上发生,那么,该成本项目就由这个部门负责,属于这个部门的可控成本,否则,即是不可控成本。在企业中所有的成本都是可控的(例如:总经理可通过关闭工厂将成本降低为零),对于具体的成本项目来说,需要弄清楚的是该项目对谁或对哪个部门是可控的。

三、成本计算

在以计算机为基础的会计系统中,成本计算的大部分工作已经由计算机来完成,但计算机不能在风险条件下取代决策者将会计信息加工成可以直接实施的决策。

(一) 成本对象

成本对象就是成本发生后所达到的目的。"目的"是一个非常宽泛的概念,例如购买一辆轿车、执行一套流程、印刷一份杂志等。(1)通常成本对象主要是指产品、服务或客户。(2)在实行成本责任制的条件下,成本对象是指作为决策者的人,计算人的责任成本。这与产品、服务或客户作为成本对象并非相互排斥,例如产品,其在生产过程中所耗费的成本都是在决策者的决策下发生的,同时也是决策者的责任成本。(3)国外最新发展是将作业(activity)当做中间性的成本对象。作业是指具有特定目的的工作单位(如一个事件或一项交易等),是描述企业经营过程的一个基本的计量单位。企业经营过程或者说产品生产过程就是由一系列作业组成的。相关的作业连接起来称为作业链,实际上就是流程,优化的流程称为价值链,与企业战略密切相关。

(二) 成本计算的基本思路与成本动因

计算成本的基本思路就是首先将成本项目区分为直接成本和间接成本,然后按照"直接成本直接计入成本对象,间接成本先分门别类地归集起来然后再分配计入成本对象"的原则,计算成本对象的成本。在图 9-2 中,成本对象为印刷的杂志。成本有两类:一类是直接成本,包括纸张(直接材料)和工资(直接人工)等,这些成本直接归集到杂志上;另一类是间接成本,包括杂志社房租、差旅费等,这首先要按照房租和差旅费分别归集,然后分别分配到杂志上去。

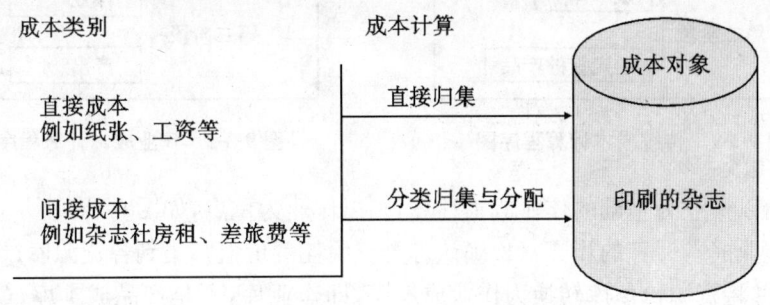

图 9-2 成本计算基本思路

成本库（cost pool）是指按照一定的分类标志将不同成本项目归类集中起来存放的地方，有时也称之为成本归集中心，其类别宽泛，规模可大可小。例如在印刷杂志案例中，杂志的所有生产成本就是一个总成本库，但校对或排版一个环节、差旅或租房也都可以作成本库。成本动因（cost driver）是一个全新的但能够简明地说明问题的概念，是指影响特定成本项目的成本总额变动的因素。在印刷杂志的案例中，为了计算杂志的成本，我们必须计算直接成本和间接成本，那么，是什么因素影响了直接成本（或者说纸张或工资等项目）总额的变动，又是什么因素影响了间接成本（或者说杂志社房租或差旅费等项目）总额的变动呢？对于纸张成本或工资，成本动因显然是产量；对于房租和差旅费，产量不是它们的成本动因，而不同杂志所占用的房屋面积则是房租的成本动因。至于差旅费成本动因的确定就复杂多了。因为一方面出差次数、每次出差人数以及出差时的食宿标准都是差旅费的成本动因，另一方面对印刷的各种杂志（成本对象）来说，又是什么因素引起出差的发生。在理论上，任何成本的发生多有其动因，但在实务上不一定能找出来，有时也不是非找出来不可。成本动因的概念表明成本与成本对象之间的因果关系。

（三）作业成本计算的基本程序

传统成本制度的基本程序如图9-3-1所示。传统成本制度是以产品为基础计算成本。按传统成本观念，企业所有产品应根据产量均衡负担企业全部的费用，现时的产品引发现时的费用成本。成本管理的重点在产品，不在作业。不管作业是否合理，都应由产品负担。

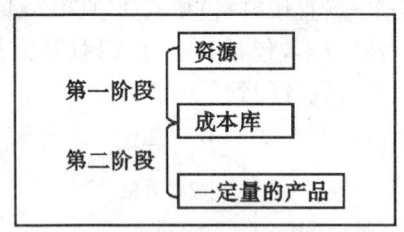

图 9-3-1　传统成本计算程序图

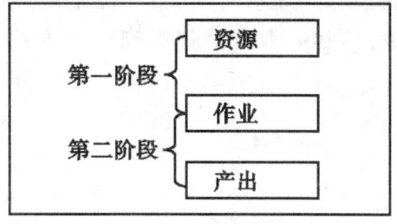

图 9-3-2　作业成本计算程序图

而以作业为基础的作业成本计算，则以作业为重点，如图9-3-2所示。

作业成本计算的步骤：(1)确认各类资源耗费价值归集到各资源库；(2)确认作业，并将资源价值库转换为作业成本库，即作业库，不是产品成本库；(3)将作业成本库价值分配到最终产品或劳务的订单中，从而计算出产品成本和劳务成本。显然，作业管理是成本管理的前提和重心。

（四）成本分配

在一个特定的期间内，如果生产的产品或提供的服务在两种或两种以上时，为了计算不同产品或服务的成本,就产生了间接成本的分配问题,也就是说将间接费用按照一定的成本分配基础在不同产品或服务之间分配。在这样的意义上,间接成本相当于共同费用。

成本分配基础(cost-allocation base),是指将一个或一组间接成本项目与成本对象联系起来的因素。在制造企业中直接人工、直接人工工时、机器工时、直接材料成本等等,是比较常见的间接成本分配基础。成本分配基础与成本动因有时意义完全相同,但有时也有明显的区别。成本动因是使得成本与成本对象具有因果关系的因素,成本分配基础将成本与成本对象联系起来了,但未必使它们具有因果关系;同时,成本动因适合所有成本项目,而成本分配基础仅适用间接成本项目。

为了分配间接成本项目,还必须根据成本分配基础和已知的间接成本项目数额计算间接成本(或制造费用)分配率,再来分配成本。间接成本分配率工时如下:

某间接成本项目分配率=该成本项目数额/成本分配基础

在制造企业,间接成本项目的分配有3种方法,分别说明如下。

1. 一次分配:全厂一个分配率

在这种方法下,通常将整个企业的间接成本按照单一成本分配基础计算一个间接成本分配率,然后将间接成本分配到各种产品或服务上去。从历史上看,人们更喜欢使用直接人工小时作为这个单一的成本分配基础。显然这是一种比较粗放的做法,如果企业规模小、品种少,这种方法因其简单,也不失为一种切合实际的选择,但是,如果企业规模大、品种多,使用这种方法,很可能会严重地歪曲产品或服务的成本。

2. 两次分配:部门分配率

典型的制造业企业有5类部门:基本生产(如汽车制造厂的零部件加工车间、装配车间等)、辅助生产(如水、气、电供应车间等)、采购、销售和职能科室。制造费用一部分发生在生产部门内部,另一部分发生在生产部门外部的辅助生产部门。同时,辅助生产部门的成本并不都是为基本生产部门发生的。所谓两次分配,就是先按选定的成本分配基础所计算的部门分配率,将发生在生产部门之外的制造费用(主要是辅助生产部门的成本)分配到各生产部门;然后,再按选定的成本分配基础所计算的产品分配率,将生产部门本身发生的制造费用与从外部分配来的制造费用一并分配到该部门生产的各种产品上。图9-4简要地说明了成本分配的部门分配率方法。值得注意的是,如果选定的成本分配基础能够体现出间接成本与成本对象之间的因果关系,这时,成本分配基础就是成本动因。但在实务上是很难做到的,因而部门分配率法仍然有可能歪曲产品成本,尽管它比全厂一个分配率精细得多。

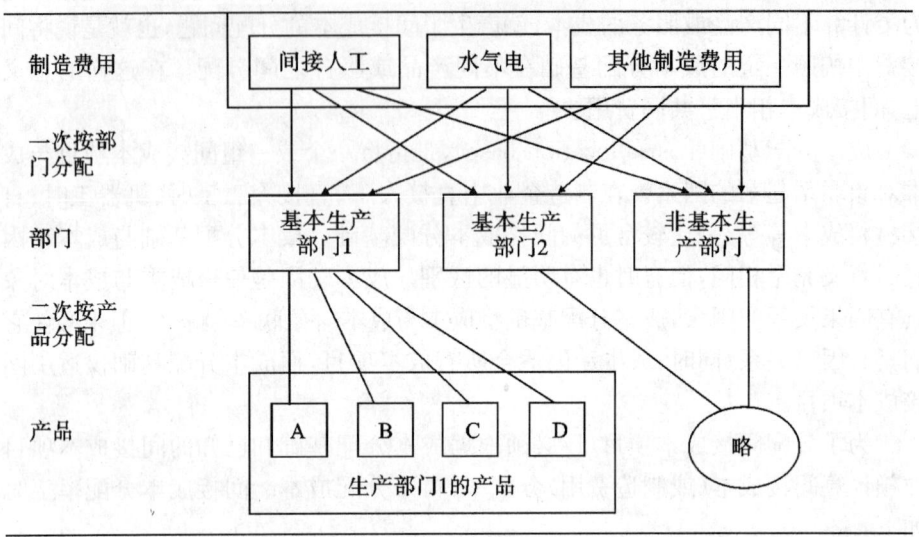

根据文献改编。参见Ray H.Garrison et al: Managerial Accounting, McGraw-Hill:1999,p213。

图9-4　成本分配的部门分配率方法

3. 两次分配：以作业为基础的分配率

在制造企业，与制造费用相关的作业很多，例如调整设备、发送采购订单、发运产品、检验质量、下达生产指令或计划、机器工时、消耗电力、验收材料、搬运存货、维修保养设备等等。因此，与其他两种分配率方法比较，以作业为基础的分配率方法至少在理论上能够准确地计算产品成本。这种分配率方法的基本原理是："产品耗费作业，作业耗费资源"。由于计算某种产品的成本就是计算该产品在生产过程中所耗费的资源的价值，因此，按照上述原理计算产品成本自然会引申出两个基本的步骤，即所谓的两次分配。

(1)在作业或作业中心确定的前提下，将耗费的各种资源分配到作业或作业中心。这里，作业或作业中心发挥着成本库的职能。各项作业通常根据流程来确定，其方法如同流程的确定。由于有关作业信息详实而又零碎，在实务上确定作业并不是一件容易的工作。企业经营过程就是由各种作业组成，因此，确定的作业在数量上可能成千上万，为了避免繁琐和节约核算成本，通常将若干项作业合并为作业中心。例如，我们可以将消耗电力、维护保养设备、车间机物料和辅助工人工资等合并为机器作业中心。制造费用对产品是间接成本，而对作业则有相当的部分转化为直接成本——直接可以追溯到特定作业上去的成本；另一部分可能与另外一项或几项作业共同发生，即所谓的共同成本，因而需要在相关的几项作业之间进行分配。但必须注意，这种分配与全厂一个分配率方法和两次分配的部门分配率方法是不同的，它特别强调按成本(或资源)动因分配。

(2)按照作业动因,将按作业或作业中心归集起来的成本分配到各种产品。这里,最关键是选择成本动因。因为企业生产多种产品,按某项作业或作业中心归集起来的成本在这些产品之间进行分配。选择成本动因要考虑两点:一是与成本(或作业)动因相关资料是否现成,二是成本(或作业)动因在多大程度上能够计量出产品对作业的消耗。例如,处理材料作业,经分析,其成本动因是处理材料的次数,因而,根据处理材料次数就可以准确地将处理材料成本分配到各种产品。图9-5说明以作业为基础的分配率方法。

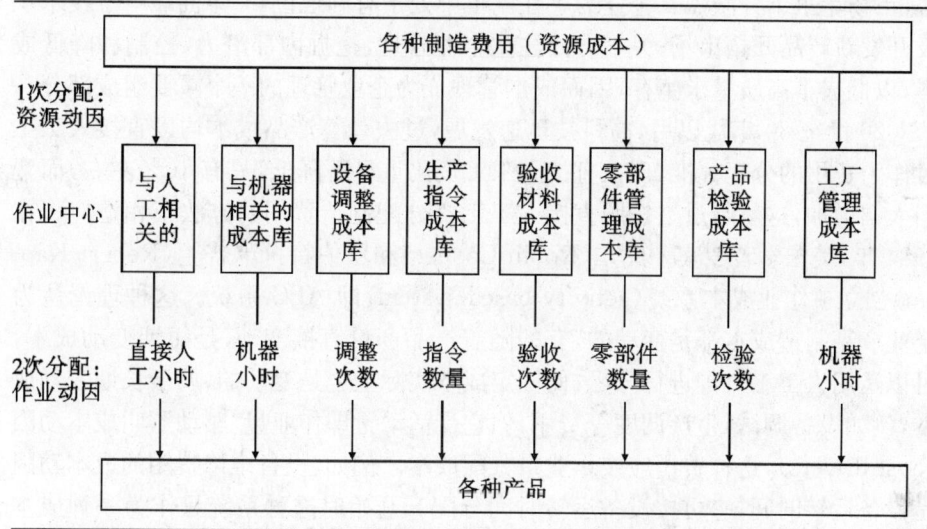

根据文献改编。参见Ray H.Garrison et al: Managerial Accounting, McGraw-Hill:1999,p222。

图 9-5 以作业为基础的分配率方法

四、成本管理的发展和内涵

(一)成本管理的发展

在20世纪初,随着资本主义经济的发展,在管理上推行泰勒制度。这个制度虽说是"资产阶级剥削的最巧妙的残酷手段"[1],但就其内容来讲,"不失为一种科学的生产管理制度"。推行泰勒制度,通过制定生产规范、标准时间、劳动定额等科学的管理方法,推动了资本主义生产的发展。同时,在会计实践中,为了配合泰勒制度的执行,引入了标准成本、差异分析、预算控制等技术方法,使成本管理的理论和方法有了进一步的完善和发展。

第二次世界大战以后,资本主义经济出现了新的变化。资本高度集中,企业

---

[1] 列宁:《苏维埃政权的当前任务》,《列宁选集》第3卷,人民出版社,第511页。

规模日益扩大,跨国公司不断涌现。同时,随着高新技术的蓬勃发展,管理制度和方法也在不断地变革。管理的变革对技术进步有着巨大的制约和推进作用,对于增强企业活力、提高企业生产效率和经济效益有不可估量的作用。现代企业新的管理原理和方法层出不穷,例如并行工程、敏捷制造、制造资源计划、企业资源计划、精益生产等。这些科学的管理方法要求现代企业摆脱传统管理观念的束缚,创立新形势下的管理新体系,使之适应企业内外部客观环境和条件的重大变化。科学技术与生产经营相结合,加速了产品的更新换代,新产品层出不穷,市场竞争十分激烈。企业为了在竞争中处于有利地位,一方面靠科学技术积极开发新产品开拓市场;另一方面注重企业管理,挖掘内部潜力,控制和降低成本,以低成本高质量求生存,因而成本管理成为企业管理的一个重要组成部分。

20世纪80年代以后,高科技迅速发展,过去计算产品成本均以直接人工工时作为费用的分配标准,现在直接人工工资比重显著降低,只有10%左右,而费用大幅增加,这就与过去按照直接人工工资分配制造费用的方法不相适应。在1984年,美国学者罗宾·库珀(Robin Cooper)和罗伯特·卡普兰(Robert Kaplan)创立了作业成本系统(activity-based-system)即ABC系统。这种理论认为企业产品制造成本都是变动的,有的随着产品产量直接变动,是短期变动成本,可以运用人工工时等进行分配;而固定成本实际上也是变动的,属于长期变动成本,例如设备调试、生产调度等费用,但它受活动量即作业量"驱动",叫成本动因(cost drivers),这种费用应按作业量分配成本。例如,设备维修费用的成本动因是设备运转时间,它可按设备运转时间分配。开始时这种系统只作为一种成本费用分配系统来研究,以后又发展为一种成本控制系统,即可以通过单位作业的成本水平用以控制成本,这就使作业成本系统得到进一步发展。过去成本计算以产品为中心,作业成本计算把中心移到作业上来,这就使成本控制不仅要对最终产品进行控制,而且要把重点放在成本发生的前因后果,即所有作业活动上,而要对最终产品形成过程中所发生的作业成本进行有效控制,这就要比传统的成本计算和控制更为深入和全面。

从20世纪90年代开始,日本成本管理的代表模式——成本企划成为讨论的热点。成本企划的思路不是先设计产品,再计算出产品成本,然后估计产品能否在市场上得到畅销。而是先根据消费者认可的售价,减去期望利润,计算出目标成本,再运用所谓"成本工程"的手段来研究产品生产如何满足目标要求。

由于西方国家近40年来管理科学的研究非常活跃,出现了各种管理学派,特别是广泛应用运筹学、系统工程和电子计算机等各种科学技术和手段,由单纯的定性分析发展到定性分析和定量分析相互结合,并相应建立经济数量模型,求助于最优化方法,为企业经营决策提供科学依据。同时,还研究行为科学,激励职工提高工效,因而使企业管理在理论上有了新的突破,在方法上有了不断创新,在手段上趋向机械化和自动化,以迎合现代大生产的客观要求,而成本管理的理论和方法也大大丰富起来,跳出了狭隘的成本会计的圈子。现代管理的一系列研究成果在成本管理中得到了广泛应用,从而使企业成本管理也推向了一个新阶段,即现代成本管理阶段。

现代成本管理已成为企业全员管理、全过程管理、全环节管理和全方位管理,是商品使用价值和商品价值相结合的管理,也是经济和技术相结合的管理。同时现代企业的成本管理也不仅仅局限于价值弥补这种低层次的认识,成本管理的对象也由企业内部转向外部环境,由战术管理转变为战略管理,成本管理的目的就是要使企业获得持久的竞争优势。

(二)成本管理的内涵

成本管理就是运用管理学的理论和方法对企业资源耗费或使用,进行预算和控制的理论、程序和方法的总称,其主要目的是降低成本,提高企业的经济效益。现代成本管理已是企业全员管理、全过程管理、全环节管理和全方位管理,是商品使用价值和商品价值结合的管理,是经济和技术相结合的管理。它包括成本预测、成本决策、成本计划、成本核算、成本控制、成本分析和成本考核七大部分内容。

1. 成本预测

成本预测是企业在市场调查、品种预测、销售预测、价格预测等基础上判定企业内外因素对成本的影响,运用一定的专门方法对未来一定时期的成本目标和成本水平及其发展趋势做出科学合理的估计和估算。成本预测既要重视历史成本资料,又要充分分析同行业同类企业的成本资料,更要分析研究影响成本的资源及其变动情况,只有这样才能做出尽可能正确的预测。

成本预测包括新建和扩建企业未来产品成本预测、技术措施方案成本预测、新产品成本预测、新条件下的原有产品成本预测和一定时期的期间费用预测等内容。

2. 成本决策

成本决策是在成本预测的基础上,对几个不同的成本预测方案进行选择确定的过程,以便确定目标成本。如零部件自制还是外购决策,半成品是否继续加工等等。

3. 成本计划

成本计划是指根据成本决策所确定的目标,具体规定在一定时期内为完成生产任务所需生产费用,确定各种产品的成本水平,并提出达到这一水平的措施。企业成本计划是企业综合经营计划的重要专业计划之一,要适应市场需要,以提高企业和社会经济效益为中心,控制生产费用,规范企业生产经营行为和活动,挖掘降低成本的潜力。企业成本计划应编制滚动计划、弹性计划、单独应变计划。

4. 成本控制

成本控制指按预先规定的成本标准(如材料消耗定额、工时消耗定额等),对实际发生数进行对比分析,并确定差异产生原因的方法和程序。成本控制是在产品成本形成过程中对成本的具体管理工作,始终以改进工作为手段,以降低成本为目标,贯穿于企业生产经营全过程。如新建项目的可行性分析、新产品设计中的价值工程分析、日常控制的标准成本制等。

控制过程包括两个阶段:一是计量执行过程实际执行计划的进度或结果;二是将计量的实际进度或结果与计划进行比较,遵照"按例外管理(management by exception)"的原则,如果实际与计划基本相符,可放手不管;如果实际与计划偏离,就应该采取干预或矫正措施,使实际执行过程重新回归计划目标要求的方向。同时,由于管理是相对一个组织而言,而组织又是有层级的,执行总是下级的事情,而计划和控制总是上级的事情,诸如此类,不一而足。成本管理从而与成本控制与管理的概念是相同的。据此,我们用图 9-6 说明成本控制的原理。

从图 9-6 看出:上级经理通过计划职能为下级或成本中心经理制定"成本(业绩)标准";然后由成本中心经理去执行;在执行过程中,上级经理或其委托人(比如会计)对成本中心经理执行标准的进度或结果进行计量即"实际成本(业绩)的计量";然后将实际成本与成本标准比较,编制反馈报告送达上级经理,上级经理根据按例外管理的原则,决定是通过成本中心经理整改还是允许其继续运行。

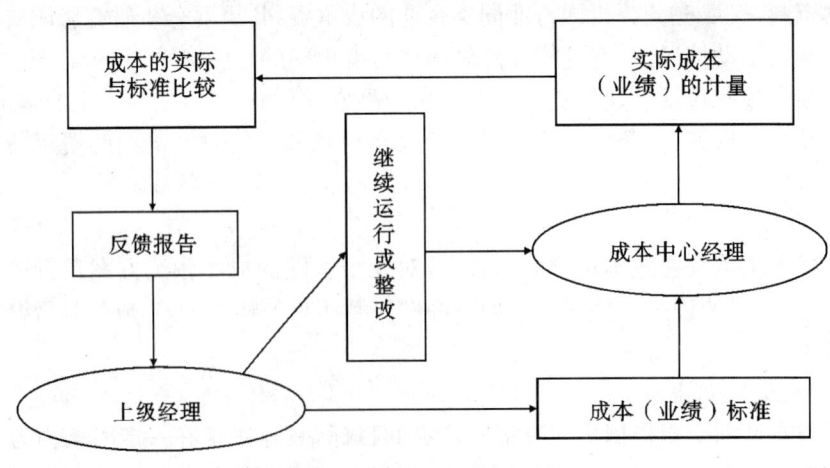

图 9-6 成本控制的原理

5. 成本核算

成本核算是指按生产工艺特点和组织管理特点所选定的成本计算对象,归集分配生产经营过程所发生的费用,计算出成本计算对象成本的方法和程序。在我国企业成本核算的主要目标是计算产品成本,从补偿和控制角度来看,成本核算方法主要有品种法(简单法)、分批法和分步法,还有在这些方法基础上进行改进的方法,如定额法。随着管理和控制理论的引入,在"不同目的、不同成本"思路的引导下,出现了各种成本概念和成本核算的方法,如责任成本、质量成本、作业成本等等。成本计算是成本核算的中心内容,是指对生产经营中所发生的各种费用,按照一定的对象和标准进行归集分配,以计算确定各对象的总成本和单位成本。

6. 成本分析

成本分析主要是利用成本核算资料与目标成本、上年实际成本、责任成本、国内外同类产品的成本进行比较,以了解成本的变动情况,系统地研究成本变动的量差、价差等因素和原因。通过成本分析,可以深入了解成本变动的规律,寻求节约劳动耗费、降低成本的途径,推动企业向社会提供适销对路的质优价廉的产品,以提高企业的竞争能力。成本分析应以单位产品成本分析为重点,分析产品产量、质量变动对成本的影响;深入分析材料、能源消耗定额差异;分析技术经济指标变动对成本的影响等等。

7. 成本考核

成本考核是指利用成本资料对责任人或责任单位进行成本管理业绩和责任的分析对比并做出奖罚决定的过程。成本考核有企业内外之分,企业外部的考核是指所有者或主管部门对企业进行指标考核评价;企业内部的考核是指企业按照有关规定,将成本指标与责任人或责任单位的利益相联系对内部单位或人员的考核和评价,它是日常考核的重点内容,同时企业内部的考核必须区分为可控成本和不可控成本,一般只考核前者的指标,而后者的指标仅作为参考,不予考核,以体现公平。成本考核强调成本管理中的"以人为本"的管理思想,旨在充分调动各部门人员成本管理的积极性,加强成本管理的责任,以促进各部门成本管理工作的开展。

第二节　标准成本管理

标准成本是一种预计成本,代表高效率下所应发生的成本,可以用来衡量成本管理的业绩。通过标准成本,管理人员能够随时发现管理上的偏差(实际成本与标准成本不符),并可采取措施迅速补救,以控制成本。标准成本管理系统作为成本控制系统,至少应该包括确定成本中心、制定成本标准、计量成本实际业绩、差异分析(成本比较)、编制反馈报告等5个环节。

一、成本中心的确定

成本(责任)中心是成本责任的承担者和控制的对象。首先,确定成本中心要兼顾两个方面:一是组织结构,企业每个组织单位都可以粗略地看成成本中心;二是生产过程,对制造企业中的生产过程来说,每一个生产步骤都可以设立一个成本中心,成本中心的设置和生产部门的设置是完全一致的。其次,每个成本中心还必须同时符合以下 3 个条件。

(1)在自然或物理形态上能够明确辨认,即成本中心是企业内部一个组成部分执行特定的任务,有明确的活动空间。

(2)投入和产出能够计量。在企业管理中,"能够计量的东西才是能够控制的东西"。在这里,所谓能够计量就是说能够用数量表示出来。多数情况下,成本中心的投入或者产出总是可以计量的,但也有些情况下它们可能都不能计量。这时,需要采取一些变通办法进行处理。

(3)由专人负责。每个成本中心都有一位负责人。成本控制归根到底是对人的控制,因为物是人来使用的。公司的经理们无法直接左右产品或服务的成本水平,他们能够做的只是影响那些决定成本是否发生以及如何发生的人。成本权力、成本责任以及相应的利益都必须具体地落实到成本中心负责人头上,成本控制才能奏效。

典型的制造企业按组织单位可分成基本生产、辅助生产、销售、采购和职能处室五类部门,可以归并为生产和服务两大类。生产部门只包括基本生产,但按照生产步骤可以分成若干个生产部门。服务部门包括辅助生产、销售、采购和职能处室,这些部门的基本特点是它们的成本最终要分配到基本生产部门。根据这种情况,人们习惯上将典型制造企业的成本中心也分成生产成本中心和服务成本中心。

二、成本标准的制定

成本标准也称成本指标,它是为成本中心的负责人设定的成本责任,通常是按照成本中心所生产的产品或半成品来计算。确定成本标准首先要解决的问题是将成本标准确定在什么水平上。在严格意义上,成本标准是指在标准工作条件下,生产某种产品应当发生的成本,通常根据企业已经达到的生产技术水平,经过精密调查、分析和技术测定或动作时间研究来制定。这样制定的成本标准称为"理想标准"(ideal standard),人们通常是达不到的,只是将其作为衡量实际成本水平的基准。另外一种成本标准的水平称为"可行标准"(practical standard),在这个水平上,标准成本也充分兼顾到那些不可避免的耗费和损失,是一种在现有条件下经过一定努力有可能达到的成本标准。经验表明,选择成本标准水平是一件很困难但非常重要的决策。在实务上，更多企业倾向于可行标准水平，我国提倡先进平均数(或称平均先进水平)有一定道理。对具体企业来说，还是要"具体情况做具体分析"，任何选择都必须符合企业具体情况。

那么，如何按照成本中心所生产的产品或半成品确定成本标准呢？一般分生产成本中心和服务成本中心两类部门进行。由于服务成本中心的成本最终要分配到生产成本中心，这里主要讨论生产成本中心的成本标准的确定。

生产成本中心的成本标准就是该中心所生产的产品的成本标准，包括料工费三项，用公式表示为：

产品的标准总成本＝标准直接材料总成本＋标准直接人工总成本
　　　　　　　　＋标准总制造费用

如果该生产成本中心只生产一种产品，那么，产品的标准总成本就是该生产责任中心的责任成本；如果生产多种产品，那么，该生产成本中心的责任成本则是这多种产品的标准成本之和。接下来，我们按料工费依次介绍生产成本中心产品标准成本的确定，而其中的关键又在于确定单位产品的标准直接材料成本、标准直接人工成本和标准制造费用。

(一)标准直接材料成本

单位产品的标准直接材料成本的计算公式为：

单位产品的标准直接材料成本＝单位产品标准耗用量×标准价格

其中，直接材料的标准耗用量标准，通常由工程部门或产品设计部门拟定，在中小型制造企业，所需材料的数量也可由管理人员决定。如果准备生产的产品成本资料不够详实，可先就材料的种类、规格等加以分析，决定数量标准，但其中要包括难以避免的损失及必不可少的消耗。

如：A公司生产某产品需要甲材料，生产单位产品所需的数量标准，可确定如下：

材料用量清单	3.2千克
允许损耗量	0.3千克
则每单位产品的标准用量	3.5千克

从上述公式看，为了计算单位产品的标准直接材料成本，我们必须确定单位产品标准耗用量和标准价格两个因素。价格标准一般是在市场调研的基础上，结合本企业各个部门现有成本水平并与有关部门协商确定，内容包括发票价格、运杂费、检验费、正常损耗、丢失材料、购料折扣等成本。价格标准通常由会计人员征求采购部门的意见后制定，该标准应当能反映当前的市价及未来市场变动的情况。如：

| 甲材料的每千克购买价格 | 3.00元 |
| 运费 | 0.20元 |

       检验费   0.20元
       购料折扣   0.08元
   每千克甲材料的价格标准为:3.32元(3.00+0.20+0.20-0.08)
   材料的数量标准和价格标准确定后,将每一种材料的价格标准与数量标准相乘即为材料的标准成本。那么甲材料的标准成本,可计算如下:
$$3.32元 \times 3.5 = 11.26元$$
   在企业生产过程中,一种产品或半成品往往耗用多种材料,在这些情况下,要按照材料种类分别确定单位产品标准耗用量和相应的标准价格,并计算每一种材料的单位产品成本,然后再将这些材料成本汇集成单位产品标准直接材料成本。

(二)标准直接人工成本

单位产品标准直接人工成本的计算公式为:

单位产品标准直接人工成本=单位产品标准耗用工时×标准工资率

直接人工标准耗用工时即为单位产品的标准工时,是指在现有的生产技术条件下,生产单位产品所需要的时间,包括直接加工操作必不可少的时间及必要的停工、间歇时间,如工人的必要休息时间和设备调整时间等,在确定过程中不仅要与相关当事人进行协商,而且还要进行时间与动作研究、熟练曲线(learning curve)分析等技术测定和对科学的统计调查资料的研究。

如:A公司生产某产品所需人工的数量标准如下:

       每单位基本工作时间   1.5小时
       工间休息   0.2小时
       设备调整时间   0.3小时
       单位产品工时   2.0小时

而公式中的标准工资率是指直接人工的价格标准。如果采用计件工资制,标准工资率是预定的每件产品支付的工资除以标准工时;如果采用月工资制,根据月工资总额和月工时总量来计算标准工资率。一般来说工资率事先都已决定,不经常变动。A公司生产某产品所需直接人工的价格标准如下:

       每月工资总额   1 000元
       每月总工时   250时
       小时工资率   4.0元

一旦工资率和工时标准确定后,即可计算每单位产品的直接人工标准成本。如下:

$$4.0元 \times 2.0 = 8.0元$$

(三)标准制造费用

标准制造费用成本可分为变动制造费用标准成本和固定制造费用标准成本

两部分。

1. 变动制造费用的标准成本

变动制造费用的数量标准通常采用单位产品直接人工工时标准,有时也采用机器工时或其他用量标准。作为数量标准的计量单位,应尽可能与变动制造费用保持较好的线性关系。

变动制造费用的价格标准是每一工时变动制造费用的标准分配率,它由变动制造费用预算除以直接人工总工时得到。数量标准和价格标准确定后,二者相乘可得到变动制造费用标准成本:

变动制造费用标准成本＝单位产品直接人工的标准工时
×每小时变动制造费用的标准分配率

2. 固定制造费用标准成本

只有在企业采用完全成本法计算成本时,才需确定固定制造费用的标准成本。固定制造费用的数量标准与变动制造费用的数量标准保持一致,以便进行差异分析,其价格标准是每小时的标准分配率,它由固定制造费用预算除以直接人工总工时得到。数量标准和价格标准确定后,二者相乘,可得到固定制造费用的标准成本:

固定制造费用标准成本＝单位产品直接人工标准工时
×（每小时变动制造费用的标准分配率
＋每小时固定制造费用的标准分配率）

因此,将以上所确定的直接材料的标准成本、直接人工的标准成本、制造费用的标准成本按产品加以汇总,就可以确定有关产品完整的标准成本,企业通常用标准成本单反映企业某个生产部门的标准成本的构成。

三、成本业绩的计量

成本业绩计量也可以称为标准成本的核算,是用数量形式来反映标准成本实际完成的进度或结果,是成本比较分析的前提,是实现成本控制的最基本环节。从另一个角度看,成本业绩计量就是计算成本责任中心的产品或服务的实际成本。换句话说,为了编制财务报告所计算的产品的实际成本完全可以用来当做成本业绩的计量。但是,由于下列原因,我国很多企业将为编制财务报告的成本计算和标准成本核算(或成本业绩计量)设计成两个相互独立的系统。

(1)标准成本核算的对象是成本中心的负责人,目的在于确认成本的实际与标准之间是否有差异,用于保证成本中心的负责人向着完成成本标准的方向而努力。

(2)以编制财务报表为目的的成本核算,对象是产品,目的在于确定产品的实际总成本和实际单位成本,用于资产计价和损益的确定。

(3)以编制财务报告为目的的成本核算将企业当成一个整体,而标准成本核算要深入到企业内部结构,重点核算成本中心。

毋庸置疑,两种体系并存不仅浪费资源,而且给成本管理工作特别是发挥财务部门在成本管理中的主导作用带来许多不便。我们完全可以建立一个统一的体系,同时实现两个目标。

(1)成本中心的责任成本和财务报表中的财务成本归根到底都是产品成本,都是为生产这些产品所耗费的直接材料、直接工资和制造费用,也就说,从信息的角度看,责任成本与财务成本是同源的。

(2)在以编制财务报表为目的成本计算中的成本库或成本归集中心,与成本控制中的成本中心本来就是同一个东西,或者略加调整就变成同一个东西。

(3)在账户设计上略加调整,即在产品以及有关的费用项目下按部门设置明细账户,即可兼顾核算企业整体和核算企业内部结构。

(4)美国人早在100多年前就已经发现两个系统统一起来的方法。

总而言之,设置单一的系统不仅可行,而且学好了财务会计也不难掌握。这里,我们不再用具体的案例说明,只是用图9-7说明同一体系的基本思路。

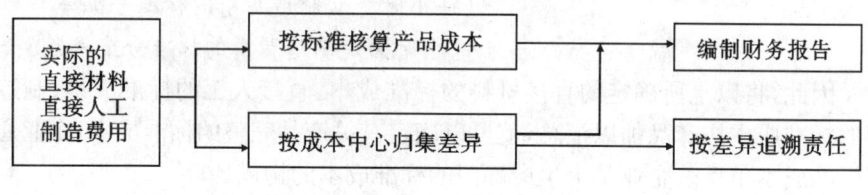

图9-7 企业成本核算的单一系统

从图9-7可以看到,当实际的直接材料、直接人工和制造费用发生时,均按标准成本计算产品成本,同时将差异分离出来,按成本中心归集;但会计期间末,依据各成本中心归集的成本差异追溯各成本中心负责人的责任,同时用按成本中心归集的差异调整按标准核算的成本,计算产品的实际成本,用来编制财务报告。

四、成本差异分析

(一)差异分析的模型与案例

分析成本差异就是对直接材料、直接人工和制造费用的实际数与标准数进行比较,确定差异;将差异分解为数量差异和价格差异;最后将分解的差异与特定的责任者联系起来的这样一个过程。在比较规范的企业中,预先还需要制定奖惩制度,说明符合成本标准和出现成本差异时如何对责任者进行奖惩。无论

直接材料、直接人工,还是制造费用,其差异都是按下列公式进行分解:
$$价格差异=实际耗用总量×(实际价格-标准价格)$$
$$数量差异=(标准耗用总量-实际耗用总量)×标准价格$$
其中:　　实际耗用总量=实际产量×实际单位材料耗用量或人工工时
　　　　　标准耗用总量=实际产量×标准单位材料耗用量或人工工时

接下来,我们将利用这个模型,结合下列案例提供的数据,依次分析直接成本差异和制造费用差异。

【例 9-1】某家具制作公司的主要产品之一是包厢暖气的铝合金透气罩,由该公司铝制品车间生产。2006 年 11 月铝制品车间的透气罩的标准成本资料如表 9-1 所示(表中有关数据根据计划产量 2 000 件计算):

表 9-1　　　　　　　　车间透气罩的标准成本

名　　称	标准价格	单位标准耗用量
直接材料	4 元/千克	3 千克
直接人工	14 元/小时	2.5 小时
变动制造费用	3 元/小时	2.5 小时
固定制造费用	1.5 元/小时	2 小时

当实际产量为 2 000 件时,耗用材料 6 500 千克,材料单价为 3.80 元;直接人工工时为 5 400 小时,工资总额为 74 250 元,工资率为 13.75 元;变动制造费用 15 390 元,单位直接人工小时的变动制造费用 2.85 元;固定费用总额 6 000 元。

(一)直接成本差异分析

1. 直接材料成本差异

由表中提供的资料可知:材料的标准单价为 4.00 元,而实际单价为 3.80 元,直接材料的实际耗用总量为 6 500 千克,标准耗用总量为 6 000 千克(2 000×3),因此:
$$材料价格差异=6\ 500×(3.80-4.00)=-1\ 300(元)$$
$$材料数量差异=(6\ 500-6\ 000)×4.00=2\ 000(元)$$

根据计算,材料价格差异为-1 300 元,属于有利差异,是实际单价比标准单价降低了 0.20 元所致;材料数量差异 2 000 元,属于不利差异,是实际比标准多消耗 500 千克材料所致。直接材料成本总差异为 700 元(2 000-1 300),属于不利差异。

2. 直接人工成本差异

由表中提供的资料可知:实际直接人工耗用量 5 400 小时,实际工资额为

74 250元，实际工资率为13.75元，而标准工资率为14元，直接人工标准耗用量5 000小时(2 000×2.5)，因此：

直接人工价格差异＝5 400×(13.75－14)＝－1 350(元)

直接人工数量差异＝(5 400－5 000)×14＝5 600(元)

直接人工价格差异，又称为工资率差异，本例中计算的价格差异为－1 350元，属于有利差异，是工资率实际比标准值降低了0.25元所致；直接人工数量差异，又称为效率差异，本例中计算的效率差异为5 600元，属于不利差异，是直接人工实际比标准值多使用400小时所致。直接人工成本总差异为4 250元(5 600－1 350)，为不利差异。

(二)制造费用差异分析

1. 变动制造费用差异

变动制造费用差异分析与直接成本差异分析相同。由表中提供的资料可知：实际的变动制造费用15 390元，直接人工实际耗用量为5 400小时，单位直接人工小时变动制造费用的实际为2.85元，标准为3.00元，直接人工标准耗用量为5 000小时，因此：

变动制造费用价格差异＝5 400×(2.85－3.00)＝－810元

变动制造费用数量差异＝(5 400－5 000)×3＝1 200(元)

变动制造费用价格差异，又称为耗费差异，本例计算的耗费差异为－810元，属于有利差异，是每个直接人工小时所耗费的制造费用实际比标准值降低了0.15元所致；变动制造费用数量差异，又称为效率差异，本例计算的效率差异为1 200元，属于不利差异，是直接人工实际比标准值多耗用400小时所致。变动制造费用总差异为390元(1 200－810)，是不利差异。

2. 固定制造费用

固定制造费用的成本差异，是指实际固定制造费用与标准固定制造费用的差额。对于该项差异的计算可以采用两项成本差异法和三项成本差异法。

两项成本差异法将固定制造费用分为耗费差异和能量差异，计算公式分别为：

固定制造费用耗费差异＝固定制造费用实际支付数额－固定制造费用预算额

固定制造费用能量差异＝固定性制造费用预算数额－固定制造费用标准成本

＝固定制造费用标准分配率×生产能量标准工时－

固定制造费用标准分配率×实际产量标准工时

＝(生产能量标准工时－实际产量标准工时)×固定制造费用标准分配率

假设企业的生产能量为2 500件，则：

固定制造费用耗费差异＝6 000－2 500×2×1.5＝－1 500(元)

固定制造费用能量差异＝2 500×2×1.5－2 000×2×1.5＝1 500(元)
固定制造费用成本差异＝耗费差异＋能量差异＝－1 500＋1 500＝0(元)

三项成本差异法是把固定制造费用成本差异分为耗费差异、效率差异和闲置能量差异三部分，其中耗费差异与前面所述相同，我们仅分析后两种差异。

固定制造费用效率差异＝(实际耗用工时－实际产量应耗标准工时)
×固定制造费用标准分配率

固定制造费用闲置能量差异＝(生产能量标准工时－实际耗用工时)
×固定制造费用标准分配率

依据上题资料，计算：

固定制造费用耗费差异＝6 000－2 500×2×1.5＝－1 500(元)
固定制造费用效率差异＝(5 400－2 000×2)×1.5＝2 100(元)
固定制造费用闲置能量差异＝(2 500×2－5 400)×1.5＝－600(元)
固定制造费用成本差异＝耗费差异＋效率差异＋能量差异
＝－1 500＋2 100＋(－600)＝0

(四)成本差异的原因和责任

1. 直接材料差异

材料价格差异通常应由采购部门负责，因为影响材料采购价格的各种因素(如采购批量、供应商的选择、交货方式、材料质量、运输工具等)，一般来说都是由采购部门控制并受其决策的影响。当然，有些因素是采购部门无法控制的，例如，通货膨胀因素的影响、国家对原材料价格的调整等。因此，对材料价格差异，一定要做进一步的深入分析和研究，查明产生差异的真正原因，分清各部门的经营责任，只有在科学分析的基础上，才能进行有效的控制。影响材料数量差异的因素也是多种多样的，包括生产工人的技术熟练程度和对工作的责任感、材料的质量、生产设备的状况等。一般来说，用量超过标准太多是因为工人粗心大意、缺乏培训或技术素质较低等原因造成的，应由生产部门负责，但数量差异有时也会由其他部门的原因所造成。例如，采购部门购入了低质量的材料，致使生产部门用料过多，由此产生的材料用量差异应由采购部门负责；再如，由于设备管理部门原因致使生产设备不能完全发挥其生产能力，造成材料用量差异，则应由设备管理部门负责。

2. 直接人工差异

工资率差异原则上不是生产部门而是人力资源部门的责任，但生产部门如何安排本部门职工的工作也会影响到工资率差异。例如在生产过程中使用工资级别较高、技术水平较高的工人从事要求较低的工作，造成了浪费，会影响工资率差异。人工效率差异是考核单位工时生产能力的重要指标，降低单位产品成本的关键就在于不断提高单位工时生产能力。影响人工效率的因素是多方面的,包括生产工人的技术水平、生产工艺过程、原材料的质量、设备的状况以及薪酬制度合理性等等。所以,人工效率差异原则上应该由生产部门负责,但同时还要具体分析,找出产生差异的具体原因,分清不同的责任部门,以便于更有效地控制成本。

3. 制造费用差异

原则上,变动制造费用的耗费差异和效率差异由生产部门负责,而固定费用中的能量差异则大部分不是生产部门的责任。严格地说,按照传统标准成本制度无法严格区分制造费用的责任,因而也无法进行严格控制,只有采用作业成本法,才有可能很好地解决这类问题。

造成固定制造费用耗费差异的原因主要有:管理人员数量的变动、税率的变动、折旧方法的改变、租赁费的调整等。其责任的归属要视具体情况而定,比如折旧方法的改变造成的差异由财务部门负责;扩大租赁范围造成的差异应由设备管理部门和财务部门负责。造成能量差异的主要原因有:产品定价高,影响产销量;原设计能量过剩,市场容纳不下;人员技术水平有限,不能充分发挥设备能力等。该差异是由于现有生产能力没有充分发挥而造成,主要由高层经理人员负责。

五、反馈报告

从图 9-6 可以看到:成本控制是一个循环的过程,从上级经理为成本中心经理制定成本标准开始,然后经过若干环节之后,借助于反馈报告又回到上级经理那里。反馈报告之重要是不言而喻的。通俗地说,制定成本标准就是上级经理为成本中心经理"派活",而反馈报告则是成本中心经理对上级经理"派活"完成情况的一种正式的"交代"。

成本反馈报告又称为成本业绩报告,反映成本中心对成本标准完成的进度或结果,其基本用途就是将上级经理与成本中心经营活动连接起来,为上级经理了解和控制成本中心经营活动提供了一个强有力的手段。反馈报告也可以抄送被考核的成本中心,它会强化成本中心经理自我约束的意识。

成本反馈报告一般要符合下列要求:

(1)在内容上应该说明差异、差异的原因和责任以及纠正差异的建议性措施。因此,比较完备的反馈报告应该包括两个文件:一是表格反映的差异;二是有关情况的分析(如差异原因和责任的分析)。

(2)具有经常、简洁的特点,并对上级经理决策有用。这就是说,按照考核的时间间隔编制反馈报告。要严格区分反馈报告和财务报表,报告中的内容是上级经理控制成本中心所需要的。

(3)反馈报告既反映一个成本中心的成本标准的完成情况,也反映在企业组织框架中各成本中心之间的联系。换句话说,一个成本中心的报告,也是反映所有成本中心的报告。

第三节 作业成本管理

作业成本管理(activity-based cost management,ABCM)是一个以作业为基础的成本管理系统。它以作业为中心,对作业及作业链实施全面分析,以作业的效率性为中心进行业绩计量与评价,进行控制。

一、基本概念

为了更好地理解作业成本管理,有以下3个概念需要辨别。

1. 作业和作业中心

所谓作业,从广义上说,是指产品制造过程中的一系列经济活动;从狭义上说,是指会发生成本且具有附加值的经济活动。

作业有3个基本属性:(1)作业是"投入—产出"因果联动的实体。从微观层面看企业经营过程,无论是销货收款,还是内部工序交换,人操纵机器,或者收发人员登记文件,无疑不是资源投入和效果产出的实实在在的过程;(2)作业贯穿于动态经营过程的首尾,构成包括企业内部和连接企业外部的作业链;(3)作业是可量化的基准。作业是计算成本过程中的一个元素,需具有可量化性,同时又是计算成本的客观依据。

作业中心是将相类似的作业归集在一起形成的,建立的目的是便于归集每一类作业成本,简化成本的计算,也可称为作业成本库(activity cost pools)。

2. 作业链

作业链是指企业为了满足顾客需要而建立的一系列有序的作业集合体。这样,ABC成本法就在计算产品成本的同时,确定了产品与成本之间具有因果联系的结构体系,它是由诸多作业构成的链条,表示为:产品的研究与开发—产品设计—产品生产—营销配送—售后服务。通过作业链的分析,能够明确各项作业,并计算最终产品增值的程度。按照ABC成本法的原理"产品消耗作业,作业消耗资源",一项作业转移为另一项作业的过程,同时也伴随着价值量的转移,由此形成作业价值链。在管理上,要注意分析价值链中成本最高环节的作业,及其对价值增值的作用,尽量除去对最终产品不能增值的作业,即非增值作业。

3. 成本动因

1987年库珀和卡普兰提出了"成本动因"的概念,他们认为ABC法要把间接成本与隐藏其后的推动力联系起来,这种推动力就是"成本动因"。因此,成本动因(cost driver)是引发成本的推动力(force)或驱动因素,即引起成本发生或变动的原因。

二、作业成本管理的步骤

在作业成本管理这一领域，具体的作业成本管理的操作大致可按如下3个步骤或称3个环节来进行。

(一)作业分析

作为ABCM持续的改善过程的第一步，作业分析具有极其重要的基础性作用。90年代以来，作业分析有了向更高层次的拓展，表现为以"用户满意"(customer satisfaction, CS)思想为中心的分析，即认识作业的本质功用应是创出具有符合用户满意的"效果"，以此为标准来分析进而达成改善作业的目的。对于作业分析，我们可以从3个层面认识和区分作业：

1. 识别作业的层次性

一个企业中的作业按照与单个产品的关系可分为4种类型：单位作业、批别作业、产品作业和维持作业。

(1)单位层次作业(unit activity)。单位层次作业，即作用于每一个产品单位或每一个顾客的作业，它使每一个单位产品或顾客受益，其成本与产品产量或某种属性(如产品重量、长度等)成比例变动，如对每件产品的加工作业或对每个顾客提供服务的作业。

(2)批别层次作业(batch activity)。批别层次作业，即可以使一批产品或顾客受益的作业，如对每批产品的检验、机器准备、销货运送、原料处理、生产计划等作业。其成本与产品的批数成比例变动。批别层次作业的成本通常与处理的批数有关，不受产销数量或其他数量基准所影响。此外，整批层次的成本也和各批次的数量多少无关，如不论一次订购一单位或五千单位，每次订购成本都不会改变，因此，批别层次作业的成本取决于批数而非各批次的数量。

(3)产品层次作业(product activity)。产品层次作业即与特定产品品种有关的作业，如对每种产品编制数控计划、进行工艺设计、编制材料需求清单等作业。其作用在于支援该产品品种的生产，因此，与其他产品品种无关。如某些产品需要检验，而某些产品则无需检验，因此品质检验属于产品层次作业。其他的产品层次作业包括下达工程变更指令、对特定产品的质量测试等。这种作业的成本与产品的产量和批数无关，但与产品的种类数成比例变动。

(4)维持层次作业(sustaining activity)。维持层次作业也称管理级作业，是指为了支持和管理生产经营活动而进行的作业，即企业一般维持性作业，如管理作业、厂房使用、人员培训等。该类作业与企业的整体生产经营活动有关，取决于组织的规模与结构，而与产量、批次、品种数无关，无法追溯到特定的批次或产品上。

认识作业的层次性为执行管理的阶层性奠定了重要的基础。作业所处阶层与其作业成本流向的最终成本对象密切相关。例如，对单位层次、批别层次和产品层次这三种层次的作业而言，其作业成本向最终成本计算对象的归集就是由其所处阶层的相关因素决定的，因此在管理上就必须重视这类相关因素。按阶层对作业进行首次区分，再就每一阶层的作业的效率性加以二次区分，这为有针对性地实施全方位的立体作业管理提供了可能。

2. 以用户视点给作业排序

从管理层面上来讲，进行作业分析的主要目的是为了减少或消除不增值作业，有的放矢地采取措施改善管理过程，因此在识别作业后就要对其进行评价，分辨出增值和不增值作业。判别是否是增值作业的基本标准为：作业是否增加顾客价值。

增值作业是指那些能增加产品和服务价值（有效性）的作业，也就是说，这种作业的增减变动会导致给顾客提供的价值发生变化；非增值作业，是指不会增加顾客所购买的产品或服务效用的作业，也就是说这种作业的增减不影响给顾客提供的价值。典型的非增值作业有：存货的储存、半成品和零部件的转移、停工等待、产品检验等。

上述增值作业和非增值作业的划分有利于企业通过作业分析和作业管理减少浪费和提高作业效率。其基本立足点都是从用户的角度看效用，即能否达成"用户满意"或达成多高程度的"用户满意"。"以用户视点给作业排序"实际上就是"用户满意"思想在 ABCM 中的具体化，排序的基本依据是对用户的效用或价值，从本质上说是一种"价值排序"(value ranking)。作业的增值能力高低是排序最基本的依据，就相对比较的角度说，低增值性作业具有改善的必要性和急迫性，高增值性作业则至少在短期内不必急于改善。此外，作业成本本身的合理性影响着按用户视点增值能力对作业的排序，它必须作为一种参照因素纳入"价值排序"的考虑范围内。

3. 设立作业中心

作业分析的另一个有效工具是设立作业中心。所谓作业中心，简单地说是指组成某一重要业务过程的作业集合。对于包含大量作业的作业成本计算系统而言，作业中心是一种有用的工具，借助作业中心不仅使得业务过程成本信息得以明确，而且便于展开有针对性的管理。设立作业中心一般应基于组织构造的大体框架来进行，可以直接将一个部门作为一个作业中心，也可以按业务的前后承接关系加以分割。必须指出，作业中心与责任会计中心有所不同。当作业中心以部门为框架设立时，作业中心与责任中心（成本中心）在空间范围上的确取得了一致，但作业中心是针对作业过程中的作业考核分析，而责任中心则是以人员为标的考核分析。此外，设置的责任中心往往具有相对长期的稳定性，有其组织上的配套要求,而作业中心则是为特定种类的产品生产设立的,具有随生产情形变化而变化的特点。

(二)成本动因分析

就完整地实施作业成本管理而言,成本动因分析是一个相当广的范畴。成本动因划分为经营战略意义上的成本元和经营战术意义上的成本元。在作业成本管理系统框架内对作业成本动因进行分析是一种战术上的分析,它是对作业过程中的各种管理现实诱因加以缜密的分析进而挖掘其效率。

发掘成本动因是为了寻找引起浪费的因素,是对非增值作业根源的探索过程。比如,将某一中间产品从一道工序移送到另一道工序,顾客并不在乎这一工序的有无,即移送作业并未增加顾客要求的实际效用。因而,针对这一中间产品的作业应属非增值作业。但是怎样摆脱这一作业呢?两个工序间必然存在距离,不移送中间产品导致前道工序的中间产品堆积而后道工序则没有加工物,在这种情形下,工序间距离即工厂布局就是移送作业的成本元。如果能对工厂布局重新调整,使移送作业得以免除,则这个成本动因也就被消除了。

发掘成本动因并对其进行管理,是改进经营管理不可缺少的步骤。因为单纯了解非增值作业是不够的,关键是要使导致该项作业的动因消除,只有挖掘产生该项作业的动因,才能消除非增值作业。

(三)业绩计量和评价

成本动因分析实际上揭示了影响业绩的各种重要因素,管理上的业绩计量和评价体系是在这类要素的基础上建立起来的。作业成本管理下的业绩计量和评价实际上是对作业执行效果的测定和评估,通过这种考核结果的反馈,再次重新循环进行更高水准的作业分析和成本动因分析,进而达到管理水平日新月异的效果。

为确保作业成本管理的效果长盛不衰,应该按下述3方面展开:

(1)明确目标;

(2)传达与交流目标;

(3)按照作业类别加以评价。

明确目标是第一步必须做的,首先可以采用制订计划的形式,列出为满足用户需要的重要目标(如改进质量、改善盈利性与财务稳定性等)。其次,传达与交流目标意味着企业员工应该由交流而达成对企业目标的理解,通过了解企业纵向横向各部门间目标的关联认清企业共同目标。最后,作业类别的评价是业绩计量的核心,这需要适合作业过程的一整套业绩计量基准的确立,具体计量应尽可能细分到每一作业对企业总体目标的贡献。

作业中心业绩评价指标可以按照效果(工作达到的结果)、效率(工作成效高低)、生产率(投入产出率)和资源利用率来分类,也可以按财务指标和非财务指标划分。例如实际作业成本是效果指标,成(废)品率反映质量管理工作成效,增量作业效益占增值作业成本比率反映投入产出率,未(已)用作业能力占约定作业能力比率反映资源利用率等等。

第四节 战略成本管理

一、战略成本管理概述

(一)战略成本管理的发展

1981年,英国学者西蒙德(Simmonds)发表了《战略管理会计》一文,首次提出了"战略管理会计(strategy management accounting,简称 SMA)"的概念。1985年,美国的迈克尔·波特(Michael E. Porter)在其《竞争优势》和《竞争战略》两本著作中对价值链战略成本分析法做了研究。1988年,英国布拉米奇(Bromwich)在《管理会计的定义与范围:从管理角度的认识》一文中阐述了 SMA 的观点,认为 SMA 是管理会计的发展(而不是分支),是未来处在高级岗位的管理人员所必须掌握的。布拉米奇认为,SMA 不仅是收集企业竞争对手的信息,而更注重研究企业与竞争对手相比较的竞争优势和创造价值的过程,以及企业产品或劳务在其生命周期中所能实现的、客户所需求的"价值",从企业长期决策周期看,这些产品及劳务的营销能给企业带来的总收益。美国管理会计学者杰克·桑克(Shank. J. K)等人在 1993 年出版了《战略成本管理》一书,从而增大了战略成本管理的可操作性。1998 年,罗宾·库珀(Robin Cooper)提出了以作业成本制度为核心的战略成本管理体系。近年来,有关研究正在向纵深发展。

(二)战略成本管理的内涵及特点

我国学者夏宽云将战略成本管理定义为"旨在提高企业的竞争优势的同时进行的成本管理,是指管理会计人员提供企业本身及竞争对手的分析资料,帮助管理者形成和评价企业战略,从而创造竞争优势,以达到企业有效地适应外部持续变化的环境的目的"。同时根据企业制定的战略,实施相应的成本管理方法,随着企业战略的改变做出相应的调整,并且为企业的生产经营管理提出动态的全方位的成本信息,从而有效并持续地适应外部竞争环境的变化,以保持长久的竞争优势。

企业战略成本管理与传统成本管理相比较,主要区别如表 9-2 所示。

二、战略成本管理的程序以及分析方法

(一)价值链分析

1. 价值链的含义及分类

在战略成本管理模式下,价值链分析成为战略成本管理的基本出发点。这里价值是指买方愿意为企业提供给他们的产品所支付的价格。价值链是一个企业用以"设计、生产、推销、交货以及维护其产品"的内部过程和作业,并将其划分为内部联系和纵向联系,企业价值链与供应商、买方及购销渠道价值链之间的联系两大类。企业可通过协调或优化这些联系来创建其整体成本优势。波特将企业的活动划分为基本活动和辅助活动两大类:

表 9-2　　　企业战略成本管理与传统成本管理比较表

比较内容	传统成本管理	战略成本管理
目标不同	以降低成本为目标/局部性/具体性	以企业战略为目标/全局性/竞争性
眼界不同	狭隘(仅考虑成本效益原则)	广远(考虑长期战略效益)
时间不同	短期的(每月、季、年)	长期的(产品生命周期、产品更新期)
效果不同	暂时性/直接性	长期性/间接性
降低成本对象不同	表层面的/直接成本动因	深层次/表现在质量、时间、服务、技术创新等方面的动因
成本概念不同	仅指产品的短期成本	多组成本概念:质量成本、责任成本、作业成本、人力资源成本等
关注重点不同	重视成本结果信息/事后信息	重视成本过程信息/实时信息
对成本、质量、时间等动因看法不同	认为是并列的,且认为相互矛盾	认为是层次关系,且认为相辅相成并不矛盾

(1)基本活动包括5个方面:一是内部后勤:与接收、存储和分配相关的各种活动,如原材料搬运、仓储、库存控制、车辆调度和向供应商退货;二是生产作业:与将投入转化为最终产品形式相关的各种活动,如机械加工、包装、组装、设备维护、检测等;三是外务后勤:与集中、存储和将产品发送给买方有关的各种活动,如产成品库存管理、原材料搬运、送货车辆调度等;四是市场销售:与提供买方购买产品的方式和引导它们进行购买相关的各种活动,如广告、促销、销售队伍、渠

道建设等;五是售后服务:与提供服务以增加或保持产品价值有关的各种活动,如安装、维修、培训、零部件供应等。

(2)以上这些基本活动都离不开辅助活动的支持,辅助活动包括以下4个方面:①采购:指购买用于企业价值链的各种投入活动,采购既包括企业生产原料的采购,也包括辅助活动相关的购买行为,如研发设备的购买等;②技术开发:每项价值活动都包含着技术成分,无论是技术诀窍、程序,还是在工艺设备中所体现出来的技术;③人力资源管理:包括各种涉及所有类型人员的招聘、雇佣、培训、开发和报酬等各种活动,人力资源管理不仅对基本和辅助活动起到辅助作用,而且支撑着整个价值链;④企业基础设施:指企业的总体规划、管理、计划、财务等活动,支撑了企业的价值链。

2. 价值链分析的内容

价值链分析应包括以下几个方面:

(1)产业价值链分析。产业中任何一个企业居于产业价值链中的一个或多个链节,产业价值链中的企业互为现行的或潜在的竞争对手。以出售鸡产品为主的食品店来说明,如图9-8所示。

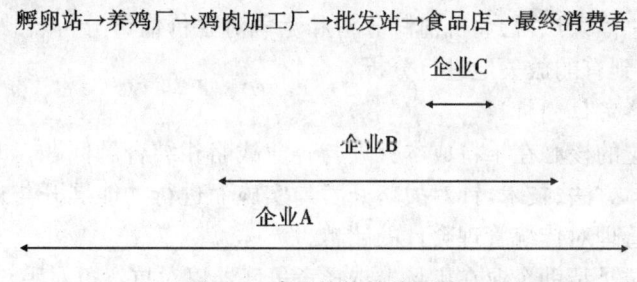

图9-8　产业价值链关系图

由上图可见,在价值链上,每一个企业既是供方又是买方,区分每一环节的成本、收入和相应资产配置以计算每一价值作业的经济效益(资产报酬率),有助于了解每一环节对应的供方与买方的力量,有助于企业明确开发与供方、买方关系的途径,以减少成本、增加差异性或二者兼顾,从而为产业中不同层次的竞争企业赋予了潜在的战略意义。

(2)企业价值链分析。企业价值链显示了总价值是由价值作业和毛利构成,价值作业可分为两大类型:主要作业和支持性作业。价值链是由价值作业的内部关系、作业之间的关系联结而成的一个系统。这些联系使得各价值作业进行的方式与成本相互影响(如高质量原料可减少售后服务)。企业价值链分析就是通过价值作业内部、作业之间关系的开发,推进各个价值作业的优化与相互协调,并为实现企业战略目标而进行价值作业之间的权衡取舍。

(3)竞争对手价值链分析。任何一个企业都不可能超越其所在的产业价值链。在整个产业价值链中,它要么是一个完全整合型企业(如企业 A)、要么是部分整合型企业(如企业 B)、或者是单一化企业(如企业 C)。

对于完全整合型企业,通过将内部转移价格调整为市价,评估产业价值每一环节的资产报酬率,以做出自制或购买的战略选择。对于部分整合型企业,可以确定前向整合或后向整合的可能性。每个企业面对一系列不同的竞争者(完全整合、部分整合、单一化企业),只有了解整个价值链和调节价值作业的成本动因,才能进行有效竞争。

综上所述,企业内部价值链分析、行业价值链分析和竞争对手价值链分析这三类价值链分析相互依存、相互联系地构成一个有机整体,共同为实现企业生产经营目标服务。企业内部价值链分析是行业价值链分析和竞争对手价值链分析的交叉点。行业价值链分析的结果确定企业应该生产什么,竞争对手价值链分析指出企业生产该种产品的竞争优势所在,同时明确与竞争对手有关的因素有哪些,从而确定企业进行生产的限制条件,即确定企业应如何进行生产。这两种分析的落脚点都在企业内部价值链分析的结果之上,没有企业内部各种成本的挖潜,行业价值链分析和竞争对手价值链分析就失去了意义;没有对企业内部价值链分析的总体认识,行业价值链分析和竞争对手价值链分析就缺乏分析的基础,就无法做到有的放矢地进行分析。

(二)战略定位分析

战略定位的核心在于将成本管理与企业战略相结合的问题,如何将管理会计信息和具体方法、技术,针对战略开发与实施而进行功能展开与运用创新,正是战略成本管理对传统管理会计的超越。

战略定位是帮助企业在市场上选择竞争武器以对抗竞争对手。企业对自己所处的内外部环境进行调查分析,同时对行业、市场、竞争对手和产品进行定位分析,确定成本领先或差异化战略,设计和应用成本管理方法。

1. 战略定位的 SWOT 分析方法

"SWOT"是 strength、weakness、opportunity、threat 4 个英文单词的缩写,这个模型主要是通过分析企业内部和外部存在的优势和劣势、机会和威胁来概括企业内外部研究结果的一种方法。

S—优势:比较分析企业在外部市场环境、内部经营方面相对于其他竞争对手的优势;

W—劣势:比较分析企业在外部市场环境、内部经营方面相对于其他竞争对手的劣势;

O—机会:分析在目前的市场竞争态势下企业存在的发展机会;

T—威胁:分析在目前的市场竞争态势下企业存在的威胁和挑战。

SWOT分析法的基本步骤如下:进行内部的成本优势分析;内部的成本劣势分析;外部环境的机会分析和外部环境的威胁分析;对分析结果进行整合并制定成本战略决策,得出四种战略组合:

优势—机会战略组合(SO):SO组合是一种发挥企业内部优势与利用外部机会的组合方式,也是最理想的战略模式。当企业具有特定方式的优势,而外部环境又为发挥这种优势提供了有利机会时,可以采取大胆发展的战略。

劣势—机会战略组合(WO):WO组合是一种利用外部机会来弥补内部劣势的组合方式,也是使企业扭转劣势、获取优势的战略。当企业存在外部机会,但由于企业内部存在的劣势而妨碍其对机会的利用时,可以考虑利用该战略模式以扬长避短。

优势—威胁战略组合(ST):ST组合是一种利用自身的优势回避或减轻外部威胁影响的战略组合,它通过在目标领域利润集聚来超越竞争对手,取得竞争优势。

劣势—威胁战略组合(WT):WT组合是最不理想的组合,企业内部的弱势同时面临强大的市场威胁,这时企业应采取减少内部劣势的同时回避外部环境威胁的防御性战略,可以采取产品差异化等战略来回避由于成本劣势带来的威胁。

这种方法的主观性比较强,SWOT分析所涉及的结果是人的认识和理解。如果人们的理解和认识根植于事实,那么SWOT分析就是一种非常有效的分析工具,它可以用来对各种群体进行相应的分析,并且将分析进行比较。但是在很多情况下,人们的认识和理解可能不完全是事实。因此在使用SWOT的模型过程中应该比较谨慎。在使用过程中可以利用多人打分和设立权重的办法来全面分析企业的内外状况。

2. 战略选择方法

波士顿矩阵是由波士顿公司提出的,这个模型主要用来协助企业进行业务组合或投资组合,见图9-9。

在图9-9中,矩阵坐标轴的两个变量分别是业务单元所在市场的增长程度和所占据的市场份额。每个象限中的企业处于完全不同的现金流位置,并且应用不同的方式加以管理,这样就引申出公司应该如何寻求其总体业务组合的问题。

金牛产品——在低增长市场上具有相对高的市场份额的业务,将产生健康的现金流,它们能用于向其他方面提供资金,发展业务。

瘦狗产品——在低增长市场上具有相对低的市场份额的业务经常是中等现金流的使用者。由于其虚弱的竞争地位,它们将成为现金的陷阱。

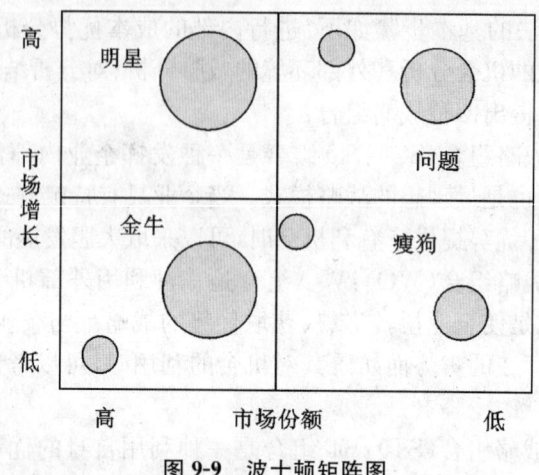

图 9-9　波士顿矩阵图

明星产品——在高增长市场上具有相对高的市场份额通常需要大量的现金以维持增长,但具有较强的市场地位并将产生较高的报告利润,它们有可能处在现金平衡状态。

问题产品——在迅速增长的市场上具有相对较低市场份额的业务需要大量的现金流入,以便为增长筹措资金。

波士顿矩阵有助于对各公司的业务组合投资组合提供一些解释,如果同其他分析方法一起使用会产生非常有益的效果。通过波士顿矩阵可以检查企业各个业务单元的经营情况,通过挤"现金牛"的奶来资助"企业的明星",检查有"问题的孩子",并确定是否卖掉"瘦狗"。

(三)成本动因分析

1. 战略成本动因的分类

成本动因根据不同的标准有以下不同的分类方法:

从成本动因对公司战略地位的影响,可以分为 3 种:能提高公司战略地位的动因、对公司战略地位无影响的动因、削弱公司战略地位的动因。

从是否可以量化则可以分为非量化成本动因和可量化成本动因。非量化成本动因包括缺乏技术监督、过多的质量验证等;可量化成本动因可进一步划分为批次动因、数量动因和工时动因等。

战略成本管理中,一般是根据战略战术层次对成本动因进行划分。战术层次的动因普遍存在于企业生产经营过程的相关作业中。战略成本动因主要是从战略角度研究对企业的成本结构和成本行为产生长期影响的成本驱动因素。

战略成本动因一般分为结构性成本动因和执行性成本动因两大类。结构性成本动因,主要是指与企业基本经济结构有关的成本因素,如企业规模、业务范围、学习与溢出、技术、地理位置、全面质量管理(TQM)等。执行性成本动因,主要是指与企业执行生产作业程序有关的成本因素,如生产能力利用率、联系、员工的参与等。

结构性成本动因分析应基于工业组织的试点来确定成本定位,其属性是企业在其基础经济结构层面的战略性选择。执行性成本动因之属性应定位为针对业绩目标的对成本定位的战略性强化。结构动因分析能够解决配置的优化问题是基础,而执行性成本动因分析解决绩效的提高问题使其持续。二者是互相连贯、互相配合、不可分割的过程。

2. 战略成本动因的识别

战略成本动因的识别方法很多。首先,可以通过考察一项价值活动的经济性寻找其成本驱动因素。例如,驱动销售费用变化的因素常常是市场份额,企业的产品在某地区的市场份额越大,单位成本就可能越小。其次,可以由企业总结内部经验而推断成本动因。例如,如果企业在若干地区销售或若干分厂生产,它们之间的差异也能说明主要的成本驱动因素。此外,还可以采用与企业管理者或专家面谈的方式分析成本动因。他们对某一价值活动有广博的认识,可以凭经验找出驱动成本的主要因素。还有一种方法就是把企业与竞争对手的成本进行比较,通过比较找出哪种成本动因最为重要。

各种战略成本动因常常相互作用,其相互作用可能采取两种形式:相互加强或相互对抗。成本动因之间相互加强是企业降低成本的最为有利的因素。通过改善其中一个成本动因便可改善另一成本动因从而降低成本。例如,规模经济往往带来学习效应的提高;整合程度提高常常可以扩大经济规模。成本动因之间相互对抗时,企业对一个成本动因的改善可能同时恶化另一个成本动因。例如,大幅度扩大经济规模可能造成生产能力利用的不足。因此企业应尽量选择相互加强的成本动因改善其成本地位。对于相互对抗的成本动因,则存在优化问题。企业应在几种成本动因之间进行权衡,分析各自对总成本的影响而决定企业的策略。

(四)制定成本减除的具体目标和措施,并立即组织实施

根据价值链分析所确立的战略成本管理思想,选择有利的竞争地位,明确成本抑减的使命,就应制定具体的成本管理近期目标和长期目标,安排责任人执行成本目标规划,并随时将执行情况与目标要求相对比,发现问题,采取措施,予以调整和纠正,实现成本减除领先战略,成为同行业内产品成本最低者。

案例讨论：

某电器制造公司成本抑减分析

【目的】

通过案例讨论、分析和撰写案例研究报告，使同学们深入理解成本管理在企业管理中的重要作用，深入透彻地理解和掌握公司财务管理的有关方法和原理，能够娴熟地运用成本理论开展成本管理工作。

【内容】

一、2004 年降低成本实际情况

1. 采购降低成本：

类 别	采购成本降低额(万元)	降低率(%)
国产料	3 619.03	7.36
进口件	2 475.74	11.07
显像管	12 315.62	5.47
合 计	18 410.39	5.82

2. 设计降低成本：

类 别	降低额(万元)	计划完成率(%)
结构设计	223	
UOC 机芯	70	
2in1	29	
胶片电视优化	215	
背投电视	880	
合 计	1 417	94.5
自主灌装	2 341	
总 计	3 758	250.5

3. 质量成本：

类别	2003年	2002年	降低
成本总计(万元)	9 152	9 609	530
单台质量成本(元/台)	32.07	34.42	2.35
损失收入比(%)	2.25	2.37	0.12个百分点

4. 单台制造费用(折合标准机型)：(单位：元/台)

年份	工资福利	燃料动力	折旧费	制造费用	单台费用	剔除折旧
2004年	9.29	1.31	9.76	1.52	21.88	12.12
2003年	14.18	2.14	14.81	2.67	33.80	18.99
降低额	4.89	0.83	5.05	1.15	11.92	6.87
降幅(%)	34.5	38.8	34.1	43.1	35.3	36.2

二、2004年降低成本工作中存在的问题

1. 缺乏系统的组织管理，缺乏相应的管理制度和考核、评价体系。

没有管理部门对此行工作进行系统规划、推进、监督，各部门对于降成本工作各自为政，没有形成合力，缺乏针对性。对降成本绩效缺少科学的评价方法，降成本工作的管理没有明确的制度规范，没有建立有效的考评体系，对降成本工作的监督、评价、考核等均处于无法可依、无章可循的无序状态。

2. 开发人员缺乏危机感，降低设计成本的主动性不够，设计成本贡献不足。

目前我们主要依赖见效最快的采购途径降低成本，而没有从设计这一源头来降低成本，低成本意识没有在产品设计过程中得到有效贯彻，产品成本在设计阶段就已经基本确定，我们的开发人员并没有真正意识到选用的每一个部件都将决定该产品的盈利能力，进而决定公司的生存与发展。另外，我们对成本问题的研究不够，不能主动认真地去研究我们的差距所在，不能及时去研究改进的方法和途径。

3. 各部门对降成本工作缺乏动力，从而使整个工作推进缓慢，缺乏科学的降成本方法和思路作为指导，各部门对于降成本手段落后单一。

4. 供应链开发、管理、维护落后于主要竞争对手。

采购管理模式比较落后，没有形成与公司发展相适应的采购理念。国际化采购意识薄弱，处于刚刚起步阶段。新产品专用件第二厂家开辟滞后，独家采购情况较多。

5. 降成本目标不明确，分解不到位。2003年公司没有制定明确的降成本指标，各部门对自身应承担的指标不明确，分解也不到位，从而导致责任不清、工作盲目。同时缺乏目标成本管理，对于新产品在设计开发、投入生产时都没有进行成本分析评审，从而无法避免先天不足。

6. 采购降低成本的手段和方法单一，信息采集水平落后，缺乏获取行业成本信息的手段，管理手段落后，业务员工作负荷大、工作效率低，采购员在基本技能和辅助知识方面都存在不足。

三、2005年降低成本目标、分解

总体目标：

项　　目	2004年目标		
	降幅		降低总额
采购成本	2.9%		1.7亿元
设计成本	2%		1.3亿元
单台费用(不含折旧)	3.55元/台	8.56元/台	1 460万元
质量成本(收入损失比)	0.34个百分点	1.91%	−3 000万元
总　　计	2.84亿元		

1. 设计成本——降幅2%，降低额1.3亿元。

其中：PDP产品：降幅2.3%，降低额2 000万元。

　　　LCD产品：降幅1.9%，降低额500万元。

　　　逐行、高清产品：降幅2.7%，降低额4 500万元。

　　　普通CRT电视：降幅0.4%，降低额1 000万元。

　　　背投产品：降幅6.4%，降低额3 000万元。

　　　出口机：降幅2.9%，降低额2 000万元。

目标月度分解(万元)：

第九章　成本管理

产品	项目	1月	2月	3月	4月	5月	6月	7月	8月	9月	10月	11月	12月	合计
LCD	降低额	2	0	3	43	50	44	50	51	58	61	64	75	500
LCD	降低率(%)	0.1	0.0	0.1	2.3	2.2	2.3	2.2	2.3	2.3	2.3	2.4	2.4	1.9
PDP	降低额	3	4	46	145	164	125	231	232	259	271	255	262	2 000
PDP	降低率(%)	0.1	0.2	0.7	2.0	2.0	1.9	2.9	2.9	2.9	2.8	2.8	2.8	2.3
逐行高清	降低额	—	2	5	220	277	429	564	572	595	601	608	628	4 500
逐行高清	降低率(%)	0.0	0.1	0.1	1.8	2.7	4.1	4.5	4.0	3.1	2.9	2.8	2.4	2.7
普通CRT产品	降低额	—	2	14	114	87	76	82	95	115	124	126	165	1 000
普通CRT产品	降低率(%)	0.0	0.0	0.1	0.5	0.5	0.6	0.5	0.5	0.5	0.5	0.5	0.5	0.4
背投产品	降低额	—	2	73	354	308	301	340	326	312	340	311	333	3 000
背投产品	降低率(%)	0.0	0.1	1.7	8.0	7.9	7.9	.3	7.5	7.4	7.3	7.4	7.4	6.4
背投产品	降低额	—	—	—	198	235	234	196	243	256	237	216	184	2 000
背投产品	降低率(%)	—	—	—	2.9	2.9	2.9	2.9	2.9	2.9	2.9	2.9	2.9	2.9
背投产品	降低额	5	11	143	1 075	1 121	1 209	1 464	1 519	1 595	1 634	1 579	1 646	13 000
背投产品	降低率(%)	0	0	0	2	2	3	3	3	2	2	2	2	2

2. 采购降低成本——降幅2.94%,降低额1.7亿元(不包括LCD、PDP屏幕和模块)。

其中:进口料:降低4.5%,预计降低采购成本3 570万元。

国产料:降低1.98%,预计降低采购成本2 026万元。

显像管:降低3.04%,预计降低采购成本10 743万元。

塑料件:降低1.57%,预计降低采购成本673万元。

目标月度分解:

(%)

	1月	2月	3月	4月	5月	6月	7月	8月	9月	10月	11月	12月	全年
国产料	0.68	1.14	1.85	1.90	1.90	1.93	1.95	1.95	1.96	2.41	2.43	2.40	1.98
进口料	0.74	1.41	2.79	3.96	4.21	4.35	4.22	4.37	4.30	5.02	5.34	4.50	4.49
显像管	−0.21	0.39	1.48	1.88	2.79	4.48	4.01	5.11	4.29	3.36	1.88	1.47	3.04
塑料件	0.00	1.03	0.81	0.87	0.95	1.39	1.35	1.30	1.36	2.71	2.59	2.55	1.57
合计	0.07	0.67	1.68	2.09	2.74	3.85	3.55	4.25	3.72	3.39	2.50	2.11	2.9

3. 单台生产费用——全年平均8.56元/台(标准机型,不含折旧费)。

目标分解:

(元/台)

月度	1月	2月	3月	4月	5月	6月			
单台费用	19.84	9.29	8.83	6.22	8.81	7.44			
月度	7月	8月	9月	10月	11月	12月	年平均	降低额	降幅
单台费用	7.37	8.07	7.89	8.49	9.72	6.81	8.56	3.55	29%

4. 强化质量控制管理,降低质量成本。

	2005年目标	2004年	降低	降幅
质量成本	12 250	9 152	3 098	
(内销)损失收入比(%)	1.91	2.25	0.34个百分点	15.1

【要求】

1. 提出和分析2005年电器制造公司降低成本的管理思路。
2. 提出改进成本管理的具体措施。
3. 写出成本案例研究报告。

第十章
财务预算

【内容简介】

　　财务预算是公司全面预算的重要组成部分,它是对经营预算和资本预算的汇总。本章在简单介绍财务预算的含义、作用、编制原则、编制程序及其在全面预算体系中地位的基础上,主要讲述了财务预算的编制方法,并详细阐述了各种预算的编制。本章的重点是财务预算编制方法及各种财务预算的具体编制。

【学习目的和要求】

　　通过本章的学习,学生应了解财务预算的含义与作用,熟悉财务预算的编制原则与程序,明确其在全面预算体系中的地位;掌握财务预算的编制方法,理解各种预算方法之间的关系;熟悉掌握现金预算与预计财务报表的编制。通过本章的学习,学生应该会实际计算、编制预算,并理解书中的案例。

第一节　财务预算概述

一、财务预算的含义与作用

（一）财务预算的含义

　　财务预算是企业在预算期内为规划资金的筹集和分配而编制的反映有关现金收支、经营成果和财务状况等价值指标的各种预算的总称,主要包括现金预算、预计利润表和预计资产负债表。财务预算需要以财务预测的结果为根据,同时又受到财务预测质量的制约;财务预算也必须服从决策目标的要求,使决策目标具体化、系统化、定量化。

（二）财务预算的作用

　　财务预算是对企业各种经营预算和专门决策预算的汇总,各种经营预算和专门决策预算都通过财务预算体现出来,因此,它又称为"总预算",经营预算和专门决策预算则称为"分预算"。可见,财务预算对企业来说具有非常重要的作用,主要体现在以下5个方面。

1. 规划

财务预算迫使管理层制定未来的计划,明确企业的总体方向,预见问题并制定解决问题的对策,它将企业各业务职能部门单个的、分开的预算汇总为一个整体,从各部门的角度上升到整个企业的角度,有利于立足全局,使管理层在制定经营计划时更具前瞻性。

2. 沟通和协调

企业以预算的形式向每个员工传达计划,使每个员工清楚他们在实现目标中的作用,促使各业务职能部门的管理者更好地扮演纵向与横向沟通的角色。企业各部门的预算相互配合、协调,以发挥预算的最大作用,实现企业的目标。

3. 资源配置

由于企业资源有限,通过财务预算可将资源分配给获利能力相对较高的相关部门、项目或产品,实现资源的优化配置。

4. 营运控制

预算可视为一种控制标准,控制可以通过定期地将实际经营成果与预算相比较来实现,从而使管理者找出差异,分析原因,并改善经营状况。

5. 业绩评价

财务预算考虑了企业的整体情况、历史数据、未来发展,是对企业预算期间经营情况比较客观的预测。因此,通过预算建立业绩评价体系,可以帮助各部门管理者进行有效的绩效评估工作。

二、财务预算的编制原则与程序

(一)财务预算的编制原则

编制财务预算应该遵循以下3条原则:

1. 编制预算要以明确的经营目标为前提

确定目标利润的同时,也应确定相应的目标成本,编制有关的销售收入和成本费用预算。

2. 编制预算要做到全面、完整

凡是影响目标实现的业务事项,都要以货币或其他计量形式来具体地加以反映,避免由于预算缺乏全面的考虑而影响目标的实现。有关预算指标之间要相互衔接,钩稽关系应该明确,以保证整个预算的综合平衡。

3. 预算要现实可靠,并灵活可变

在充分估计目标实现可能性的基础上,预算指标不能制定的过高或过低,以保证预算在实际执行过程中,充分发挥其指导和控制作用。为了应付实际情况发生的变化,预算也应具有一定的灵活性,以免在意外事项发生时,造成被动,影响原定目标的实现。

(二)财务预算的编制程序

财务预算的编制涉及企业经营管理的各个部门,它需要执行人员参与编制,并采取自上而下或自下而上的方法,不断反复修正,在综合平衡的基础上,以书面形式向下传达,落实到有关部门并付诸实施。其编制的一般程序为:

(1)在预测和决策的基础上,根据长远规划拟订企业预算总方针,包括经营方针、各项政策以及企业总目标和分目标,如利润目标、销售目标、成本目标等,并下发到有关部门;

(2)在基层草编预算的基础上,组织各生产业务部门按具体目标要求编制本部门的预算;

(3)由预算委员会平衡与协商调整各部门的预算,汇总出公司的总预算;

(4)审议预算并上报董事会,审议通过或者驳回修改预算,最终通过企业的综合预算及部门预算;

(5)将批准后的预算下达给各级各部门执行。

三、财务预算在全面预算体系中的地位

全面预算体系是由一系列预算按其经济内容及相互关系有序排列而构成的一个完整体系,包括专门决策预算、经营预算与财务预算三大类。其中,专门决策预算又称特种决策预算,是指企业不经常发生的、需要根据特定决策临时编制的一次性预算。专门决策预算又包括经营决策预算和投资决策预算两种,如根据企业股利政策编制的股利发放预算和根据企业长期投资决策编制的资本性支出预算。

经营预算又称日常业务预算,是指与企业日常经营活动直接相关的各种预算,具体包括销售预算、生产预算、直接材料预算、直接人工预算、制造费用预算、生产成本预算、应交税金及附加预算、销售及管理费用预算等。这类预算通常与企业利润表的计算有关,大多以实物量指标和价值量指标分别反映企业收入与费用的构成情况。

在上述三大类预算中,专门决策预算和经营预算是财务预算的基础,而财务预算是专门决策预算和经营预算的结果,其各项指标依赖于专门决策预算和经营预算。财务预算是全面预算的主体,其综合性最强,可以从价值方面总括地反映经营决策的结果。可见,财务预算在全面预算体系中占有举足轻重的地位。财务预算在全面预算体系中的地位如图 10-1 所示。

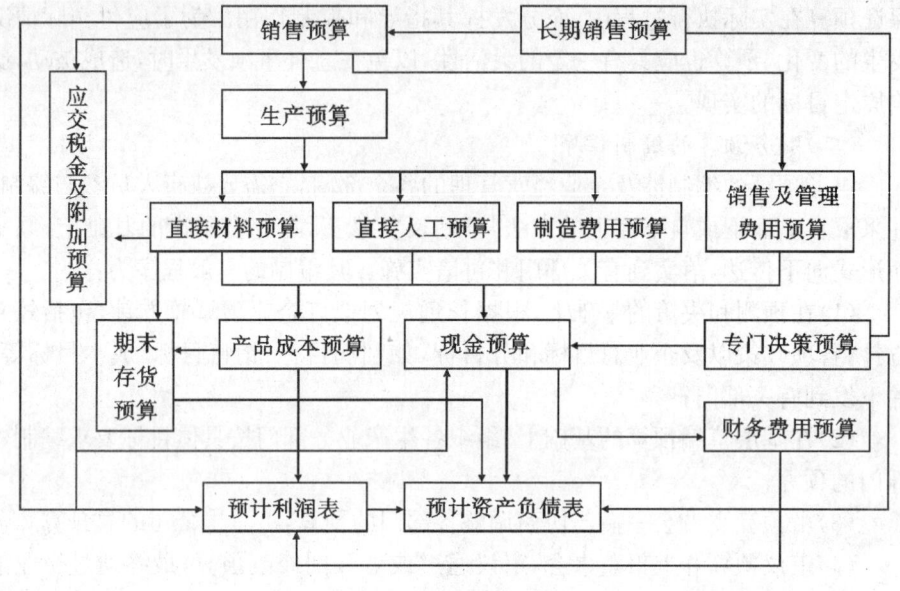

图 10-1　全面预算体系

第二节　预算的编制方法

随着预算管理水平的不断提高,预算编制的方法也在不断完善,形成了完整的方法体系。从预算编制的不同角度,可以将预算编制的方法分为若干种类型。按业务量基础的数量特征不同,可以分为固定预算与弹性预算;按预算编制出发点的特征不同,可分为增量预算和零基预算;按预算期的时间特征不同,可分为定期预算和滚动预算。此外,在涉及变量较多、情况多变的情况下,有时还需使用概率预算等其他预算形式。

一、固定预算与弹性预算

(一) 固定预算的含义与特征

固定预算又称静态预算,是企业根据预算期内某一既定业务量(如生产量、销售量)水平编制预算的一种方法。由于这种方法不考虑预算期内生产经营和财务活动可能发生的变动情况,因而,通常只适用于业务量水平较为稳定的企业和非盈利组织。

固定预算具有两个显著特征:(1)不考虑预算期内业务活动水平可能发生的变动,只是按照预算期内某一既定业务量水平确定相应的数据。(2)将预算的实际执行结果与按预算期内某一业务量水平所确定的预算数进行比较和分析,并据此进行业绩评价和考核。

正是基于上述两个特征,使得固定预算具有如下缺点:(1)机械呆板。不论未来预算期内实际业务量水平是否发生波动,都只按事先预计的某一确定的业务量水平作为编制预算的基础。(2)可比性差。当实际业务量与编制预算所依据的预计业务量存在较大差异时,有关预算指标的实际数与预算数之间就会因业务量基础不同而失去可比性,不利于正确地控制、考核和评价企业预算的执行情况。

对于那些未来业务量不稳定、业务量水平经常发生波动的企业来说,采用固定预算方法也可能对企业预算的业绩考核和评价产生扭曲、误导作用。

【例10-1】 甲公司预计生产某种产品900件,按固定预算方法编制的该产品成本预算如表10-1所示。

表10-1　　　　　　　　甲公司产品成本预算　　　（预计产量:900件　单位:元）

成本项目	总成本	单位成本
直接材料	4 500	5
直接人工	900	1
制造费用	1 800	2
合　　计	7 200	8

该公司当年实际生产1 200件,实际发生总成本为9 400元,其中:直接材料6 500元,直接人工1 000元,制造费用1 900元,单位成本为7.83元/件。该企业根据实际成本资料和预算成本资料编制的成本业绩报告如表10-2所示。

表10-2　　　　　　　　甲公司成本业绩报告　　　　　　　　　　（单位:元）

成本项目	实际成本	预算成本		差异	
		未按产量调整	按产量调整	未按产量调整	按产量调整
直接材料	6 500	4 500	6 000	+2 000	+500
直接人工	1 000	900	1 200	+100	−200
制造费用	1 900	1 800	2 400	+100	−500
合　　计	9 400	7 200	9 600	+2 200	−200

从上表中可以看出,实际成本与未按产量调整的预算成本相比,超支较多;而实际成本与按产量调整后的预算成本相比,又节约很多。当产量从900件增加到1 200件时,如果不按变动后的产量对预算成本进行调整,就会因业务量不一致而导致所计算的差异缺乏可比性。由于制造费用中包括一部分固定制造费

用不随产量变动,即使按产量调整了固定预算,也不能准确说明企业预算的执行情况。

(二)弹性预算的含义与特征

弹性预算是在固定预算的基础上发展起来的一种预算方法,又称变动预算或滑动预算,是指以业务量、成本和利润之间的依存关系为依据,根据预算期可预见的各种业务量水平编制能够适应多种情况预算的一种方法。

弹性预算具有以下特征:(1)按预算期内某一相关范围内的、可预见的多种业务量水平确定不同的预算额,或按其实际业务量水平调整预算额。(2)将实际指标与实际业务量相对应的预算额进行对比,使预算执行情况的评价和考核建立在更加客观可比的基础上。

与固定预算相比,弹性预算具有两个显著的优点:(1)预算范围宽。弹性预算能够反映预算期内与一定相关范围内多种业务量水平相对应的不同预算额,扩大了预算的适用范围,便于预算指标的调整。弹性预算不再是只适应一个业务量水平的一个预算,而是能够随业务量水平的变动作机动调整的一组预算,使管理层能够了解一定作业范围内的预计结果,有利于不确定性问题的解决。(2)可比性强。弹性预算可用来编制预计作业水平下的预算,并可用该预算计算实际作业水平下的预算额,将实际指标与实际业务量相应的预算额进行对比,能够使预算执行情况的评价与考核建立在更加客观和可比的基础上,便于更好地发挥预算的控制作用。由于预算能够频繁地向管理层提供反馈信息,有利于更加有效地控制,并将计划付诸实施。

(三)弹性预算的编制

从理论上讲,弹性预算适用于编制全面预算中所有与业务量有关的各种预算。但从实用角度看,主要用于编制弹性成本费用预算和弹性利润预算等。

1. 弹性预算的编制步骤

(1)确定预算期内可能的业务量范围。业务量范围的选择应根据企业的具体情况而定,但实际业务量变化一定不能超出确定的范围。一般来说,可定在正常生产能力的 70%~120%之间,或以历史上最高业务量或最低业务量为其上下限。

(2)选择确定与预算内容相关的业务量计量单位。通常,商业企业可选用销售额或销售量,或者与该项费用密切相关的其他业务量。生产加工企业,如果是生产单一产品的部门,可以选用产品产量;如果是生产多品种产品的部门,可以选用人工工时;机械化程度较高的企业选用机器工时更为适宜。

(3)计算确定各经济变量之间的数量关系,预测预算期可能达到的各种经营活动业务量。

(4)在确定的业务量范围内,选择数个具有代表性的作业量水平,计算各种业务量的财务预算数额。

2. 弹性成本预算的编制

在实际编制过程中,弹性成本预算有公式法和多水平法两种编制方法。实际工作中可以将两者结合起来应用。

(1)公式法。由于固定成本在一定范围内不随业务量的变动而改变,一般为常数,而变动成本则随着业务量的变动而变动。假设成本与业务量呈线性关系,在成本性态分析的基础上,可将任何成本项目近似地表示为公式:$Y=a+bx$。

其中:a 表示固定成本;

b 表示单位变动成本;

x 表示业务量,Y 为总成本。

在公式法下,如果事先确定了有关业务量的变动范围,只要根据有关成本项目的 a 和 b 参数,就可以推断出业务量在允许范围内任何水平上的各项预算成本。通常 a 和 b 可用高低点法或线性回归法确定。

(2)多水平法。多水平法又称列表法,是指通过列表的方式,在相关范围内每隔一定业务量范围计算相关数值预算,来编制弹性成本预算的方法。在该方法下,各业务量水平下的成本预算应按变动成本、固定成本和混合成本分别列示成本项目。

在业务量水平间距的选择上应根据企业具体情况而定。间距不宜过大,也不宜过小。业务量的间距大,可以简化编制预算的工作量,但不宜在弹性成本预算表中找出与实际业务量较为接近的业务量和相应的预算,失去弹性预算的作用。业务量的间距小,实际业务量水平出现在预算表中的可能性就大,但工作量也相应增大。一般可按正常业务量的 5%~10% 作为间距。

【例 10-2】 甲公司按多水平法编制的制造费用弹性预算如表 10-3 所示。

表 10-3　　　甲公司预算期制造费用弹性预算(多水平法)　　　(单位:元)

直接人工工时	56 000	64 000	72 000	80 000	88 000	96 000
生产能力利用(%)	70	80	90	100	110	120
变动成本项目						
辅助工人工资($b=0.4$)	22 400	25 600	28 800	32 000	35 200	38 400
检验员工资($b=0.35$)	19 600	22 400	25 200	28 000	30 800	33 600

(续表)

变动成本合计	42 000	48 000	54 000	60 000	66 000	72 000
混合成本项目						
维修费用($a=5\,000,b=0.2$)	16 200	17 800	19 400	21 000	22 600	24 200
水电费($a=500,b=0.15$)	8 900	10 100	11 300	12 500	13 700	14 900
辅助材料($a=3\,500,b=0.3$)	20 300	22 700	25 100	27 500	29 900	32 300
混合成本合计	45 400	50 600	55 800	61 000	66 200	71 400
固定成本项目						
管理人员工资	13 000	13 000	13 000	13 000	13 000	13 000
折旧费	5 000	5 000	5 000	5 000	5 000	5 000
设备租金	7 000	7 000	7 000	7 000	7 000	7 000
固定成本合计	25 000	25 000	25 000	25 000	25 000	25 000
制造费用预算	112 400	123 600	134 800	146 000	157 200	168 400

当实际业务量水平在某两个水平之间时，还可结合使用插值法来确定实际业务量水平下的成本费用。上例中，当实际业务量为 68 000 工时时，制造费用根据上表计算如下：

设 68 000 工时下预算制造费用为 x 元，因工时在 64 000～72 000 之间，用插值法得出：

$$\frac{134\,800-123\,600}{72\,000-64\,000}=\frac{x-123\,600}{68\,000-64\,000}$$

解得：$x=129\,200$

为了更精确，还可使用插值法确定每一项成本费用的具体金额。

列表法的主要优点是可以直接从表中查得或者通过插值计算取得各种业务量下的成本预算，便于预算的控制和考核，但这种方法工作量较大，且不能包括所有业务量条件下的费用预算，故使用面较窄。

3. 弹性利润预算的编制

弹性利润预算是根据成本、业务量和利润之间的依存关系，为适应多种业务量变化而编制的利润预算，反映了企业在预算期内各种业务量水平上应获得的利润指标。弹性利润预算是以弹性成本预算为基础编制的，其主要内容包括销售量、价格、单位变动成本、边际贡献和固定成本。弹性利润预算的编制主要有因素法和百分比法两种方法。

(1) 因素法。因素法是指根据受业务量变动影响的有关收入、成本等因素与利润的关系，列表反映在不同业务量水平下的利润水平。这种方法一般适于单一品种经营或采用处理固定成本的多品种经营的企业。

【例10-3】 甲公司预算年度某产品的销售量预计在 5 000~10 000 件之间变动,销售单价为 120 元,单位变动成本为 96 元,固定成本总额为 90 000 元。

要求:根据上述资料以 1 000 件为销售量的间隔单位编制该产品的弹性利润预算。

解:依题意编制的弹性利润预算如表 10-4 所示。

表 10-4　　　　　　　　甲公司弹性利润预算　　　　　　　　(单位:元)

销售量(件)	5 000	6 000	7 000	8 000	9 000	10 000
单　　价	120	120	120	120	120	120
单位变动成本	96	96	96	96	96	96
销售收入	600 000	720 000	840 000	960 000	1 080 000	1 200 000
减:变动成本	480 000	576 000	672 000	768 000	864 000	960 000
边际贡献	120 000	144 000	168 000	192 000	216 000	240 000
减:固定成本	90 000	90 000	90 000	90 000	90 000	90 000
利润总额	30 000	54 000	78 000	102 000	126 000	150 000

此外,也可以分别编制不同销售价格、不同单位变动成本、不同固定成本水平下的弹性利润预算,从而形成一个完整的弹性利润预算体系。

(2)百分比法。百分比法又称销售额百分比,是指按不同销售额的百分比来编制弹性利润预算的方法。通常许多企业都经营多个品种,运用销售额百分比法可对全部经营商品或按商品大类编制弹性利润预算。应用百分比法的前提条件是销售收入必须在相关范围内变动,即销售收入的变化不会影响企业的成本水平(单位变动成本和固定成本总额)。这种方法主要用于多品种经营的企业。

【例10-4】 甲公司预算年度的销售业务量达到 100% 时的销售收入为 1 200 000元,变动成本为 960 000 元,固定成本为 90 000 元。

要求:根据上述资料以 10% 的间隔为该公司按百分比法编制弹性利润预算。

解:根据题意编制的弹性利润预算如表 10-5 所示。

表 10-5　　　　　　　　　甲公司弹性利润预算　　　　　　　　　（单位：元）

销售收入百分比(%)(1)	80	90	100	110	120
销售收入(2)=1 200 000×(1)	960 000	1 080 000	1 200 000	1 320 000	1 440 000
变动成本(3)=960 000×(1)	768 000	864 000	960 000	1 056 000	1 152 000
边际贡献(4)=(2)-(3)	192 000	216 000	240 000	264 000	288 000
固定成本(5)	90 000	90 000	90 000	90 000	90 000
利润总额(6)=(4)-(5)	102 000	126 000	150 000	174 000	198 000

（四）固定预算与弹性预算的比较

1. 编制基础不同

固定预算是针对某一特定业务量编制的；而弹性预算是针对一系列可能达到的预计业务量水平编制的。

2. 二者互为优缺点

固定预算过于机械呆板，可比性差；而弹性预算恰好与此相反，预算范围宽，可比性强。

3. 适用范围

固定预算只适用于业务量水平稳定的企业或非盈利组织。

二、增量预算与零基预算

（一）增量预算的含义和特征

增量预算又称调整预算，是指以基期成本费用水平为基础，结合预算期业务量水平及有关影响成本因素的未来变动情况，通过调整有关原有费用项目而编制预算的一种方法。传统的预算编制方法主要采用的是增量预算方法，这种方法比较简便。

增量预算需要满足一定的假定条件：(1)各项业务活动都是企业所必需的，只有保留企业现有的每项业务活动，才能使企业的经营过程得到正常发展。(2)原有的各项开支都是合理的，必须予以保留。(3)增加费用预算是值得的，未来预算期的费用变动是在现有费用的基础上调整的结果。

增量预算方法以过去的经验为基础，认为过去所发生的一切都是合理的，在预算内容上不需作较大改进，而是应该沿袭以前的预算项目。这种方法的缺点主要包括：(1)受原有费用项目限制，使原来不合理的费用开支继续存在下去，形成不必要开支的合理化，预算编制单位的负责人通常会用完全年的预算指标，造成预算上的浪费。(2)滋长预算中的"平均主义"和"简单化"，使得预算编制人员凭主观臆断按成本项目平均消减预算或只增不减，不利于调动各部门降低费用的积极性。(3)不利于企业未来的发展,由于其只对目前已存在的费用项目编制预算,而不考虑那些对企业未来发展有利且确实需要开支的费用项目,从而不利于对企业未来有价值的改革创新思想的产生,阻碍了企业的长远发展。

(二)零基预算的含义和特征

零基预算是为克服增量预算方法的不足而设计的,由美国德州仪器公司彼得·派尔在20世纪70年代提出,现已被西方国家广泛采用作为管理间接费用的一种有效方法。

零基预算又称零底预算,是指在编制预算时,不考虑以往会计期间所发生的费用项目或费用数额,对所有预算支出均以零为出发点,一切从实际需要与可能出发,逐项审议预算期内各项费用的内容及开支标准是否合理,在综合平衡的基础上编制费用预算的一种方法。零基预算打破了传统的预算编制观念,不再以历史资料为基础进行调整,而是一切以零为基础。这种方法特别适用于产出较难辨认的服务性部门费用预算的编制。

因为零基预算一切从零和实际需要开始,不受现有费用项目和开支水平的限制,所以能够促使企业合理有效地进行资源分配,将有限的资金用在最需要的地方;也能够调动企业各部门降低费用的积极性,充分发挥各级管理人员的积极性、主动性和创造性,促进各预算部门精打细算,量力而行,合理使用资金,提高资金的利用效果。以零为出发点,对一切费用一视同仁,有利于企业面向未来发展考虑预算问题。

但是,由于零基预算一切从零开始,这需要对企业现状和市场进行大量的调查研究,对现有资金使用效果和投入产出关系进行定量分析等等,因而会耗费大量的人力、物力和财力,使得预算工作量较大,有时甚至得不偿失。

(三)零基预算的编制步骤

(1)企业内部各有关部门根据企业的总体目标,讨论各部门各项费用在预算期内的开支计划,并详细列出各项费用的开支数额及理由。

(2)对每个费用项目进行成本效益分析,将其所得与所费进行对比,评价每项费用开支的重要程度,在权衡轻重缓急的基础上,按重要程度合理地进行排序,划分各成本费用项目的等级。

(3)将预算期内可动用的资金在各项费用之间进行分配,对于那些必须足额开支的费用优先分配资金,对于可以增减发生额的费用项目按其等级进行排序分配,经协调后再具体规定有关指标,逐项下达费用预算。

【例10-5】 甲公司预算年度对历年来超支严重的业务招待费、劳动保护费、办公费、广告费、保险费等间接费用项目的可动用财力资源只有780 000元,为降低费用开支水平,该公司拟采用零基预算法对上述各项费用编制预算。经多次讨论研究,预算编制人员确定上述费用在预算年度开支水平如表10-6所示。

表 10-6　　　　甲公司预计费用项目及开支金额　　　　（单位：元）

费用项目	开支金额
业务招待费	200 000
劳动保护费	160 000
办公费	140 000
广告费	330 000
保险费	120 000
合　　计	950 000

经过分析论证，得到如下结论：上述费用中除业务招待费和广告费以外都不能再压缩，必须得到全额保证。根据历史资料对业务招待费和广告费进行成本—效益分析，得到以下数据，如表 10-7 所示。

表 10-7　　　　甲公司成本—效益分析表

成本项目	成本金额	收益金额
业务招待费	1	3
广告费	1	6

权衡上述各项费用开支的轻重缓急排出层次和顺序：属于不可避免的、必须全额得到保证的约束性固定成本应列为第一层次；属于可根据预算期间企业财力情况酌情增减的可避免项目，如广告费和业务招待费分别列为第二、三层次，因为广告费的成本—效益较大，应列为第二层次，而业务招待费的成本—效益相对较小，故列为第三层次。

根据以上排列的层次和顺序分配资源，最终落实的预算金额如下：

(1) 确定不可避免项目的预算金额：

$$160\ 000+140\ 000+120\ 000=420\ 000(元)$$

(2) 确定可分配的资金数额：$780\ 000-420\ 000=360\ 000(元)$

(3) 按成本—效益比重将可分配的资金数额在业务招待费和广告费之间进行分配：

业务招待费可分配资金 $=360\ 000\times[3/(3+6)]=120\ 000(元)$

广告费可分配资金 $=360\ 000\times[6/(3+6)]=240\ 000(元)$

实际工作中，某些成本项目的成本—效益关系并不容易确定，因此，按零基预算方法编制预算时，也不能机械地平均分配资金，而应根据企业的实际情况，有重点、有选择地确定预算项目，保证重点项目的资金需要。

(四)增量预算与零基预算的比较

1. 编制基础不同

增量预算是以基期成本费用水平为基础;零基预算是一切从零开始。

2. 二者互为优缺点

增量预算的缺点在于受原有费用项目限制,可能保护落后,从而滋长"平均主义",不利于企业未来发展;零基预算则不受原有费用项目和开支水平限制,能调动积极性,有利于企业未来发展。

3. 适用范围

零基预算特别适用于产出较难辨认的服务性部门费用预算的编制。

三、定期预算和滚动预算

(一)定期预算的含义及特征

定期预算是指在编制预算时以不变的会计期间(如日历年度)作为预算期的一种预算编制方法。

定期预算的唯一优点是能够使预算期间与会计年度相配合,便于考核和评价预算的执行结果。按照定期预算方法编制的预算主要有以下缺点:

(1)远期指导性差。由于定期预算往往是在年初甚至提前两三个月编制的,对于整个预算年度的生产经营活动很难做出准确的预算,而预算后期所进行的也只能是笼统的估算,其数据笼统含糊,缺乏远期指导性,预算的执行就更加困难,不利于正确地考核评价生产经营活动。

(2)灵活性差。由于定期预算不能随情况的变化及时调整,当预算中规划的各种经营活动在预算期内发生重大变化时,滞后过时的预算就会成为虚假预算。

(3)连续性差。受预算期间的限制,经营管理层的决策视野往往局限于本期规划的经营活动,只注重短期经营目标,而忽略长期目标和长远规划,因而无法适应连续不断的经营过程,不利于企业的长远发展。

(二)滚动预算的含义和特征

滚动预算又称连续预算或永续预算,是指在编制预算时,将预算期与会计年度脱离,随着预算的执行不断延伸补充预算,逐期向后滚动,使预算期永远保持一个固定期间的预算编制方法。

按滚动预算方法编制的预算具有以下优点:

(1)透明度高。由于编制预算不再是预算年度开始之前几个月的事情,而是实现了与日常管理的紧密衔接,可以使管理人员始终能够从动态的角度把握住企业的近期规划和远期战略布局,使预算具有较高的透明度。

(2)及时性强。由于滚动预算能够根据前期的执行情况,结合各种因素的变动影响,及时调整近期预算,从而使预算更加切合实际,能够充分发挥预算的指导和控制作用。

(3)连续性好。由于滚动预算在时间上不再受日历年度的限制,能够连续不断地规划本来的经营活动,不会造成预算人员的人为间断。

(4)完整性和稳定性突出。可以使企业管理人员了解未来预算期内企业的总体规划与近期预算目标,能够确保企业管理工作的完整性与稳定性。

但滚动预算的工作量通常会较大。

(三)滚动预算的编制

滚动预算按其预算编制和滚动的时间单位不同可分为逐月滚动、逐季滚动和混合滚动3种方式。

1.逐月滚动方式

逐月滚动方式是指在预算编制过程中,以月份为预算的编制和滚动单位,每个月调整一次预算的方法。如在2006年1月至12月的预算执行过程中,需要在1月末根据当月预算的执行情况,修订2月至12月的预算,同时补充2007年1月的预算,在2月末可根据当月预算的执行情况,修订3月至2007年1月的预算,补充2007年2月份的预算;……以此类推。逐月滚动预算方式示意图如图10-2所示。按照逐月滚动方式编制的预算比较精确,但工作量太大。

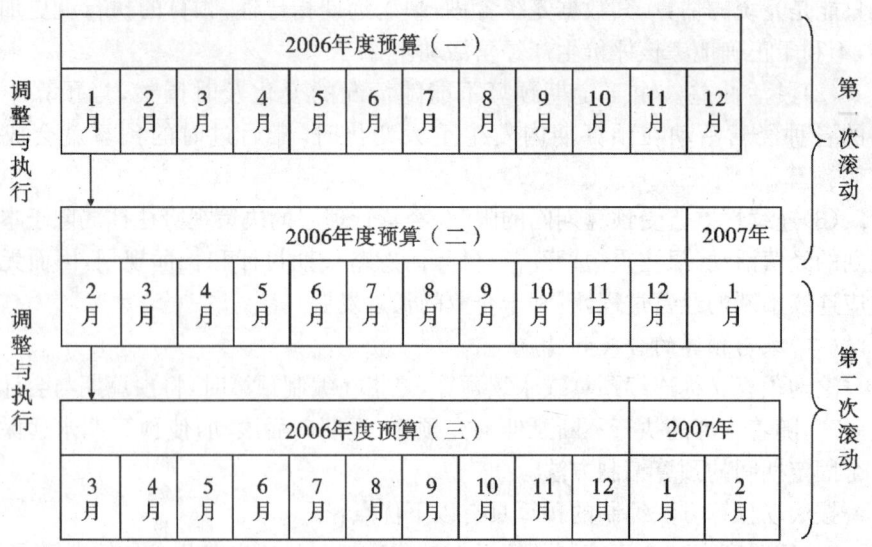

图10-2 逐月滚动方式示意图

2. 逐季滚动方式

逐季滚动方式是指在预算编制过程中,以季度为预算的编制和滚动单位,每个季度调整一次预算的方法。如在 2006 年第 1 季度至第 4 季度的预算执行过程中,需要在第 1 季度末根据当季预算的执行情况,修订第 2 季度至 2007 年第 1 季度的预算,同时补充 2007 年第 1 季度的预算;第 2 季度末根据当季预算的执行情况,修订第 3 季度至 2007 年第 1 季度的预算,同时补充 2007 年第 2 季度的预算;……以此类推。逐季滚动编制的预算比逐月滚动的工作量小,但预算精确度较差。

3. 混合滚动方式

混合滚动方式是指在预算编制过程中,同时使用月份和季度作为预算的编制和滚动单位的方法。它是滚动预算的一种变通方式。如对 2006 年 1 月份至 3 月份的头三个月逐月编制详细预算,其余 4 月份至 12 月份分别按季度编制粗略预算;3 月份末根据第 1 季度预算的执行情况,编制 4 月份至 6 月份的详细预算,并修订第 3 至第 4 季度的预算,同时补充 2007 年第 1 季度的预算,以此类推。混合滚动预算示意图所示。

这种预算方法以对近期的预计把握较大,对远期的预计把握较小为理论依据,为了做到长远计划安排,在预算编制过程中,可以对近期预算提出较高的精度要求,使预算的内容相对详细;对远期预算提出较低的精度要求,使预算的内容相对简单,以减少预算工作量。在实际工作中,采用哪一种滚动预算方式应视企业的实际需要而定。

(四) 定期预算与滚动预算的比较

1. 编制基础不同

定期预算一般以会计年度为单位定期编制;滚动预算的要点在于不将预算期与会计年度挂钩,而是始终保持一个固定的期间。

2. 二者互为优缺点

定期预算的缺点是远期指导性差、灵活性差、连续性差;滚动预算的优点在于透明度高、及时性强、连续性好、完整性和稳定性突出。

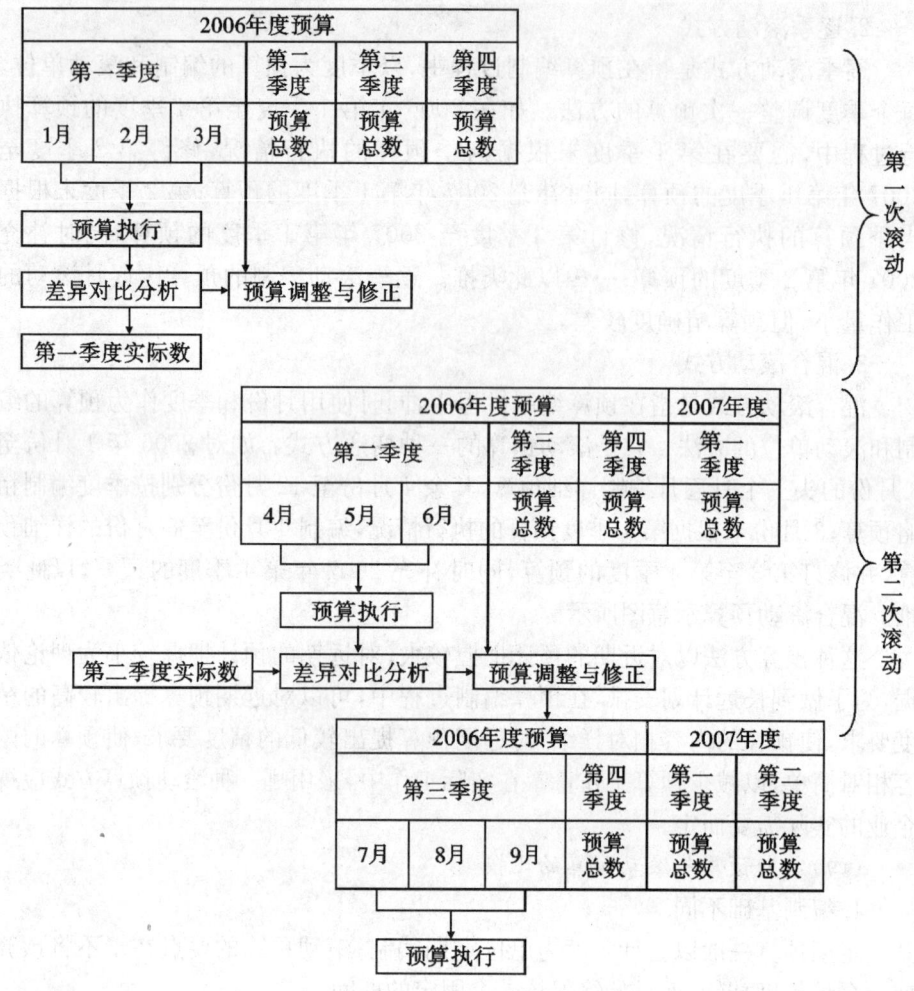

图 10-3 混合滚动方式示意图

第三节 财务预算的编制

一、现金预算的编制

现金预算是以经营预算和专门决策预算为基础所编制的反映预算期内企业现金流转状况的预算,是所有有关现金收支预算的汇总,以及收支差额平衡措施的具体计划。现金预算的目的在于合理地处理现金收支业务,调度资金,保证企业的正常运转。

(一)销售预算的编制

销售预测是销售预算的基础,销售预算是整个预算的编制起点,其他预算的编制都要以销售预算为基础,所以,销售预测的准确性又决定着整个预算的正确性。销售预算的主要内容是销量、单价和销售收入。销量一般是由销售部门根据上年销售记录、市场预测或销货合同并结合企业的生产能力及市场现状确定的。单价可根据市场供求关系并通过价格决策确定。销售收入是销售量与单价的乘积。销售预算通常可分品种、分月份、分销售区域、分推销员等来编制。为编制现金预算,销售预算中还应包括预计现金收入的计算。预算期的现金收入包括本期销售可能收到的现金与上期销售在本期收到的现金两部分,通常它会受到预算期和上期销售的影响以及企业信用政策和收款政策的影响,其预算数据应由财务部门依据上述影响因素计算确定。具体编制程序如下:

(1)按照各种产品的预计单价和预计销售量计算各种产品预计销售收入,其计算公式为:

某种产品预计销售收入＝该种产品预计单价×该产品预计销售量

(2)预计预算期内所有产品的预计销售收入总额,计算公式为:

销售收入总额＝∑某种产品预计销售收入

(3)预计在预算期发生的与销售收入相关的增值税销项税额,计算公式为:

某期增值税的销项税额＝该期预计销售收入总额×该期适用的增值税税率

(4)预计预算期含税销售收入,计算公式为:

某期含税销售收入＝该期预计销售收入＋该期预计销项税额

(5)编制与销售收入有关的经营现金收入预算表,以反映全年及各季销售所得的现销含税收入和收回以前应收账款的现金收入。某预算期的经营现金收入的计算公式为:

某预算期经营现金收入＝该期现销含税收入＋该期收回以前期的应收账款

某期现销含税收入＝该期含税销售收入×该期预计现销率

某期收回以前期应收账款＝本期期初应收账款×该期的预计应收账款回收率

上式中,现销率是指一定期间现销含税收入占该期含税销售收入的百分比;应收账款回收率为以前期应收账款在本期收回的现金额占相关的应收账款的百分比。根据下列公式还可以计算出企业预算期期末的应收账款余额:

预算期期末应收账款余额 ＝ 预算期期初应收账款余额 ＋ 该期含税销售收入 － 本期经营现金收入

【例10-6】 甲公司生产经营某种产品,2006年度年初应收账款为13 680元,预计该年度各季的销售数量分别为120件、160件、220件、200件,销售单价为340元/件。假设该产品每季度的销售收入中有60%能于当季收到现金,其余40%要到下季度才能收讫。

要求：为甲公司编制2006年度的销售预算和经营现金收入预算表（计算结果保留整数）。

解：编制该公司的销售预算和经营现金收入预算表分别如表10-8和表10-9所示。

表10-8　　　　　　　　2006年度甲公司销售预算　　　　　　　　（单位：元）

季　度	1	2	3	4	合　计
销售量（件）	120	160	220	200	700
售　价	340	340	340	340	340
销售额	40 800	54 400	74 800	68 000	238 000
增值税销项税额	6 936	9 248	12 716	11 560	40 460
含税销售收入	47 736	63 648	87 516	79 560	278 460

表10-9　　　　　　　2006年度甲公司的经营现金收入预算　　　　　　（单位：元）

季　度	1	2	3	4	合　计
上年应收账款	13 680				13 680
第一季度（销货47 736）	28 642	19 094			47 736
第二季度（销货63 648）		38 189	25 459		63 648
第三季度（销货87 516）			52 510	35 006	87 516
第四季度（销货79 560）				47 736	47 736
现金收入合计	42 322	57 283	77 969	82 742	260 316

根据表10-9中的数据还可以很方便地计算出甲公司年末应收账款的余额：

年末应收账款余额＝13 680＋278 460－260 316

或＝79 560×40%

＝31 824（元）

（二）生产预算的编制

生产预算说明为了符合销售需求及满足期末存货的要求应生产的数量，是在销售预算的基础上编制的，主要内容包括本期预计销售量、期初和期末存货数量以及预计生产量。该预算是所有经营预算中唯一只使用实物量单位的预算，可以为进一步编制有关成本和费用预算提供实物量数据。

通常，企业的生产和销售不能做到"同步同量"，需要设置一定的存货，以保证在发生意外需求时按时供货并均衡生产。因此，预算期间除必须备有充足的产品以供销售外，还应考虑预计期初存货和预计期末存货等因素。

预计销售量可从销售预算中找到,预计期初存货量等于上期期末存货量,因此,编制生产预算的关键是正确确定各期末存货量。预计期末存货量应根据长期销售趋势来确定,实践中,期末存货量通常可根据下期销售量的一定百分比来确定。

有关计算公式如下:

预计期末存货量＝下期销售量×存货留存百分比

预计期初存货量＝上期期末存货量

预计生产量＝预计销售量＋预计期末存货量－预计期初存货量

【例10-7】 接上例,甲公司生产经营某种产品,年初存货为12件,预计2006年度的年末存货量为24件,每季度的期末存货量为下季度预计销售量的10%。

要求:为甲公司编制2006年度的生产预算。

解:依题意,编制该公司的生产预算如表10-10所示。

表 10-10　　　　　2006年度甲公司生产预算　　　　　　　　(单位:件)

季　度	1	2	3	4	全　年
预计销售量	120	160	220	200	700
加:预计期末存货量	16	22	20	24	24
合　计	136	182	240	224	724
减:预计期初存货量	12	16	22	20	12
预计生产量	124	166	218	204	712

生产预算在实际编制时是比较复杂的,产量受到生产能力的限制,存货数量受到仓库容量的限制,只能在此范围内安排存货量和各期的生产量。同时,在编制预算时,还应注意保持生产量、销售量、存货量之间合理的比例关系,以避免储备不足、产销脱节或超储积压等。

(三)直接材料预算的编制

直接材料预算是在生产预算的基础上,结合材料消耗定额和预计材料采购单价等信息编制的。直接材料预算包括需用量预算和采购预算两部分,其主要内容有直接材料的单位产品用量、生产需用量、预计采购量、期初期末存货量等。单位产品的材料用量数据来自标准成本资料或消耗定额资料;预计生产量的数量来自生产预算;根据这两者的乘积得到生产需用量。期初和期末的材料存货量是根据当前情况和长期销售预测估计的。通常,期末材料库存量可根据下期生产需要量的一定百分比确定。根据生产需用量以及期初期末存货量即可得出预计的采购量,按照预计的材料单价计算得出所需要的采购资金数额。为了编

制现金预算,通常还要预计现金支出。每期的现金支出包括偿还上期应付账款和支付本期的采购材料款。具体编制程序如下:

(1)按照各种产品的材料消耗定额和生产量计算预算期某种直接材料的需用量,计算公式为:

$$某种产品消耗某种直接材料预计需用量 = 该产品耗用该材料的消耗定额 \times 该产品预算期的生产量$$

(2)将各种产品消耗某种材料的数量汇总计算出本期该种材料的总消耗量,计算公式为:

$$预算期某种直接材料全部需用量 = \Sigma 某种产品消耗该种直接材料预计需用量$$

(3)预计预算期某种直接材料的全部采购量,计算公式为:

$$某种直接材料的预计采购量 = 该种材料的预计需用量 + 该种材料的预计期末库存量 - 该种材料的预计期初库存量$$

其中:

$$预计某种材料期末库存量 = 下期生产需要量 \times 材料留存百分比$$

$$预计某种材料期初库存量 = 上期期末该种材料库存量$$

(4)预计预算期某种直接材料的采购成本,计算公式为:

$$某种材料预计采购成本 = 该种材料单价 \times 该种材料预计采购量$$

上式中,材料单价为不含增值税的价格。

(5)确定预算期企业直接材料采购总成本,计算公式为:

$$预算期直接材料采购总成本 = \Sigma 某种材料预计采购成本$$

(6)计算预算期发生的与直接材料采购总成本相关的增值税进项税额,计算公式为:

$$某期增值税的进项税额 = 预算期直接材料采购总成本 \times 该期适用的增值税税率$$

(7)计算预算期预计采购金额,计算公式为:

$$某期预计采购金额 = 预算期直接材料采购总成本 + 该期预计增值税进项税额$$

(8)编制与材料采购有关的各期预计材料采购现金支出预算,以反映某期采购现金支出与该期支付以前期的应付账款,某预算期采购现金支出的计算公式为:

$$某预算期采购现金支出 = 某期采购现金支出 + 该期支付以前期的应付账款$$

$$某期采购材料现金支出 = 某期预计采购金额 \times 该期预计付现率$$

$$某期支付以前期的应付账款 = 本期期初应付账款 \times 该期的预计应付账款支付率$$

上式中,付现率是指一定期间现购材料现金支出占该期含税采购金额的百分比;应付账款支付率为以前期应付账款在本期支付的现金额占相关的应付账款的百分比。此外,根据下列公式还可以计算出企业预算期末的应付账

款余额:

$$\text{预算期期末应付账款余额} = \text{预算期期初应付账款余额} + \text{该期(含税)预计采购金额} - \text{本期采购现金支出}$$

【例 10-8】 接上例,甲公司生产经营某种产品,2006 年年初应付账款为 8 900元,预计年度需用 A 直接材料的消耗定额为 10 千克,该种材料采购单价为 10 元/千克,该材料年初库存量为 248 千克,年末的库存量为 420 千克,每季度的期末原材料库存量为下季度生产需要量的 25%。假设甲公司每季度采购金额中,有 60% 于当季支付现金,其余 40% 要到下季付讫。

要求:为甲公司编制 2006 年度的直接材料预算和材料采购现金支出预算(计算结果保留整数)。

解:依题意,编制该公司的直接材料预算和直接材料采购现金支出预算分别如表 10-11 和表 10-12 所示。

表 10-11　　　　2006 年度甲公司直接材料预算

季　度	1	2	3	4	合　计
生产量(件)	124	166	218	204	712
单位产品原材料需要量	10	10	10	10	10
生产需要量	1 240	1 660	2 180	2 040	7 120
加:期末原材料库存量	415	545	510	420	420
合　计	1 655	2 205	2 690	2 460	7 540
减:期初原材料库存量	248	415	545	510	248
原材料采购量(千克)	1 407	1 790	2 145	1 950	7 292
原材料单价	10	10	10	10	10
预计采购成本(元)	14 070	17 900	21 450	19 500	72 920
增值税进项税额	2 392	3 043	3 647	3 315	12 397
预计采购金额合计(元)	16 462	20 943	25 097	22 815	85 317

表 10-12　　　　2006 年度甲公司直接材料现金支出预算　　　　(单位:元)

季　度	1	2	3	4	合　计
上年应付账款	8 900				8 900
第一季度(采购 16 462)	9 877	6 585			16 462
第二季度(采购 20 943)		12 566	8 377		20 943
第三季度(采购 25 097)			15 058	10 039	25 097
第四季度(采购 22 815)				13 689	13 689
现金支出合计	18 777	19 151	23 435	23 728	85 091

根据表 10-12 中的数据还可以很方便地计算出甲公司年末应付账款的余额：

$$年末应付账款余额 = 8\,900 + 85\,317 - 85\,091$$
$$或 = 22\,815 \times 40\% = 9\,126(元)$$

同编制生产预算一样，编制直接材料预算也要注意材料的采购量、消耗量和库存量应保持合理的比例关系，以避免材料的供应不足或超储积压。

(四) 应交税金及附加预算的编制

应交税金及附加预算是指为规划一定预算期内预计发生的应交增值税、营业税、消费税、资源税、城市维护建设税和教育费附加的金额而编制的一种经营预算。但相关的税金及附加不包括预交所得税和直接计入管理费用的税金，如印花税等。由于税金需要及时清缴，为简化预算，可以假定预算期发生的各项应交税金及附加均于当期以现金形式支付。

应交税金及附加预算需要根据销售预算、材料采购预算的相关数据和适用税率资料来编制，有关计算公式为：

$$\begin{matrix}某期预计发生的\\应交税金及附加\end{matrix} = \begin{matrix}某期预计发生的\\销售税金及附加\end{matrix} + \begin{matrix}该期预计\\应交增值税\end{matrix}$$

其中，某期预计发生的销售税金及附加按下式计算：

$$\begin{matrix}某期预计发生的\\销售税金及附加\end{matrix} = \begin{matrix}该期预计\\应交营业税\end{matrix} + \begin{matrix}该期预计\\应交消费税\end{matrix} + \begin{matrix}该期预计\\应交资源税\end{matrix}$$
$$+ \begin{matrix}该期预计应交城建\\税及教育费附加\end{matrix}$$

上式中，预计应交营业税、消费税等于应税营业额或销售额与适用税率的乘积，应交资源税按照应税产品的课税数量和规定的单位税额计算；应交城市维护建设税和应交教育费附加分别等于预计应交营业税、消费税和增值税之和与适用的附加税率或征收率的乘积。

【例 10-9】 甲公司 2006 年度各季度预计的增值税销项税额和进项税额资料分别如表 10-8 和表 10-11 所示。假设该企业流通环节只交纳增值税，并于实现销售的当期（每季度）用现金完税，附加税费率为 10%。

要求：为甲公司编制 2006 年度的应交税金及附加预算（计算结果保留整数）。

解：编制该公司的应交税金及附加预算如表 10-13 所示。

表 10-13　　　　　　2006 年度甲公司应交税金及附加预算　　　　　　（单位：元）

季　度	1	2	3	4	全　年
增值税销项税额	6 936	9 248	12 716	11 560	40 460
增值税进项税额	2 392	3 043	3 647	3 315	12 397
应交增值税	4 544	6 205	9 069	8 245	28 063
销售税金及附加	454	621	907	825	2 807
现金支出合计	4 998	6 826	9 976	9 070	30 870

（五）直接人工预算的编制

直接人工预算也是以生产预算为基础编制的，直接人工成本包括直接工资和按直接工资的一定比例计算的其他直接费用（应付福利费）。其主要内容有预计生产量、单位产品工时定额、直接人工总工时、标准工资率和人工总成本。预计生产量数据来自生产预算；单位产品直接人工工时和标准工资率数据来自标准成本资料，需要由企业根据经验数据事先分析确定。实际预算中，由于直接人工工种不一，标准工资率也各不相同，通常要先按工种分别计算，然后进行汇总。直接人工预算的编制程序如下：

（1）预计每种产品的直接人工工时总数，计算公式为：

某种产品直接人工工时总数＝单位产品工时定额×预计该种产品生产量

（2）预计每种产品耗用的直接工资，计算公式为：

预计某种产品耗用直接工资＝单位工时工资率×该种产品直接人工工时总数

（3）预计每种产品计提的应付福利费，计算公式为：

预计某种产品计提的应付福利费＝预计该种产品耗用直接工资×14％

（4）计算预算期某种产品的预计直接人工成本，计算公式为：

$$\text{预计某种产品直接人工成本} = \text{预计该种产品耗用直接工资} + \text{预计该种产品计提的应付福利费}$$

（5）预计预算期企业的直接人工成本合计，计算公式为：

$$\text{预计企业直接人工成本合计} = \Sigma \text{预计某种产品直接人工成本}$$

（6）预计某期直接人工成本的现金支出，可按下式计算：

$$\text{预计某期直接人工成本现金支出} = \text{该期预计直接工资总额} + \text{该期预计的福利费现金支出}$$

由于各期直接人工成本中的直接工资一般均由现金开支，因此，通常不单独编制列示与此相关的预计现金支出预算；由于应付福利费不一定在提取的当期用现金开支，应当进行适当的调整，以反映预计的福利费开支情况。

【例 10-10】　接例 10-7，甲公司 2006 年生产经营某种产品的单位工时工资率为 4 元/时,工时定额为 5 时/件,应付福利费按工资总额的 14% 计提,假设每期计提的福利费只有 80% 用现金支付。

要求:为甲公司编制 2006 年度的直接人工预算(计算结果保留整数)。

解:依题意,编制该公司的直接人工预算如表 10-14 所示。

表 10-14　　　　　　　2006 年度甲公司直接人工预算

季　　度	1	2	3	4	全　年
生产量(件)	124	166	218	204	712
单位产品直接工时(时/件)	5	5	5	5	5
工时总量(时)	620	830	1 090	1 020	3 560
直接人工标准工资率(元/时)	4	4	4	4	4
直接人工工资总额(元)	2 480	3 320	4 360	4 080	14 240
直接人工福利费(元)	347	465	610	571	1 993
直接人工成本总额(元)	2 827	3 785	4 970	4 651	16 233
预计福利费现金支出	278	372	488	457	1 595
直接人工成本现金支出合计	2 758	3 692	4 848	4 537	15 835

(六)制造费用预算的编制

制造费用预算是指为规划一定预算期内除直接材料和直接人工预算以外,预计发生的其他生产费用水平而编制的一种经营预算。制造费用预算根据成本习性划分,可分为变动制造费用和固定制造费用两部分内容。变动制造费用以生产预算为基础来编制,如果有完善的标准成本资料,可根据单位产品的标准成本和预计的生产量进行预计;如果没有标准成本资料,则要逐项预计计划产量需要的各项制造费用。固定制造费用通常与预算期的生产量无关,可以在上年的基础上根据预算期的预期变动加以适当修正进行预计。为了便于产品单位成本的计算,在制造费用预算的编制中,通常也计算变动制造费用的分配率及固定制造费用分配率。其中,变动制造费用预算分配率的计算公式为:

$$变动制造费用预算分配率 = \frac{变动制造费用预算总额}{相关分配标准预算总数}$$

上式中,分母可以是预算生产量或预算直接人工工时总数,但在多品种的条件下,一般按后者进行分配。

固定制造费用预算分配率的计算公式为:

$$固定制造费用预算分配率 = \frac{固定制造费用预算总额}{相关分配标准预算总额}$$

制造费用预算也应包括预算现金支出部分,以便为编制现金预算提供必要的资料。由于固定资产折旧费是非付现成本项目,在计算时应予以剔除。此外,

间接人工福利费也不一定在提取的当期用现金开支,因此,应当进行适当的调整。有关公式为:

$$\text{某期制造费用预计现金支出} = \text{该期制造费用预算总额} - \text{该期固定资产折旧费} - \text{该期未付现的福利费}$$

上式中的折旧费是在制造费用中列支的折旧。

【例 10-11】 接上例,甲公司 2006 年生产经营某种产品的各项变动制造费定额成本与预计固定制造费用资料如表 10-15 所示。变动制造费与固定制造费用均按该产品的直接人工工时比例分配,除折旧费及当期计提福利费 20% 以外的各项制造费用均以现金支付。

表 10-15　　　　　　　　产品费用预计表　　　　　　　　(单位:元)

变动制造费用	定额成本	固定制造费用	金　额
间接人工工资(元/时)	5	管理人员工资	9 000
间接人工福利费(元/时)	0.7	管理人员福利费	1 260
间接材料(元/时)	1	修理费	3 040
修理费(元/时)	0.4	折旧费	4 800
水电费(元/时)	0.5	保险费	2 000
		其他	1 260

要求:计算变动制造费用分配率与固定制造费用分配率,并为甲公司编制制造费用预算(分配率计算结果保留两位小数,其他计算结果保留整数)。

解:依题意,甲公司 2006 年生产该产品所需的直接人工工时为 3 560 工时。
固定制造费用总额 = 9 000 + 1 260 + 3 040 + 4 800 + 2 000 + 1 260 = 21 360(元)
变动制造费用分配率 = 5 + 0.7 + 1 + 0.4 + 0.5 = 7.60(元/时)
固定制造费用分配率 = 21 360/3 560 = 6.00(元/时)

编制的制造费用预算如表 10-16 所示。

表 10-16　　　　　2006 年度甲公司制造费用预算　　　　　(单位:元)

季　度	1	2	3	4	合　计
变动制造费用:					
人工工时(时)	620	830	1 090	1 020	3 560
间接人工工资(5 元/时)	3 100	4 150	5 450	5 100	17 800
间接人工福利费(0.7 元/时)	434	581	763	714	2 492
间接材料(1 元/时)	620	830	1 090	1 020	3 560

(续表)

季 度	1	2	3	4	合 计
修理费(0.4元/时)	248	332	436	408	1 424
水电费(0.5元/时)	310	415	545	510	1 780
变动制造费用合计	4 712	6 308	8 284	7 752	27 056
变动制造费用分配率＝27 056/3 560＝7.60					
固定制造费用：					
管理人员工资	2 250	2 250	2 250	2 250	9 000
管理人员福利费	315	315	315	315	1 260
修理费	760	760	760	760	3 040
折旧费	1 200	1 200	1 200	1 200	4 800
保险费	500	500	500	500	2 000
其他	315	315	315	315	1 260
固定制造费用合计	5 340	5 340	5 340	5 340	21 360
固定制造费用分配率＝21 360/3 560＝6.00					
制造费用合计	10 052	11 648	13 624	13 092	48 416
减:折旧费	1 200	1 200	1 200	1 200	4 800
未付现福利费	150	179	216	206	751
现金支出的合计	8 702	10 269	12 208	11 686	42 865

(七)产品成本预算的编制

产品成本预算是在生产预算、直接材料预算、直接人工预算和制造费用预算的基础上编制的,用来反映各产品的单位成本和总成本。同时,为便于编制预计利润表和预计资产负债,也需计算出期末存货成本和预算期的销货成本。

该预算一般按照产品进行编制,其程序与存货的计价方法密切相关,不同的存货计价方法,需要采取不同的预算编制方法。此外,不同的成本计算模式也会产生不同影响。其编制程序为:

(1)计算每种产品某期预计单位生产成本,计算公式为:

某种产品某期预计单位生产成本 ＝ 该种产品该期单位直接材料成本 ＋ 该种产品该期单位直接人工成本 ＋ 该种产品该期单位制造费用

其中:

$$\begin{aligned}\text{该种产品该期单位直接材料成本} &= \text{该种材料该期采购单价} \times \text{单位产品平均消耗材料数量}\\ \text{该种产品该期单位直接人工成本} &= \text{该种产品单位工时直接人工成本} \times \text{该种产品工时定额}\\ \text{该种产品该期单位制造费用} &= \text{该种产品该期单位变动制造费用} + \text{该种产品该期单位固定制造费用}\\ \text{该种产品该期单位变动制造费用} &= \text{该种产品变动制造费用预算分配率} \times \text{该种产品工时定额}\\ \text{该种产品该期单位固定制造费用} &= \text{该种产品固定制造费用预算分配率} \times \text{该种产品工时定额}\end{aligned}$$

单位产品某期平均消耗该材料的数量与材料平均采购单价可以从直接材料预算中获得；单位工时直接人工成本与产品工时定额可以从直接人工预算中得到；变动制造费用预算分配率与固定制造费用预算分配率可从制造费用预算中获得。

(2)计算每种产品预算期预计发生的生产成本,其计算公式为:

$$\text{某种产品某期预计发生的产品生产成本} = \text{该产品该期预计耗用的直接材料成本} + \text{该产品该期预计耗用的直接人工成本} + \text{该产品该期预计耗用的制造费用}$$

上式中,该产品该期预计耗用的直接材料成本等于该产品预计耗用的各种直接材料成本之和,其耗用的某种直接材料成本的计算公式为:

$$\begin{aligned}\text{预计耗用的某种直接材料成本} &= \text{该期单位产品耗用的该材料成本} \times \text{该期该产品预计生产量}\\ \text{该产品该期预计耗用的直接人工成本} &= \text{该期单位产品直接人工成本} \times \text{该期该产品预计生产量}\\ \text{该产品该期预计耗用的制造费用} &= \text{该期单位产品变动制造费用} \times \text{该期该产品预计生产量}\\ &+ \text{该期单位产品固定制造费用} \times \text{该期该产品预计生产量}\end{aligned}$$

(3)计算每种产品预算期的预计产品生产成本,计算公式为:

$$\text{某种产品某期预计产品生产成本} = \text{该产品在产品成本期初余额} + \text{该产品该期预计发生产品生产成本} - \text{该产品在产品成本期末余额}$$

为简化预算编制过程,可假设上式中的在产品成本期初和期末余额均为零,或均为已知数。在这种情况下,某产品预算期的预计产品生产成本与该产品预算期预计发生的生产成本相等;该产品的单位产品生产成本等于预计发生的单位生产成本。

(4)计算每种产品预算期预计的产品销售成本,计算公式为:

$$\begin{matrix}本期预计产\\品销售成本\end{matrix} = \begin{matrix}产成品成本\\期初余额\end{matrix} + \begin{matrix}本期预计产\\品生产成本\end{matrix} - \begin{matrix}产成品成本\\期末余额\end{matrix}$$

其中:

$$\begin{matrix}产成品成本\\期初余额\end{matrix} = \begin{matrix}单位产品\\生产成本\end{matrix} \times \begin{matrix}产成品期\\初存货量\end{matrix}$$

$$\begin{matrix}产成品成本\\期末余额\end{matrix} = \begin{matrix}单位产品\\生产成本\end{matrix} \times \begin{matrix}产成品期\\末存货量\end{matrix}$$

此外,为简化程序,通常企业只编制全年的产品成本预算,不编制分季度预算。

【例10-12】 甲公司2006年年初产成品资料、直接材料预算、直接人工预算和制造费用预算分别如表10-10、表10-11、表10-14和表10-16所示。产成品按先进先出法计价。

要求:为甲公司编制2006年度的产品成本预算(单位成本保留两位小数,其他计算结果保留整数)。

解:依题意,编制的2006年度产品成本预算如表10-17所示。

表10-17　　　　　　　　2006年度甲公司产品成本预算

项 目	单位成本			期初存货12件	生产成本712件	期末存货24件	销货成本700件
	每千克或每小时	投入量	成本				
直接材料(千克)	10.00	10千克	100.00	1 200	71 200	2 400	70 000
直接工人(小时)	4.56	5	22.80	274	16 234	547	15 961
变动制造费用(小时)	7.60	5	38.00	456	27 056	912	26 600
固定制造费用(小时)	6.00	5	30.00	360	21 300	720	21 000
合 计			190.80	2 290	135 850	4 579	133 561

(八)期末存货预算的编制

期末存货预算是为规划一定预算期期末在产品、产成品和原材料预计成本水平而编制的一种经营预算。其编制程序如下:

1. 按存货的具体项目分别编制预算

存货通常包括在产品、产成品和原材料。为了简化预算过程,我们假定期末在产品存货为零,期末产成品存货成本的预算额等于产品成本预算中各种产品的产成品期末余额之和,期末原材料存货成本的预算额为直接材料预算中各种材料期末余额之和。

2. 汇总各项存货的期末余额

期末存货余额的计算公式为：

$$\text{某期期末存货余额} = \text{该期在产品期末余额} + \text{该期产成品期末余额} + \text{该期原材料期末余额}$$

通常期末存货预算也只编制年末预算，不编制分季度预算。

【例 10-13】 甲公司 2006 年度的直接材料预算和产品成本预算分别如表 10-11、表 10-17 所示。

要求：为甲公司编制 2006 年度的年末存货预算（单位成本保留两位小数，其他计算结果保留整数）。

解：依题意，编制的 2006 年度的年末存货预算如表 10-18 所示。

表 10-18　　　　　　　　2006 年度甲公司期末存货预算　　　　　　　（单位：元）

项目	单位成本	期初存货量	期初存货成本	期末存量	期末存货成本
原材料	10.00	248	2 480	420	4 200
产成品	190.80	12	2 290	24	4 579
合计	—	—	4 770	—	8 779

（九）销售及管理费用预算的编制

销售费用预算是指为了实现销售而发生的各项费用预算，包括运输费、装卸费、包装费、保险费、广告费、展览费、部门人员工资及福利费、差旅费、办公费等预算。在预计销售费用时，应以过去的销售费用实际支出为基础，考察其支出的必要性和效果，结合预算期促销方式的变化及其他情况变化的可能性，与销售预算相配合确定其预算数额。

管理费用预算是企业日常生产经营中为组织和管理生产而发生的费用预算，包括总部管理人员工资及福利费、差旅费、办公费、劳动保险费、董事会费、诉讼费、业务招待费等预算。在编制预算时，要分析企业的业务成绩和一般经济状况，在比较、分析过去实际开支的基础上，充分考虑预算期各费用项目变动情况及影响因素，以保证费用的合理化。

销售及管理费用预算的编制与制造费用预算的编制非常接近，也可将其划分为变动性费用和固定性费用两部分。对于随着销售量成正比变动的变动性费用，只需要反映各个项目的单位产品费用的分配额；对于固定性费用，只需要按项目反映全年预计水平。

销售及管理费用预算也要编制相应的现金支出预算。对于固定性销售及管理费用的现金支出可以采取两种处理方法：

第一种方法是根据全年固定性销售及管理费用的预算总额扣除其中非付现部分(如销售机构的折旧费)的差额在年内各季度内平均分摊,其计算公式为:

某季度预计销售(管理)费用现金支出

$$= \frac{该年度预计销售(管理)费用-预计年度非付现销售(管理)费用}{4}$$

第二种方法是根据具体的付现成本项目的预计发生情况分季度编制预算。这是因为固定性费用中存在部分属于年内待摊或预提性质的费用项目,如一次性支付的全年广告费和销售保险费等,这些开支的时间与收益期间不一致。对于这些跨期分摊的项目,任何平均费用都不等于实际支出,因此,必须逐项按预计支出情况编制预算。

【例 10-14】 甲公司不区分变动费用与固定费用,其编制的 2006 年度销售及管理费用预算如表 10-19 所示。

表 10-19　　　　2006 年度甲公司销售及管理费用预算　　　　(单位:元)

季　度	1	2	3	4	全　年
销售费用:					
销售人员工资	2 500	2 500	2 500	2 500	10 000
销售人员福利费	350	350	350	350	1 400
广告费	5 000	5 000	5 000	5 000	20 000
包装运输费	2 000	2 000	2 000	2 000	8 000
保管费	1 200	1 200	1 200	1 200	4 800
其　他	800	800	800	800	3 200
销售费用合计	11 850	11 850	11 850	11 850	47 400
未付现福利费	70	70	70	70	280
现金支出的费用	11 780	11 780	11 780	11 780	47 120
管理费用:					
管理人员薪金	3 000	3 000	3 000	3 000	12 000
管理人员福利费	420	420	420	420	1 680
保险费	800	800	800	800	3 200
办公费	2 400	2 400	2 400	2 400	9 600
其　他	300	300	300	300	1 200
管理费用合计	6 920	6 920	6 920	6 920	27 680
未付现福利费	84	84	84	84	336
现金支出的费用	6 836	6 836	6 836	6 836	27 344
现金支出合计	18 616	18 616	18 616	18 616	74 464

（十）专门决策预算的编制

专门决策预算包括经营决策预算和投资决策预算两部分。其中,经营决策预算是指与短期经营决策密切相关的专门决策预算,其主要目标是通过制定最优生产经营决策来合理地利用或调配企业经营活动所需要的各种资源。因此,经营决策预算通常是根据短期经营决策确定的最优方案编制的,因而需要直接纳入经营预算体系,同时也将影响现金预算等财务预算。例如,企业耗用的某种零件的取得方式决策方案一旦确定,就要相应调整直接材料预算或生产预算、产品成本预算。

投资决策预算又称资本支出预算,是指与项目投资决策密切相关的专门决策预算。由于这类预算涉及长期建设项目的投资与筹措等,并经常跨年度,因此,除个别项目外一般不纳入经营预算,但应计入与其有关的现金预算与预计资产负债表。

【例 10-15】 甲公司于 2005 年开始购建一台产品生产线,根据长期投资决策的结果,总投资为 200 000 元。2006 年预计支出 80 000 元,其中第一季度支出 30 000 元,第二季度支出 38 000 元,第三季度支出 12 000 元,预计 2007 年即可完工交付使用。

要求:为甲公司编制 2006 年度的资本支出预算。

解:依题意,编制的 2006 年度的资本支出预算如表 10-20 所示。

表 10-20　　　　　　2006 年度甲公司资本支出预算　　　　　　（单位:元）

季　度	1	2	3	4	全　年
购建产品生产线	30 000	38 000	12 000	0	80 000

（十一）现金预算的编制

完整的现金预算包括现金收入、现金支出、现金多余或不足以及现金的筹集和运用四部分。其中现金收入部分包括期初的现金余额和预算期现金收入两部分,产品销售所得现金是现金收入的主要来源。"销售现金收入"的数据可根据销售预算的现金收入预算编制。"可供使用的现金"是期初现金余额与本期现金收入之和。

现金支出是预算期内的各项现金支出,包括直接材料采购支出、应交税金及附加支出、直接人工支出、制造费用支出、销售及管理费用支出以及购买设备等资本性支出、交纳的所得税、股利分配支出等。

可供使用的现金与现金支出的差额作为现金的多余或不足。若差额为正,说明收大于支,可用来偿还借款,或者用于短期投资;若差额为负,说明收小于支,现金不足,需要向银行取得新的借款,或者发行公司债券或股票,以筹集所需的资金。通常借款利息按照"每期期初借入,每期期末偿还"的原则来计提。

资金的筹集与运用提供了预算期内预计向银行借款和偿还以及有关利息支出的详细资料。通常,企业都会根据历史资料和管理经验确定一个最低现金余额,以备生产经营活动特殊情况下的需要。因此,预算期内可供使用的现金不仅要满足现金支出,还要满足最低现金余额,在保证最低现金余额的情况下,再考虑归还借款或进行借款等问题。

现金预算的具体编制程序如下:
(1) 确定期初现金余额。期初现金余额＝上期期末现金余额
(2) 估计本期现金收入。
(3) 确定预算期可供使用的现金。
(4) 估计本期现金支出。
(5) 计算现金余缺。
(6) 现金的筹集与运用。
(7) 确定期末现金余额。

【例 10-16】 甲公司 2006 年度的经营现金收入预算、直接材料现金支出预算、应交税金及附加预算、直接人工预算、制造费用预算、销售及管理费用预算分别如表 10-9、表 10-12、表 10-13、表 10-14、表 10-16 和表 10-19 所示。假设年初现金余额为 39 000 元,全年应交所得税为 6 400 元,即每季 1 600 元,每季末应保持的最低现金余额为 30 000 元。不足现金可通过借款筹集,其中专门用于购建产品生产线的长期借款利息率为 12%,短期借款利息率为 10%,借款利息按季计提,并于当期用现金支付,多余现金用于偿还借款。借款的取得发生在季初,借款的偿还发生在季末,且借款与还款金额均为 10 000 元的整数倍。

要求:为甲公司编制 2006 年度的现金预算。

解:依题意编制的甲公司 2006 年度现金预算如表 10-21 所示。

表 10-21　　　　　　　2006 年度甲公司现金预算　　　　　　（单位:元）

项目	1	2	3	4	全年
期初现金余额	39 000	34 371	30 800	33 136	39 000
加:销售现金收入	42 322	57 283	77 969	82 742	260 316
可供使用的现金	81 322	91 654	108 769	115 878	299 316
减:各项支出					
直接材料	18 777	19 151	23 435	23 728	85 091
直接人工	2 758	3 692	4 848	4 537	15 835
制造费用	8 702	10 269	12 208	11 686	42 865

(续表)

项 目	1	2	3	4	全 年
销售和管理费用	18 616	18 616	18 616	18 616	74 464
销售税金及附加	4 998	6 826	9 976	9 070	30 870
所得税	1 600	1 600	1 600	1 600	6 400
设备购置费	30 000	38 000	12 000	0	80 000
支出合计	85 451	98 154	82 683	69 237	335 525
现金余缺(不足)	−4 129	−6 500	26 086	46 641	−36 209
长期借款	40 000	40 000	0	0	80 000
短期借款	0	0	10 000	0	10 000
归还的长期借款	0	0	0	10 000	10 000
归还的短期借款	0	0	0	0	0
长期借款利息(12%)	1 500	2 700	2 700	2 700	9 600
短期借款利息(10%)	0	0	250	250	500
期末现金余额	34 371	30 800	33 136	33 691	33 691

(十二)财务费用预算的编制

财务费用预算是反映预算期内因筹措使用资金而发生财务费用的一种预算。就其本质而言,财务费用预算应属于经营预算,但该预算需要根据现金预算中的资金筹措及运用的相关数据来编制。

【例 10-17】 由上例资料可知,长期借款利息应予以资本化,计入在建工程。根据编制的现金预算表 10-21,编制甲公司 2006 年度的财务费用预算如表 10-22 所示。

表 10-22　　　　　2006 年度甲公司财务费用预算　　　　　(单位:元)

季 度	1	2	3	4	全 年
应计并支付短期借款利息	0	0	250	250	500
应计并支付长期借款利息	1 500	2 700	2 700	2 700	9 600
支付利息合计	1 500	2 700	2 950	2 950	10 100
减:资本化利息	1 500	2 700	2 700	2 700	9 600
预计财务费用	0	0	250	250	500

二、预计财务报表的编制

财务预算中的预计财务报表包括预计利润表和预计资产负债表。

(一)预计利润表的编制

预计利润表是指以货币形式综合反映预算期内企业经营活动成果(包括利润总额、净利润)计划水平的一种财务预算。其主要内容包括预计销售收入、预计销售成本、预计销售税金及附加、预计销售及管理费用、预计利息费用等。预计利润表需要在销售预算、产品成本预算、应交税金及附加预算、销售及管理费用预算和财务费用预算的基础上编制。需要注意的是,预计所得税项目是在利润规划时估计的,并已经列入现金预算。由于有诸多的纳税调整事项,通常不根据利润总额与所得税税率来计算。此外,从预算编制程序上来看,如果根据利润总额与税率计算所得税,就需要修改现金预算,从而引起信贷计划的修订,进而要修改利息费用,最终又要修改利润总额,从而陷入数据的循环修改。

【例10-18】 甲公司编制2006年度的销售预算、产品成本预算、应交税金及附加预算、销售及管理费用预算、财务费用预算、现金预算分别如表10-8、表10-17、表10-13、表10-19、表10-22和表10-21所示。

要求:为甲公司编制2006年度的预计利润表。

解:依题意编制的甲公司2006年度的预计利润表如表10-23所示。

表10-23　　　　　甲公司2006年度预计利润表　　　　　(单位:元)

项　目	金　额
产品销售收入	238 000
产品销售成本	133 561
产品销售税金及附加	2 806
营业利润	101 633
销售及管理费用	75 080
财务费用	500
利润总额	26 053
所得税	6 400
净利润	19 653
年初未分配利润	28 450
加:本年实现净利润	19 653
减:提取法定盈余公积	1 965
提取法定公益金	983
年末未分配利润	45 155

预计利润表与实际利润表的内容、格式相同,但其作用不同。实际利润表主要是向外部信息使用者提供财务信息,而预计利润表主要是为企业管理服务,预计企业的盈利水平,如果预期利润与最初制定的目标利润有较大差异,就需要调整各部门的预算,设法达到目标利润或者经企业管理当局同意后修改目标利润。

(二)预计资产负债表的编制

预计资产负债表是指用于总括反映企业预算期期末财务状况的一种财务预算。该表是在期初实际资产负债表的基础上,根据销售预算、生产预算、期末存货预算、资本性支出预算、现金预算等预算中的有关数据加以调整编制。预计资产负债表与实际资产负债表的内容、格式都完全相同。

【例10-19】 甲公司编制2006年度的销售预算、经营现金收入预算、直接材料预算、直接材料现金支出预算、产品成本预算、期末存货预算、资本支出预算、现金预算、财务费用预算、预计利润表分别如表10-8,表10-9,表10-11,表10-12,表10-17,表10-18,表10-20,表10-21,表10-22和表10-23所示。

要求:为甲公司编制2006年度的预计资产负债表。

解:依题意编制的甲公司2006年度的预计资产负债表如表10-24所示。

表10-24 2006年度甲公司预计资产负债(2006年12月31日)   (单位:元)

资产	期初数	期末数	负债及所有者权益	期初数	期末数
流动资产			流动负债		
货币资金	39 000	33 691	短期借款	0	10 000
应收账款	13 680	31 824	未交税金	0	0
存货	4 770	8 779	应付账款	8 900	9 126
流动资产合计	57 450	74 294	应付福利费	900	2 665
			流动负债合计	9 800	21 791
固定资产			长期借款	10 000	80 000
固定资产原值	48 000	48 000	长期负债合计	10 000	80 000
减:累计折旧	14 400	19 200	负债合计	19 800	101 791
固定资产净值	33 600	28 800	所有者权益		
固定资产合计	33 600	28 800	实收资本	38 780	38 780
			盈余公积	4 020	6 968
在建工程	0	89 600	未分配利润	28 450	45 155
			所有者权益合计	71 250	90 903
资产总计	91 050	192 694	负债及所有者权益总计	91 050	192 694

案例讨论：

苏州新苏纶纺织有限公司预算管理模式简介[1]

【目的】

通过苏州新苏纶纺织有限公司以成本费用为中心的预算管理模式案例分析讨论，要求学生：(1)了解预算管理应根据企业现阶段的发展水平和管理需求选择其预算管理模式，不能盲目制定。(2)零基预算的优缺点，及其适用性。(3)预算管理的基本流程。

【内容】

苏州新苏纶纺织有限公司是一个传统型的纺织企业，其市场相对稳定，整个企业处于稳步发展阶段。在这一时期，采用扩大销售的方法来提高企业的利润不是非常有效，因此，提高企业利润的重心就应放在加强成本费用的管理上。与企业的发展阶段相适应，新苏纶预算管理模式采用以成本费用为中心的预算管理模式，对企业的成本费用进行事前、事中和事后管理。苏州新苏纶纺织有限公司设计了如下预算管理框架，其预算管理流程主要包括：

1. 预算的编制

苏州新苏纶纺织有限公司采用零基预算(以零为基础的预算的简称，其基本思想是不考虑以往会计期间所发生的费用项目或费用额，一切从零开始)的方法，每月由各部门对其资金收支情况进行预算，总会计师和总经理确认预算合理以后，财务部门将全企业的预算进行汇总，形成全企业的月份资金使用总预算。各部门预算申报需填列"月度资金费用收、支申报表"，主要包括申报部门、申报日期、收支时间、收支项目内容及金额等。

预算是建立在对企业业务情况的一定假设基础上的，而企业的实际业务情况不一定能在假设范围内，因此各部门有时需要根据业务发展态势调整本月预算。出现这种情况时，要求追加用款的部门填写"月度用款追加计划申请表"，说明申请追加用款的理由及金额、申请用款时间、申请责任人等，总经理审批通过后，方可加入预算范围内。

2. 预算的执行和控制

该公司对预算的执行情况采用双轨制进行记录，即对每一笔支出，需要财务人员填制凭证，在总账子系统中自动登记总账和明细账，同时，经手人都必须填

---

[1] 摘自 http://www.it168.com，用友提供。

写"申请领用支票及申请付款工作联系单",说明供货单位名称、供货单位开户行及账号、申请内容、付款日期、申请责任人等,经申请部门负责人签字,并按计划申请金额由公司主管副总或总经理审批,此外,还需要在"限额费用使用手册"上进行登记,通过"累计支出金额"等项目提醒和控制成本费用的发生。限额费用使用手册类似于为预算管理所设计的责任会计账。

3. 预算的考评

月末对限额费用使用手册进行汇总,得到"资金费用使用汇总表",随后将汇总表和预算进行比较,找出二者的差异,并进一步分析差异形成的原因,填列"资金使用差异分析表",主要包括部门、费用项目、本月预算、本月完成、本年累计完成、全年预算、完成全年预算的差额及百分比等项目。

新苏纶对各部门的费用支出在进行预算的基础上进行了有效的控制,对整个企业的成本费用确实起到了非常好的监控作用。而且事后的差异分析为各部门的业绩考核提供了依据,企业的奖惩制度有了实行的基础。

【要求】

1. 企业如何选择其预算管理模式和方法?
2. 零基预算的优缺点,及其适用性。
3. 财务预算的具体流程及各流程的特点和重要性。

第十一章
财务控制

【内容简介】

财务控制是对财务预测、财务决策和财务预算的落实,它通过财务监督与财务调节实现对经济活动的控制。本章在对财务控制基本问题简单介绍的基础上,主要讲述了财务控制的要素和方法,责任中心的含义与特征及各个责任中心的评价指标,责任预算、责任报告与业绩考核,以及内部转移价格等相关问题。

【学习目的和要求】

通过本章的学习,学生应了解财务控制的含义、特征、职能、意义、原则、程序及其分类;熟悉财务控制的要素与方法;理解责任中心的含义与特征,掌握各责任中心的含义和考核指标;熟悉责任预算和责任报告的含义及其编制;理解内部转移价格的含义与类型,掌握各种内部转移价格的优缺点及其适用情况。通过本章的学习,学生还应该理解并学会运用书中的案例。

第一节 财务控制概述

一、财务控制的含义与特征

(一)财务控制的含义

财务控制是指按照一定的程序和方法,以预算或定额为依据,利用财务信息的反馈,对资金的取得、投放、使用和分配进行日常计算和审核,以发现实际与目标的偏差,并采取措施纠正偏差,确保公司及其内部机构、人员全面落实并实现预算的过程。在公司的经济控制系统中,财务控制系统是最具有连续性、系统性和综合性的子系统。

(二)财务控制的特征

1. 以价值控制为手段

财务控制以实现财务预算为目标,财务预算所包括的现金预算、预计利润表和预计资产负债表,都是以价值形式予以反映的,因此,财务控制必须以价值为手段。

2. 以综合经济业务为控制对象

财务控制需要将不同岗位、不同部门、不同层次的业务活动综合起来进行控制。

3. 以日常现金流量控制为主要内容

日常的财务活动过程表现为组织现金流量的过程,控制现金流量成为日常财务控制的主要内容。在财务控制过程中,要以现金预算为依据,通过编制现金流量表来考核评价现金流量运行状况。

二、财务控制的职能与意义

(一)财务控制的职能

1. 财务监督

对公司财务活动进行监督,保证企业财务活动按照预算进行,并随时揭示实际与预算的偏差,为财务活动调节提供依据。控制过程中的财务监督具有及时性和有效性的特点。

2. 财务调节

对公司财务活动实际与预算的偏差进行纠正。如果实际与预算之间的偏差是由公司财务活动的执行不力造成的,就需要对公司财务活动过程进行调节,使之符合预算的要求;如果实际与预算之间的偏差是由于公司财务预算本身的原因造成的,则要对公司财务预算进行调节,使之有效可靠。

财务监督与财务调节作为公司财务控制的两项基本职能,是相互联系不可分割的。对公司财务活动的监督,是财务调节的前提;对公司财务活动的调节是实现财务监督的必要手段。二者的统一构成了公司财务控制的整个过程。

(二)财务控制的意义

(1)公司财务控制是公司事前财务管理的继续,是实现公司财务预算不可缺少的重要保证。要保证预算的实现,就必须对公司财务预算的执行过程进行监督和调节。

(2)公司财务控制是公司财务预算有效可靠的重要保证。公司财务预算是在财务活动开展前做出的,影响财务活动的复杂因素使得财务预算往往存在许多不足之处,而这需要在财务活动的控制过程中才能发现,要通过对财务活动的控制才能得以调节。

(3) 公司财务控制是财务管理循环的关键环节,对实现财务管理目标具有决定作用。在一定意义上,财务预测、财务决策和财务预算为财务控制指明方向、提供依据和规划措施,财务控制则对这些规划加以落实。没有控制,任何预测、决策和预算都是徒劳无益的。

三、财务控制的原则与程序

(一) 财务控制的原则

1. 目的性原则

财务控制作为一种财务管理职能,必须具有明确的目的性。

2. 充分性原则

财务控制的手段对于目标而言,应当是充分的,应当足够保证目标的实现。

3. 及时性原则

财务控制应及时发现偏差,并能采取措施加以纠正。

4. 认同性原则

财务目标的控制标准和措施必须被认同。

5. 经济性原则

财务控制的手段应当是必要的,财务控制获得的价值应大于所需费用。

6. 客观性原则

管理对绩效的评价工作应当客观公正,防止主观片面。

7. 灵活性原则

财务控制应当含有足够灵活的要素,以便在任何失常情况下,都能保持对运行过程的控制,不受环境变化、计划疏忽、计划变更的影响。

8. 适应性原则

财务控制应能反映组织结构,与职位相适应,并反映所制定的有待实施的计划。

9. 协调性原则

财务控制的各种手段在功能、作用、方向和范围方面应该相互配合,在单位内部形成合力,以产生协同效应。

10. 简明性原则

控制目标应当明确,控制措施与规章制度应当简明易懂,易为执行者理解和接受。

(二) 财务控制的程序

1. 掌握标准

进行财务控制的关键是掌握控制的标准。这些标准既包括国家有关部门和主管部门制定的,也包括本单位按有关规定制定的。如国家财经法纪、法律法规、业务制度、成本费用定额、计划、预算等。控制标准的制定使控制具有客观性、统一性和强制性。

2. 发出指令

控制标准形成以后,就要以正式的文件方式下达到有关部门,如分厂、车间、科室等,对于具体的部门单位,还须将指标进一步分解落实。发出指令这一环节主要解决了该做什么、不该做什么、何时何地做以及怎样做的问题。这些财务目标实际上具有指导性和强制性,既要下达到公司各部门,也要下达到各责任中心,由它们在工作中执行或参照。

3. 执行指令

在财务指标下达到各部门单位后,各部门单位就要将其转化为具体的行动,在实际工作中加以贯彻落实。

4. 反馈指令执行情况

不管指令执行结果是否满意,是否符合初始的财务调控指令,执行人员都必须对执行情况进行反馈。因为通过反馈可以找出指令与执行结果之间的偏差,检查结果并分析原因,提出调整意见与改正措施。反馈信息可通过内部报告的形式进行,可定期也可不定期地编写。定期编写报告的时间间隔应该考虑所控制的内容、原因及失控情况下造成的影响程度。

5. 纠正偏差

偏差通常可以说明所定财务目标的切实可行性以及实际执行过程的效率。如果财务目标经过科学的论证切实可行,且在执行中又超额完成了目标,则不必调整。如果执行的结果与目标偏差较大,没有达到目标预定的水平,就必须对执行的过程及该过程中出现的因素进行分析,找出原因,提出改进意见和措施。

6. 业绩考核

对于有利差异,如原材料实际消耗比定额的节约等,应该肯定成绩,给予奖励,并认真总结经验,积极推广。对于不利差异,如库存材料实际储存数超过定额造成的积压等,应分清原因,对相关责任部门给予一定的处罚。

四、财务控制的分类

(一)一般控制和应用控制

按照财务控制的内容可分为一般控制和应用控制。一般控制又称基础控制或环境控制,是指对公司财务活动赖以进行的内部环境所实施的总体控制。这类控制并不直接作用于公司财务活动,而是通过应用控制对公司财务活动产生影响。应用控制又称业务控制,是指直接作用于公司财务活动的具体控制。这类控制构成了业务处理程序的一部分,并具有防止和纠正错弊的作用。

(二)预防性控制、侦查性控制、纠正性控制、指导性控制和补偿性控制

按照财务控制的功能可分为预防性控制、侦查性控制、纠正性控制、指导性控制和补偿性控制。预防性控制是指为防范风险、错弊和非法行为的发生,或尽量减少其发生机会所进行的控制。预防性控制是由不同的人员或职能部门在履行各自职能的过程中实施的,它主要解决"如何在一开始就防止风险和错弊的发生"这个问题,具体措施包括职责分离、授权批准等。侦查性控制是指为及时识别已存在的财务危机和已发生的错弊和非法行为,或增强识别风险和发现错弊机会的能力所进行的各项控制。侦查性控制是一种有效的监督工具,主要解决"如何识别风险和错弊"的问题。纠正性控制是对那些由侦查性控制查出来的问题进行的控制。通过实际执行结果与设计标准的比较,以纠正发现的差异。指导性控制是为了实现有利结果而采取的控制。这种控制既可实现有利结果,也可避免不利结果的发生。补偿性控制是针对某些环节的不足或缺陷而采取的控制措施。这种控制可以把风险水平限制在一定范围内。一项补偿性控制可以包含多个控制措施,即可以把多重控制手段作为一项控制程序来看待。在具体判断一项控制措施到底属于哪种类型时,关键是看采取该项控制措施的设计意图。

(三)事前控制、事中控制和事后控制

按照财务控制的时序可分为事前控制、事中控制和事后控制。事前控制又称原因控制或前馈控制,是指公司为防止财物资源在质和量上发生偏差,而在行为发生之前所实施的控制。事中控制又称过程控制,指财务收支活动发生过程中所进行的控制。事后控制又称结果控制或反馈控制,是指对财务收支活动的结果所进行的考核及相应的奖罚。

(四)出资者财务控制、经营者财务控制和财务部门的财务控制

按财务控制主体可分为出资者财务控制、经营者财务控制和财务部门的财务控制。出资者财务控制是为了实现其资本保全和资本增值目标而对经营者的财务收支活动进行的控制。通常认为,出资者财务控制是一种外部控制。经营者财务控制是为了实现财务预算目标而对公司及各责任中心的财务收支活动所进行的控制,主要通过经营者制定财务决策目标,并促使这些目标得到贯彻执行来实现。经营者财务控制通常被认为是内部控制。财务部门的财务控制是财务部门为了有效地组织现金流动,通过编制现金预算,执行现金预算,对公司日常财务活动所进行的控制。通常认为财务部门的财务控制也是一种内部控制。

(五)预算控制和制度控制

按财务控制依据可分为预算控制和制度控制。预算控制是以财务预算为依据,对预算执行主体的财务收支活动进行监督、调整的一种控制方式。预算表明执行主体的责任和奋斗目标,规定了预算执行主体的行为。制度控制是指通过制定企业内部规章制度,并以此为依据约束企业和各责任中心财务收支活动的

一种控制方式。制度控制通常规定能做什么,不能做什么。可见,制度控制具有防护性的特征,而预算控制则具有激励性的特征。

(六)收支控制和现金控制

按财务控制对象可分为收支控制和现金控制。收支控制是指对公司和各责任中心的财务收入活动和支出活动所进行的控制。控制财务收入活动是为了提高收入,控制财务支出活动是为了降低成本,减少支出,收支控制的根本标准就是实现利润最大化。现金控制又称货币资金控制,是对公司和各责任中心的现金流入和现金流出活动所进行的控制。现金控制应力求实现现金流入流出的基本平衡,既要防止因现金短缺可能出现的支付危机,也要防止因现金沉淀可能出现的机会成本增加。

(七)定额控制和定率控制

按财务控制手段可分为定额控制和定率控制。定额控制是指对企业和责任中心采用绝对额指标进行的控制。一般而言,对激励性指标确定最低控制标准,对约束性指标确定最高控制标准。定率控制是指对企业和责任中心采用相对比率指标进行控制。比较而言,定额控制没有弹性,定率控制则具有弹性。

(八)集中控制、分散控制和分级控制

按控制权的集中度可分为集中控制、分散控制和分级控制。集中控制是指由一个控制中心对所有子系统的信息进行集中加工、处理,集中发出指令,操纵所有财务子系统的控制方式。集中控制有利于企业整体的最优控制。分散控制是指由多个控制中心分别控制一定数量子系统的控制方式。分散控制有利于提高效率,调动各控制中心的积极性,但不便于各子系统间的协调,难以实现整体的最优控制。分级控制是指在一个最高控制中心的领导下,按照各系统的内在结构层次,设立若干不同级别的控制中心,层层控制。分级控制是集中控制与分散控制的统一。

第二节 财务控制的要素与方法

一、财务控制的要素

财务控制既是公司内部控制的重要组成部分,也是公司风险管理的一个重要方面,根据内部控制和风险管理的基本要素可将财务控制要素划分为以下8个部分。

(一)控制环境

控制环境是指对公司财务控制的建立和实施有重大影响的各种环境因素的统称。包括公司管理当局的经营哲学和经营方式、组织结构、董事会或审计委员会的组成、公司授予权利和责任的方式以及员工素质等。控制环境是决定财务控制目标能否实现的关键因素。

(二)目标设定

每个公司都面临各种财务危险,进行有效的事项识别、风险评估及风险应对的一个前提是确定与不同水平和内部环境保持一致的财务目标。管理者应在识别风险并采取必要措施管理风险之前确定协调一致的目标。财务控制的目标包括:合理配置和使用财物资源,提高财物资源的使用效率,实现公司价值最大化,保护资产的安全与完整,保证财务信息的可靠性,遵循有关财务会计法规和公司已制定的财务会计政策。

(三)事件识别

事件是指可以影响公司财务战略执行或目标实现的事项,如银行信贷政策的调整、新竞争对手的出现、市场价格水平的变化、公司组织结构和高层管理人员的变动等。事项可能形成积极的影响或消极的影响,也可能同时具有两种影响。事件识别就是对事项的各种可能影响做出初步判断。

(四)风险评估

风险评估是指管理层分析、评价和估计对公司目标有影响的内部或外部风险的过程。管理者应当从可能性和影响程度两个角度,采用定性与定量相结合的方法来评估事项,并对整个公司中的事项以个别或分类的形式进行分析,指出潜在事项的有利影响和不利影响。

(五)风险应对

风险应对包括规避风险、减少风险、转移风险和接受风险4个方面。在考虑如何应对风险的过程中,管理者要考虑成本和效益,并在期望的风险容忍度内选择风险的应对方案。

(六)控制活动

控制活动是指确保管理阶层的指令得以执行的政策及程序。它贯穿于公司的所有层次和职能部门,包括审批、授权、检查、核对、经营业绩的审查、资产的保护和职责分工等一系列活动。

(七)信息与沟通

信息主要是指会计系统所提供的内部与外部信息,包括文件预先编号、业务复核、定期调整等。一个有效的会计信息系统应当做到:确认和记录所有有效交易,及时、详细地描述交易,以某种方式计量交易的价值,确定交易发生的期间,在财务报表中适当地表达交易事项和披露相关事项。沟通是指公司的信息系统提供有效信息给适当的人员。通过沟通,可使员工能够知悉其在财务控制中的责任,便于找出财务控制中的薄弱环节并采取相应的预防措施。

（八）监督

监督是由适当的人员，在适当的时机来评估控制的设计和运作情况的过程。它包括持续的监督活动、个别评估和报告缺陷三部分。其中个别评估的范围和频率应视风险的大小及控制的重要性而定，内部控制的缺陷应由下往上报告，某些缺陷则应报告给高层管理阶层及董事会。

二、财务控制的方法

（一）制度控制

制度控制是指按照国家的有关财经法律、法规、办法以及公司制定的制度、条例等进行控制。制度控制通常规定能做什么，不能做什么，只有按照相关制度的规定控制公司的经济活动，才能保证计划或预算的完成。

（二）定额控制

定额控制是指以定额为标准，对经济活动或资金活动所进行的控制。在经济活动过程中，凡是制定定额的，都要以定额为标准，符合定额的经济业务要给予支持，保证资金需要。超过定额的经济业务，则要分析其原因，分别予以处理。定额管理的实施要求公司做好计量、验收与原始记录几项基础性工作。

（三）授权批准控制

授权控制是指在某项财务活动发生之前，按既定的程序对其正确性、合理性、合法性加以核准并确定是否让其发生的控制。授权包括一般授权和特别授权。一般授权主要是对日常业务活动的授权，通常以管理部门文件的形式，规定一般性交易办理的条件、范围和该交易的责任关系。该层次的授权过大，则风险不易控制，过小则效率太低。一般授权适用于经常发生的数额较大的交易，如赊销时的价格表与信用额度。特别授权适用于管理当局认为个别交易必须经批准的情况，这种授权只涉及特定的经济业务处理的具体条件及有关具体人员，且应保持在较高管理层手中。

1. 授权控制

一个公司的授权控制应做到以下几点：

（1）公司所有人员不经合法授权，不能行使相应的权利，有权授权的人则应在规定的权限范围内行使，不得越权行使。

（2）公司的所有业务未经授权不能执行。

（3）经营业务一经授权必须予以执行。

2. 授权批准

批准是检查已确立的授权条件得到满足的实际步骤。一个完善授权批准体系包括以下几个方面：

（1）授权批准的范围，公司各项财务活动通常都应纳入。

(2)授权批准的层次,应根据经济活动的重要性和金额大小确定,以保证不同的管理层既有权也有责。

(3)授权批准的程序,应规定每一类经济业务的审批程序,以便按程序办理审批,避免越权审批、违规审批的情况发生。

(4)授权批准的责任,须明确授权批准人员所承担的责任。

(四)职务分离控制

职务分离控制是指对处理某种经济业务所涉及的职责分派给不同的人员,使每个人都是对其他有关人员工作的一种自动检查。职务分离的主要目的是预防和及时发现职工在履行职责过程中产生错误和舞弊行为。

常见的不相容职务包括:业务授权与执行、业务执行与记录、财产保管与记录、记录总账与明细账、经营责任与记账责任、财产保管与财产核对等。不相容职务必须进行分离,包括在组织机构之间的分离和组织机构内部有关人员之间的分离。

职责分离控制要求做到:

(1)任何业务尤其是货币资金收支业务的全过程,不能由某一个岗位或某一个人包办。

(2)经济业务的责任转移环节不能由某一个岗位单独办理。

(3)某一岗位履行职责情况不能由其自己决定。

(4)财务权利的行使必须接受定期独立审查。

(五)预算控制

预算控制是以全面预算为手段,对公司财务收支和现金流量所进行的控制。预算表现了执行主体的责任和奋斗目标,通过预算目标与实际业绩的比较,能使经理人员随时了解预算主体范围内的公司实际业绩的进展情况,通过分析目标与实际的差异,揭示产生差异的原因,便于反映原始预算的现实性与可行性,并决定是否修改原始预算,从而使目标变得更加科学与合理。预算控制应主要围绕资金管理和成本管理进行。

(六)财产保全控制

财产保全控制具体包括:

(1)限制接触财产。即限制非授权人接触某项资产,建立必要的防护措施,确保资产的安全完整。

(2)定期盘点清查。定期盘点和账实核对不应由担任保管或担任记录实物的人员单独进行。公司财务控制应当明确有处理盘点差异的权限,以及相应人员的责任。

(3)记录保护。即严格限制接近会计记录与业务记录的人员,对重要的数据资料应当备份。

(4)财产保险。即通过对资产投保,增加实物受损的补偿机会。
(5)财产记录监控。即建立资产个体档案,并对资产增减变动及时全面予以记录。

(七)独立检查控制

独立检查控制又称内部稽核,是指由业务执行者以外的人员对已执行业务的正确性所进行的验证。包括凭证与凭证、凭证与账簿、账簿与账簿、账簿与报表、书面记录与实物之间的核对,以及对一些计算表、总表、调节表和分析表的复核。

有效地独立检查控制应当保证检查工作由一个与原业务活动、记录、保管相独立的人员来执行,并且复核工作应经常进行,对于错误和例外应迅速传达给有关人员更正,重复犯错、重大错误及不当行为则应向适当管理层报告。

(八)业绩评价控制

业绩评价是指将实际业绩与其评价标准进行比较,对营运业绩等所进行的评价。财务控制的效率取决于是否有切实可行的奖罚制度以及该制度的执行情况。制定奖罚制度必须结合各责任中心的预算责任目标,形成包括建立考评机构、确定考评程序、审查考评数据、依照制度进行考评和执行考评结果在内的严格考评机制,保证奖罚制度的效力。实现两个结合,即将过程考核与结果考核以及及时奖罚结合起来,这就需要在财务控制过程中随时考核各责任中心的责任目标和执行情况,并根据考核结果当即奖罚,一定时期终了(一般为年度)时,根据财务预算的执行结果,对各责任中心进行全面考评与奖罚。

(九)责任控制

责任控制是通过职工履行岗位责任对经济活动和资金运动进行的控制。其具体形式包括部门责任和岗位责任。部门责任是按照公司各部门具备的职能来明确责任,并考核责任。它要求明确各部门的工作内容、责任范围及部门之间的联系,并制定各部门的工作标准,经常检查执行情况,从而使各部门有条不紊地完成各自的工作任务,以实现公司的整体目标。岗位责任是按照岗位明确责任,并考核责任,其目的是使公司内部各级组织和人员都有明确而具体的职权范围和工作责任,以便检查与考核。

第三节 责任中心

一、责任中心的含义与特征

(一)责任中心的含义

责任中心是承担一定经济责任,并享有一定权利和利益的公司内部责任单位,它可以是一个事业部、一个子公司、一个车间、一个工段、一个人,也可以是组织整体。只有在公司内部合理划分责任单位,明确各责任单位应承担的经济责任、应有的权利和利益,才能促使各责任单位及其责任协同配合。同时,只有把总预算中确定的目标和任务,按照责任中心逐层分解,形成责任预算,使各个责任中心明确其目标和任务,才能保证预算的贯彻落实和最终实现。

(二)责任中心的特征

(1)责任中心是一个责权利结合的实体。它表明每个责任中心都要对一定的财务指标承担完成的责任,同时赋予责任中心与其责任范围和大小相适应的权利,并规定相应的业绩考核标准和利益分配标准。

(2)责任中心具有承担经济责任的条件。一方面责任中心应具有履行各种条款的行为能力,另一方面责任中心一旦不能履行经济责任,就要对其后果承担责任。

(3)责任中心所承担的责任和行使的权利具有可控性。每个责任中心只能对其责权范围内可控的成本、收入、利润和投资负责,在责任预算和业绩考核中只应包括它们能控制的项目。可控是相对不可控来说的,因而不同责任层次的可控范围是不一样的。通常责任层次越高,可控范围越大。

(4)责任中心具有相对独立的经营业务和财务收支活动。它是确定经济责任的客观对象,是责任中心得以存在的前提条件。

(5)责任中心便于进行责任会计核算、业绩考核与评价。责任中心不仅要划清责任而且要单独核算。

二、成本中心

(一)成本中心的含义

成本中心是对成本或费用承担责任的责任中心。它不形成可以用货币计量的收入,因而不对收入、利润或投资负责。

成本中心的应用范围最广,从一般意义出发,公司内部凡有成本发生、需要对成本负责,并能实施成本控制的单位,都可以成为成本中心。成本中心一般包括负责生产的生产部门、劳务提供部门以及给予一定费用指标的管理部门。成本中心的规模不一,各个较小的成本中心共同组成一个较大的成本中心,各个较大的成本中心又共同构成一个更大的成本中心。从而在公司形成一个逐级控制,并层层负责的成本中心体系。

(二)成本中心的类型

按照成本中心控制对象的特点,可将成本中心分为技术性成本中心和酌量性成本中心。

1. 技术性成本中心

技术性成本是指发生的数额通过技术分析可以相对可靠地估算出来的成本,如产品生产过程中发生的直接材料、直接人工、间接制造费用等,其特点是这种成本的发生可以为企业提供一定的物质成果,在技术上投入量与产出量之间有着密切的联系。这种因生产实物产品而发生的各种技术性成本作为控制对象的成本中心称为技术性成本中心,又称标准成本中心。该类责任中心不需要对实际产出量与预算量的变动负责,通常可以通过应用标准成本制度或弹性预算来控制产品成本。

2. 酌量性成本中心

酌量性成本是指其是否发生以及发生数额的多少是由管理人员的决策决定的,主要包括各种管理费用和某些间接成本项目,如研究开发费用、广告宣传费用、职工培训费用等。这种费用发生主要是为企业提供一定的专业服务,一般不能产生可以用货币计量的成果,在技术上投入量与产出量之间没有直接关系。这种把为组织生产经营而发生的酌量性成本或经营费用作为控制对象的成本中心称为酌量性成本中心,又称费用中心。该类中心一般不形成实物产品,不需要计算实际成本,通常可以通过加强对预算总额的审批和严格执行预算标准来控制费用开支。

(三)成本中心的特点

1. 只考评成本费用而不考评收益

由于成本中心一般不具备经营销售权,其经济活动的结果不形成可以用货币计量的收入,尽管有些成本中心也有少量收入,但其不存在投入产出之间的对应关系。因而,这些收入也不是主要的考核内容,即成本中心只以货币形式计量投入,不以货币形式计量产出。

2. 只对可控成本负责

成本费用依其责任主体是否能够控制分为可控成本与不可控成本。凡是责任中心能控制其发生及数量的成本称为可控成本;凡是责任中心不能控制其发生及数量的成本称为不可控成本。具体说来,可控成本必须同时具备4个条件。

(1)可预计性。即在成本发生之前,成本中心能够预先知道将会发生的成本及其发生时间。

(2)可计量性。即成本中心能够对发生的成本进行计量。

(3)可以施加影响。即成本中心能够通过自身的行为来影响、调节成本。

(4)可以落实责任。即成本中心能够将有关成本的控制责任分解落实,并实行考核评价。

只有同时具备上述4个条件的成本才是可控成本。属于某成本中心的各项可控成本之和构成该成本中心的责任成本。从考评的角度看,成本中心工作成绩的好坏,应以可控成本作为主要依据,不可控成本作为参考。在确定责任中心成本责任时,应尽可能使责任中心发生的成本成为可控成本。

成本的可控与不可控是以一个特定的责任中心和一个特定的时期作为出发点,它与责任中心所处管理层次的高低、管理权限及控制范围的大小和经营期间的长短有直接关系。例如,对较高层次责任中心或高级领导来说的可控成本可能是其下属较低层次责任中心或基层领导的不可控成本;反之,较低层次责任中心或基层领导的不可控成本,则可能是其所属较高层次责任中心或高级领导的可控成本。某项成本是某一责任中心的不可控成本,却可能是另一责任中心的可控成本,这取决于该责任中心的业务内容及其所管辖的业务内容的范围。某些从短期看是不可控的成本,从长期看也可能是可控成本。

通常成本中心的变动成本大多是可控成本,而固定成本大多是不可控成本;各成本中心发生的直接成本大多是可控成本,其他部门分配的间接成本大多是不可控成本。但这也要具体情况具体分析,如一个成本中心使用的固定资产所发生的折旧费是直接成本,却不是可控成本。从其他部门分配来的间接成本又可分为两类:一是与生产活动本身无直接联系,而只为生产部门正常开展生产提供必要条件的成本,如人事部门提供的服务;二是可随生产部门的生产需要而改变,并在生产中"耗用"的成本,如动力部门提供的服务。一般而言,前一种间接成本属于不可控成本,后一种间接成本如采用按各成本中心实耗量进行分配,就是各成本中心的可控成本。

3. 只对责任成本进行考核和控制

责任成本是各成本中心当期确定或发生的各项可控成本之和。它可分为预算责任成本和实际责任成本。前者是指由预算分解确定的各责任中心应承担的责任成本;后者是指各责任中心从事业务活动实际发生的责任成本。

对成本费用进行控制,应以各成本中心的预算责任成本为依据,确保实际责任成本不会超过预算责任成本;对成本中心进行考核应通过各成本中心的实际责任成本与预算责任成本进行比较,确定其成本控制的绩效,并采取相应的奖惩措施。

(四)成本中心的考核指标

成本中心控制和考核的对象是责任成本,即从全部成本中区分出可控的责任成本,将责任成本的实际发生额与预算额进行比较分析,以判断是否存在差异及产生差异的原因,据此对责任中心的工作成果作出评价。

成本中心的考核指标包括成本(费用)变动额和变动率两类指标,其计算公式是:

$$责任成本(费用)变动额 = 实际责任成本(费用) - 预算责任成本(费用)$$

$$责任成本（费用）变动率 = \frac{责任成本（费用）变动额}{预算责任成本（费用）} \times 100\%$$

在对成本中心进行考核时，如果预算业务量与实际业务量不一致，应注意按弹性预算方法，先将预算数调整为实际业务量水平下的预算数额，再与实际业务量水平下的实际数额比较计算。

【例 11-1】 甲公司第一车间为成本中心，生产 A 产品。其预算产量 9 000 件，单位成本 100 元；实际产量 10 000 件，单位成本 94 元。

要求：计算该成本中心的责任成本变动额和变动率。

解：依题意以实际产量计算成本变动额：

成本变动额＝94×10 000－100×10 000＝－60 000（元）

成本变动率＝[－60 000/(100×10 000)]×100%＝－6%

计算结果表明，该成本中心的成本降低额为 60 000 元，降低率为 6%。

三、利润中心

（一）利润中心的含义

利润中心是指既要对成本负责又要对收入和利润负责，但没有责任或没有权利决定该中心资产投资的水平，因而可以根据其利润的多少来评价该中心业绩的责任中心。它具有独立或相对独立的收入和生产经营决策权。

利润中心往往处于公司内部的较高层次，一般具有独立的收入来源或能视同为一个有独立收入的部门，通常具有独立的经营权。利润中心与成本中心相比，其权利和责任都相对较大，它不仅要绝对地降低成本，而且要寻求收入的增长，并使之超过成本的增长。

（二）利润中心的类型

按收入来源的性质不同，利润中心分为自然利润中心和人为利润中心两类。

1. 自然利润中心

自然利润中心是指可以直接对外销售产品并取得收入的利润中心。这类利润中心本身直接面向市场，具有产品销售权、价格制定权、材料采购权和生产决策权。它虽然是公司内的一个部门，但其功能与独立公司相近。最典型的形式就是公司内的事业部，每个事业部均有销售、生产、采购的机能，有很大的独立性，能独立地控制成本并取得收入。

2. 人为利润中心

人为利润中心是指对内部责任单位提供产品或劳务而取得"内部销售收入"的利润中心。如铸造车间生产出来的零件毛坯可以按内部转移价格出售给加工车间，铸造车间就成为人为利润中心。这类利润中心一般不直接对外销售产品。通常可以向其他责任中心提供产品或劳务，并能为产品确定合理内部转移价格的利润中心可成为人为利润中心。人为利润中心一般也应具备相对独立的经营权,即能自主决定本利润中心的产品品种(含劳务)、产品质量、作业方法、人员调配、资金使用等。

(三)利润中心的成本计算

利润中心对利润负责,它通过考核和计算成本,进而正确计算利润,以对利润中心业绩作出评价与考核。对利润中心的成本计算,通常有两种方式。

1. 利润中心只计算可控成本,不分担不可控成本,即不分摊共同成本

这种方式主要适用于共同成本难以合理分摊或无需进行共同成本分摊的情况,按这种方式计算出的赢利相当于"边际贡献总额"。公司各利润中心的"边际贡献总额"之和,减去未分配的共同成本,经过调整后才是公司的利润总额。采用这种成本计算方式的"利润中心",实质上是边际贡献中心。人为利润中心适合采用这种计算方式。

2. 利润中心不仅计算可控成本,也计算不可控成本

这种方式适合于共同成本易于合理分摊或不存在共同成本分摊的情况。在计算时,如果采用变动成本法,应先计算边际贡献,再减去固定成本,得到税前利润;如果采用完全成本法,可以直接计算出税前利润。各利润中心的税前利润之和,就是公司的利润总额。自然利润中心适合采取这种计算方式。

(四)利润中心的考核指标

利润中心的考核指标是利润,通过对一定期间实际实现的利润与责任预算所确定的利润进行比较,以判断差异形成的原因和责任,对利润中心的业绩做出评价。由于成本计算方式不同,各利润中心的利润指标的表现形式也不相同。

(1)当利润中心不计算共同成本或不可控成本时,其考核指标是该利润中心的边际贡献总额,即:

$$\text{利润中心边际贡献总额} = \text{该利润中心销售收入总额} - \text{该利润中心可控成本总额(或变动成本总额)}$$

上式中,如果可控成本中包含可控固定成本,就不完全等于变动成本总额。

(2)当利润中心计算共同成本或不可控成本,并采取变动成本法计算成本时,其考核指标主要是利润中心边际贡献总额、利润中心负责人可控利润总额、利润中心可控利润总额以及公司利润总额4种。

$$\text{利润中心边际贡献总额} = \text{该利润中心销售收入总额} - \text{该利润中心变动成本总额}$$

$$\text{利润中心负责人可控利润总额} = \text{该利润中心边际贡献总额} - \text{该利润中心负责人可控固定成本总额}$$

$$\text{利润中心可控利润总额} = \text{该利润中心负责人可控利润总额} - \text{该利润中心负责人不可控固定成本总额}$$

$$公司利润总额 = \frac{各利润中心可控}{利润总额之和} - \frac{公司不可分摊的各种}{管理费用、财务费用}$$

为了考核利润中心负责人的经营业绩,应针对经理人员的可控成本费用进行评价和考核。因而需要将各利润中心的固定成本费用进一步区分为可控成本和不可控成本。考虑到有些成本费用可以划归、分摊到有关利润中心,却不能为利润中心负责人所控制,如广告费、保险费等,在考核负责人业绩时,则需要剔除其不可控的部分。

【例 11-2】 甲公司的一个车间是人为利润中心。本期实现内部销售收入 980 000 元,销售变动成本为 750 000 元,该中心负责人可控固定成本为 60 000 元,中心负责人不可控但应由该中心负担的固定成本为 80 000 元。

要求:计算该利润中心的考核指标。

解:依题意,该利润中心的考核指标分别为:

利润中心边际贡献总额 = 980 000 − 750 000 = 230 000(元)

利润中心负责人可控利润总额 = 230 000 − 60 000 = 170 000(元)

利润中心可控利润总额 = 170 000 − 80 000 = 90 000(元)

四、投资中心

(一)投资中心的含义

投资中心是指既对成本、收入和利润负责,又对投资负责的责任中心。投资中心所拥有的自主权既包括制定价格、确定产品和生产方法等短期经营决策权,也包括投资规模和投资类型等投资决策权。投资中心不仅能控制成本和收入,而且能控制占用的资产。因此,不仅要衡量其利润,而且要衡量其资产,并把利润与其所占用的资产联系起来。

投资中心与利润中心的权利和考核办法均不同。利润中心没有投资决策权,只能在公司投资形成后进行具体的经营;而投资中心不仅在产品生产和销售上享有较大的自主权,而且能相对独立的运用所掌握的资产,购建或处理固定资产,扩大或缩减现有的生产能力。在考核利润中心业绩时,不联系投资多少或占用资产的多少,即不进行投入产出的比较;在考核投资中心业绩时,则必须将所获得的利润与所占用的资产进行比较。

投资中心是公司内部最高层次的责任中心,它在公司内部具有最大的决策权,包括充分的经营决策权和投资决策权,也承担最大的责任。投资中心在资产和权益方面应与其他责任中心划分清楚,各投资中心共同使用的资产和共同发生的收入、成本应划分清楚或按适当的标准进行分配,以便于准确计算投资效益。在组织形式上,成本中心一般不是独立法人,利润中心可以是也可以不是独立法人,而投资中心一般是独立法人。

（二）投资中心的考核指标

投资中心作为自主权最大的责任中心，不但要合理运用资源创造满意利润，而且要接受有利可图的项目，进行扩大再生产。因此，除了考核成本、收入和利润外，投资中心还要考核资金使用效果。考核投资中心的指标应是能集中反映利润与投资额之间关系的指标，包括投资利润率和剩余收益。

1. 投资利润率

投资利润率又称投资收益率、投资报酬率，是投资中心所获得的利润与投资额之间的比率。计算公式是：

$$投资利润率 = \frac{利润}{投资额} \times 100\%$$

该指标还可进一步展开：

$$投资利润率 = \frac{销售收入}{投资额} \times \frac{利润}{销售收入}$$
$$= 总资产周转率 \times 销售利润率$$

其中，投资额是指投资中心可以控制并使用的总资产。该指标说明投资中心运用每一元资产对整体利润贡献的大小，用于考核和评价由投资中心掌握、使用的全部资产的盈利能力。

为了考核投资中心的总资产运用状况，也可以计算投资中心的总资产息税前利润率。它是投资中心的息税前利润除以总资产占用额，用公式表示：

$$总资产息税前利润率 = \frac{息税前利润}{总资产占用额} \times 100\%$$

总资产是指生产经营中占用的全部资产。因资金来源中包含了负债，相应分子也要采用息税前利润，即利息加利润总额。由于利润或息税前利润是期间型指标，因此，在计算上述投资额或总资产占用额时应按平均投资额或平均占用额计算。

投资利润率具有许多优点，它能反映投资中心的综合盈利能力，体现了投资利润率与收入、成本、投资额和周转能力的关系。作为一个相对数指标，将各投资中心的投入与产出进行比较，剔除了因投资额不同而导致的利润差异的不可比因素，有利于进行各投资中心经营业绩比较；可以作为选择投资机会的依据，有利于调整资产存量，优化资源配置；以投资利润率作为评价投资中心经营业绩的尺度，可以正确引导投资中心的经营管理行为，使其行为长期化，促使各投资中心盘活闲置资产，减少不合理资产占用，及时处理过时、变质、毁损资产。

投资利润率虽然综合反映了一个投资中心的全部经营成果，但也有其局限性。通货膨胀会使企业资产账面价值失真，导致相应的折旧少计，利润多计，使其无法解释投资中心的实际经营能力。使用该指标往往会使投资中心放弃对整个公司有利的投资项目,造成投资中心的近期目标与整个公司的长远目标的背离。投资利润率的计算与资本支出预算所用的现金流量分析方法不一致,不便于投资项目建成投产后与原定目标的比较,由于一些共同费用是投资中心所无法控制的,投资利润率的计量是投资中心所不能完全控制的。

2. 剩余收益

剩余收益是指投资中心获得的利润扣减其投资额或净资产占用额按规定或预期的最低收益率计算的最低投资收益后的余额。其计算公式如下:

$$剩余收益 = 利润 - 投资额 \times 规定或预期的最低投资报酬率$$

如果考核指标是总资产息税前利润率时,剩余收益计算公式应作相应调整,其计算公式如下:

$$剩余收益 = 息税前利润 - 总资产占用额 \times 规定或预期的最低总资产息税前利润率$$

这里所说的规定或预期的最低收益率和总资产息税前利润率,通常是指公司为保证其生产经营正常、持续进行所必须达到的最低收益水平。

以剩余收益作为投资中心的业绩评价指标时,各投资中心只要投资利润率大于规定或预期的最低投资收益率(或总资产息税前利润率大于规定或预期的最低总资产息税前利润率),该项投资(或资产占用)便是可行的。所采用的规定或预期最低投资收益率通常可用公司的平均利润率(或加权平均利润率)作为基准收益率。

剩余收益指标可以使部门业绩评价与公司目标协调一致,克服了由于使用比率衡量部门业绩带来的次优化问题,而且该指标允许使用不同的风险调整资金成本。但该指标是绝对数指标,不便于不同部门之间的比较。

【例 11-3】 甲公司下设 2 个投资中心 M 和 N,该公司加权平均最低投资利润率为 12%。公司拟追加投资 40 万元。有关资料如表 11-1 所示。

表 11-1　　　　　　甲公司投资中心指标计算表　　　　　(单位:万元)

项 目		投资额 (1)	利润 (2)	投资利润率 (3)=(2)/(1)(%)	剩余收益 (4)=(2)-(1)×12%
追加投资前	M	50	4	8.00	-2.00
	N	80	14	17.50	4.40
	Σ	130	18	13.85	2.40
投资中心 M 追加投资 40	M	50+40=90	8	8.89	-2.80
	N	80	14	17.50	4.40
	Σ	170	22	12.94	1.60

(续表)

项 目		投资额 (1)	利润 (2)	投资利润率 (3)=(2)/(1)(%)	剩余收益 (4)=(2)-(1)×12%
投资中心 N 追加投资 40	M	50	4	8.00	-2.00
	N	80+40=120	20	16.67	5.60
	Σ	170	24	14.12	3.60

要求:根据表 11-1 中的资料评价 M 和 N 两个投资中心的经营业绩。

评价:根据表 11-1 可知,如以投资利润率作为考核指标,追加投资后投资中心 M 的利润率由 8.00%提高到了 8.89%,投资中心 N 的利润率由 17.50%下降到了 16.67%,即向 M 投资比向 N 投资好;但以剩余收益作为考核指标,M 的剩余收益由原来的-2.00 万元变成了-2.80 万元,N 的剩余收益由原来的 4.40 万元增加到 5.60 万元,应当向 N 投资。如果从整个公司进行评价,就会发现 M 追加投资时全公司总体投资利润率由 13.85%下降到 12.94%,剩余收益由 2.40 万元下降到 1.60 万元;N 追加投资时全公司总体投资利润率由 13.85%上升到 14.12%,剩余收益由 2.40 万元上升到 3.60 万元,这与以剩余收益指标评价各投资中心业绩的结果一致。所以,以剩余收益作为评价指标可以保持各投资中心获利目标与公司总的获利目标达成一致。

此外,有些公司还设置了以推销产品为主要职能的收入中心。这种责任中心只对产品或劳务的销售收入负责,如公司所属的销售分公司或销售部。尽管这些从事销售工作的机构也发生销售费用,但由于其主要职能是进行销售,因此,以收入来确定其经济责任,对销售费用则采用简化的核算,只需根据弹性预算方法确定。

综上所述,责任中心根据其控制区域和权责范围的大小,分为成本中心、利润中心和投资中心 3 种类型。最基层的成本中心就其经营的可控成本向其上层成本中心负责,上层的成本中心就其本身的可控成本和下层转来的责任成本一并向利润中心负责,利润中心就其本身经营的收入、成本(含下层转来成本)和利润(或边际贡献)向投资中心负责,投资中心最终就其经管的投资利润率和剩余收益向总经理和董事会负责。公司各种类型和层次的责任中心形成了一个"连锁责任"网络,促使每个责任中心为保证经营目标一致而协调运转。

第四节　责任预算、责任报告与业绩考核

一、责任预算

(一)责任预算的含义与指标构成

责任预算是以责任中心为主体,以其可控成本、收入、利润和投资等为对象所编制的预算。责任预算是公司总预算的补充和具体化。

责任预算由各种责任指标组成,包括主要责任指标和其他责任指标,主要责任指标是必须保证实现的指标,上述提及的各责任中心的考核指标都属于主要指标的范畴。这些指标反映了各种不同类型责任中心之间的责任和相应的权利区别。其他责任指标是根据公司其他总奋斗目标分解而得到的或为保证主要责任指标完成而确定的责任指标,包括劳动生产率、设备完好率、出勤率、材料消耗率等。

(二)责任预算的编制

1. 责任预算的编制程序

责任预算的编制程序主要有自上而下、自下而上两种基本类型。

(1)自上而下的编制程序。这种编制程序以责任中心为主体,将公司总预算目标在各责任中心之间层层分解而形成各责任中心的预算,由上而下来实现公司总预算目标。这种自上而下、层层分解指标的方式,可以使整个公司浑然一体,便于统一指挥和调度,但它也可能会遏制责任中心的积极性和创造性。

(2)自下而上的编制程序。这种编制程序由各责任中心自行列示各自的预算指标、层层汇总,最后由公司专门机构或人员进行汇总和调整,确定公司总预算。这种由下而上、层层汇总协调的方式,有利于发挥各责任中心的积极性,但由于各责任中心往往只注意本中心的具体情况或多从自身利益角度考虑,容易造成彼此协调困难、互相支持少、以至冲击公司的总体目标。而且,层层汇总的工作量大,协调难度大,可能影响预算质量和编制时效。

2. 公司组织结构与责任预算编制程序的关系

责任预算的编制程序与公司组织结构密切相关。在集权组织结构下,公司通常采用自上而下的责任预算编制程序;在分权组织结构下,公司通常采用自下而上的责任预算编制程序。

在集权组织结构形式下,公司的总经理拥有关键的决策权,对公司的所有成本、收入、利润和投资负责。整个公司既是利润中心,也是投资中心,而公司下属各部门、工厂、地区等都是成本中心,只对其权责范围内的可控成本负责。因此,首先要按照责任中心的层次,从上而下把公司总预算逐层向下分解,形成各责任

中心的责任预算,然后建立责任预算执行情况的跟踪系统,记录预算执行的实际情况,并定期由下而上把责任预算的实际执行数据逐层汇总,直到最高层的利润中心或投资中心。

在分权组织结构形式下,经营管理权分散在各责任中心,公司下属各部门、工厂、地区等与公司自身一样,可以同时是利润中心和投资中心,既要控制成本、收入、利润,也要对所占用的全部资产负责。而在其下还有许多成本中心,并只对它们所控制的成本负责。因此,首先应按责任中心的层次,将公司总预算从最高层向最底层逐级分解,形成各责任单位责任预算,然后建立责任预算的跟踪系统,记录预算实际执行情况,并定期从最基层责任中心把责任成本的实际数,以及销售收入的实际数,通过编制业绩报告逐层向上汇总,一直达到最高的投资中心。

【例11-4】 某公司下属两个分公司为甲和乙,各分公司下设营销部、生产部和行政部3个部门。该公司采取分权组织结构形式,各成本中心发生的成本费用均为可控成本。该公司编制的总公司和甲公司2006年度责任预算的简化形式如表11-2、表11-3、表11-4、表11-5和表11-6所示。

表11-2　　　　　总公司2006年度责任预算　　　　　（单位:万元）

责任中心类型	项 目	责任预算	责任人
利润中心	甲公司营业利润	3 000	甲公司经理
	乙公司营业利润	5 000	乙公司经理
	合　计	8 000	公司总经理

表11-3　　　　　甲公司2006年度责任预算　　　　　（单位:万元）

责任中心类型	项 目	责任预算	责任人
收入中心	营销部收入	8 600	营销部经理
成本中心	营销部可控成本	2 600	营销部经理
	生产部可控成本	2 200	生产部经理
	行政部可控成本	800	行政部经理
	合　计	5 600	公司总经理
利润中心	营业利润	3 000	甲公司经理

表 11-4　　　　　　　甲公司营销部 2006 年度责任预算　　　　　（单位：万元）

责任中心类型	项目	责任预算	责任人
收入中心	A 地区收入	3 000	责任人 A
	B 地区收入	5 600	责任人 B
	收入合计	8 600	营销部经理
成本中心	工资费用	1 100	
	办公费	560	
	广告费	600	营销部经理
	其他	340	
	费用合计	2 600	营销部经理

表 11-5　　　　　　　甲公司生产部 2006 年度责任预算　　　　　（单位：万元）

成本中心	项目	责任预算	责任人
车间	变动成本		
	直接材料	620	
	直接工人	590	
	变动制造费用	260	车间负责人
	小　计	1 470	
	固定成本		
	固定制造费用	610	
	成本合计	2 080	
生产部	生产部其他费用	120	生产部经理
生产部	成本费用总计	2 200	生产部经理

表 11-6　　　　　　甲公司行政部 2006 年度责任预算（费用）　　　　（单位：万元）

成本中心	项目	责任预算	责任人
行政部	工资费用	320	
	折旧	240	行政部经理
	办公费	240	
	费用合计	800	行政部经理

上述各表的预算数据之间存在着内在的相互钩稽关系。随着预算数据的逐级分解，预算责任中心的层次越来越低，预算项目越来越具体。这表明公司总预算被落实到具体的责任单位或个人，公司总预算被分解到了具体的项目上，使预算的实现有了客观的依据。

二、责任报告

责任报告亦称业绩报告、绩效报告，它是根据责任会计记录编制的反映责任预算实际执行情况，揭示责任预算与实际执行差异的内部会计报告。责任中心的业绩评价和考核都应通过编制责任报告来完成。

责任报告的形式有报表、数据分析和文字说明等。将责任预算、实际执行结果及其差异用报表予以列示是责任报告的基本形式。在揭示差异时，还必须对重大差异予以定量分析和定性分析。定量分析可以确定差异的发生程度，定性分析则可发现差异产生的原因，并根据这些原因提出改进建议。

在公司的不同管理层上，责任报告的侧重点也不同。最底层责任中心的责任报告应当最详细，随着层次的升高，责任报告的内容就需要以更为概括的形式来表现。责任预算是由概括到具体，责任报告则是由具体到概括。责任报告应能突出产生差异的重要影响因素。为此，应遵循"例外管理"原则，突出重点，使报告的使用者能把注意力集中到少数严重脱离预算的因素或项目上来。

责任报告是对各个责任中心执行责任预算情况的系统概括和总结。根据责任报告，可对责任预算执行差异的原因和责任进行具体分析，以充分发挥反馈作用，使上层责任中心和本责任中心对有关生产经营活动实行有效控制和调节，促使各个责任中心根据自身特点，卓有成效地开展有关活动以实现责任预算。责任预算与责任报告的关系如图 11-1 所示。

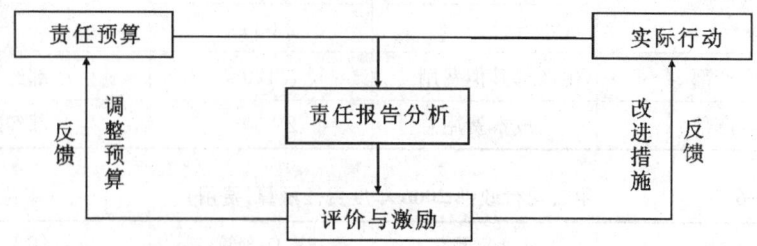

图 11-1　责任预算与责任报告关系示意图

为了编制各责任中心的责任报告，必须进行责任会计核算，具体做法有两种：一是由各责任中心指定专人把各中心日常发生的成本、收入以及各中心相互间的结算和转账业务记入单独设置的责任会计编号账户内，然后根据管理需要，定期计算盈亏，因其与财务会计分开核算，称为"双轨制"；二是简化日常核算，不另设专门的责任会计账户,而是在传统财务会计的各明细账户内,为各责任中心分别设置账户登记、核算,称为"单轨制"。

【例 11-5】 根据前述公司的相关资料,该公司编制的责任报告简略形式如表 11-7、11-8 和 11-9 所示。

表 11-7　　　甲公司成本中心 2006 年度责任报告(部分)　　　(单位:万元)

项目	实际	预算	差异
甲公司车间可控成本			
变动成本			
直接材料	640	620	20
直接人工	620	590	30
变动制造费用	250	260	−10
变动成本合计	1 510	1 470	40
固定成本			
固定制造费用	590	610	−20
固定成本合计	2 100	2 080	20
生产部其他费用	120	120	0
合　计	2 220	2 200	20
甲公司可控成本			
生产部	2 220	2 200	20
行政部	830	800	30
营销部	2 560	2 600	−40
总　计	5 610	5 600	10

表 11-8　　　甲公司利润中心 2006 年度责任报告(部分)　　　(单位:万元)

项目	实际	预算	差异
甲公司销售收入			
A 地区收入	3 200	3 000	200
B 地区收入	5 750	5 600	150
小　计	8 950	8 600	350

(续表)

项目	实际	预算	差异
甲公司变动成本			
车间	1 510	1 470	40
小　计	1 510	1 470	40
甲公司边际贡献总额	7 440	7 130	310
甲公司固定成本			
生产部			
车间	590	610	−20
生产部其他费用	120	120	0
小　计	710	730	−20
行政部	830	800	30
营销部	2 560	2 600	−40
合　计	4 100	4 130	−30
甲公司利润	3 340	3 000	340
总公司利润			
甲公司利润	3 340	3 000	340
乙公司利润	4 500	5 000	−500
总　计	7 840	8 000	−160

表 11-9　甲公司投资中心 2006 年度责任报告(部分)　　　　（单位：万元）

项目	实际	预算	差异
甲公司利润	3 340	3 000	340
乙公司利润	4 500	5 000	−500
小　计	7 840	8 000	−160
总公司所得税(30%)	2 352	2 400	−48
合　计	5 488	5 600	−112
净资产平均占用额	22 456	25 000	−2 544
投资利润率(%)	24.44	22.40	2.04
行业平均最低收益率(%)	16	18	−2.00
剩余收益	1 895.04	1 100	795.04

注：净资产平均占用额是预计资产负债表和实际资产负债表所有者权益年初年末的平均数。

三、业绩考核

业绩考核是以责任报告为依据，分析、评价各责任中心责任预算的实际执行情况，找出差距，查明原因，考核各责任中心工作成果，实施奖惩，促使各责任中心积极纠正行为偏差，完成责任预算的过程。

责任中心的业绩考核有狭义和广义之分。狭义的业绩考核仅指对各责任中心的价值指标进行考评。广义的业绩考核还包括对责任中心非价值责任指标的完成情况进行考核。责任中心的业绩考核可以分为年终考核与日常考核。年终考核通常是指一个年度终了（或预算期终了）对责任预算执行结果的考评，旨在进行奖罚并为下年（或下一个预算期）的预算提供依据。日常考核通常是在年度内（或预算期内）对责任预算执行过程的考评，旨在通过信息反馈，控制和调节责任预算的执行偏差，确保责任预算的最终实现。业绩考核可根据不同责任中心的特点进行。

（一）成本中心业绩考核

通常只对成本中心的责任成本进行考核。由于不同层次成本费用控制范围不同，计算和考评的成本费用指标也不尽相同。层次越高，计算考评的指标越多，考核内容也越多。成本中心业绩考核是以责任报告为依据，将实际成本与预算成本或责任成本进行比较，确定两者差异的性质、数额以及形成的原因，并根据差异分析的结果，对各成本中心进行奖罚，以监督成本中心努力降低成本。

（二）利润中心业绩考核

在对利润中心进行考核时，应重点分析评价销售收入、边际贡献和息税前利润。特别应通过一定期间实际利润与预算利润的对比，分析差异及其形成原因，明确责任，借以对责任中心的经营得失和有关人员做出正确评价。在考核利润中心业绩时，只需计算考评本利润中心权责范围内的收入和成本，对于不属于本利润中心权责范围内的收入和成本，则要予以剔除。

（三）投资中心业绩考核

在对投资中心进行业绩考核时，除关注收入、成本和利润指标外，考核的重点应放在投资利润率和剩余收益两项指标上。通常应通过将实际数与预算数的比较，找出差异，进行差异分析，查明差异的成因和性质，并据以进行奖罚。由于投资中心层次高、涉及的管理控制范围广，内容复杂，考核时应力求原因分析深入、依据确凿、责任落实具体，以达到考核的效果。

第五节　内部转移价格

一、内部转移价格的含义与用途

内部转移价格简称内部价格,是指公司内部各责任中心之间转移中间产品或相互提供劳务而进行内部结算和内部责任结转时所使用的计价标准。可见,内部转移价格主要用于内部交易结算和内部责任结转。

采用内部转移价格进行内部结算,可使公司内部的两个责任中心处于类似于市场交易的买卖两极,起到与外部市场价格相似的作用。责任中心作为卖方即提供产品或劳务的一方,必须不断改善经营管理,降低成本费用,以其收入抵偿支出,取得更多的利润;而买方即产品或劳务的接受方,也必须尽可能合理降低自身的成本费用,提高产品或劳务的质量,争取获得更多的利润。

利用内部转移价格进行责任结转有两种情形:一是各责任中心之间由于责任成本发生的地点与应承担责任的地点不同而进行的责任转账;二是责任成本在发生地点显示不出来,而要在下道工序或环节才能发现时所进行的转账。

在其他条件不变的情况下,内部转移价格的变化,会使买卖双方或供求双方的成本或收入发生相反方向的变化。但是从整个公司的角度看,一方增加的收入或利润正好是另一方减少的收入或利润。一增一减,数额相等,方向相反。因此,从公司总体来看,内部转移价格无论怎样变动,公司利润总额不变,所改变的只是公司内部各责任中心的收入或利润的分配份额。

二、内部转移价格的作用

内部转移价格的作用体现在以下 4 个方面。

（一）有助于明确划分各责任中心的经济责任

划清公司内部各责任中心之间的经济责任是实施责任会计的关键,而合理的内部转移价格可以通过内部交易的形式调节各责任中心的收入和成本,保证责任会计的实施。

（二）有助于使责任中心的业绩考核建立在客观可比的基础上

合理的内部转移价格使各责任中心的经济责任核算明确合理,业绩计算公正,使各责任中心能够按照一个客观的标准进行统一的比较和评价,从而对工作业绩做出公正的考核。

（三）有助于调动公司内部各生产部门生产经营的积极性

内部转移价格既可以用作公司的经营管理,也可以把公平交易、计价结算的市场机制引入公司内部,调节公司内部的各项业务活动,促使公司内部各责任中心积极采取措施降低成本,提高经济效益。

(四)有助于公司经营者做出正确的经营决策

在客观公正的业绩评价的基础上,公司管理层可以根据各责任中心的责任报告和经营目标及有关成本、收入、利润和资金情况,做出正确的经营决策。

三、内部转移价格的制定原则

(一)全局性原则

制定内部转移价格必须强调公司整体利润高于各责任中心的利润。内部转移价格直接关系到各责任中心经济利益的大小,每个责任中心必然会为本责任中心争取最大的价格好处,在利益彼此冲突的情况下,公司和各责任中心应从全局出发制定内部转移价格,以实现公司利润最大化。

(二)公平性原则

内部转移价格的制定应公平合理,应充分体现各责任中心的经营业绩,防止某些责任中心因价格优势而获得额外利益,或因价格劣势而遭受额外损失。

(三)自主性原则

在确保公司整体利益的前提下,应赋予各责任中心相对独立的经营权,通过各责任中心的自主竞争或讨价还价来确定内部转移价格,在公司内部实现市场模拟,使内部转移价格能为各责任中心所接受。

(四)重要性原则

内部转移价格的制定应当体现"大宗细,零星简"的要求,对原材料、半成品、产成品等重要物资的内部转移价格制定从细,而对数量繁多、价值低廉的物资,其内部转移价格制定从简。

四、内部转移价格的类型

(一)成本价格

成本价格是以产品或劳务的成本为基础而制定的内部转移价格。由于成本的概念不同,成本价格也有多种不同形式。

(1)实际成本。即以产品或劳务的历史成本作为内部转移价格。该成本是包括所有直接成本和间接成本在内的完全成本,其不足是将"卖方"的成绩或缺陷完全转嫁给"买方",不宜分清各责任中心的责任,从而影响各责任中心控制成本的积极性,不利于业绩考核。

(2)实际成本加成。即在产品或劳务实际成本的基础上加计一定合理的利润作为转移价格。它可用于对利润中心或投资中心的业绩考核,但由于其以实际成本为基础,仍存在成绩或缺陷的转嫁问题,而且人为地确定利润带有一定的主观随意性,会导致经营业绩的考评出现偏差。

(3)标准成本。即以产品或劳务的标准成本作为内部转移价格。它适用于成本中心产品(半成品)的转移。其优点是将管理和核算工作结合起来,可以避免"卖方"成本高低对"买方"的影响,有利于调动供需双方降低成本的积极性。

(4)标准成本加成。即按产品或劳务的标准成本加计一定的合理利润作为计价的基础。其优点是能分清相关责任中心的责任,有利于成本控制。但确定加成利润率时,也难免带有主观随意性。

(5)标准变动成本。即以产品或劳务的标准变动成本作为内部转移价格。其优点是符合成本习性,能够明确揭示成本与产量的关系,便于考核各责任中心的业绩,也利于经营决策。其不足之处是无法反映劳动生产率变化对固定成本的影响,不利于调动各责任中心提高产量的积极性。

(二)市场价格

市场价格是以产品或劳务的市场价格作为基价的内部转移价格。以市场价格作为内部转移价格时,应注意两个问题:一是在中间产品有外部市场,可向外部出售或从外部购进时,可以市场价格作为内部转移价格,但并不等于直接将市场价格用于内部结算,而应在此基础上扣除销售费、广告费、运输费以及销售税金等,否则因内部供应而节约的外部售价中包含的这些相关费用税金会表现为"卖方"的经营成果,不利于利润分配的公平性;二是以市场价格为依据制定内部转移价格,一般假设中间产品有完全竞争的市场,或中间产品提供部门无闲置生产能力。市场价格通常适用于利润中心或投资中心采用。

在采用市场价格作为内部转移价格时,应尽可能使各责任中心进行内部转让,除非责任中心有充分理由说明对外交易比内部转让更为有利。因此,在不影响公司整体利益的前提下,应当遵循以下原则:

(1)"卖方"有选择对内、对外销售的权利。

(2)当"卖方"愿意对内销售,且售价不高于市价时,"买方"有购买的义务。

(3)当"卖方"售价高于市场价格时,"买方"有转向市场购进的自由。

相对来说,市场价格是最客观公平的,它可以避免主观随意性,有利于公司内部引进市场机制,使各责任中心各自经营、相互竞争,最终通过利润指标考核和评价业绩。但由于公司内部转移的中间产品往往没有相应的市价作为依据,也就不便采用这种方法。

(三)协商价格

协商价格也称为议价,是公司内部各责任中心以正常的市场价格为基础,通过定期共同协商所确定的为双方所接受的价格。采用协商价格的前提是责任中心转移的产品应有在非竞争性市场买卖的可能性,在这种市场上买卖双方有权自行决定是否买卖这种中间产品。如果买卖双方不能自行决定,或当价格协商的双方发生矛盾而又不能自行解决,或者双方协商定价不符合公司利润最大化要求时,公司高一级的管理层就应在以有限、得体为原则的前提下,进行必要的干预。通常,在中间产品有非竞争性市场,生产单位有闲置生产能力以及变动生产成本低于市场价格,且各部门经理有讨价还价的权利时,可采用协商价格作为内部转移价格。

协商价格的上限是市价,下限是单位变动成本,具体价格应由各相关责任中心在这一范围内协商议定。在协商价格的确定过程中,双方当事人可以在模拟的市场环境下讨价还价,从而调动各方的积极性和主动性。但协商价格也存在一定的缺陷:一是协商定价的过程要花费大量的人力、物力和时间;二是协商定价需要公司高层领导裁定,从而弱化了分权管理的作用。

(四) 双重价格

双重价格是针对责任中心买卖双方分别采用不同的内部转移价格而制定的。如对产品的卖方,可按协商的市场价格计价,对买方则按卖方的产品单位变动成本计价,其差额由会计调整计入管理费用。采用双重价格的前提是内部转移的产品或劳务有外部市场,供应方有剩余生产能力,而且其单位变动成本低于市价。特别当采用单一的内部转移价格不能达到激励各责任中心的有效经营和保证责任中心与整个公司的经营目标达成一致时,应采用双重价格。

双重价格有两种形式:双重市场价格,即当某种产品或劳务在市场上出现几种不同价格时,卖方采用最高市价,买方采用最低市价;双重转移价格,即卖方以市场价格或议价作为基础,而买方按卖方的单位变动成本作为计价基础。

双重价格可以较好地满足买卖双方的不同需要,激励双方在经营上充分发挥其主动性和积极性,便于对公司内部各责任中心的业绩进行评价与考核。因此,这是一种既不直接干预各责任中心的管理决策,又能消除职能失调行为的定价方法。但双重定价的价格标准过多,处理由此形成的差异会比较麻烦。

案例讨论:

仪征化纤的资金监控之道[1]

【目的】

通过对仪征化纤资金管理控制方式的讨论,要求学生:(1)能够运用所学的财务控制方法进行科学的解释。(2)了解内部结算银行以及财务人员集中管理在财务控制中的作用。(3)思考保证财务控制作用发挥的相关配套制度。

---

[1] 资料来源:财务顾问网 http://www.cwgw.com/。

【内容】

仪征化纤股份有限公司是我国最大的现代化化纤和化纤原料生产基地,主要从事生产及销售聚酯切片和涤纶纤维业务。仪征化纤坚持以资金集中为前提,以现金流量为中心,对资金的流入和流出实行全过程监控,收到了较好效果。

1. 成立内部结算中心

公司于1987年起,建立内部银行,在此基础上演变成目前的内部结算中心,负责内部转账和资金收付等业务。内部结算中心的主要职能是统一对口专业银行,办理对外所有本外币结算业务。对公司的资金实行集中归口管理,统借统还,统一平衡调度,实行结算监督。经过十几年努力,内部结算中心已经形成一套完整的收支监控体制,其表现是:

公司的产品销售收入、劳务销售收入等一切收入项,直接回笼到内部结算中心在银行统一开立的结算账户,各二级单位做缴款处理。

公司的原材料、工资奖金发放、对外支付的劳务和费用,在各二级单位审核确认的基础上,统一由内部结算中心审核支付。即大宗原材料的采购由物资供应部统一对外采购;辅助化工材料和零星材料的采购,根据物资供应部制定的采购目录,由二级单位对外采购;备品配件的采购由设备动力部归口管理,部分零星备件的采购按照设备动力部划定的采购权限和经设备动力部审核批准的采购清单,由各二级单位自行采购;公司对外委托的修理项目,必须经设备动力部同意,对外修理费用金额超过2万元以上的项目在各二级单位初审的基础上,由设备动力部出具审核意见书,内部结算中心审核后才能对外支付等。对预付款和其他应收款的发生也做了明确的规定。除制造期长达6个月以上的大型设备、金额超过100万元以上的大修项目和事故中急需材料允许有10%~40%的预付款外,其他物资采购、备件购置、中小修理项目、零星土建等一律不得对外预付款项。对个人借款严加控制,定期清理,遵循"前账不清,后账不借"的原则,对3个月借款不清的个人,如无特殊原因,由财务科从个人工资中扣除,不得造成坏账。

2. 财务人员集中管理对资金集中和全面监控起保证作用

为了充分发挥财务的监督和控制职能,更好地为公司生产经营服务,公司从1997年7月实行二级单位财务委派制,从公司财务人员中选聘166名财务人员,派驻到18个二级单位,实现了财务人员的集中管理,在构筑新的理财机制方面迈出了一步。仪征化纤理财机制如果用三句话来概括的话,就是:你的钱,我看着你花;你的账,我替你记;你的财务,我帮你管。其核心就是财权上收,财务高度集中。财务人员的委派制,是从体制上对资金集中和全面监控起保证作用。

【要求】

1. 如何通过内部结算银行进行资金控制管理？
2. 财务人员集中管理的作用是什么？
3. 完善内部资金控制还需要哪些配套制度？

第十二章
财务分析

【内容简介】

　　财务分析是对企业财务状况和经营成果的评价和剖析,它能够诊断企业经营活动的利弊得失,并预测企业的未来发展趋势。本章首先介绍了财务分析的基本问题,包括财务分析的含义、目的、程序、作用、分类、评价标准及其局限性,然后主要讲述了财务分析的方法、重要的财务比率分析,包括上市公司的财务比率、财务综合分析以及现金流量分析。

【学习目的和要求】

　　通过本章的学习,学生应理解财务分析的含义、目的、程序、作用、分类、评价标准及其局限性,熟悉财务分析的方法,明确各种方法的含义及运用中应注意的问题,掌握各种财务比率指标的计算与分析,熟练掌握杜邦分析体系各主要指标之间的关系,并会运用杜邦分析法分析企业的财务状况与经营成果,熟悉财务比率综合分析法,掌握现金流量的各种分析方法及相关指标计算与运用。通过本章的学习,学生还应理解并学会运用书中的案例。

第一节　财务分析概述

一、财务分析的含义与目的

（一）财务分析的含义

　　财务分析是以企业财务报告及其他相关资料为主要依据,利用相应的技术方法,对企业的财务状况和经营成果进行评价和剖析,诊断企业经营活动的利弊得失,预测企业发展趋势的一项管理活动。

财务分析的重心是财务报表分析,其数据主要来源于公开化的财务报表。但财务分析与财务报表分析是不同的,财务分析是对资金筹集和运用等财务活动的分析,涉及整个财务管理,使用的数据也不限于财务报表。财务分析除了对财务报表的分析外,还要掌握财务报表以外的情况,并把所收集的财务报表以外的各种信息作为财务分析的重要内容。财务报表分析则是以财务报表所提供的资料为起点,以研究信息的相关性为手段,据此得出结论,为报表使用者所利用。财务报表分析的作用有时只是对评价企业经营成果和财务状况提供一些依据,为发现企业经营管理的问题提供一些初步的线索,对于企业生产经营活动的深层次问题,仅依靠财务报表分析提供的数据,则很难得出肯定的结论。因此,要了解和掌握企业经营中的深层次问题,还必须对财务报表以外的各种情况进行调查、了解和分析。

(二)财务分析的目的

财务分析的一般目的可以概括为评价过去、衡量现在、预测未来。财务分析的具体目的则受到分析主体与分析服务对象的制约,不同的财务分析主体进行分析的目的是不同的,不同分析服务对象所关心的问题也各有差别。不管是从分析的主体,还是从分析的服务对象来看,财务分析的具体目的都与投资者、经营者、债权人以及其他利益相关主体密切相关。从这些利益相关主体的角度来看,财务分析的目的包括4个方面。

1. 投资者财务分析的目的

投资者包括企业现有的出资者和资本市场上的潜在投资者,他们进行财务分析的主要目的是衡量企业的盈利能力状况。通常他们不仅关心企业当前的盈利能力,为了确保资本保值增值的长远利益,他们还会研究企业的权益结构、偿债能力以及营运状况。对于企业的所有者,他们还会通过分析资产的盈利水平、破产风险和竞争能力来评价经营者的经营业绩,发现经营过程中存在的问题,从而及时纠正偏差,为企业未来发展指明方向。此外,为了决定股利分配政策,他们还会分析企业的筹资状况。

2. 经营者财务分析的目的

经营者主要是受所有者委托,对企业法人财产进行经营管理的企业管理层及其下属的中高层管理人员。经营者进行财务分析的目的是多方面的,从对企业所有者负责的角度来看,他们关心企业的盈利能力,这既包括盈利结果的多少,也包括盈利的原因及过程,通常他们会对企业的资产结构、营运状况与效率、经营风险与财务风险、偿债能力以及企业的发展前景进行分析预测,以及时发现生产经营中存在的问题与不足,并采取有效措施解决问题,不断提高管理水平,使企业不仅能够获得较多的盈利,而且能使企业保持盈利能力的持续稳定增长。

3. 债权人财务分析的目的

债权人主要关注企业的偿债能力。一方面,债权人从自身经营或收益的目的出发,愿意将资金贷发给企业;另一方面,为了保证资金的安全,债权人还会审慎地观察分析企业违约或破产清算的可能性。因此,债权人进行财务分析的目的,一是看对企业的借款或其他债权能否及时、足额收回,即研究企业偿债能力的大小;二是看企业的收益状况与风险程度是否相适应,通常需要将企业的偿债能力与盈利能力结合起来进行分析。

4. 财务分析的其他目的

财务分析的其他主体还包括政府部门、企业内部职工、客户、供应商、中介机构等,他们进行财务分析的目的也各不相同。政府进行财务分析的主要目的是监督检查企业对国家各项经济法规、政策、制度的执行情况,确保国家税收,并保证企业财务会计信息的真实性、准确性,为宏观调控提供可靠的信息。企业职工通过财务分析来了解企业的稳定性和获利能力,并以此评价企业提供劳务报酬、福利与就业机会的能力。客户与供应商出于保护自身利益的需要,通过财务分析以搞清企业的信用和财务状况。注册会计师或其他审计人员进行财务分析,是其完成工作必不可少的途径,专门的财务分析师则为信息使用人提供财务分析的专业服务。

二、财务分析的基本程序和作用

(一)财务分析的基本程序

财务分析不是一种固定程序的工作,不存在唯一的通用分析程序,而是一个研究和探索过程。分析人员应该根据分析目的、一般分析方法和特定分析对象,专门设计分析的具体步骤和程序。财务分析的基本程序可概括如下:

(1)行政部经理明确财务分析的目的;

(2)确定财务分析范围与对象,搜集有关信息资料;

(3)选择适当的分析方法,根据分析目的把整体各个部分分割开来,使之符合需要;

(4)深入研究各部分的特殊本质及联系,发现财务管理中存在的问题;

(5)解释结果,提供对决策有帮助的信息,并拟定改善财务状况的具体方案。

(二)财务分析的作用

财务分析是企业财务管理的一项重要活动,既是对企业一定期间财务活动的总结,又是企业进行财务决策的依据,财务分析在企业财务管理活动中具有重要的作用。

1. 评价企业的过去

正确评价过去是说明现在和揭示未来的基础。通过财务分析,可以说明企业过去的经营状况,检查企业内部各职能部门和单位对各项财务指标的完成情况,考核各部门的业绩,揭示企业财务活动中存在的问题,总结财务管理工作的经验教训,改善企业经营管理,以便于实现企业财务管理目标。

2. 揭示企业的现状

企业财务报告及其他相关资料是企业各项生产经营活动的反映,但它不能全面提供不同目的报表使用者所需要的各方面数据资料。财务分析则根据不同分析主体的要求,采用不同的分析手段和方法,得出反映企业各个方面现状的具体指标,如反映企业资产结构、权益结构、偿债能力、营运状况以及盈利能力等的指标,从而对企业现状作出较为全面地反映与评价。

3. 评估企业的潜力

企业的潜力通常是指在现有技术水平条件下,企业在一定资源投入情况下的最大产出,即产出潜力,或在一定产出情况下资源的最小投入,即成本潜力。通过财务分析,可以正确及时地挖掘出企业各方面的潜力,如通过趋势分析可以说明企业总体的发展潜力,通过因素分析可以找出企业经营管理某个环节的潜力。

4. 揭示企业的风险

风险的存在产生于经济中的不确定因素。通过财务分析,运用趋势分析、结构分析等方法,可以在一定程度上揭示出企业经营所面临的风险,有利于提高企业防范和抵御风险的能力。

三、财务分析的种类

企业的经营活动不同,信息使用者不同,财务分析的角度也不同。因此,按照不同的标准,财务分析具有不同的分类。

(一)内部分析与外部分析

按照财务分析的主体不同可分为内部分析与外部分析。内部分析是企业经营的管理者对本企业财务活动所进行的分析,即利用财务会计、管理会计等提供的经济资料,对企业整个生产经营活动所作的全面分析。通过分析可以解释企业财务状况是否良好,生产经营活动是否有效,是否存在问题,并提出解决问题的方法。外部分析是企业外部利益相关者根据各自的目的进行的财务分析。因利益相关者的目的不同,分析的范围也不同,可以是局部分析,也可以是全面分析。如债权人主要关注债权资金的风险,则需要对企业的偿债能力进行分析,投资者主要关注企业投资收益,则需要对企业的营运能力和盈利能力进行分析。

(二)资产负债表分析、利润表分析和现金流量表分析

按照财务分析的资料来源不同可分为资产负债表分析、利润表分析和现金流量表分析。资产负债表分析是以资产负债表为基础进行的财务分析。通过对资产负债表的分析,可以了解企业资产的流动状况、负债水平、偿还债务的能力

等财务状况。利润表分析是以利润表为基础进行的财务分析。通过对利润表的分析,可以揭示企业的盈利状况和经营成果,与资产负债表结合还可以揭示出企业营运能力的强弱。现金流量表分析是以现金流量表为基础进行的财务分析。通过对现金流量表的分析,可以了解企业现金的流动状况、现金结构,从而揭示企业财务状况变动的全貌和企业的偿债能力。

(三)比较分析、比率分析、趋势分析和因素分析

按照财务分析的方法不同可分为比较分析、比率分析、趋势分析和因素分析。比较分析是将指标进行比较,以揭示企业财务状况和经营成果存在的差异。比率分析是将企业同一时期的财务报表中的相关项目进行对比,得出一系列财务比率,以此来揭示企业的财务状况。趋势分析是将企业两期或连续数期财务报告中相同指标进行对比,以说明企业财务状况或经营成果的变动趋势。因素分析则是依据分析指标和影响因素的关系,从数量上确定各因素对指标的影响程度。

四、财务分析的评价标准

要衡量企业经营业绩的好坏,首先就应选定适当的评价标准,从而利用分析结果与设定的标准进行比较,查找出现差异的原因。由于不同的分析评价标准会对同一分析对象得出不同的分析结论,因此,正确选择或确定评价标准,对于发现问题、找出差距、正确评价具有十分重要的意义。企业常用的4种财务分析评价标准包括经验标准、历史标准、行业标准和预算标准。

(一)经验标准

经验标准是指通过大量实践经验的检验,从中总结得出的具有普遍意义的标准,一般在财务比率分析中应用较多。例如,流动比率的经验标准是不低于2∶1;速动比率的经验标准是不低于1∶1。

经验标准是经人们公认的标准,它来自于实践,并在实践中不断接受检验,具有较强的客观性和普遍性。但经验标准只是对一般情况的粗略判断,既不能从理论上加以证实,也不能适用于一切领域、一切情况。例如,某公司的流动比率大于2∶1,但其信用政策较差,存在大量的应收账款和许多积压的存货;而另一公司的流动比率虽小于2∶1,但其应收账款、存货及现金管理却比较成功。此时,就不能仅仅根据经验标准而认为前者的流动性或偿债能力要好于后者。因此,在实际应用经验标准时,还需要仔细研究相关情况。

(二)历史标准

历史标准是指以企业过去某一时间的实际状况或业绩作为标准,可以是企业的历史最高水平,也可以是企业正常经营条件下的一般或平均水平。在实际进行财务报表分析时,经常将本年度的财务状况与上年进行对比,此时企业上年

的业绩水平便充当了一种历史标准。采用历史标准,有利于对企业自身经营成果和财务状况做出评价,从中看出企业自身发展变化的趋势。

应用历史标准的优点在于,一是比较实际可靠,因为历史标准都是企业曾经达到过的水平;二是有较高的可比性。但历史标准也有其不足之处,一是比较保守,因为情况总在不断发展变化,现实要求与历史要求不可能完全相同;三是适用范围较窄,只能说明企业自身发展变化的情况,不能全面评价企业在同行业中的地位和水平,该标准可能会使企业满足于眼前的现状;四是历史数据只能代表过去,并不代表其合理性,因为经营环境是变化的,指标数据的提高,并不说明应该达到的水平,也不一定说明管理有了改进。

(三)行业标准

行业标准是指反映行业财务状况和经营成果的基本水平或平均水平,或者是同行业某一先进企业的业绩水平。同业的平均数只起一般性的指导作用,不一定有代表性,通常可选一组有代表性的企业,以其平均数作为同业标准,或者直接以竞争对手的数据为分析基础确定行业标准。行业标准可以说明企业在行业中所处的相对地位和水平,有利于正确判断企业的变动趋势。

在使用行业标准进行评价时,特别需要注意企业的具体情况所导致的行业标准的适用性。通常,行业标准可能受到两个条件的制约,一是由于经营方式或采用的会计政策方法不同,同行业的两个公司并不一定具有代表性,因此在进行有关财务分析时要具体情况具体分析,考虑造成差异的有关因素;二是由于一些大公司往往是跨行业经营的,公司的这些不同经营业务通常有着不同的盈利水平和风险程度,此时运用行业标准进行评价则是不合适的,而是应该将公司多种经营业务的有关情况进行分项报告,就不同行业采用相应的行业标准以对其经营状况进行分析评价。

(四)预算标准

预算标准是企业根据自身经营条件或经营状况制定的目标标准,通常它是在企业历史标准的基础上,结合企业现状及外部有关条件等因素确定的。预算通常在一些新行业、新建企业以及垄断性企业应用较多。

预算标准能够比较全面实际地反映企业状况,具有较强的目标引导作用,其优越性尤其表现在利用它来考核评价企业各级、各部门经营者的经营业绩及其对企业总体目标实现的影响。但作为一种企业内部自己制定的评价标准,其局限性主要在于预算标准的制定受到较多人为因素的影响,缺乏客观性,实际和预算的差异有时是因为预算不合理造成的,而不是经营中的问题,而且它只是企业对自己应达到目标的一种判断,对于外部分析者用处不大。

五、财务分析的局限性

尽管财务分析在企业经营管理和经济决策方面具有十分重要的作用,但财务分析的结果往往并不是很准确,它也存在着许多局限性。

(一)财务报告的局限性

财务分析所依据的财务报告受到会计假设与会计原则的限制。它以历史成本报告资产,无法反映资产的现行成本或变现价值;币值不变假设使其不按通货膨胀率或物价水平进行调整;以货币作为主要计量手段,使一些不用货币反映但对企业未来发展有重大影响的信息,如企业家才能与责任心、员工素质、产品竞争力等,无法通过财务分析得以体现;稳健性原则要求预计损失而不预计收益,从而可能夸大费用而少计资产和收益;按年度的分期报告,只报告了短期信息,而不提供反映长期潜力的信息。

(二)资料的真实性问题

只有根据真实的资料,才可能得出正确的分析结论。财务分析通常假定相关资料是真实的,而财务报告的真实性问题,要靠审计才能解决。因此,在进行财务分析时,应该注意财务报告是否规范;财务报告是否有遗漏;分析数据是否有反常现象;审计报告的意见类型以及注册会计师的信誉。

(三)分析指标的局限性

横向比较时使用同业标准,而同业平均数只起一般性的指导作用,不一定具有代表性和合理性。趋势分析以本企业历史数据作为比较基础,而历史数据代表过去,这使得财务分析的结论可能是经营环境的变化所带来的结果。实际与计划的差异分析以计划预算作为比较基础,而有时差异是预算不合理造成的,不一定是预算执行中存在着问题。

此外,财务报告数据常常由于会计处理方法的不同而异。对同一会计事项的账务处理,会计准则允许使用几种不同的规则和程序,不同的确认方法使得报告的结论不同,所以,指标的可比性将影响财务分析的结果。

因此,企业在进行财务分析时,不能仅仅局限于财务报表提供的数据,还必须结合本行业的经济和技术的发展情况,结合整个社会经济的发展状况,广泛收集有关信息,通过综合分析,以提高财务分析的可靠性。

第二节 财务分析的方法

一、比较分析法

比较分析法又称对比分析法,是指通过对财务指标进行比较,借以确定差异、分析原因和寻求潜力的一种方法。其主要作用在于揭示客观上存在的差异,为进一步分析内在原因指出方向。

(一)比较分析的形式

1. 实际指标与计划指标的比较

将分析期的实际指标与计划或定额指标进行对比,以确定实际与计划或定额的差异,检查计划的完成情况。

2. 本期指标与前期指标的比较

将分析期的实际指标与前期(上期、上年同期或历史最高水平)实际指标进行对比,以确定本期实际与前期实际的差异,观察实际指标的变动情况与变动趋势,了解企业生产经营工作的改进情况。

3. 本企业指标与同行业指标的比较

将本单位的实际指标与国内外同行业相应指标的平均水平或先进水平进行比较,以确定本单位与行业平均水平或先进水平的差异,以便在更大范围内找出差距,吸收先进经验,推动改进本企业的生产经营管理。

(二)比较分析应注意的问题

比较分析法只适用于同质指标的数量对比。因此,应用该方法时应注意指标之间的可比性,即所对比的同类指标之间在指标含义、内容、计算方法、计价标准、时间长度等方面应完全一致。在不同企业之间进行指标的比较,还应注意行业归类、财务规模的一致性。

二、比率分析法

比率分析法是利用财务经济指标之间的相互关系,将某些彼此存在关联的项目加以对比,计算出比率,据以确定经济活动变动程度的分析方法。通过比率分析法可以把一些不可比的财务数据转化为可比的财务量化指标,从而准确揭示财务指标之间的经济关系。

(一)比率分析法的类型

根据财务分析过程中各变量之间关系的性质不同,比率分析法主要包括构成比率分析法、效率比率分析法以及相关比率分析法3种方法。

1. 构成比率分析法

构成比率又称结构比率,是反映某项经济指标的各组成部分与总体之间关系的财务比率,即通常所说的比重,如流动资产、固定资产、无形资产占总资产的比重、负债占总权益的比重、无法收回的应收账款占全部应收账款的比重等。通过将这些比率的实际数与计划数、上期或历史数、同行业平均数等进行比较,可以反映企业业绩的构成和发展变化情况。

2. 效率比率分析法

效率比率是反映某项经济活动投入与产出之间关系的财务比率,它是所费与所得的比较,反映了投入产出效率,如成本费用与销售收入的比率、成本费用与利润的比率、利润与资产占用额的比率等。

3. 相关比率分析法

相关比率是反映经济活动中某两个或两个以上相关项目比值的财务比率。如将资金指标与销售指标、利润指标进行对比,可以求出资金周转率、资金利润率等。通过相关比率分析,可以使财务分析更为全面、深刻,以便更深刻地揭示企业的财务状况和经营成果。将这些相关比率的实际数与计划数、上期或历史数、同行业平均数等进行比较,可以充分了解和掌握企业财务状况的发展情况。

(二) 比率分析应注意的问题

比率分析法实际上也是比较分析法的一种形式,但不同于前述简单、直接的比较,它通过相关联的不同项目、指标之间的比较,以说明项目之间的关系,并解释和评价由此所反映的相关情况。因此,采用比率分析法进行分析,需要根据分析的内容和要求计算出有关比率,然后进行分析,此时应该注意对比项目的相关性、对比口径的一致性以及衡量标准的科学性。

三、趋势分析法

趋势分析法又称动态分析法,是指将两期或连续数期财务报告中相同指标进行对比,确定其增减变动的方向、数额和幅度,以说明企业财务状况或经营成果变动趋势的一种方法。通过趋势分析,可以揭示企业财务状况和生产经营情况的变化,分析其变化的主要原因、变动的性质,并预测企业的未来发展前景。

(一) 趋势分析法的类型

1. 主要财务指标的比较

这种方法是将不同时期财务报告中的相同指标或比率进行比较,直接观察其绝对额或比率的增减变动情况及幅度,考察有关业务的发展趋势,预测其发展前景。

对不同时期财务报表的比较可以计算成动态比率指标。该指标根据所采用基期数不同可分为两种:定基动态比率和环比动态比率。定基动态比率是以某一时期的数额为固定的基期数额计算出来的动态比率,用公式表示为:

$$定基动态比率 = \frac{分析期数额}{固定基期数额}$$

环比动态比率是以每一分析期的前期数额为基期数而计算出来的动态比率。用公式表示为:

$$环比动态比率 = \frac{分析期数额}{前期数额}$$

定基动态比率与环比动态比率存在着如下关系:即第 n 期定基动态比率等于 n 期环比动态比率的连乘积。

2. 会计报表金额的比较

这种方法是将连续数期的会计报表金额数字并列起来,比较其相同指标的增减变动额与变动率。其基本要点是将会计报表中不同时期的同项数据进行对比,但这种对比不是单指标的比较,而是对反映某方面情况信息的全面综合对比分析。

3. 会计报表项目构成的比较

这种方法是首先选取相应会计报表的总体指标,以某个总体指标为100%,再计算出其各组成指标占该总体指标的百分比,比较各个项目百分比的增减变动,以更准确地反映企业财务活动的发展趋势。

这种比较方法消除了不同时期、不同企业之间业务规模差异的影响,可用于同一企业不同时期的纵向比较或不同企业之间的横向比较。

(二)趋势分析应注意的问题

在运用趋势分析法时,应该注意4个问题。

(1)基期选择的适当性。基期的选择要适当,基数不得为零或负数,并且应剔除非常年度的极端资料,只选择那些正常的、具有代表性的基期数额,以正确揭示其发展趋势。

(2)指标计算口径上的一致性。用以进行比较的各个时期的指标,在计算口径上必须一致,由于经济政策、财务制度发生重大变化而影响指标内容时,应将指标调整为同一口径。

(3)剔除偶发性项目的影响。针对偶然因素对财务活动产生的影响,分析时应对这些影响加以消除,必要时对价格因素也应加以调整。

(4)应用例外原则,重点分析具有显著变化的指标。分析中发现某项财务指标在一定时期内有显著变化时,应重点分析研究其产生的原因。

四、因素分析法

因素分析是依据分析指标和影响因素的关系,从数量上确定各因素对指标的影响程度。企业的活动是一个有机整体,每个指标的高低,都受到若干因素的影响,从数量上测定每个因素的影响程度,可以更有说服力地评价企业经营状况。

(一)因素分析法的类型

因素分析法包括连环替代法和定基替代法两种形式。其中连环替代法是因素分析法的基本形式,是指依次用分析值替代标准值,测定各因素对财务指标的影响,以分清经济责任,更好地评价财务管理工作,同时发现问题,有目的、有针对性地加以改善。定基替代法是将财务指标按照分析目的的不同,分解为几个因素,在计算每一个因素变动的影响时,都是和标准值计算的结果相对比,确定各因素变动对指标的影响数值,因此其计算工作量较大。在大多数情况下都是采用连环替代法,因此,这里只对连环替代法作一介绍。

1. 连环替代法的基本程序

(1)确定分析指标与影响因素之间的关系。通常可运用指标分解法,即将经济指标在计算公式的基础上进行分解或扩展,从而得出各影响因素与分析指标之间的关系式。该关系式既能说明哪些因素影响分析指标,也能说明这些因素与分析指标之间的关系及顺序。

(2)根据分析指标的报告期数值与基期数值列出关系式或指标体系,确定分析对象。

(3)连环顺序替代,计算替代结果。所谓连环顺序替代,就是以基期指标体系为计算基础,用实际指标体系中的每一个因素的实际数顺序地替代其相应的基期数,每次替代一个因素,替代后的因素被保留下来。在每次替代后,按关系式计算其结果,有几个因素就替代几次,并相应计算结果。

(4)比较各因素的替代结果,确定各因素对分析指标的影响程度。比较替代结果是连续进行的,应将每次计算的结果与这一因素被替代前的结果进行对比,两者的差额是替代因素对分析对象的影响程度。

(5)检验分析结果。即将各因素对分析指标的影响额相加,其代数和应等于分析对象。如果两者相等,通常能说明分析结果是正确的;如果两者不相等,则说明分析结果一定是错误的。

连环替代法的程序是紧密相连、缺一不可的,任何一个步骤出现错误,都会出现错误的结果。

假设 $F=a\times b\times c$,该指标受 a,b,c 3 个因素的影响,设 0 为比较基数,1 为实际数。

基数(过去、计划、标准):$F_0=a_0\times b_0\times c_0$

实际数:$F_1=a_1\times b_1\times c_1$

实际与基数的差异:F_1-F_0

2. 连环替代法的数学关系表示

(1)基数(过去、计划、标准):$F_0=a_0\times b_0\times c_0$

(2)替代 a 因素:$a_1\times b_0\times c_0$

  (2)-(1)表示 a 因素的变动对 F 的影响

(3)替代 b 因素:$a_1\times b_1\times c_0$

  (3)-(2)表示 b 因素的变动对 F 的影响

(4)替代 c 因素:$a_1\times b_1\times c_1$

(4)-(3)表示 c 因素的变动对 F 的影响

(5)三因素的共同影响：F_1-F_0

【例12-1】 甲公司本月生产某种产品,该产品所需的材料计划消耗量为120千克,材料计划采购价格为32元/千克；实际生产中,材料实际价格为35元/千克,实际消耗量为108千克。

要求：运用因素分析法分别计算材料价格与消耗量对成本的影响,并分析其成本差异产生的原因。

解：依题意可知：

计划成本＝120×32＝3 840(元)

实际成本＝108×35＝3 780(元)

成本差异＝3 780－3 840＝－60(元)

(1)基数：$a_0 \times b_0$＝120×32＝3 840(元)

(2)替代消耗量因素：$a_1 \times b_0$＝108×32＝3 456(元)

(2)－(1)＝3 456－3 840＝－384(元),表示材料消耗量对成本的影响为－384元

(3)替代价格因素：$a_1 \times b_1$＝108×35＝3 780(元)

(3)－(2)＝3 780－3 456＝324(元),表示材料价格对成本的影响为324元

(4)两者的共同影响：

即材料消耗量的影响＋材料采购价格的影响＝－384＋324＝－60(元)

由上述分析可知,甲公司的材料成本节约60元,是材料消耗量与材料采购价格两个因素共同作用的结果。其中每节约材料消耗1千克,相当于节约成本32元,这属于有利差异；材料价格每提高1元,会使材料成本提高108元,这属于不利差异。至于材料价格上涨的原因,还需要通过对采购部门的调查分析来查清。

(二)因素分析应注意的问题

在具体运用因素分析法时应注意4个问题。

(1)因素分解的关联性。所分解的各个影响因素应该具有关联性。

(2)因素替代的顺序性。连环替代法下,根据各个因素对指标影响的内在联系来确定替代顺序,依次进行替代计算。一般应把数量指标列在前面,质量指标列在后面。

(3)因素替代的连环性。在运用连环替代法时,应把替代该因素后的数据与替代该因素前的数据作比较,以确定该因素变动对企业造成的影响。

(4)计算结果的假定性。在测定某一因素对该指标的影响时,必须假定只有这一因素发生变动而其他因素不变。

此外还应注意,因素分析法虽然能从数量上说明每一个因素变动对指标的

影响程度,分辨有利影响因素和不利影响因素对指标作用的大小,但仅定量分析仍无法了解因素变动的原因,因此,必须深入实际调查研究,进行定性分析,找出因素变动的具体原因和关键性问题。

第三节 财务比率分析

一、企业偿债能力分析

偿债能力是企业偿还各种到期债务的能力。偿债能力分析主要包括短期偿债能力分析和长期偿债能力分析。

(一)短期偿债能力分析

短期偿债能力又称变现能力,是企业用流动资产及时足额偿还流动负债的能力。通过分析企业流动资产与流动负债之间的关系,可以了解企业的财务风险,判断企业的短期偿债能力。反映企业短期偿债能力的财务比率主要有流动比率、速动比率和现金比率。

1. 流动比率

流动比率是企业流动资产与流动负债的比率,它表明企业每一元流动负债有多少流动资产作为偿还的保证。其计算公式是:

$$流动比率 = \frac{流动资产}{流动负债}$$

流动比率反映了流动资产变现后偿付流动负债的能力。用流动资产偿还全部流动负债后,企业剩余的是营运资金(营运资金=流动资产－流动负债)。营运资金越多,说明不能偿还短期债务的风险越小。虽然营运资金也可以反映企业偿还短期债务的能力,但由于它是一个绝对数指标,不便于不同规模企业之间的比较。而流动比率作为一个相对数,排除了企业规模不同的影响,适合于企业之间以及本企业不同历史时期的比较。

流动比率越大,通常说明企业的偿债能力越强,财务状况运行良好。流动比率越低,企业陷入无力清偿到期债务的可能性就越大,从而增加企业财务风险。一般来说,流动比率为2∶1上下较为适宜。这是因为,对于一般性的制造行业,企业的存货余额大约占流动资产的一半,而存货又是流动资产中流动性最弱、比较难以变现的资产,因而偿付流动负债主要依靠其他流动性较强的资产。存货以外的流动资产大致也占全部流动资产一半的比例,所以要想有较强的偿还流动负债的能力,流动资产的总额通常应为流动负债总额的两倍。但在运用这一指标时,也应结合企业的行业特点和流动资产结构等因素进行具体分析,不可一概而论。比如,电力行业的流动比率为1∶1时就可以接受,而一般性制造行业的流动比率如果低于2∶1就很可能处于财务困境。

流动比率也不是越高越好,特别是从投资经营的角度出发,过高的流动比率意味着企业有过多的资金滞留在流动资产上,由于流动资产的获利能力通常较低,从而导致企业整体获利能力的下降,这表明企业未对资金作最有效的利用。

由于流动资产包括存货等项目,当库存积压或滞销严重时,流动比率仍会表现为高值,但企业实际的短期偿债能力却不强。而且,企业也可能会利用时点指标的局限,在年末偿还负债,下年初再借入,从而达到伪造良好流动比率的目的。所以利用流动比率评价企业短期偿债能力时应考虑它的局限性。通常情况下,营业周期、流动资产中的应收账款数额和存货周转速度是影响流动比率的主要因素。

2. 速动比率

速动比率又称酸性测试比率,它是扣除变现能力较差的存货后的速动资产与流动负债的比率。其计算公式是:

$$速动比率 = \frac{流动资产 - 存货}{流动负债} = \frac{速动资产}{流动负债}$$

速动比率反映了企业用变现力更强的速动资产偿付流动负债的能力,即企业的即期偿债能力。速动资产是指流动资产中变现能力较强的那部分资产,一般包括货币资金、短期投资、应收票据、应收账款等。存货的流动性较差,变现周期长,由于某种原因,存货可能已损失报废却未作处理,而存货也可能抵押给债权人,其估价也存在着成本与合理市价相差悬殊的问题,又易受价格等因素的制约,并且存在着滞销积压、呆滞的可能性,因此不将存货包括在速动资产中。

根据经验,该指标为1时较为适宜。但该指标也是时点指标,在分析具体企业的即期偿债能力时,也应该结合其他财务指标,以作出合理评价。在用速动比率衡量企业的偿债能力时,必须考虑其所在行业及其他多方面因素。因为行业、销售方式等因素会给速动比率带来较大的影响。在不同的行业,这个指标所应达到的标准是不同的。例如,商业企业存货周转快,一般应付账款较多,日常经营得到的货币资金即可满足企业的需要,速动比率维持在0.5∶1的水平上,就说明企业具备了较充裕的短期偿债能力;大量采用现金销售的企业,其速动比率低于1也是正常的。

影响速动比率可信度的重要因素是应收账款的变现能力。因为账面上的应收账款不一定都能变现为现金,实际的坏账也可能比计提的准备要多,季节性的变化可能使账面应收账款数额不能反映平均水平。而将应收账款包含在速动资产中的假设前提是应收账款能够按时收回,并不会发生坏账损失。因此,在分析速动比率时必须充分考虑应收账款的影响。

由于预付账款不能变现或直接用来偿还债务,而待摊费用只能减少现金流出而不能变现,因此也有学者认为应将它们排除在速动资产之外,以计算更进一步的变现能力。

3. 现金比率

现金比率是指现金和短期有价证券与流动负债的比率。其计算公式为:

$$现金比率 = \frac{现金 + 短期有价证券}{流动负债}$$

在企业的流动资产中,现金及短期有价证券变现能力最强。与流动比率和速动比率相比用现金比率来衡量企业的短期偿债能力更为保险可靠。其主要作用在于评价企业在最坏情况下(企业把应收账款和存货都抵押出去或应收账款和存货变现能力存在严重问题)的短期偿债能力。一般来说,现金比率越高,说明企业的支付能力越强,偿还债务越有保障。但该指标太高,可能是由于企业拥有大量不盈利的现金和银行存款所致,这表明企业未能合理地利用流动负债。同时,保持大量的现金类资产,会导致机会成本的增加。因此,偿债风险和机会成本的约束,要求企业必须选择一个合理的比率,既保证偿还短期债务的需要,又尽可能降低过多持有现金的机会成本。

4. 影响短期偿债能力的其他因素

除了上述根据报表资料计算的财务比率之外,还有一些报表资料中没有反映出来的因素也影响企业的短期偿债能力。例如,银行已同意、企业未办理贷款手续的银行贷款限额,随时可以用来增加企业的现金,提高支付能力。企业准备很快变现的长期资产也会增强其短期偿债能力。企业良好的声誉会使其在短期偿债方面出现困难时,很快通过发行债券和股票等方法解决资金的短缺问题,提高其短期偿债能力。而企业未记录的或有负债则会减弱其流动资产的变现能力。

(二) 企业长期偿债能力分析

长期偿债能力是指企业偿还长期债务的能力。对企业所有者和长期债权人来说,他们更关心企业的长期财务状况。而企业的长期偿债能力不仅取决于企业在长期内的盈利能力,也受企业资本结构状况的影响。因此,企业长期偿债能力的分析侧重于对资本结构的分析,主要财务比率有资产负债率、产权比率、有形净值债务率和已获利息倍数等。

1. 资产负债率

资产负债率又称举债经营比率,是指企业的全部负债总额与全部资产总额的比率。其计算公式为:

$$资产负债率 = \frac{负债总额}{资产总额}$$

从所有者的立场来看,资产负债率体现了企业借用他人资本进行经营活动的能力。比率越高,企业扩大生产经营的能力和增加盈利的可能性越大,但风险也随之增大,一旦经营不力,企业就很可能陷入财务困境;反之,比率过小甚至为零,企业经营就会比较安全,但却要相对较多地负担较高的成本。对于债权人来说,资产负债率反映了企业偿还债务的能力,即企业资产对偿付债务的保障程度。比率越低,说明企业的偿债能力越强;反之,资产对债权的保障程度越低。

2. 产权比率

产权比率又称负债股权比,是指负债总额与所有者权益总额的比率。其计算公式为:

$$产权比率 = \frac{负债总额}{所有者权益总额}$$

产权比率反映了权益资金对负债金额的保障程度,反映了债权人和股东提供资本的比例,即基本财务结构的稳定性。比率越高,债权人所得到的保障就越小,体现了高风险、高报酬的财务结构;比率越低,则体现了低风险、低报酬的财务结构。从所有者的角度来看,在通货膨胀加剧时期,企业多借债可以把风险和损失转嫁给债权人。在经济繁荣时期,多借债可获得额外的利润;在经济萎缩时期,少借债则可以减少利息负担和财务风险。

3. 有形净值债务率

有形净值债务率是企业负债总额与有形净值的百分比。其中有形净值是所有者权益减去无形资产净值后的净值。其计算公式为:

$$有形净值债务率 = \frac{负债总额}{所有者权益总额 - 无形资产净值}$$

有形净值债务率实质上是产权比率的延伸。由于无形资产不一定能用来还债,该指标不考虑无形资产,从而更为谨慎、保守地反映了在企业清算时债权人投入的资本得到所有者权益保障的程度。

4. 已获利息倍数

已获利息倍数又称利息保障倍数,是指企业息税前利润与利息费用的比率。其计算公式为:

$$已获利息倍数 = \frac{息税前利润}{利息费用}$$

已获利息倍数反映企业息税前利润对所需支付债务利息的倍数,它可用来衡量企业用收益偿付借款利息的能力。只要该指标足够大,企业一般就具有充足的能力偿付利息。通常需要将本企业指标与其他企业的平均水平相比较,以合理判断企业已获利息倍数的高低。从稳健的角度出发,一般会比较本企业连续几年的该项指标,并从中选择最低指标年度的数据作为标准,从而保证最低的偿债能力。

5. 其他影响长期偿债能力的因素

除了根据利润表和资产负债表中相关项目之间的内在联系计算出的各种比率来评价和分析企业长期偿债能力外,还有一些其他影响企业长期偿债能力的因素。当企业存在融资租赁时,租入的固定资产作为企业的固定资产入账管理,相应的租赁费用作为长期负债处理。而当企业经营租赁比较大、期限比较长或具有经常性时,就形成了一种长期性筹资,但这种长期性筹资不包括在长期负债中,到期却必须支付资金,从而影响企业的长期偿债能力。因此,在企业经常发生经营租赁业务时,应该考虑租赁费用对长期偿债能力的影响。担保项目有时也会涉及企业的长期负债,从而影响企业的长期偿债能力,或有项目的不确定性特点,也必然对企业的长期偿债能力带来潜在影响。

二、营运能力分析

营运能力是企业的经营运行能力,它反映了企业资金周转的状况。资金周转状况良好,说明企业经营管理水平高,资金利用效率高。企业的资金周转状况与供产销各个环节密切相关,资金只有顺利通过各个环节,才能完成一次循环。通过对企业营运能力的分析,可以衡量企业在资产管理和使用方面的效率,经常与反映盈利能力的指标结合在一起使用,还可对企业的盈利能力作出全面评价。反映企业营运能力的财务比率主要包括:应收账款周转率、存货周转率、流动资产周转率、固定资产周转率以及总资产周转率。

(一) 应收账款周转率

应收账款周转率是说明应收账款流转速度的指标。它可以用年度内应收账款转化为现金的平均次数表示,即应收账款周转次数;也可以用企业从取得应收账款的权利到收回款项平均所需的时间表示,即应收账款周转天数,或平均应收账款回收期、平均收现期。其计算公式为:

$$应收账款周转率 = \frac{销售收入}{平均应收账款}$$

$$应收账款周转天数 = \frac{360}{应收账款周转率} = \frac{平均应收账款 \times 360}{销售收入}$$

上式中,销售收入来自利润表,是指扣除销售折扣与折让后的销售净额;平均应收账款是资产负债表中"应收账款"期初、期末金额的平均数。

应收账款周转率既反映了企业应收账款的变现能力、变现速度和管理效率,即企业应收账款投资收回的效率,也反映了企业信用政策的宽严程度。应收账款周转率越高,说明企业催收账款的速度越快,从而可以减少坏账损失。由于资产的流动性强,短期偿债能力也强,一定程度上可以弥补流动比率的不利影响。但应收账款周转率过高,也可能是企业的信用政策过于严格,付款条件过于苛刻,从而会失去许多销售机会,限制销售量的扩大,影响财务目标的实现。应收账款周转率过低,则说明企业催收账款的效率太低,或信用政策太宽,从而影响资金的正常周转。只有将应收账款周转率与企业制定的信用政策相比较才能判断收款速度是否合适。

对于季节性经营的企业、大量使用分期收款结算方式以及大量使用现金结算的销售都会影响该指标的正确计算。而年末销售大量增加或年末销售大幅度下降也会对指标计算结果产生较大的影响。因此,在运用该指标时,应与企业前期指标或行业平均水平作比较才能得出正确的分析结论。

(二)存货周转率

存货周转率又称存货利用率,是说明存货流转速度的指标。它可以用年度内存货转化为现金的平均次数表示,即存货周转次数;也可以用存货周转一次所需的时间表示,即存货周转天数。其计算公式为:

$$存货周转率 = \frac{销售成本}{平均存货}$$

$$存货周转天数 = \frac{360}{存货周转率} = \frac{平均存货 \times 360}{销售成本}$$

上式中,销售成本可从利润表中得知,平均存货是期初、期末存货的平均数。

存货周转率是衡量和评价企业购入存货、投入生产、销售收回等环节管理状况的综合性指标。存货周转率越高,说明存货的流动性越强,存货管理效率越高;反之,存货周转率低,存货周转慢,相应的存货储存就会占用更多的资金。但是,过高的存货周转率也可能导致诸如订货费用等其他费用的增加,还可能导致存货不足和发生缺货的现象,引起停工待料等问题。衡量一个企业存货周转率高低的标准取决于同行业存货平均水平及企业过去的存货周转情况。

存货周转率降低可能是因为企业的产品不适销对路,或是存货库存管理不善,或是企业销售能力不强,也可能是企业为了应付涨价或原材料可能出现的短缺,而有意增加库存。因此,在实际分析时,企业应根据具体情况作出判断,并分析原因,以便提高企业的经营管理水平。

(三)流动资产周转率

流动资产周转率是销售收入与全部流动资产平均余额的比值。其计算公式为:

$$流动资产周转率 = \frac{销售收入}{平均流动资产}$$

流动资产周转速度快,会相对节约流动资金,这就相当于扩大资产投入,增强企业的盈利能力。而延缓其周转速度则需要补充新的流动资金参加周转,不能达到有效使用企业流动资金以增加盈利的目的。

(四)固定资产周转率

固定资产周转率又称固定资产利用率,是指企业销售收入净额与固定资产平均余额的比值。其计算公式为：

$$固定资产周转率 = \frac{销售收入}{固定资产平均余额}$$

固定资产周转率反映企业固定资产的周转情况。固定资产周转率越高，表明企业固定资产利用越充分，固定资产结构分布合理，能够充分地发挥固定资产的使用效率；反之，固定资产周转率低，说明固定资产使用效率不高，企业的营运能力差。固定资产周转率的高低，主要取决于流动资产的周转情况，流动资产周转效率越高，则固定资产周转率越高。

（五）总资产周转率

总资产周转率是指销售收入与平均资产总额的比值。其计算公式为：

$$总资产周转率 = \frac{销售收入}{平均资产总额}$$

总资产周转率反映资产总额的周转速度，它体现了企业全部资产的使用效率。总资产周转率越高，表明企业运用资产的效率越高，企业的营运能力越强，销售能力也越强。总资产周转率低，则表明企业资产有闲置浪费问题，企业可通过薄利多销的办法，加速资产的周转，带来绝对利润额的增加。

三、企业盈利能力分析

盈利能力是企业获取利润的能力，它不仅关系到企业所有者的利益，也是企业偿还债务的一个重要来源。反映企业盈利能力的财务指标主要包括销售毛利率、销售净利率、总资产报酬率和净资产收益率等。

（一）销售毛利率

销售毛利率是毛利占销售收入的百分比，其中毛利是销售收入与销售成本的差额。其计算公式为：

$$销售毛利率 = \frac{销售收入 - 销售成本}{销售收入} \times 100\%$$

销售毛利率表示每一元销售收入扣除成本后，有多少钱可以用于各项期间费用和形成盈利。销售毛利率是企业销售净利率的最初基础和保障，没有足够大的毛利率便不可能盈利。

（二）销售净利率

销售净利率是指净利润与销售收入的百分比。其计算公式为：

$$销售净利率 = \frac{净利润}{销售收入} \times 100\%$$

销售净利率表示每一元销售收入带来的净利润的多少，代表了销售收入的收益水平。销售净利率越高，企业通过销售获取收益的能力就越强。净利润与销售净利率成正比关系，而销售收入与销售净利率成反比关系。企业在增加销售收入的同时,必须相应的获得更多的净利润,才能使销售净利率保持不变或有所提高。通过对销售净利率的分析,可以使企业在扩大销售的同时,注意改进经营管理,以提高盈利水平。

(三)总资产报酬率

总资产报酬率又称资产净利率或投资报酬率,是指企业净利润与平均资产总额的百分比。其计算公式为:

$$总资产报酬率 = \frac{净利润}{平均资产总额}$$

总资产报酬率是一个综合指标,它反映了企业资产利用的综合效果,主要用来衡量企业利用资产获取利润的能力。总资产报酬率越高,说明企业资产的利用效率越高,企业在增加收入和节约资金使用等方面取得了良好的效果。通过将该项指标与本企业前期、与计划、与同行业平均水平和行业内先进企业进行对比,分析形成差异的原因,可以正确评价企业经济效益的高低,挖掘提高利润水平的潜力。该指标还可用来分析经营中存在的问题,以提高销售利润率,加速资金周转。影响总资产报酬率高低的主要因素有产品价格和单位成本的高低、产品产量和销量的多少以及资金占用量的大小等。

(四)净资产收益率

净资产收益率又称净值报酬率或权益报酬率,是指净利润与平均净资产的百分比。其计算公式为:

$$净资产收益率 = \frac{净利润}{平均净资产}$$

净资产收益率反映企业所有者权益的投资报酬率,是所有财务比率中综合性最强、最具有代表性的一个指标。净资产收益率越高,说明应由企业所有者享受的净利润就越高,投资盈利水平也越高,企业的获利能力越强。

四、企业成长能力分析

成长能力是企业未来生产经营的发展趋势和水平,它从动态的角度反映了企业的经营成长水平。成长能力主要体现在企业的经营规模、资本增值、经营成果、财务成果等的增长情况,因此,反映企业成长能力的主要指标有销售增长率、资本积累率、总资产增长率和净利润增长率等。

(一)销售增长率

销售增长率是企业本年销售收入增长额同上年销售收入的比率。其计算公式为:

$$销售增长率 = \frac{本年销售收入增长额}{上年销售收入} \times 100\%$$

销售增长率反映了企业销售收入的增减变动情况,可用来衡量企业经营水平和市场占有能力,预测企业的未来发展趋势。该指标大于0,表明企业销售收入有所增长,并且指标值越大,说明增长越快;反之,则表明企业销售收入有所下降,可能是产品滞销、市场份额萎缩等。在具体分析时,可结合企业历史销售水平、市场占用情况以及行业发展趋势进行分析判断。

(二)资本积累率

资本积累率是企业本年所有者权益的增长额与年初所有者权益总额的比值。其计算公式为:

$$资本积累率 = \frac{本年所有者权益增长额}{年初所有者权益总额} \times 100\%$$

资本积累率反映了企业资本的积累情况以及资本的保全和增长情况。一般情况下,该指标应大于0,指标越高,说明企业资本积累增长越多;反之,则表明企业资本流失严重。

(三)总资产增长率

总资产增长率是企业本年总资产增长额与年初资产总额的比率。其计算公式为:

$$总资产增长率 = \frac{本年总资产增长额}{年初资产总额} \times 100\%$$

总资产增长率反映了企业资产规模的增长幅度。该指标大于0,表明企业资产规模获得增加;反之,则表明企业资产规模的减少。在具体分析时,还应结合销售增长、收益增长等情况来进行分析。同时,由于企业资产的增长来自负债与所有者权益两方面,这就需要结合分析资产增长的资本结构是否合理。

(四)净利润增长率

净利润增长率是企业本年净利润增加额与上年净利润的比值。其计算公式为:

$$净利润增长率 = \frac{本年净利润增长额}{上年净利润} \times 100\%$$

净利润增长率反映了企业收益的增长情况。该指标大于0,表明企业收益增长;反之,则表明企业收益负增长,说明企业经营业绩不佳,市场竞争能力不强。

五、上市公司的财务比率分析

对上市公司来说,最重要的财务指标是每股收益、每股净资产和净资产收益率。其中每股收益又有许多延伸指标,如市盈率、每股股利、股票获利率、股利支付率、留存盈利比率,而市净率则将每股净资产与每股市价联系起来。

(一)每股收益

1. 每股收益的含义

每股收益是指本年净收益与年末普通股总数的比值。其计算公式为：

$$每股收益 = \frac{净利润}{年末普通股份总数}$$

每股收益是衡量上市公司盈利能力最重要的财务指标，反映了普通股的获利能力水平。它可以用于公司间的比较，评价该公司的相对盈利能力，也可以进行不同时期的比较，了解公司盈利能力的变化趋势，还可以进行实际经营和盈利预测的比较，掌握该公司的管理能力。

2. 计算每股收益应注意的问题

(1) 合并报表问题。对于编制合并报表的上市公司，应当以合并报表的数据计算该指标。

(2) 优先股问题。对于有优先股的上市公司，应当扣除优先股股数及其分享的股利，即

$$每股盈余 = \frac{净利润 - 优先股股利}{年末股份总数 - 年末优先股股数}$$

通常已作部分扣除的净利润称为"盈余"，因此扣除优先股股利后计算出的每股收益被称为"每股盈余"。

(3) 年度中普通股增减问题。如果年内股份总数有增减时，应当按照加权平均股份计算年末股份数。在具体计算中，应当遵循"当月发行，当月不计，从下月开始计算"的原则。按月计算的"加权平均发行在外普通股股数"的计算公式为：

$$加权平均发行在外普通股股数 = \sum(发行在外普通股股数 \times 发行在外月份数)/12$$

3. 使用每股收益分析盈利性需要注意的问题

(1) 每股收益不反映股票所包含的风险。

(2) 股票一个"份额"概念，不同股票的每一股份在经济上不等量，它们所含有的净资产和市价不同，即换取每股收益的投入量不相同，因此每股收益不便于公司间的比较，在使用每股收益分析盈利性时不可绝对化。

(3) 每股收益多，不一定意味着多分红，还要看公司的股利分配政策。

(二) 市盈率

1. 市盈率的含义

市盈率是指普通股每股市价为每股收益的倍数。其计算公式为：

$$市盈率 = \frac{普通股每股市价}{普通股每股收益}$$

或：

$$市盈率 = \frac{1}{普通股每股收益/普通股每股市价} = \frac{1}{预期的报酬率}$$

市盈率反映投资人对每一元净利润所愿支付的价格,可以用来估计股票的投资报酬和风险。它是市场对公司的共同期望指标,市盈率越高,表明市场对公司的未来越看好。在市价确定的情况下,每股收益越高,市盈率越低,投资风险越小;在每股收益确定的情况下,市价越高,市盈率越高,风险越大。

2. 使用市盈率指标需要注意的问题

(1)市盈率不能用于公司间的比较。通常,充满扩展机会的新兴行业市盈率普遍较高,而成熟工业的市盈率普遍较低,但这并不说明后者的股票没有投资价值。

(2)在每股收益很小或亏损时,市价不会降至零,但很高的市盈率不能说明什么问题。

(3)市盈率受净利润的影响,而净利润受会计政策的影响,从而使得公司间比较受到限制。

(4)市盈率受市价的影响,而影响市价变动的因素很多,包括投机操作等,所以观察市盈率的长期趋势很重要。

(5)由于一般的期望报酬率为5%~20%,因此正常的市盈率是5~20倍。市盈率太高或太低,风险都会加大。

(三)每股股利

在只考虑普通股的情况下,每股股利是指股利总额与期末普通股股份总数之比。其计算公式为:

$$每股股利 = \frac{股利总额}{年末普通股股份总数}$$

上式中,股利总额是指现金股利总额,而不包括股票股利。

(四)股票获利率

股票获利率是指每股股利与股票市价的比率。其计算公式为:

$$股票获利率 = \frac{普通股每股股利}{普通股每股市价} \times 100\%$$

股票获利率反映了股利与股价的比例关系。从上述公式不难看出,股票持有人的收益来源于股利以及股价上涨的收益。只有股票持有人认为股价将上升时,才会接受较低的股票获利率。但当公司采用稳健的股利政策,留存大量净利润用以扩充时,则只能主要依靠股价的未来趋势来评价股票的投资价值。股票获利率主要应用于非上市公司的少数股权。此时,股票流通不畅,股东就主要依靠股利获利。

(五)股利支付率

股利支付率是普通股净收益中股利所占的比重。其计算公式为:

$$股利支付率 = \frac{普通股每股股利}{普通股每股收益} \times 100\%$$

它反映了公司的股利政策与支付股利的能力。

(六) 留存盈利比率

留存盈利比率是留存盈利与净利润的比率。其计算公式为：

$$留存盈利比率 = \frac{净利润 - 全部股利}{净利润} \times 100\%$$

留存盈利比率的高低反映了企业的理财方针。当企业需要从内部积累资金，以扩大经营规模时，经股东大会同意即可采用较高的留存盈利比率；当企业不需要资金或可以通过其他方式筹资时，为满足股东取得现金股利的要求可以降低留存盈利比率。

(七) 每股净资产

每股净资产又称每股账面价值或每股权益，是指期末净资产与年末普通股股份总数的比值。其计算公式为：

$$每股净资产 = \frac{年末股东权益}{年末普通股股数}$$

上式中，年末股东权益是扣除优先股权益后的余额。该指标反映了发行在外的每股普通股所代表的净资产成本。由于该指标是用历史成本计量的，因此只能有限地运用该指标。每股净资产是理论上的股票最低价值，当公司的股票价格低于净资产的成本，而成本又接近变现价值时，说明公司已无存在价值，股东的最好选择就是清算。

(八) 市净率

市净率是每股市价与每股净资产的比率。其计算公式为：

$$市净率 = \frac{每股市价}{每股净资产}$$

该指标反映了市场对公司资产质量的评价。通常，当市价高于账面价值时，企业资产的质量好，具有发展潜力；反之，资产质量差，没有发展前景。一般来说，市净率达到3可以树立较好的公司形象。

【例12-2】 甲公司是一上市公司，2005年度的本年利润分配和年末股东权益的有关资料如表12-1所示。

表12-1　　　　　本年利润分配和年末股东权益表　　　　　（单位：万元）

本年利润分配资料	金　额
净利润	2 400
加：年初未分配利润	680

(续表)

可分配利润	3 080
减:提取法定盈余公积	240
提取法定公益金	120
可供股东分配的利润	2 720
减:已分配的优先股股利	0
提取任意盈余公积	120
已分配普通股股利	1 500
未分配利润	1 100
年末股东权益资料:	
股本(每股面值1元,市价5元)	6 000
资本公积	3 100
盈余公积	1 800
未分配利润	1 100
所有者权益合计	12 000

要求:计算甲公司的每股收益、市盈率、每股股利、股票获利率、股利支付率、留存盈利比率、每股净资产及市净率并简要分析甲公司的股票是否值得购买。

解:依题意可知:

每股收益=2 400/6 000=0.4(元/股)

市盈率=5/0.4=12.5(倍)

每股股利=1 500/6 000=0.25(元/股)

股票获利率=0.25/5×100%=5%

股利支付率=0.25/0.4×100%=62.5%

留存盈利比率=(2 400−1 500)/2 400×100%=37.5%

每股净资产=12 000/6 000=2(元/股)

市净率=5/2=2.5(倍)

根据上述计算结果可知,甲公司的市价为5元/股,大于其账面价值2元/股。可见,甲公司的资产质量较好,且市净率为2.5倍,甲公司比较具有发展潜力,其股票是值得购买的。

第四节 综合财务分析

财务比率分析是从某一特定角度、企业经营某一方面所进行的分析,为了全面评价企业的财务状况和经营成果,就需要对具有内在联系的各种财务比率进行综合分析。常用的综合分析方法有:杜邦分析法和财务比率综合分析法。

一、杜邦分析法

杜邦分析法,即杜邦财务分析体系,是在考虑各种财务比率内在联系的条件下,把企业偿债能力分析、营运能力分析和盈利能力分析等单方面的财务评价结合起来,通过制定多种比率的综合财务分析体系来考察企业财务状况的一种方法。该方法因美国杜邦公司最早创造并成功应用而得名。

杜邦分析体系的作用是揭示指标变动的原因和变动趋势,为采取措施指明方向。这是一种分解财务比率的方法,可以用于各种财务比率的分解。分析体系如图 12-1 所示:

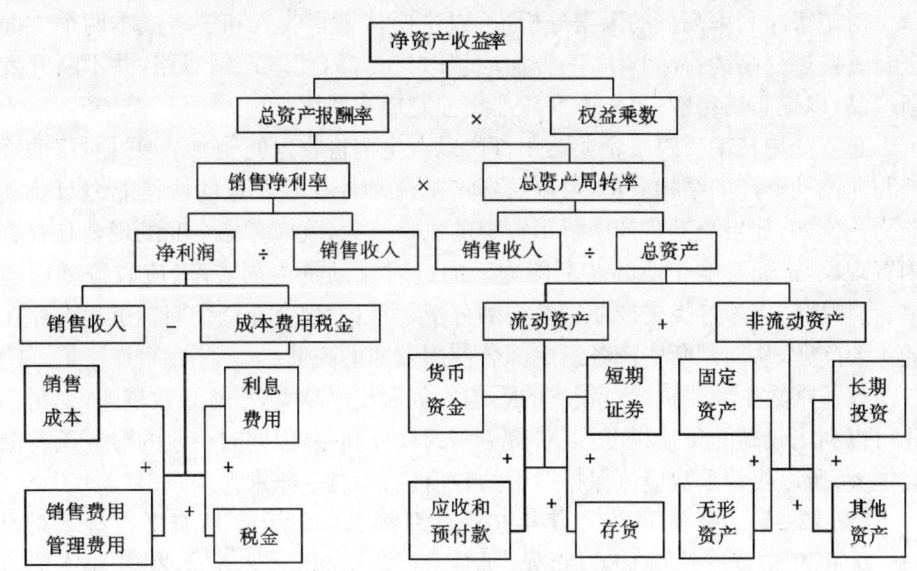

图 12-1 杜邦分析体系图

从上图可以看出各种财务比率的下述关系:

$$净资产收益率 = \frac{净利润}{所有者权益} = \frac{净利润}{总资产} \times \frac{总资产}{所有者权益}$$

其中:

$$权益乘数 = \frac{总资产}{所有者权益} = \frac{总资产}{总资产 - 负债总额} = \frac{1}{1 - \frac{负债总额}{总资产}} = \frac{1}{1 - 资产负债率}$$

$$总资产报酬率 = \frac{净利润}{总资产} = \frac{净利润}{销售收入} \times \frac{销售收入}{总资产} = 销售净利率 \times 总资产周转率$$

因此，净资产收益率 = 总资产报酬率 × 权益乘数
       = 销售净利率 × 总资产周转率 × 权益乘数

其中，权益乘数表示企业的负债程度。权益乘数越大，企业负债程度越高。由于净资产收益率、总资产周转率都是根据资产的平均余额计算的，上述资产负债率则是全年平均的资产负债率，是企业全年平均负债总额与全年平均资产总额的百分比。

杜邦分析法表明，高的净资产收益率取决于两个因素，或是较高的总资产报酬率，或是非常有效地使用债务，或是兼而有之，而高的总资产报酬率又取决于高的销售净利率和高的总资产周转率。因此，净资产收益率这一综合指标发生升降变化的原因，可以具体归结为3个指标，即销售净利率、总资产周转率和权益乘数。

对销售净利率高低的因素分析，可以主要从销售收入和销售成本两个方面进行。要想提高销售净利率，一方面应该改进产品，使之产销对路，并不断开发新产品，以提高销售额；另一方面应严格控制成本费用支出。

总资产周转率反映了企业运用资产以产生销售收入的能力。通过对流动资产与非流动资产的结构分析，可以从资产的流动性反映企业的偿债能力与获利能力。例如，如果流动资产中货币资金的比重过大，就应考虑企业的现金是否有闲置现象，进而影响企业的获利能力。通过对流动资产周转率、应收账款周转率、存货周转率等各类资产使用效率的分析，可以发现企业资金周转过程中存在的主要问题，从而判断资产各组成部分使用效率的高低。

权益乘数主要受资产负债率的影响。负债比率越大，权益乘数越高，说明企业可以利用较高的负债程度，以获得更多的杠杆利益，但同时企业的财务风险也会加大，所以权益乘数应该保持适中的数值，而不能一味求大。

【例12-3】 甲公司2004年年初资产总额1 600万元，所有者权益总额为980万元，年末资产总额1 860万元，所有者权益总额1 252万元，2004年实现销售收入2 500万元，净利润338万元。2005年年末资产总额2 060万元，所有者权益总额为1 276万元，2005年实现销售收入3 890万元，净利润466万元。

要求：计算2004年和2005年两年的净资产收益率、总资产报酬率、权益乘数、销售净利率及总资产周转率，并运用杜邦分析体系分析相关指标变动的原因。

解：2004年相关指标如下：

(1) 净资产收益率 = 338/[(980 + 1 252)/2] × 100% = 30.29%

(2)总资产报酬率=338/[(1 600+1 860)/2]×100%=19.54%
(3)权益乘数=[(1 600+1 860)/2]/[(980+1 252)/2]=1.550 2
(4)销售净利率=338/2 500=13.52%
(5)总资产周转率=2 500/[(1 600+1 860)/2]=1.445 1

2005年相关指标如下：
(1)净资产收益率=466/[(1 252+1 276)/2]×100%=36.87%
(2)总资产报酬率=466/[(1 860+2 060)/2]×100%=23.78%
(3)权益乘数=[(1 860+2 060)/2]/[(1 252+1 276)/2]=1.550 6
(4)销售净利率=466/3 890=11.98%
(5)总资产周转率=3 890/[(1 860+2 060)/2]=1.984 7

由上述指标的计算可知，净资产收益率提高了，有关数据如下：

净资产收益率=总资产报酬率×权益乘数
2004年： 30.29%=19.54%×1.550 2
2005年： 36.87%=23.78%×1.550 6

通过分解可以看出，权益乘数变化不大，因此，净资产收益率提高的主要原因是总资产报酬率的提高。进一步将总资产报酬率分解如下：

总资产报酬率=销售净利率×总资产周转率
2004年： 19.54%=13.52%×1.445 1
2005年： 23.78%=11.98%×1.984 7

通过分解可以看出，尽管销售净利率下降了，但资产的使用效率提高所带来的收益抵补了销售净利率下降所带来的损失，因而，总资产报酬率没有下降反而提高了。但销售净利率下降的原因是售价太低还是成本费用太高，就需要进一步分解指标来揭示。

假设乙公司是与甲公司的同业竞争者，两公司在2004年的财务状况和经营成果相同，其有关数据比较如下：

总资产报酬率=销售净利率×总资产周转率
甲公司　2004年： 19.54%=13.52%×1.445 1
　　　　2005年： 23.78%=11.98%×1.984 7
乙公司　2004年： 19.54%=13.52%×1.445 1
　　　　2005年： 23.78%=17.94%×1.325 5

两公司总资产报酬率的变动趋势是一样的，但通过分解可以看出原因各不相同。甲公司是成本费用上升或售价下跌，使得销售净利率下降，但资产使用效率显著提高；乙公司则是资产使用效率下降，使得总资产周转率下降，但销售净利率明显提高。

需要注意的是，杜邦分析体系只是一种分解财务比率的方法，而不是另外建立新的财务指标,它可以用于各种财务比率的分解。杜邦分析法和其他财务分析方法一样,关键在于指标的理解和运用,而不是指标的计算。

二、财务比率综合分析法

单个的比率通常只能反映企业一方面的财务状况,为了对企业作出综合的财务分析,就需要将若干财务比率综合在一起进行系统地分析与评价。

财务综合评价通常的做法是:

(1)选择具有代表性的财务指标。对企业的财务评价主要是从偿债能力、营运能力、盈利能力以及成长能力等几个方面进行的,因此应从这些财务指标中选出具有代表性的若干财务指标,作为评价企业财务状况的指标。

(2)根据各指标的重要程度,按照权重设标准分,总分为100分。如表12-2所示。

表 12-2   综合评分标准

指 标	标准评分	指标的行业标准值(%)	指标的行业最高值(%)	最高评分	最低评分	每分的财务比率差(%)
偿债能力:						
流动比率	12	200.00	216.30	18	6	2.72
资产负债率	12	45.00	26.60	18	6	−3.07
营运能力:						
应收账款周转率	8	1 080.00	2 280.00	12	4	300.00
存货周转率	8	957.00	1 761.00	12	4	201.00
盈利能力:						
总资产报酬率	10	7.50	11.48	15	5	0.80
销售净利率	10	6.20	9.52	15	5	0.66
资本收益率	12	18.30	32.85	18	6	2.43
成本费用利润率	12	6.90	11.17	18	6	0.71
成长能力:						
销售增长率	8	20.25	26.00	12	4	1.44
净利润增长率	8	32.62	50.00	12	4	4.35
合　计	100	—	—	150	50	—

(3)确定各项指标的标准值与标准评分值。标准值要以企业所在行业的平均水平为依据进行适当的修正。由于各项财务指标具有一定的内在联系,为了

减少重复影响以及某一指标严重异常时对总评分不合逻辑的重大影响,应在评分时规定上限与下限,如可将上限定为正常评分值的1.5倍,下限定为正常评分值的1/2,并且用"加"与"减"的方式给分。

例如,流动比率的行业标准值为200%,标准评分12分,行业最高值为212%,最高评分为18分,最低评分为6分,则每分的财务比率差为

$$每分的财务比率差 = \frac{指标的行业最高值 - 指标的行业标准值}{最高评分 - 标准评分}$$

$$流动比率每分的财务比率差 = \frac{212\% - 200\%}{18分 - 12分} = 2\%$$

即流动比率指标值每高2%,多给1分;若比标准值每低2%,减少1分。该项评分最高不高于18分,最低不低于6分。

(4)计算企业在一定会计期间各项财务措施的实际值,并为每项指标评分。如表12-3所示。

表12-3　　　　　　　甲企业财务状况综合分析评分表

指标	实际值(%) 1	标准值(%) 2	差异(%) 3=1-2	每分的财务比率差(%) 4	调整分 5=3/4	标准评分 6	得分 7=6+5 (上限或下限)
偿债能力:							
流动比率	187.00	200.00	-13.00	2.72	-4.78	12	7.22
资产负债率	64.00	45.00	19.00	-3.07	-6.19	12	6.00
营运能力:							
应收账款周转率	985.00	1 080.00	-95.00	300.00	-0.32	8	7.68
存货周转率	1 026.00	957.00	69.00	201.00	0.34	8	8.34
盈利能力:							
总资产报酬率	6.90	7.50	-0.60	0.80	-0.75	10	9.25
销售净利率	5.80	6.20	-0.40	0.66	-0.61	10	9.39
资本收益率	16.60	18.30	-1.70	2.43	-0.70	12	11.30
成本费用利润率	5.30	6.90	-1.60	0.71	-2.25	12	9.75
成长能力:							
销售增长率	25.70	20.25	5.45	1.44	3.78	8	11.78
净利润增长率	29.40	32.62	-3.22	4.35	-0.74	8	7.26
合计	—	—	—	—	—	100	87.97

(5)求出总评分,对企业作出综合评价。

如表 12-3 所示,甲企业的总评分为 87.97,说明该企业的财务状况一般,属于中等偏下水平的企业。从上表可以看出,甲企业的流动比率、资产负债率指标的负差异较大,说明企业的偿债能力较差,应该从提高偿债能力方面下工夫;甲企业成本费用利润率的负差异也较大,说明甲企业应进一步控制成本费用支出,从而提高企业的整体财务状况。

采用财务比率综合评分法评价企业的财务状况时,关键在于选定的财务指标应具有代表性,并能够正确地确定各指标的权重与标准值。该方法具有较大的主观性,企业应该根据过去的经验和现在的情况,在广泛收集同行业财务信息的基础上,才能做出准确的、有说服力的评价。

第五节 现金流量分析

一、现金流量的结构分析

(一)流入结构分析

流入结构分析分为总流入结构和经营活动、投资活动及筹资活动流入的内部结构分析。通过对总流入结构的分析,可以了解 3 种营业活动对企业现金总流入的贡献百分比;通过对各种具体活动的现金流入内部结构分析,可以了解每种活动中每项业务对各自现金流入量的贡献百分比。一般情况下,经营活动现金流量应该占较大的比例。如果企业经营所得现金占较大比重,说明企业通过生产经营获得现金的能力较强;反之,则说明企业的资金来源主要是对外借款或增加资本。

(二)流出结构分析

流出结构分析分为总流出结构和经营活动、投资活动及筹资活动流出的内部结构分析。通过对总流出结构的分析,可以了解 3 种营业活动各自的现金总流出量;通过对各种具体活动的现金流出内部结构分析,可以了解每种活动中每项业务各自的现金流出量。

(三)流入流出比分析

流入流出比表示企业每一元的流出可换回的现金数。如果经营活动的现金流入量大于流出量,说明企业通过经营活动获得的现金能够满足企业正常经营的需要,并且有部分剩余,可用于再投资或偿还债务;反之,说明企业不仅不能支持投资或偿债,还需要通过举借新债等方式获取现金,以维持企业的正常生产经营。如果投资活动产生的现金流入量远远大于现金流出量,可能意味着企业经营不善,需要依靠变卖固定资产偿还债务或维持企业的营运,也可能意味着企业经营战略发生转移;反之,可能意味着企业有了新的投资机会,但也可能是前期投资效果不好,没有产生良好的投资回报。如果筹资活动的现金流入量明显大于现金流出量,说明企业大量举债或吸收资本,如果此时企业投资活动的现金流出量很多,通常说明企业在经营扩张;如果此时经营活动的现金流入量明显小于现金流出量,通常意味着企业是依靠举债或吸收资本来补充经营资金的短缺。

对于一个健康的、正在成长的公司,经营活动现金净流量应为正,投资活动现金净流量应为负,筹资活动现金净流量则是正负相间的。

【例 12-4】 甲公司的现金流量结构分析数据如表 12-4 所示。

表 12-4 甲公司现金流量结构分析

类 别	流 入（万元）	流 出（万元）	净流量（万元）	内部结构(%)	流入结构(%)	流出结构(%)	流入流出比
一、经营活动							
销售商品、提供劳务	3 560			93.49			
其他现金流入	248			6.51			
现金流入小计	3 808			100.00	69.77		
购买商品和劳务		2 358		69.27			
支付给职工		420		12.34			
支付所得税		246		7.23			
其他税费		30		0.88			
其他现金支出		350		10.28			
现金流出小计		3 404		100.00		51.39	1.12
经营现金流量净额			404				
二、投资活动							
投资收回	210			32.31			
分得股利	100			15.88			
处置固定资产	340			52.31			
现金流入小计	650			100.00	11.91		
购置固定资产		1 600		100.00			

(续表)

类别	流入（万元）	流出（万元）	净流量（万元）	内部结构(%)	流入结构(%)	流出结构(%)	流入流出比
现金流出小计		1 600		100.00		24.15	0.41
投资现金流量净额			－950				
三、筹资活动							
借款	1 000			100.00			
现金流入小计	1 000			100.00	18.32		
偿还债务		1 500		92.59			
支付利息		120		7.41			
现金流出小计		1 620		100.00		24.46	0.62
筹资现金流量净额			－620				
合计	5 458	6 624	－1 166		100.00	100.00	

甲公司的现金流入中，经营流入占 69.77%，是其主要来源；投资流入占 11.91%，筹资流入占 18.32%，也都比较重要。经营活动流入中销售商品、提供劳务占 93.49%；投资活动流入中投资收回占 32.31%，分得股利占 15.38%，处置固定资产占 52.31%，84.62% 是回收资金而非获利；筹资活动的流入中 1 000 万元全部为借款，说明甲公司筹集资金的主要渠道是从银行取得贷款。

甲公司的现金流出中，经营流出占 51.39%，投资流出占 24.15%，筹资流出占 24.46%。经营活动流出中购买商品和劳务占 69.27%，比重较大，而支付给职工以及为职工支付的占 12.34%，说明甲公司产品成本中的原材料成本所占的份额可能相对较大；投资活动流出全部为购置固定资产；筹资活动的流出中偿还债务本金达 92.59%，支付利息为 7.41%，说明公司偿还借款及利息的负担较重。

经营活动流入流出比为 1.12，表明甲公司每一元的流出可换回 1.12 元现金。此比值越大越好。投资活动流入流出比为 0.41，表明公司处在扩张时期。发展时期此比值小，而衰退或缺少投资机会时比值大。筹资活动流入流出比为 0.62，表明还款明显大于借款。

二、流动性分析

流动性是指资产迅速转变为现金的能力，流动性分析主要是考虑经营现金净流量对某种债务的比例关系,它主要用来评价企业偿付债务的能力。

(一)现金到期债务比

现金到期债务比是指经营活动现金流量净额与本期到期债务之比。其计算公式为：

$$现金到期债务比 = \frac{经营现金流量净额}{本期到期的债务}$$

本期到期的债务包括本期到期的长期债务和本期应付票据,通常这两种债务是不能展期的,必须如数偿还。该比率越高,说明企业短期偿债能力越强。

(二)现金流动负债比

现金流动负债比是指经营活动现金流量净额与流动负债之比。其计算公式为：

$$现金流动负债比 = \frac{经营现金流量净额}{流动负债}$$

(三)现金债务总额比

现金债务总额比是指经营活动现金流量净额与全部负债之比。其计算公式为：

$$现金债务总额比 = \frac{经营现金流量净额}{债务总额}$$

债务总额是指所有长期负债与短期负债,一般不包括或有负债。该比率越高,说明企业举借债务的能力越强。现金债务总额比体现了一个公司的最大借款能力。最大借款能力是经营现金净流入与市场借款利率的比值。其计算公式为：

$$最大借款能力 = \frac{经营现金净流入}{市场借款利率}$$

三、获取现金能力分析

获取现金能力分析主要用来评价企业营业现金流的创造能力,可通过经营现金净流量与投入资源的对比进行分析。投入资源可以是销售收入、总资产、净营运资金、净资产或普通股股数等。

(一)销售现金比率

销售现金比率是指经营现金流量净额与销售收入的比值。其计算公式为：

$$销售现金比率 = \frac{经营现金流量净额}{销售收入}$$

该比率反映每一元销售得到的净现金,比值越大越好。

(二)每股经营现金流量净额

每股经营现金流量净额是指经营现金流量净额与普通股股数的比值。其计算公式为：

$$每股经营现金流量净额 = \frac{经营现金流量净额}{普通股股数}$$

该指标反映了企业最大的分派股利能力。

（三）全部现金回收率

全部现金回收率是经营现金流量净额与全部资产的比值。其计算公式为：

$$全部现金回收率 = \frac{经营现金流量净额}{全部资产} \times 100\%$$

该指标反映了企业资产产生现金的能力。

四、财务弹性分析

财务弹性是指企业适应环境变化和利用投资机会的能力。这种能力来源于现金流量和支付现金需要的比较。通常用经营现金流量净额与支付要求进行比较来评价财务弹性。其中，支付要求可以是投资需求或承诺支付等。其常用指标是现金满足投资比率。

现金满足投资比率可用公司近5年经营现金流量净额之和与近5年资本支出、存货增加、现金股利之和相比得到。其计算公式为：

$$现金满足投资比率 = \frac{近5年经营现金流量净额之和}{近5年资本支出、存货增加、现金股利之和}$$

该比率越大，说明资金自给率越高。达到1时，说明企业可以用经营获取的现金满足扩充所需资金；若小于1，则说明企业要靠外部融资来补充资金。

案例讨论：

上市公司财务报告分析：某股份有限公司年报摘要

【目的】

根据对我国某上市公司的年度财务报告进行财务分析，让学生掌握财务分析方法在实践中的应用。(1)学生能够运用所学的财务分析方法，尤其是比率分析方法进行相应指标的计算和分析。(2)关注审计报告、附注及其他补充信息等相关资料在财务分析中的作用。(3)掌握综合财务分析方法。

【内容】

1. 资产负债表

资产负债表

(单位：万元)

项目	年初	年末	项目	年初	年末
流动资产：			流动负债：		
货币资金	13 663	8 766	短期借款	30 030	20 090
短期投资	1 921	2 777	应付票据	3 415	2 126
应收票据	100	—	应付账款	5 841	5 724
应收账款	6 212	3 160	预收账款	3 415	1 954
减：坏账准备	18	9	应付工资	113	—
应收账款净额	6 194	3 151	应付福利费	884	930
预付账款	10 008	4 446	未交税金	−350	−247
其他应收款	18 229	16 685	预提费用	135	8
存货	7 575	5 524	其他流动负债	400	50
减：变现损失准备	22	16			
存货可变现净值	7 553	5 508			
待摊费用	655	509			
其他流动资产	—	3 802			
流动资产合计	58 323	45 644	流动负债合计	43 883	30 635
非流动资产：			长期负债：		
长期投资	5 826	8 320	长期借款	1 914	1 818
固定资产：			应付债券	—	—
固定资产原值	16 572	16 840	长期应付款	102	79
减：累计折旧	2 318	2 953	长期负债合计	2 016	1 897
固定资产净值	14 254	13 887	所有者权益：		
在建工程	234	281	实收资本	18 987	20 886
无形资产	395	416	资本公积	11 848	11 872
			盈余公积	2 275	2 467
			未分配利润	23	791
非流动资产合计	20 709	22 904	所有者权益合计	33 133	36 016
资产合计	79 032	68 548	负债及所有者权益合计	79 032	68 548

2. 利润及利润分配表

利润及利润分配表　　　　　　　　（单位：万元）

项　目	上年数	本年数
一、产品销售收入	99 374	94 323
减：产品销售成本	89 505	86 252
产品销售费用	1 748	2 075
产品销售税金及附加	360	418
二、产品销售利润	7 761	5 578
加：其他业务利润	1 186	706
减：管理费用	2 475	3 084
财务费用	3 058	3 054
三、营业利润	3 414	146
加：投资收益	312	808
补贴收入	—	110
营业外收入	128	41
减：营业外支出	98	49
四、利润总额	3 756	1 056
减：所得税	555	96
五、净利润	3 202	960
加：期初未分配利润	715	23
六、可供分配的利润	3 917	983
减：提取法定盈余公积金	320	96
提取公益金	160	96
向投资者分配利润	3 414	—
七、期末未分配利润	23	791

3. 附注

(1) 审计意见：

公司财务报告经立信会计师事务所注册会计师卢××、周××审计，并出具无保留意见的审计报告。

(2) 主要会计政策：

①存货计价方法:商品入库按实际成本核算,出库采用先进先出法。低值易耗品采用一次摊销法。

②长期投资的核算方法:股票、债券投资采用成本法核算(对外投资占被投资单位50%以上采用权益法,因所有对外投资都在50%以下,故全部采用成本法核算)。

③固定资产及累计折旧:固定资产按实际成本计价,折旧方法采用直线法(平均年限法)。

④坏账准备和商品削价准备金计提:坏账准备按应收账款年末余额的0.3%计提,商品削价准备按库存商品年末余额的0.3%计提。

⑤税款:增值税率17%,消费税率10%,营业税率5%,所得税率15%。

⑥利润分配:按税后利润10%提取法定盈余公积金,按税后利润10%提取法定公益金。

⑦报表项目附表:

★短期投资:

证券及债券投资期末为:9 887 321.34元

其他短期投资为:17 886 703元

★应收账款:

年末余额	31 595 835.52
其中:1年以内	23 026 826.86
1～2年	7 478 120.05
2～3年	336 606.45
3年以上	754 282.16

★其他项目(略)

4. 重要事项

(1)经营情况:

本年度物资市场供求关系失衡、竞争激烈。受其影响,整个行业未摆脱市场的负面影响,销售及利润继续滑坡,行业性亏损面继续扩大。在此情况下,公司的主营业务,尤其是汽车、钢材的销售毛利低于费用。出现大部分库存商品进销差价倒挂情况,亏损难以避免。公司努力寻找一些新增长点和一些生产资料的生产大厂联手经营,加强工贸联营的力度。如同上海汽车工业销售总公司共同组建了上海汽车工业××公司,在原计划资源供应不复存在的情况下稳定了商品进货渠道,保证今后业务发展的后劲。原计划本年度(报表年度)9月份投入使用的位于不夜城地区的上海某中心商厦,为使硬件配套设施更趋完善,本年年底尚未完全交付使用。另外，在本年3月上海商品交易所胶合板期货交易中，本公司原控股30%的期货经济有限公司因代理客户爆仓之累遭受一些损失，本公司承担相应部分损失。总之，本年度物资经营状况和年初预期差距较大。

(2) 年度经营业绩。

全年实现主营业务收入94 323万元，比上年减少5.08%；实现净利润960万元，比去年下降70%；资产总额68 548万元，比去年减少13.27%；每股税后利润为0.016元，比去年降低72.78%。

(3) 前次募集资金运用情况的说明。

注：原计划物贸二期配套工程，由于外部原因停止实施，董事会作出投资上海某中心商厦的决定，并已在公司上年年度报告中予以披露。

(4) 本公司董事会聘请立信会计师事务所作为本公司去年、今年年度境内审计师，聘请关黄陈方会计师行作为本公司本年度境外审计师，本公司上一年度B股上市公告书：由罗兵咸会计师事务所为本公司做审计报告。

【要求】

运用所学财务分析方法进行综合财务分析。各小组讨论并提交案例分析报告。

第十三章
企业并购、破产与重整

【内容简介】

　　企业并购、破产和重整及其财务问题,是企业财务管理的重要组成部分。本章主要讲述了企业并购、破产和重整的相关概念、原因、程序及其相应法律法规等。其中,企业破产清算的程序及其财务处理规定是学习的重点内容。

【学习目的和要求】

　　通过本章的学习,学生应了解企业并购、破产和重整的程序,掌握国家有关法规对此项问题的规定,重点理解并掌握企业破产清算的财务处理规定。学习过程中,应结合国内外的具体程序及规定进行对比分析,并尽量与现行财务实例相结合,做到学以致用。

第一节　企业并购

一、企业并购的概念与分类

(一)企业并购的概念

并购是一种复杂的企业经济活动,是一种公司产权的资产性交易行为,通过这种形式,企业的所有权或产权得以按照市场规则实现让渡和转移。在不同的法律背景和语言环境下,表现为不同的术语和名词,如合并、收购、兼并等。

合并是两家以上的公司依契约及法令归并为一个公司的行为。兼并是指一个公司采取各种形式有偿接受其他公司的产权,是被兼并公司丧失法人资格或改变法人实体的经济活动。收购是指一家公司通过现金、股票等方式购买另一家公司部分或全部股票或资产,从而获得对该公司的控制权的经济活动。

兼并与收购在本质上都是公司所有权或产权的有偿转让。它们有许多相似之处，例如，其目的都是加强公司的竞争能力，扩充经济实力，形成规模经济；都是增强企业实力的外部扩张策略或途径；都以企业产权为交易对象，是企业资本经营的基本方式。它们的区别体现在：兼并中被合并企业作为法人实体不复存在，收购中被收购企业可仍以法人实体存在，其产权可以部分转让；兼并后，兼并企业成为被兼并企业新的所有者和债权、债务的承担者，收购中收购企业是被收购企业的新股东，以收购出资的股本为限承担被收购企业的风险；兼并多发生在企业财务状况不佳、生产经营停滞或半停滞状态，兼并后通常需要调整其生产经营、重新组合其资产，而收购一般发生在企业正常生产经营状态，产权流动比较平和。

由于在运作中，它们的联系远远超过其区别，所以兼并、合并与收购常常作为同义词使用，本章将其统称为并购，泛指在市场机制下企业为了获得其他企业的控制权而进行的产权交易活动。

(二)企业并购的分类

企业并购的形式多种多样，按照不同的标准企业并购有不同的分类。

1. 创立并购、吸收并购和控制并购

企业并购按并购方式不同可分为创立并购、吸收并购和控制并购。

创立并购是指两家或两家以上独立的公司或企业合并创建成一家新企业。经过创立并购，原有的各个独立的公司或企业都不复存在，其资产及生产经济活动均由新企业接管。

吸收并购是指由两家或两家以上独立的公司或企业合并成一个企业，经过吸收并购，原有企业中的一家继续经营，另一家或几家独立的公司或企业则宣告解散并不复存在，其资产和负债及经营业务均由继续经营的公司接管。

控制并购是指一家独立的公司通过收购、购买其他企业的股份或相互交换取得对方股份，达到对其他企业控制的并购形式。在这种方式下，原有几家公司都保持原有的独立地位，各自仍为独立的经济主体和法律主体，但经过并购后，原有几家公司在一定意义上共同组成了一个新的企业集团，由掌握大量股份的公司对其他被并购公司进行控制，参与经营和管理。

2. 横向并购、纵向并购和混合并购

企业并购按并购双方所处业务性质可分为横向并购、纵向并购和混合并购3种类型。

横向并购是指处于同一行业的企业所进行的并购。如两家航空公司的并购(美国波音和麦道公司的合并)或两家石油公司的并购等。横向并购的目的在于使资本在同一生产、销售领域或部门集中，确立或巩固企业在行业内的优势地位，消除竞争，扩大市场份额，实现规模经济。

纵向并购是指处于同类产品的不同产销阶段,在生产工艺或经营方式上有前后关联的企业所进行的并购。从并购方向来看,纵向并购又有向后并购和向前并购之分,如生产原材料和零部件的企业并购加工、装配企业以及生产企业并购,销售商属于前者,而加工制造企业对原材料、零部件生产厂家的并购则属于后者。纵向并购的目的在于组织专业化生产和实现产销一体化,加强采购、生产、销售各环节的配合,以缩短经营周期,带来生产经营过程的节约。

混合并购是指与企业原材料供应、产品生产、产品销售均没有直接关系的企业间的并购。如钢铁企业并购石油企业。混合并购的目的在于通过分散投资、多样化经营以降低企业风险,达到资源互补、优化组合、扩大经营范围或经营规模。

3. 现金购买式、承担债务式和股票交易式

企业并购按并购的实现方式可分为现金购买式、承担债务式和股票交易式3种类型。

现金购买式并购通常包括现金购买资产式和现金购买股票式两种情况。前者是指并购方筹集足额的现金购买被并购方的全部或部分资产以实现并购,后者是指并购方通过市场、柜台或协商以现金购买目标公司的全部或大部分股票或股权,以实现对目标公司资产控制的目的。这种方式通常不会影响并购企业的资本结构,却会增加并购企业的现金支出负担。

承担债务式并购通常是在被并购企业资不抵债或资产债务相等的情况下,并购方以承担被并购方全部或部分债务为条件,取得被并购方的全部或部分资产所有权和经营权。这种方式虽然减少了并购资金支出,却会增加并购企业的债务负担。

股票交易式并购通常也有两种情况:即以股权换股权和以股权换资产两种方式。前者是指并购公司向目标公司的股东发行自己公司的股票,以换取目标公司的大部分或全部股票,达到控制目标公司的目的。通过并购,目标公司或者成为并购公司的分公司或子公司,或者解散并入并购公司,失去其法人地位。后者是指并购公司向目标公司发行自己的股票,以换取目标公司的资产,并购公司在有选择的情况下承担目标公司的全部或部分责任。目标公司也应把所持有的并购公司股票分配给自己的股东,以防止所发行的大量股份集中在少数股东手中,对现有股权结构产生不利影响。

4. 善意并购和敌意并购

企业并购按并购程序可分为善意并购和敌意并购。

善意并购通常是指并购公司与被并购公司双方通过友好协商确定并购诸项事宜的并购方式。这种并购方式一般先由并购公司确定被并购的目标公司,然后设法与目标公司的管理当局接洽,商讨并购事宜。

敌意并购通常是在友好协商遭拒绝时,并购方不顾被并购方的意愿而采取非协商性购买的手段,强行并购目标公司或者是在未与目标公司的经营管理者商议的情况下,提出公开收购要约,实现公司控制权的转移。被并购方在得知并购公司的并购企图之后往往不愿接受,通常会采取一定的反并购措施,抵御并购。在这种情况下,并购公司可能采取诸如获取委托投票权、二级市场收购股票等措施,来实现并购的战略目的。

5. 整体并购和部分并购

企业并购按涉及并购企业的范围可分为整体并购和部分并购。

整体并购是指资产和产权的整体转让,是产权的权益体系或资产不可分割的并购方式。整体并购有利于加快资金、资源集中的程度,迅速提高规模水平和规模效益。实施整体并购也在一定程度上限制了资金紧缺者的潜在购买行为。

部分并购是指将企业的资产和产权分割为若干部分进行交易而实现并购的行为。具体包括 3 种形式:对企业部分实物资产进行并购,将产权划分为若干份等额价值进行并购,将经营权分成几个部分(营销权、商标权、专利权等)进行产权转让。部分并购的优点是可扩大企业并购的范围,弥补大规模整体并购的巨额资金"缺口",有利于企业设备更新换代,使企业将不需要的厂房、设备转让给其他并购者,以调整存量结构。

二、企业并购的根本原因和动机

企业并购的原因通常与其效应相联系,有些并购的起因正是来源于并购本身将会出现的后果。综合考虑,企业并购的原因可归结为两个方面。

(一)企业并购的根本原因

1. 争取规模经济效益

企业的规模经济可以通过并购来获得,以实现经营协同效应。企业的生产经营活动只有达到一定的规模才是最经济可行的。规模经济的前提是在并购之前,企业的经营活动水平达不到实现规模经济的潜在要求。如许多企业尽管固定资产技术装备先进,科研开发能力强,管理人员专业文化素质高,但产销量就是提高不起来,而采取并购方式扩大企业规模,企业的生产设备和科研开发、行政管理和服务等方面都会充分发挥作用,实现规模经济效益。因此,争取规模经济效益成为企业之间横向并购的一个根本原因。

2. 争取经济过程效益

企业的经济过程效益也可以通过并购来获得,同样可以实现经营协同效应。当一些企业不能有效地组织原材料供应时,时时刻刻要为企业原材料来源担心,要根据难以预料的供应变化而随时调整生产计划,从而使企业生产经营和管理的难度加大。如果企业并购了某些原材料供应商,加强对原材料供应环节的控制管理,同时控制某些销售公司,可使企业获取纵向的全过程的整体化效益。所以,企业通过对价值链上下游环节的控制并购,能大幅度降低组织管理工作的难度,并取得经济效益。因此,争取经济过程效益成为企业之间纵向并购的原因之一。

3. 取长补短,共享资源

企业存在着过剩管理能力或者存在管理效率上的差异,通过并购可使并购方的管理优势向目标公司扩散,提高目标公司的效率,同时并购方也能获得新的管理技巧,实现管理上的协同效应。也就是说,当不同的公司各自拥有自身的优势,同时又存在着明显的不足时,并购活动可以使公司取长补短,相互向对方提供其所缺乏的资源,使整体效率通过并购得到提高。

4. 利用多余资金

并购方拥有大量的内部现金流和较少的投资机会,而目标公司拥有较低的内部资金生产能力和大量的投资机会,需要进行额外的融资,通过并购能够获得较低的内部资金成本优势,实现财务协同效应。例如,某些企业因经营得法,利润丰厚,资金充足,但由于所在行业日趋成熟,缺乏发展潜力和良好的投资机会,企业又不愿将多余的资金分发给股东,便将并购其他企业作为资金使用的一个重要方向。于是,利用多余资金成为企业并购的原因之一。

5. 多样化经营,降低风险

多样化经营具有许多价值,它是管理者和其他雇员分散风险的需要,有利于组织资本和声誉资本的保护,也能获得财务和税收方面的好处,尽管多样化经营可以通过内部发展完成,但在特定的情况下,并购方法会优于内部发展途径。企业通过并购方式可以拓宽自身的生产经营范围,实现多样化经营,减少经营风险,达到企业利润持续稳定增长的目的。这种情况实质是资产组合问题,因此并购决策的制订和选择须进行缜密的论证。

(二)企业并购的动机

1. 垄断动机

经过市场上的激烈竞争,击垮竞争者,最终对经营失败而无法恢复的同行实行并购,从而达到垄断的目的。这种并购往往被政府禁止。

2. 扩充动机

通过并购方式,扩大企业经营场所,吸引各方人才以图发展,将企业积累的资金派上用场。并购是企业在竞争中获得快速发展的重要手段,也是保持企业长远发展的重要措施之一。

3. 筹资动机

一些企业常因资金不足而无法购买扩充所需场地及设备,利用并购方式,承诺偿付对方一定债务或出售股票,从而达到筹资扩充目的。

4. 节约财务和加强多种经营的动机

企业通过节约和充分利用有限资源,实行多种经营,减少企业风险,稳定企业收入,加快企业发展。

企业并购还可调整社会产业结构,优化企业组合,合理配置资源,有效利用资产存量,提高企业的整体素质和社会经济效益,因而受到国家的重视和鼓励。

三、企业并购的相关政策

(一)企业并购的原则

(1)企业并购要以国家经济发展战略和产业政策为指导,使存量资产向国家重点发展产业、高科技新兴产业和生产短线产品企业流动,实现生产要素优化组合。

(2)遵循自愿、互利和有偿原则,通过市场竞争和政策引导优胜劣汰。

(3)注重实效,衡量标准是优化产品结构、企业组织结构和产业结构,提高企业整体素质和社会经济效益,同时考虑方便百姓生活。

(4)除国家有特殊规定外,不受地区、行业和所有制隶属关系的限制,但是企业并购也必须考虑并购双方的体制、文化、理念等因素。

(5)企业并购既要提高规模经济,又要防止形成垄断,当企业并购阻碍市场的有序竞争时,应该受到法律的惩罚。

(二)企业并购的对象

(1)因经营困难、财务危机及其他原因自己主动提出被并购的企业。

(2)资不抵债和接近破产的企业。

(3)长期经营性亏损或微利的企业。

(4)产品滞销、转产无条件,也没有发展前途的企业。

(5)具有良好投资环境(优越的资源、优惠的政策、便利的交通、低廉的土地价格等)的企业。

(6)规模适度的企业。并购目标企业的规模必须适度,规模太大,并购企业无法承受;规模太小,并购效益降低。

(三)被并购企业的资产评估作价

被并购企业的有形资产、无形资产和债务须经资产评估机构进行核实验证、评估作价,使并购企业与被并购企业双方在经济和法律上都得到保证。

资产评估作价可以采取以下3种办法。

1. 重置成本法

即按资产全部情况下的现价或重置成本减去已使用年限的折旧,来确定被评估资产的价值。计算公式为:

固定资产重量估价=固定资产重置成本-按重置价格计算的折旧额

$$=固定资产重置价格×成新率(\%)$$

上式中的固定资产重置价格,可根据市场上同类商品近期交易价格确定,自制设备以制造成本为基础来确定固定资产的重置成本。

2. 市场法

即按照市场上近期发生的类似资产的交易价格,来确定被评估资产的价值。这是按市场供求规律进行资产评估的方法。

3. 收入法

即按预期利润率计算的现值来确定被评估资产价值的方法。

以上3种方法可以单独使用,也可以互相检验。

(四)被并购企业产权转让的收入归属

被并购企业产权转让的收入,归该企业的产权所有者。如被并购企业为全民所有制,除国家另有规定外,由国有资产管理部门组织解缴国库;如被并购企业属集体所有制,其净收入按产权归属比例分别归不同的所有者。企业产权归属不清的,其净收入视同国有资产管理。

(五)对被并购企业职工的安置

在目前社会保险制度还不健全的条件下,被并购企业的职工,包括固定工、合同工和离退休职工,原则上由并购企业接收,在确定资产转让价格时要考虑这一因素。随着社会保险制度配套改革的进行,被并购企业的职工安置工作将由社会统筹安排解决。

(六)并购后企业的财政税收管理

企业并购后,如被并购企业丧失法人地位,按并购的财政税收管理办法执行;如果被并购企业仍保留法人地位,在所有制性质没有变化的情况下,按被并购企业原来的财政税收管理办法执行;如果被并购方企业的所有制性质发生变化,按所有制性质变更后适用的财政税收管理办法执行;如果并购双方通过参股、控股形成股份制企业,其财政税收的管理办法另行规定。

(七)企业并购的基本程序

1. 企业并购的法律程序

根据我国《公司法》和《证券法》的有关规定,企业并购通常需要经过3个阶段:调查阶段、履行阶段和执行阶段。这3个阶段的具体内容则根据并购双方的企业类型、并购类型而有所不同。并购的法律事项流程如图13-1所示。

(1)我国非上市企业的并购程序。就非上市公司的并购来说,如果并购双方的企业是国有企业或集体企业,其并购程序根据我国《关于企业兼并的暂行办法》等有关法规,可简单归纳如下:首先,并购的双方进行初步接触,并签订诚意交往的意愿书;其次,并购企业对目标企业进行审查评估和价值评估;最后,并购双方正式签订并购合同。

如果并购的双方企业都是有限责任公司和股份有限公司（非上市公司），根据我国《公司法》的有关规定，公司合并要经过以下程序：首先，是股东（大）会决议，经股东（大）会 2/3 有表决权的股东通过；其次，合并双方签订合并协议并编制资产负债表及财产清单；第三，通知债权人并清偿债务；最后，依法向登记机关办理变更登记。

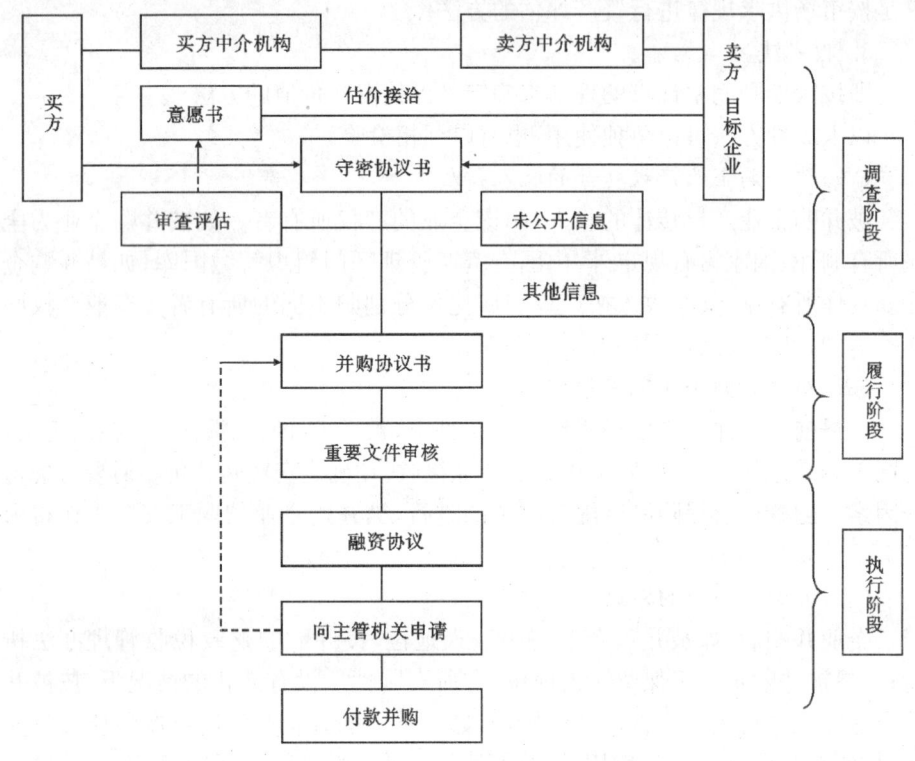

图 13-1　公司并购的法律事项流程图

《公司法》对这一过程做出了如下相应规定：公司应当自作出合并决议之日起 10 日内通知债权人，或于 30 日内在报纸上至少公告 3 次。债权人自接到通知书之日起 30 日内，未接到通知书的自第一次公告之日起 90 日内，有权要求公司清偿债务或者提供担保。公司在法定期限内，如果不清偿债务或者不提供担保，不得进行合并。

（2）我国上市公司的并购程序。根据我国《证券法》的规定，上市公司收购可以采取要约收购或者协议收购的方式。在要约收购方式下，通常要经过 3 个基本步骤：首先，发出收购要约；其次，报送收购报告书并公告；最后，履行收购要约。在这一过程，《证券法》的相应规定如下：通过证券交易所的证券交易，投资者持有或通过协议、其他安排与他人共同持有一个上市公司已发行的股份达到

30%时,继续进行收购的,应当依法向该上市公司所有股东发出收购上市公司全部或部分股份的要约。收购人在报送上市公司收购报告书之日起15日后,公告其收购要约。收购要约规定的收购期限不得少于30日,并不得超过60日。在收购要约规定的承诺期限内,收购人不得撤销其收购要约。

在协议收购方式下,通常也要经过3个基本步骤:首先,达成收购协议;其次,作出书面报告并公告;最后,履行收购协议。在这一过程,《证券法》的相应规定如下:收购人可以依照法律、行政法规的规定同被收购公司的股东以协议方式进行股权转让。以协议方式收购上市公司时,达成协议后,收购人必须在3日内将该收购协议向国务院证券监督管理机构及证券交易所作出书面报告,并予公告。在公告前不得履行收购协议。采取协议收购方式的,协议双方可以临时委托证券登记结算机构保管协议转让的股票,并将资金存放于指定的银行。

2. 企业并购的财务流程

从财务的角度来看,并购的程序通常包括以下几个步骤,如图13-2所示。

(1)选择拟并购企业。通常,企业并购方案只能由高级管理层提出。高级管理人员应根据本企业的发展战略和目标企业的有关情况,确定并购的对象。在这一过程中,企业通常还需要聘请金融机构作为财务顾问,以利于并购的顺利进行。

(2)评价并购战略。由于并购决策的固有风险,在制定具体计划之前一般需要先考虑战略可行性。其主要分析内容包括对目标企业进行战略分析,研究并购对企业竞争能力和风险的可能影响。因此,企业必须根据自身的战略目标来评价并购活动。

(3)评估企业价值。根据目标企业当前所拥有的资产、负债价值、营运状况和市场价值等指标,对目标企业的价值作出评价,即确定企业的并购成本。该评估应建立在风险——收益评价的基础上。根据目标企业是否为上市公司,企业价值的评估方法应有所不同。

(4)确定出资方式。企业并购包括现金出资、股票出资(即股票交换)、综合证券出资等多种方式。企业在确定出资方式时,应综合考虑并购后持续经营需要、税收、财务风险及市场价值的可能变动等影响因素。

(5)制定融资方案。在确定并购所需资金的数量和形式之后,企业就需据此制定融资方案,决定筹集资金的方式和数量。在融资方案中,企业必须考虑由此而产生的企业价值和风险的可能变动,在尽量降低风险的同时,保持企业的最优资本结构。

(6)制定并购计划。在上述各步分析的基础上,企业要制定相应的并购计划。并购计划不仅可以为实际执行过程提供明确的指导和具体的时间表,而且有利于与并购完成情况进行比较。

(7)实施并购计划。在并购计划获得企业董事会和股东大会通过之后,即可付诸实施。实施过程中,在完成大量财务工作的同时,也要进行大量法律规定的工作,如向目标企业提出并购要约,签订并购合同等。

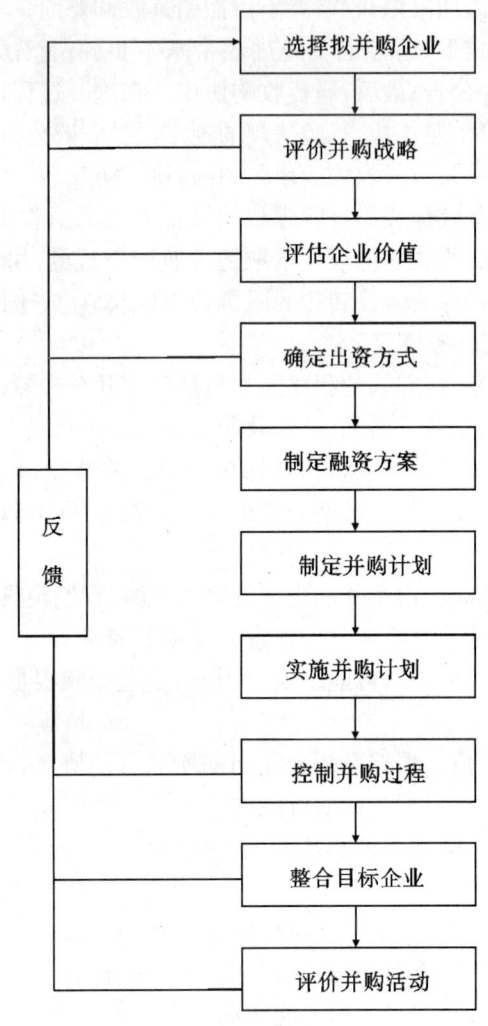

图 13-2 企业并购财务流程图

(8)控制并购过程。并购计划实施过程中出现的各种意外情况对并购活动可能有重要的影响。因而,需要对企业并购过程进行及时的控制,并采取相应的措施,以保证并购计划的顺利实施。

(9)整合目标企业。企业并购的成功与否,不仅在于企业能否完成并购,更重要的是并购能否实现企业的战略发展目标。因此,并购后的管理,对整个并购活动有着重要的影响。企业必须根据战略目标和实际状况,有计划地将目标企业与本企业进行整合。

(10)评价并购活动。并购活动的事后评价,既可以为企业提供反馈信息,也可以为企业未来的决策提供重要的经验。对并购活动的事后评价,不应流于形式,而应切实分析并购成败的原因及经验,避免盲目并购现象的过多发生。

四、企业并购的财务分析和决策

(一)目标企业的价值评估

目标企业的价值评估,就是并购企业根据各方面因素,对目标公司进行估价。它反映了并购企业为收购目标公司而愿意支付的费用,实质上是并购企业对并购的成本—收益分析。对目标企业的价值评估可以采用以下方法。

1. 资产价值基础法

资产价值基础法是通过对目标公司的资产价值进行估价来评估其价值的方法。确定目标企业资产的价值,关键是选择合适的资产评估价值标准。这些评估价值指标通常包括以下5种。

(1)账面价值。账面价值是指不考虑现实资产市场的波动,也不考虑资产的收益状况,而是以会计核算中账面记载的资产价值作为估价标准。一般只适用于该资产的市场价格波动不大或不必考虑其市场价格变动的情况。

(2)市场价值。市场价值是指把资产作为一种商品在市场上公开竞争,在供求关系平衡状态下确定的价值。由于市场价值已将价格波动因素考虑在内,所以适用于单项资产的评估计价。

(3)清算价值。清算价值是指公司出现财务危机并导致破产或歇业清算时把公司中的实物资产逐个分离并单独出售的资产价值。通常在公司作为一个整体已丧失增值能力的情况下采用清算价值。

(4)续营价值。续营价值是指公司资产作为一个整体仍有增值能力,在保持其继续经营的条件下,以未来的收益能力为基础来评价公司资产的价值。由于收益能力是众多资产组合运用的情况下产生的,因此,续营价值更适用于公司整体资产的估价。

(5)公允价值。公允价值是将公司所有的资产在未来继续经营情况下所产生的预期收益,按照设定的折现率折算成现值,并以此来确定其价值的一种估价标准。

以上5种资产评估标准是目前通行的资产价值估计方法。通常,当并购目标公司的目的在于其未来收益的潜能时,应该选择公允价值;当并购目标公司的目的在于获得某项特殊的资产时,清算价值则是一种比较恰当的选择。

2. 收益法

收益法就是根据企业的收益和市盈率确定其价值的方法。由于市盈率可能暗含着企业股票收益的未来水平、投资者投资于企业希望从股票中得到的收益、企业投资的预期回报、企业在其投资上获得的收益超过投资者要求收益的时间长短等信息,因此,在以投资为出发点,着眼于未来经营收益的情况下,可在各种并购价值中应用收益法。应用收益法对目标企业评估的步骤如下:

(1)检查、调整目标企业近期的利润业绩。收益法使用的收益指标在性质上是目标企业在被收购以后持续经营可能取得的净利润,因此,应当考虑目标企业所使用的会计政策、非常项目和特殊业务、不合理的关联交易等对净利润的影响,并对其进行适当的调整。

(2)选择、计算目标企业估价收益指标。一般来说,由于目标企业最近一年的税后利润最贴近目标企业的当前情况,通常可将其作为最简单的估价收益指标。但由于企业经营存在着波动性,尤其是经营活动具有明显周期性的目标企业,采用最近3年税后利润的平均值作为估价收益指标将更为合适。

(3)选择标准市盈率。通常可选择的标准市盈率有:在并购时点目标企业的市盈率、与目标企业具有可比性企业的市盈率以及目标企业所处行业的平均市盈率。在选择标准市盈率时,应确保风险和成长性方面的可比性,所选的标准应当是目标企业并购后的风险——成长性结构。

(4)计算目标企业的价值。根据选定的估价收益指标和标准市盈率,计算目标企业的价值为:

$$目标企业的价值 = 估价收益指标 \times 标准市盈率$$

【例13-1】 甲公司因经营发展需要并购乙公司。甲公司的资本总额为1 200万元,其负债与所有者权益之比为4∶5,息税前资本收益率为15%,股票市盈率为16;乙公司的资本总额为500万元,其负债与所有者权益之比为3∶2,股票市盈率为12,所得税税率为33%。假设两公司负债均为长期负债,银行借款利率为10%,预计并购后乙公司能获得与甲公司相同水平的资本收益率。

要求:运用市盈率法对乙公司的价值进行估价。

解:由于并购后乙公司能获得与甲公司相同水平的资本收益率,因此可以根据计算出的并购后乙公司税后利润作为估价收益指标,即

并购后乙公司税前资本收益=500×15%=75(万元)

利息=500×60%×10%=30(万元)

税前利润=75-30=45(万元)

所得税=45×33%=14.85(万元)

税后利润=45-14.85=30.15(万元)

由于并购后乙公司能获得与甲公司相同的市盈率,所以甲公司可选择其自身的市盈率作为标准市盈率,即市盈率为16。

乙公司的价值＝30.15×16＝482.4(万元)

市盈率方法的运用需要完善的股票市场,但在我国目前股市建设尚不完善,投机性较强,股票市盈率普遍较高的情况下,很难完全运用收益法对目标企业进行准确的估价。

3. 贴现现金流量法

贴现现金流量法是通过估计由并购引起的期望增加的现金流量和贴现率,即企业进行新投资时市场所要求的最低的可接受的报酬率来对目标企业进行估价。其主要步骤是:

(1)预测现金流量。对目标企业现金流量的预测期一般为5~10年,预测期越长,预测的准确性就越差。在检查目标企业历史现金流量表的基础上,根据并购企业的管理水平来预测目标企业的现金流量。通常可以采用自由现金流量,即目标企业在履行了所有财务责任并满足了企业再投资需要之后的现金流量。

(2)估计贴现率或加权平均资本成本。假设目标公司的未来风险与并购企业的总风险相同,则可把目标公司现金流量的贴现率作为并购企业的资本成本。由于并购可能会导致并购企业总风险发生变动,这就需要考虑包括普通股、优先股和债务在内的长期资本要素,并对其进行估计,以加权平均资本成本作为贴现率。

(3)计算现金流量的现值,估计购买价格。其计算公式为:

$$V_0 = \sum_{t=1}^{n} \frac{CF_t}{(1+k)^t}$$

式中:CF——现金流量;

k——贴现率;

t——预测期。

(二)企业并购支付方式及其影响因素

1. 企业并购支付方式

企业并购的支付方式有现金支付和股票支付以及综合证券支付方式[1]。

现金支付是指由并购公司支付一定数额的现金,以取得目标公司的部分或全部所有权。其主要特点是,目标公司的股东得到了一定数额的现金,但失去了对公司的所有权。现金支付按购买对象不同可分为现金购买资产式和现金购买股票式。现金支付方式是一种迅速而清楚的支付方式,其优点是:(1)估价简单易懂,用估计模型计算目标公司价格,就是它的现实支付价格,不必再作进一步

---

[1] 笔者认为,企业并购按并购的实现方式划分包括了承担债务式,但在这种方式下,企业并购不需要自身资源的流出,而现金支付与股票支付都需要企业资源的流出,这里只对并购引起直接经济资源流出的情况加以讨论。

调整。(2)目标公司的股东可以立即收现,不必承担因债券价格波动所带来的风险,也不会受到并购后公司风险的影响。

但是,对并购方而言,并购中的现金支出是一项重大的即时现金负担,很可能影响其现实偿债能力,带来较大的财务风险。

股票支付是指并购方将本身发行的证券作为价款支付给目标公司的股东,其特点是,并购方不需要支付大量现金,因而对并购公司现实的财务状况影响较小;并购完成后,目标公司的股东不会因此失去他们的所有者权益,只是这种所有权由目标公司转移到了并购公司,使他们成为该扩大了的公司的新股东。但对于并购方而言,这种方式会使并购企业的股本结构发生变化。股票支付方式按购买对象不同可分为股票换资产式和股票换股票式。如果并购方采取换股付款,则必须考虑自身股票目前的市价与未来潜力,并购方若是优质上市公司,其股票反而比现金更受欢迎,并且对卖方而言还有税收上的好处。

综合证券支付方式包括公司债券、认股权证、可转换债券、优先股股票等多种形式以及以这些形式的多种组合方式。

2. 企业并购支付方式的影响因素

影响支付方式的因素很多,选择何种出资方式,要视具体情况而定。企业在选择并购支付方式时,通常要考虑并购方企业的特征、股东利益和目标公司的要求等。具体而言,企业并购支付方式的影响因素包括以下几个方面:

(1)拥有现金状况。如果在并购时,并购公司有充足的甚至过剩的闲置现金,则可以考虑在收购时采用现金支付方式。

(2)资本结构状况。如果并购公司需要向外部贷款,以筹得足够现金来完成现金并购计划,那么,公司首先应考虑这笔额外债务对公司资本结构的影响,因为它会使资产负债表上的负债额增大,从而改变公司的负债比例,并且还应考虑到,如果并购成功,两个公司合并后财务状况的变化。

(3)筹资成本。公司在考虑支付方式时,也应考虑各种筹资方式成本的高低,选择经济可行的筹资方式。通常,负债成本低于股权成本,如果资金回报率高于负债利息率,负债更为有利。而且由于利息可以税前支付,因此企业只负担税后利息。

(4)收益稀释。如果并购公司不能筹集足够的现金,则可以通过发行新股来换取对方的资产和股票,但发行新股意味着公司股本增加,参加利润分配的股本数增加,如果不仔细考虑并作出合理安排,原有股东的收益就会被摊薄,而并购方的目标之一应该是设法提高新老股东的每股税后净收益。

(5)控制权的稀释。采取发行新股的方式筹集足够的并购现金,还应考虑到将会稀释老股东对该企业的权益控制比例。如果发行的新股数量足够大,可能会使老股东失去其控制权。

(三) 并购收益与成本

并购收益是指并购后新公司的价值超过并购前各公司价值总和的差额。

关于并购成本有广义和狭义两种解释，广义的成本超出了普通财务成本的概念，是由于并购而发生的一系列代价的总和，包括并购完成成本、整合与营运成本及并购机会成本。并购完成成本是并购行为本身所发生的，由两部分构成，一部分是并购过程中所花费的各项费用，包括咨询费、谈判费、履行各种法律程序的费用等；另一部分是并购企业为收购被并购企业而支付的费用。当有几家企业为并购同一家企业而展开竞争时，可能使被并购企业的股票价格、有形资产价格等显著上升，甚至超过其实际价值，使得被并购企业的价值有可能比并购发生之前的价值高，即并购企业要付出更高的价格才能取得并购的成功。整合与营运成本是并购后为使被并购企业健康发展而发生的，包括整合改制成本和注入资金的成本。整合改制成本包括支付派遣人员进驻、建立新的董事会和经理班子、安置多余人员、剥离非经营性资产、淘汰无效设备、进行人员培训等有关费用；注入资金的成本包括并购公司向目标公司注入优质资产、拨入启动资金或开办费，为新企业打开市场增加市场调研费、广告费、网点设置费等。并购机会成本是并购丧失的收益。狭义的并购成本仅指并购完成成本。在实际计算并购净收益时使用的也是狭义并购成本。

设公司 A 拟并购公司 B，形成新的公司 AB，那么 AB 的市场价值 V_{AB} 应大于原来的公司 A 和公司 B 的市场价值 V_A+V_B 之和，公司在并购活动中才会获得收益。公司 A 在并购活动中所付出的成本是公司因并购发生的全部支出 C 减去所获得的公司 B 在并购前的价值 V_B。因此，公司 A 在并购活动中的净收益的计算公式为：

$$\begin{aligned}净收益 &= 收益 - 成本 \\ &= [V_{AB}-(V_A+V_B)]-(C-V_B) \\ &= V_{AB}-V_A-C\end{aligned}$$

如果公司 A 使用现金并购公司 B，公司 A 付出的成本为：

成本＝（现金支出－公司 B 的市场价值）
　　　＋（公司 B 的市场价值－公司 B 的实际价值）

如果公司 B 的市场价值与其实际价值相等，这项成本就是现金支出额与所获公司 B 市场价值之差。

并购企业净收益的计算公式仍使用原公式。

企业并购费用可使用现金支付和股票支付两种方式。不同的费用支付方式，其成本计算方法也有所不同。我们以下例来说明具体的计算。

【例 13-2】 甲、乙两公司发行普通股分别是 360 万股、240 万股，每股市价分别是 50 元和 16 元，甲公司准备出资 4 650 万元收购乙公司的股票，并发生其他支出5.8万元,甲公司以现金支付。乙公司的实际价值与其市场价值相等。甲公司并购乙公司后形成新公司丙的市场价格为2亿元。

要求:分析甲公司并购乙公司的设想是否可行。

解:依题意,甲、乙两公司的市场价值分别是:

甲公司:50×3 600 000＝180 000 000(元)

乙公司:16×2 400 000＝38 400 000(元)

甲公司的并购成本为:

46 500 000＋58 000－38 400 000＝8 158 000(元)

新并购企业的净收益为:

200 000 000－180 000 000－8 158 000＝11 842 000(元)

净收益大于零,说明甲公司并购乙公司的设想可行,甲公司可以在并购分析和预测基础上,进入并购决策的制定、申请和谈判阶段。

上例中,如果甲公司使用本公司的股票来换取乙公司股东手中的原乙公司的股票。此时的并购成本计算公式为:

并购成本＝乙公司股东所得股票市价－并购前乙公司的价值

＝乙公司股东持有丙公司股数占丙公司股票总数的比例 × 丙公司价值 － 并购前乙公司的价值

五、反并购策略

(一)公司反并购原因

在敌意并购的情况下,反并购通常会随之发生。目标公司的管理层之所以积极地抵制并购,原因不外乎以下几点:

(1)目标公司管理层不想丧失管理权,一旦被并购,目标公司的管理层将发生较大变动,这将危及现任管理者的权力、威望以及待遇。

(2)目标公司管理层相信目标公司具有潜在价值,而现行股价低估了目标公司的价值,如果以市价并购目标公司的股票,将不利于目标公司。

(3)目标公司管理层希望通过抵制并购来提高对方的出价,因为目标公司抵制并购的行为会延缓并购方的并购进程,吸引其他有兴趣的公司加入并购竞争的行列,从而提高并购价格。

(4)目标公司管理层为保住自己的职位。

(二)反并购公司的特点

(1)资产价值被低估。当一家公司的市场价值低于其净资产价值时,就很容易成为被收购的对象,因为此时收购成本大大低于新建一个类似公司的成本。

(2)公司具有尚未开发的潜能。如果在经营中未充分发挥丰富的潜质资源或物业以及资产重置成本低于其市价成本的优势,在财务报表上也未反映或充分反映,很容易造成股价偏低。

(3) 公司具有大量的剩余现金、大量有价值的证券投资组合以及大量未使用的负债能力。

(4) 具有出售后不损害现金流量的附属公司或其他财产。

(5) 管理层持股比例较小。

(三) 反并购策略

1. 反并购财务策略

(1) 通过举债或股票回购等方式大幅度提高公司的负债比例,并在贷款合同中增加限制性条款,如被接管时要提前偿还债务等。

(2) 力争促使持股比例相对集中于支持管理层的股东或控股公司手中。

(3) 增加对现有股东的股利发放率。

(4) 营运中产生的现金流量要尽量投入具有正现金值的项目,或回报给股东,或用于并购其他公司,尤其是并购者不希望要的公司。

(5) 对于脱离母公司后并不影响现金流量正常运作的附属公司,应将其剥离,或让其独立,以避免大量的现金流入。

(6) 通过出售、重组或分立的方法,实现那些被低估资产的真实价值。

2. 反并购管理策略

为防止成为并购公司的目标,可采取以下几种管理策略进行事前防御。

(1) 建立合理的持股结构。持股结构关系到公司的决策能力、产权所有、管理体制、经营效率等各个方面。为了防止上市公司的股份过于分散,公司常常采取交叉持股的股票分配形式,即关联公司、关系较密切的公司之间相互持有部分股权,一旦其中一家公司遭到并购,相互持股公司之间形成"连环船"的效果,从而大大加强反并购一方的实力。但这种方式也使公司往往耗费较多的资本在相互持股上,从而影响公司的现金流量。

(2) "金降落伞"策略。"金降落伞"策略是指目标公司董事会决议,规定如果目标公司被并购,且高层管理者被革职时,他们可以得到巨额退休金(或遣散费),以提高并购成本。此外,如果被并购公司的员工被解雇,并购方还应支付员工遣散费。

(3) "毒丸"策略。"毒丸"策略的目的是提高并购成本,即目标公司发行附认股权债券,标明当公司发生并购突发事件时,持有债权者可以购买一定数量的以优惠价格出售的新股份。随着股份总量的增加,不但可以有效地稀释并购者持有的股份,而且也增加了并购成本。

(4) 员工持股计划。一般是指公司员工通过举债购买本公司股票而拥有公司部分产权及相应的管理权。那些希望维持现状的员工以及反对外来者控制公司的员工比经理人员还要反对被接管或被并购。因为一旦发生并购,员工通常会被裁减。为了保持职位，他们就会站在经理人员一边。

3. 反并购抗拒策略

(1)诉诸法律。目标公司可以根据有关法律条款，寻找并购方的纰漏，并以此为由进行法律诉讼。一旦提起诉讼，并购方就不能继续执行并购要约，客观上拖延并购的进程。

(2)"白衣骑士"。"白衣骑士"是指遭受敌意并购的目标公司为了避免遭到敌意并购者的控制而自己寻找善意并购者。白色侍郎是白衣骑士的一种修正，区别在于白色侍郎并不获得目标公司的控制权。在白色侍郎交易中，目标公司将其一大部分股票出售给它认为比较友好的第三方。白色侍郎有时被要求在表决权上与目标公司的管理层站在一边。

(3)反接管防御。目标公司向并购公司提出反向并购要约。如果目标公司规模远大于并购公司，那么这种方法很可能有效。采用反接管防御，其成本非常高，而且可能吞噬涉及并购的两公司的金融效应。

(4)焦土策略。"焦土策略"是指目标公司为避免被并购采取的一些会对本身造成伤害的行动，以降低自己的吸引力。焦土策略一般包括卖掉"皇冠上的宝石"，即出售公司有发展前途的资产、部门或技术，使目标公司失去吸引力；立即实施金降落伞计划，耗尽公司的资本；增加债务负担，重拟债务偿还时间，万一被买方并购，使并购者面临立即还债的难题；溢价出售债券，一方面保护债券持有人免受目标公司债券发生与接管有关的等级下降的风险，另一方面增加并购成本。

第二节 企业破产

一、企业失败的种类

虽然所有者和经营者都不愿意自己的企业失败，但对许多企业来说又是不可避免的结局。破产是企业长期处于亏损状态，不能扭亏为盈，并逐渐发展为无力偿付其债务的一种企业失败。一般地，可把企业失败分为两种类型。

(一)经营失败

经营失败又称经济失败，是指企业生产经营所产生的税后收入不足以弥补其生产成本，并使其投资收益率低于资本成本，从而使企业处于亏损状态而走向失败。例如，一些企业因产品技术开发、生产工艺和机器设备等方面比较落后，并且经营方法不当，决策失误甚多，长期处于亏损状态。经营失败的特点是，这些企业还可以勉强支撑，如果企业扭亏措施得力，可以转败为胜，但如果不能迅速从根本上改变企业发展趋势，必然造成企业更大的财务困难，进而发生严重的财务危机甚至失败。

(二)财务失败

财务失败一般是指企业不能履行对债权人的契约责任,因而又称契约性失败。也可以说,财务失败就是企业无力偿还到期债务的困难和危机。财务失败有两种形式:即技术上无力偿债和破产。

1. 技术上无力偿债

技术上无力偿债又称财务危机,是由于经营失败严重,虽然资产总额大于负债总额,但由于资产配置的流动性差,而无力偿付其到期债务的状况。这种财务失败的显著特点是企业面临着流动资金危机。如果企业能在短时间内将某些资产转变为现金还债,企业还可以继续生存下去。反之,如果企业无法力挽狂澜,没有拿出特别措施立即变资产为现金偿付当期债务,企业将走向深渊。

2. 破产

破产通常被定义为无力偿付其债务,也可表述为企业改组或清算的法律程序。它是财务失败的极端形式,是企业的全部负债超过其经过公正严格评估的资产总额,使企业净资产出现负值,资不抵债。此时,如果没有外来资金支持,企业必然无法清偿到期债务,而债权人也将纷纷要求清算企业资产,以尽可能多地收回自己的资产。于是企业不得不按照法律程序,通过法院和政府工商行政管理部门,依法宣布企业破产。

二、企业失败的根本原因

企业失败的原因很多,但最重要的原因有以下3种。

(一)管理不善

这是导致企业失败的最主要原因。据国外有关资料统计,有50％以上的企业是因管理不善而走向失败的。管理不善的具体形式很多,如不顾企业的实际能力和经济状况而盲目扩张,重复建设;营销不力导致产品销路不畅;生产成本太高而失去竞争能力;信用政策不佳导致贷款不能及时收回等。

(二)经济衰退

这是导致企业失败的客观原因。由于经济衰退而造成的不景气可能使企业的市场大为缩小,产品销量猛降,使企业面临销售收入过低,无法补偿成本支出的困难局面。与此同时,衰退期间的高利率又为企业筹措应变资金带来很大的困难。这都会导致那些应变能力差,只能在正常经济形势下生存的企业走向失败。

(三)自然衰老

同其他生物有其生命周期一样,一个企业也要经历诞生、成长、成熟和衰老这样一个生命周期。企业可以通过加强研究开发力量,企业并购等手段尽量延长企业的成长期。但如果企业已进入了成熟期并将不可避免地走向衰退,企业也将随之走向失败。这时,企业已完成了它的历史使命。明智的管理人员应在企业失败之前及早进行清算或与其他企业合并。

三、技术上无力偿债的自愿和解方法

财务失败可解释为企业技术上的无力偿债一直到破产为止的这样一个非常困难的范围。其中,技术上无力偿债若通过协商获得债权人自愿让步,还可转危为安,继续生存,重新振作和发展。和解方法包括以下 4 种。

(一)债务延展

如果债权人认为企业尚有发展前途,假以时日,企业将能恢复过来并偿清全部债务,债权人可能会同意延长债务的偿还期限,给企业以喘息之机,使陷入财务困境的企业有机会生存下去,并偿还全部债务。这需要有关各方签订展期协议来进行。债务延展必须获得所有债权人的同意,如果某些债权人不同意延展其债务,则这些债权人的要求必须得到满足。如果这类债权人所占的比例较大,企业只能结束其生命,进行清算。在债务延展期间,债权人通常要对企业的经营管理进行一定程度的干预,如限制产品赊销、限制股利支付、债务公司提供具体的担保品等,以期企业能按自己的意愿发展。

(二)部分减免债务

这种和解方式是所有债权人均按一定比例削减自己的债款,同意只收回部分债款。这需要债权人与债务人之间或债权人之间达成债务和解协议来进行。债权人之所以会同意这样处理,是因为他们认为通过自愿和解来避免各种繁杂的法律程序和支出所收回的款项将高于或稍低于强迫企业清算而收回的款项。如果个别债权人拒不同意这种解决办法,企业必须交法院进行清算。

(三)债权人控制

如果债权人认为企业破产是由于经营管理不善,可以通过更换管理人员来解决,则债权人可以通过债权人委员会的形式来接管企业,或更换新的管理人员,控制企业的经营管理,直至企业付清所有债务后,再将控制权归还给债务公司。债权人控制比债务延展和部分减免债务的方法要严厉,但比清算缓和,实施这项措施的关键在于债权人能否使债务公司摆脱困境。

上面 3 种自愿和解的办法,都使企业有可能继续生存下去,它们也可以合并使用。

(四)自行清算

如果债权人在对债务企业进行了全面的调查和分析之后,发现企业的唯一出路就是清算,企业则必须接受这一现实。清算或是通过正规的法律程序进行,或是由债权人和债务人之间通过某种协商私下解决。如果债务人同意清算,私自清算是可能的。这样可以避免冗长的法律程序,时间短、费用少,债权人可更

多地收回自己的资金。

自行清算的一般程序是债权人经过协商后将债务企业的资产交由指定清算委员会处理。该委员会负责将公司全部资产作价成现金,并根据债权人的先后次序偿还债务。如仍有剩余,公司股东可按持有股票的类别和比例分得一定的现金。清算后企业将正式解散,不复存在。

四、破产清算的法律程序及其相关财务问题

根据《中华人民共和国企业破产法》的规定,"企业因经营管理不善造成严重亏损,不能清偿到期债务的,依照本法规定宣告破产。"也就是说,如果达到破产界限的企业不具备和解与整顿的基本条件,或和解整顿被否决,法院就要依法宣告企业破产,进行债权、债务的清算。根据我国《破产法》的有关规定,破产清算的法律程序有以下6个步骤。

(一)提出破产申请

根据《破产法》的规定,当债务人不能清偿到期债务时,债权人和债务人均有权提出破产申请。如果破产清算是由债务人向法院提出,为自愿破产;如果破产申请是由债权人提出,则为非自愿破产。由债权人申请企业破产时,有下列情形之一的,不予宣告破产:

(1)公用企业与国计民生有重大关系的企业,政府有关部门给予资助或者采取其他措施帮助清偿债务的;

(2)取得担保,自破产申请之日起6个月内清偿债务的。

企业由债权人申请破产,上级主管部门申请整顿并且经企业与债权人会议达成和解协议的,中止破产程序。

(二)法院受理并通知债权人申报债权

人民法院收到当事人提出的破产申请后,应当依法审查,并在7日内决定是否立案受理。法院在受理破产案件后,10日内通知破产企业并发布公告。债权人提出破产申请的,债务人应当在收到法院受理破产案件通知后15日内,向法院提交有关会计报表、债权债务清册、企业资产清册以及人民法院认为应当提交的资料。

人民法院在收到债务人提交的债务清册后10日内,应当通知已知的债权人,通知中应当包括公告的有关内容。收到通知的债权人应当在收到通知后1个月内,未收到通知的债权人应当自公告之日起3个月,向人民法院申报债权。债权人申报债权应当提交债权证明和合法有效的身份证明,有财产担保的,还应当提交证明财产担保的证据。债权人逾期未申报债权视为自动放弃债权。

(三)成立破产清算组

破产清算组应当自法院宣告企业破产之日起15日内成立,并接管破产企业。其成员可以由法院从破产企业上级主管部门、政府财政部门、清算中介机构以及会计师、律师等有关部门和专业人员中指定。清算组负责破产财产的保管、清理、估价、处理和分配。清算组可以聘任必要的工作人员,并向法院报告工作。为履行其职责,可以依法在清算目的范围内进行必要的民事活动。

(四)全面清查破产企业的财产、债权和债务

清算组首先与破产企业的法定代表人办理企业印章、账册、文书、资料及财产移交手续,然后对破产企业的财产、债权、债务进行清理登记。

1. 破产财产

破产财产是应依破产程序分配给破产债权人的破产企业的财产,由下列财产构成:

(1)宣告破产时破产企业经营管理的全部财产。

(2)破产企业在破产宣布后至破产程序终结前所取得的财产。

(3)应当由破产企业行使的其他财产权利。

已作为担保物财产不属于破产财产。担保物的价款超过其担保的债务数额时,超过部分属于破产财产。破产企业内属于他人的财产,由该财产的权利人通过清算组行使取回权取回。

破产财产被确定以后,一般都要变卖为货币资金,以便清偿债务。破产财产的变现,由清算组委托有拍卖资格的拍卖机构进行拍卖。依法不得拍卖或拍卖所得不足以支付拍卖所需费用的,不进行拍卖。上述不进行拍卖或拍卖不成的破产财产,可以在破产分配时进行实物分配或者作价变卖。破产财产中的成套设备一般应当整体出售,不能整体出售的,可以分散出售。

2. 破产债权

破产债权是在破产宣告前成立的,对破产人发生的无财产担保的可强制执行的财产请求权,其内容包括 11 项。

(1)破产宣告前发生的无财产担保的债权。

(2)破产宣告前发生的债权人放弃优先受偿权的有财产担保的债权。对未说明债权有无财产担保者,则视为无财产担保债权而并入破产债权。

(3)破产宣告前发生的有财产担保的债权中数额超过担保财产价款未受优先清偿的债权。即有财产担保的债权本应按其担保财产等价受偿,如果担保财产的变现价值不足以清偿有担保债权,说明财产担保不足,对此未受清偿的部分应作为破产债权处理,同无财产担保的债权同等对待。

(4)票据出票人被宣告破产,付款人或承兑人不知其事实而向持票人付款或者承兑所产生的债权。

(5)清算组解除破产企业未履行的合同,对方当事人依法或者依照合同约定产生的对债务人可以用货币计算的损失赔偿债权。

(6)债务人的受托人在债务人破产后,为债务人的利益处理委托事务所发生的债权。

(7)债务人发行债券形成的债权。

(8)债务人的保证人代替债务人清偿债务后依法可以向债务人追偿的债权。保证虽属担保的一种,但不是以财产作为担保,而是以保证人与债务人之间签订的保证合同而成立的。根据保证合同,当债务人不能清偿到期债务,保证人有责任代替债务人清偿债务,如果保证人在债务人不能清偿到期债务时,为债务人清偿了规定的债务,这样,保证人则取代了原债权人,与债务人形成了一种新的债权债务关系。破产企业应付保证人的这一代偿债务也应作为破产债权。

(9)债务人的保证人预先行使追偿权而申报的债权。

(10)债务人为保证人的,在破产宣告前已经被生效的法律文书确定承担的保证责任。

(11)债务人在破产宣告前因侵权、违约给他人造成财产损失而产生的赔偿责任。

破产宣告时对破产企业未到期的债权,视为已到期债权,但应当减去未到期的利息。债权人对破产企业负有债务的,其债权可在破产清算前抵消,抵消部分不能算作破产债权。

(五)分配破产财产

清算组应当根据对破产企业的清算结果制作破产财产明细表、资产负债表,并提出破产财产分配方案。破产财产分配方案首先交由债权人会议讨论,经表决同意后,报请法院裁定认可后执行。破产财产确定后,应优先从破产财产中随时拨付破产费用。

1. 破产费用

破产费用是指在破产程序中为破产债权人共同利益而从破产财产中支付的费用,主要包括下列费用:

(1)破产财产的管理、变卖和分配所需要的费用。

(2)破产案件的诉讼费即破产案件的受理费。

(3)为债权人的共同利益而在破产程序中支付的其他费用。

破产财产不足以支付破产费用的,法院应当根据清算组的申请裁定终结破产程序。

2. 破产财产的清偿顺序

破产费用支付后,破产财产按下列顺序清偿:

(1)破产企业所欠职工工资和劳动保险费用;

(2)破产企业所欠税款;

(3)破产债权。

破产财产不足以清偿同一顺序的清偿要求时,按照同一比例向债权人清偿。

(六)办理停业登记

破产财产分配完毕,清算组应向法院报告分配情况,并申请终结破产程序。法院在收到清算组的报告和终结破产程序申请后,认为符合破产程序终结规定的,应当在7日内裁定终结破产程序。之后,由清算组向破产企业原登记机关办理企业注销登记。

【例13-3】 2006年甲企业被法院宣告破产后,经清算组清理,全部财产可变现价值归类如下:

货币资产	16 840元
应收账款	8 570元
存　　货	56 395元
固定资产	254 905元
其中:房屋	186 000元(担保财产86 000元)
设备	68 905元
破产财产合计	250 710元

破产财产＝16 840＋8 570＋56 395＋(186 000－86 000)＋68 905＝250 710(元)

清算组从破产财产中拨付8 900元破产费用后,可清偿财产为241 810(250 710－8 900＝241 810)元。按法定顺序进行如下清偿:

清偿所欠职工工资	32 800元
清偿所欠税款	22 480元
可清偿破产债权	186 530元 (241 810－32 800－22 480＝186 530)

如果破产企业的破产债权总额为248 700元,该清算组所能清偿的能力只占债权总额的75%(即186 530/248 700＝75%),也就是说,债权人只能从破产企业中各自得到债权金额的75%的清偿。

第三节　企业重整

当企业因各种原因使经营活动严重受挫,财务状况暂时处于困境,但尚有改善和发展的可能时,需要其立即调整经营方针,果断采取有效措施,以开创生产经营和财务活动的新局面。企业重整就是失败企业为了避免破产,保护企业债权人和所有人的利益,制定整顿和改革措施的一项复杂的管理工作。

处于财务失败境况的企业进行重整需要具备一定的条件,包括到期债务获准延期或部分减免;已经找到导致财务困难的根本原因和具体原因;重整资金已经筹足;符合破产法规定,可以不予宣告破产等。

一、企业重整与企业破产的区别

(一)原因不同

企业重整是因为企业在财务上陷入困境而无法正常经营;而企业破产是由于企业资不抵债,亦无和解、重整的可能性,不得不进行破产清算。

(二)目的不同

企业重整的目的是在企业面临破产危机时,为避免企业破产,维持企业生存,保护债权人、股东和企业广大员工的利益而采取的一种抢救性措施。企业破产则是在企业资不抵债,无法持续经营时,为保护债权人利益,不得不清算企业的财产,并将财产优先偿还给债权人,最终解散企业,其主要目的是维护债权人的利益。

(三)时间不同

企业遇到财务困难时,首先进行的是重整,重整无效时,才申请破产清算。重整是防止企业破产清算而采取的一项补救措施。

(四)执行机构不同

企业重整的执行机构是债权人和股东组成的重整人关系组织;而破产的执行机构是清算组或债权人会议,一般不包括股东在内。

二、企业重整决策

当企业面临无力偿还到期债务危机时,通常要在通过破产清算解散企业与通过重整以使企业继续生存下去之间作出决策。这一决策过程中,企业需要考虑两个方面的影响因素:

(一)企业的重整价值与清算价值之间的比较

重整价值是企业通过整顿、重整后所恢复的价值,包括设备的更新、过时存货的处理,以及对经营管理的各种改善。清算价值是根据企业使用的资本资产专门化程度所确定的价值,包括该资产的变现价值,以及在清算过程中发生的资产清理费用及法律费用。通常将重整价值大于清算价值作为重整优先考虑的条件。

(二)重整计划是否具备公平性和可行性是法院或债权人对企业重整的认可依据

公平性是指企业在重整过程中对所有的债权人一视同仁,按照法律和财产合同规定的先后顺序,对各债权人的求偿权予以确认,不能违背法律。可行性是重整应具备的相应条件,主要包括债权人和债务人两方面。债权人对重整计划的可行性进行评价时,所注重的财务指标是一定时期内的支付能力指标。为了使重整可行,债务人一般应具备以下3个条件:一是必须具备良好的道德信誉,在整个重整过程中,债务人不能欺骗债权人;二是债务人能提供详细的重整计划,以表明其有足够的把握使重整成功;三是债务人所处的经营环境有利于债务人摆脱困境,取得成功。

三、企业重整的方式

企业财务重整的方式按是否通过法律程序,可分为非正式财务重整和正式财务重整两种类型。

(一)非正式财务重整

对企业财务失败的处理方式,通常取决于财务危机程度的大小以及债权人的态度。通常,除非大部分债权人不同意私下协商解决,或因企业的清算价值超过其持续经营价值而按法律程序必须清算外,债权人在更多的情况下会采取主动让步、双方私下协商的解决办法,以尽可能使企业有机会继续生存下去。因为这既可以避免复杂的正式法律程序、庞大的诉讼费用以及冗长的诉讼时间,也可以使债权债务双方均得到最有利的结果。

非正式财务重整避免了履行正式手续所发生的大量费用,所需要的律师、会计师的人数也比履行正式手续要少得多,使重整费用降到最低点;可以减少重整所需的时间,避免了因冗长的正式程序使企业迟迟不能进行正常经营而造成企业资产闲置和资金回收推迟等浪费现象;使谈判有更大的灵活性,更容易达成协议。但非正式财务重整也存在一些不容忽视的问题:当债权人的人数很多时,出于对各自利益的考虑,可能在一些关键问题上无法达成共识;由于没有法院的正式参与,协议的执行缺乏法律保障。

(二)正式财务重整

企业在正常的生产经营活动中,有时会由于自身的经营条件或企业外部环境变化等原因不能按期偿还债务,陷入暂时性的财务危机。如果失败企业不能够自愿和解,它可以通过法院来解决。我国的《破产法》中建立的重整制度,允许破产企业在破产时进行重整,但需要通过法院裁定,即正式财务重整。企业正式财务重整是指通过一定的法律程序改变企业的资本结构,合理解决其所欠债权人的债务,使企业摆脱所面临的财务困难并继续经营。

正式财务重整通常是在法院受理债权人申请破产案件的一定时期内,经债务人及其委托人申请,与债权人会议达成和解协议,对企业进行整顿重组。在正式财务重整中,法院起着非常重要的作用,特别是在对协议中公司重整计划的公正性和可行性作出判断。

四、企业重整的基本程序

(一)争取债权人的自愿让步

企业重整首先要争取债权人的自愿让步,主要是获得债务延展,即延长已经到期债务的清偿期限。根据国际惯例,债务的延展与和解是通过债权人会议达成最后协议后才执行的。债务延展与和解不仅使债权人的债权得到全额承认,而且扩大了债务人信用。当然,债权人为此承担着相应的风险。因此,债权人在等待债权的偿还期内,有理由对债务人行使控制权。

(二)编制重整财务预算

失败企业要编制重整财务预算,对企业现在和未来投资项目、基本生产经营活动及财务活动进行重大调整和适当的资金安排。

(三)制定重整计划

重整计划是对财务失败公司现有债权、股权的清理和变更做出的安排,重整公司的资本结构,提出未来的经营方案与实施办法。重整实施计划要明确企业重整的方法、步骤和预期目标,通常包括4项基本内容。

1. 估算重整企业的价值

通常是对未来收益资本化,即估算企业重整后未来各年的销售收入,分析企业经营的各种条件,预计企业重整后的收益与现金流量,确定用来计算未来现金流量现值的贴现率,并以确定的贴现率预计未来各年现金流量的现值之和作为重整企业的价值。

2. 构建新的资本结构

通过重新构建资本结构,以降低固定性费用,并由此使企业有较充裕的安全边际。通常可用收益债券、优先股和普通股替代现有的债务,以减少企业的债务总额。

3. 将旧债券进行估价并换之以新债券,以实现公司资本结构的转换

通常先将公司原有的各类债权人和权益所有者按照求偿权的先后顺序进行分类和统计,然后依据统计分类的结果进行新旧证券的替换。

4. 制定重整计划措施

重整计划通常应包括以下措施:

(1)如果公司现有管理部门未能发挥其作用,管理人员不称职,则应组织新的班子,选择有能力的管理人员替代原有管理人员对公司进行管理,补充聘用新的经理和董事。

(2)对公司存货及其他资产进行分析,对那些已经贬值的存货及其他资产的价值进行调整,确定公司资产的当前价值。

(3)改进公司的生产、营销、广告等各项工作,改善经营管理方法,提高企业

各个环节、各个职能部门之间的有效运转和协调配合,提高公司的运作效率。

(4)必要时制订新产品开发计划和设备更新计划,以提高生产能力。

(四)评价重整计划

邀请企业所有者、债权人和有关专家教授对重整计划进行评价。一方面评价重整计划实施中的技术和经营管理问题,即重整计划技术方法的可行性;另一方面评价重整之后的企业偿债能力,即重整计划的财务可行性。只有重整之后的企业市场价值扣减重整成本后的余额大于净清算价值,偿债能力的有关财务评价指标达到国际惯例的基本要求时,重整计划才能被债权人和所有者接受。

为了保障债权人和所有者的利益,对企业重整财务预算可行性的评价,可由律师、注册资产评估师、注册会计师及学校和研究机构的专家教授等承担。作为第三方的重整信托人的评价可以消除债权人的疑虑,保证评价结果的公正性和客观性。当然,重整信托人对评价结果负有法律责任。

(五)执行重整计划

重整实施计划一经确定,经营者应立即投入拯救企业的行动之中。

(六)经法院认定宣告终止重整

有以下几种情况下发生时,法院会宣告终止重整:

(1)企业经过重整后,能按协议及时偿还债务。

(2)重整期满,重整企业无法按协议清偿债务。

(3)在重整期间,重整企业不履行重整计划,欺骗债权人,损害债权人利益,并使企业财务状况进一步恶化。

案例讨论:

近期企业重组兼并案例及评析[1]

【目的】

通过对近期发生的多项引人关注的企业重组兼并案例的了解及其专家评析,要求学生:(1)了解兼并重组活动是企业所作的战略性调整,与国家宏观环境分析、行业前景分析、企业微观分析紧密相连。(2)辨别下面两项兼并活动的类别,分析兼并重组过程中应注意的问题。

---

[1] 节选自《华尔街电讯》:WSWIRE.COM。

第十三章 企业并购、破产与重整

【内容】

企业间的重组兼并正成为中国市场经济中一个越来越突出的亮点。2000年以来企业兼并重组开始出现了一些变化,市场无形之手的作用逐渐加强,政府有形之手正悄然淡出。这是市场经济中企业自发、自觉起来进行的重组,具有不一般的意义:一是企业开始利用市场的手段,也就是积极利用并购方式来调整产业结构和推进产业战略;二是运用资本市场融资的能力有了显著的增强,直接融资比例显著上升;三是一些如航空、电信、电力、铁路等垄断行业纷纷开始重组。

选择以下几个例子的主要原因在于他们在各自领域都非常具有代表性,并且能从不同角度反映当前中国企业兼并重组的一些时代特点。从这些例子中可以发现,市场的力量正在增强,企业的行为来自这两方面的压力也越来越大,这当然都是作为一个成熟、理性企业的必经历程。

(一)青啤强势扩张——啤酒业进入"战国时代"

青岛啤酒集团耗资约4亿元收购了全国各地的8家啤酒厂,其中最为著名的有两起:斥资1.5亿元收购上海嘉士伯75%股权、以2 250万美元的价格收购美国亚洲战略投资公司在"五星"62.46%的股权和在"三环"54%的股权。

至此,青岛啤酒集团通过并购使自己的生产能力达到180万吨,约占全国啤酒市场的8%,成为全国市场上的"啤老大"。早在1994年青岛啤酒集团就开始了自己的收购计划,1994年收购扬州啤酒厂以后,6年来共投入4亿元先后兼并了西安、平度、鸡西、马鞍山、上海、广东等地的26家啤酒企业。

2001年3月20日,燕京啤酒(曲阜三孔)有限责任公司正式挂牌,这已是燕京啤酒在山东的第三次合资,此举将使啤酒双雄在全国的市场竞争更加激烈。

点评:啤酒业进入"战国时代"是本报2000年报道青啤收购大战时对该行业做出的判断,据说此种说法已经得到业内人士的认同。

从群雄并起到目前的诸侯割据,啤酒行业究竟还会有怎样的发展趋势?亚洲战略投资公司董事长杰克是一位资深投资银行家,记者对他多次的采访中都谈及这个话题,尽管他在中国投资五星啤酒失败已经成为外资退出中国啤酒业的一个标志,但是相信他的判断还是有一定道理,否则也不会有大量外资仍然虎视眈眈盯着中国啤酒业。杰克先生的判断主要有两个:一是啤酒行业利润相当可观,中国啤酒消费潜力巨大;二是啤酒行业会不断重组,垄断集中程度不断加强,最终在全国范围内形成几家全国性大厂商。

熟悉世界啤酒业发展趋势的人都能认同杰克的观点。同样在中国,随着市场化的不断完善,中国啤酒业也在走相同的道路,所以未来几年里,中国啤酒业还会爆出各类大大小小的兼并新闻。青啤的发展纵然是大势所趋,但是在这一系列兼并案中,我们同样也存在一些担忧,是否有优秀的投资银行顾问在为其整体策划,是否有足够的资金继续完成收购计划,是否有优秀的管理人员整合资源,是否有统一完善的企业文化覆盖到被收购企业。毕竟兼并重组是市场经济中企业之间的一种"高级游戏",需要高超的技巧和能力。

(二)达能左右开"弓"——水乳正交融

2000年12月6、7两日,法国达能公司先后宣布收购上海梅林、海虹股份所持有的上海梅林正广和饮用水有限公司50%的股份及正广和网上购物公司10%的股份。两次收购涉及金额将近1.8亿元,使达能在国内瓶装水、桶装水市场上成为当之无愧的老大。

几乎又是在同时,达能集团又以现金参股上海光明乳业股份有限公司,持有光明乳业5%股权。达能还正在与光明乳业洽谈,将其在广州、上海的酸奶公司和在上海的鲜奶公司交给光明乳业经营,光明乳业可以无偿使用达能的品牌。

截至目前,法国达能公司已在国内控股或参股的企业达到了10家,包括赫赫有名的娃哈哈和乐百氏。达能中国区总裁秦鹏说,中国市场在达能全球业务中现在还不到5%的比例,总部希望在5年内达到10%,再过5年达到20%。可以想见,达能在中国市场的布局远未完成。

点评:法国达能集团并不像宝洁和联合利华那样在中国深入人心,也并不是非常有名。2005年以来达能在中国的表现更加证明,达能集团进入中国的方式与其他跨国公司迥异。

事实上,达能集团在世界各国的策略几乎是一致的,以兼并收购等资本营运方式迅速进入该国领先的饮品企业,迅速占领市场,并保留原有品牌。从实力来讲,达能目前已经成为世界第五大食品公司、第一大乳品公司,而30多年前它还没有跨入食品行业。1973年,法国知名的啤酒、矿泉水和婴儿食品的制造商BSN与达能合并,形成法国最大的食品集团,20世纪80年代达能集团卖掉了玻璃业务,集中发展食品,通过一系列的收购、合资与合作,达能打入欧洲其他国家的市场。近10年达能的经营重点转向全球化,进入亚洲、拉美等市场。

达能集团70%的营业额来自当地的领导品牌。由此可以看出,达能全球化的一个策略就是与当地领导性的品牌进行并购、合资或合作,实现达能品牌的本土化销售,并从对当地领导品牌的战略投资中获利。可以认为,达能实质是一家有实力的资本运作高手。

这是跨国公司进入中国的另一种方式,肯定让中国许多企业着实开了眼界,特别是那些急于扩张或是极缺资金的企业。这里没有必要讨论这种方式是否会对中国有利,是否会冲击民族工业,因为这些问题并没有实际意义。尽管中国的市场经济体制并不完善,但是作为追逐利润的企业个体,它们之间的交易肯定是非常理性,并且是双方都能接受交易价格和条件,否则交易不会成功。能交给市场去做的,尽量交给市场去做,这是达能进入中国这种方式的启示。

【要求】

1. 辨别上述两项兼并重组活动的类别,及其应注意的问题。
2. 对专家的评析,你有何看法?
3. 查找有关青岛啤酒近期的相关资料,讨论青岛啤酒的兼并活动究竟带来了什么?

第十四章
国际财务管理

【内容简介】

　　国际财务管理是财务管理随环境变化而进行的理论拓展。本章主要阐述国际财务管理的基本概念，国际金融市场、筹资管理、投资管理以及外汇风险管理等基础知识。其中，国际筹资、投资管理中有别于国内财务管理的特殊方式以及外汇风险管理的相关知识是学习的重点。

【学习目的和要求】

　　通过本章学习，学生应了解国际财务管理的基础知识，对国际企业在国际范围内的特殊环境、特殊风险、特殊筹资/投资方式以及应对措施形成一定的认识。而且，学生学习过程中还应注意，本书前面章节讨论的概念和知识仍能在本章使用，但由于决策环境发生了变化，必须进行必要的修正和补充。要求学生能对学过的知识进行灵活运用。

　　随着世界经济的不断发展，国际经济交往与经济联系日益密切，企业跨国界的投资、经营迅速发展。为了适应需要，金融机构与金融工具也在不断创新，金融非管制日益成为发展趋势。交通、通讯事业日新月异的发展更是起了推波助澜的作用，为企业的涉外业务提供便捷的条件。在这种日益复杂的国际环境下，应运而生的国际财务管理变得越来越重要。我们在课程前面章节讨论的概念仍能在本章使用，但由于决策环境发生了变化，必须进行必要的修正和补充。本章在介绍国际财务管理的一些基本概念基础上，主要探讨国际金融市场、国际筹资管理、国际投资管理以及外汇风险管理的有关问题。

第一节 国际财务管理概述

一、国际财务管理的概念与特点

国际财务管理是国内财务管理应国际经营的扩展。它是按照国际惯例和国际经济法的有关条款,根据国际企业财务收支的特点,组织国际企业的财务活动,处理国际企业财务关系的一项经济管理活动。

由于所处的决策环境不同,与国内财务管理相比,国际财务管理具有如下3个特点。

(一)处于新环境

国际企业跨国界的财务活动涉及多个国家,而各国的政治、经济、法律、文化与社会环境都不尽相同,存在众多差异。因此,国际企业在理财时,不仅要充分考虑国内的环境因素,更要密切关注国际形势的变化,深入了解相关国家的具体情况。尤其是各国资金市场的完善程度、外汇管制的宽严、货币汇率的变化、通货膨胀率的升降、利息率的高低、法律法规的健全程度、税务的轻重以及政治上的稳定程度等因素。为了提高财务决策的正确性与及时性,国际财务管理人员必须对如此复杂的理财环境加以调查、预测、比较和分析。

(二)面临新风险

国际企业除面临国内企业所具有的风险外,还要面临国际政治、经济环境中的各种风险。政治风险是一般企业无法左右的风险,如东道国发生内战、政治更迭。经济风险却是可以通过企业的有效经营来加以避免和分散的,如外汇风险可以利用货币对冲等方式予以削减。企业财务人员应对这些风险加以预测、分析和控制,采取适当政策,以便趋利避害。

(三)增加新机会

新环境、新风险也为企业创造了新机遇。由于各国的政治、经济情况不同,企业可以在国际范围内寻找更有利的获利来源。如企业可以从资金成本率低的国家筹资,在劳动力成本低的国家生产,到价格较高的国家销售,以获取高额收益。各国不同的货币软硬度、不同的利率税率水平、不同的商品价格等,都为国际企业在经营和财务管理上提供了可选择的机会。

二、国际财务管理的目标与内容

国际财务管理的目标是指在一定的理财环境中,通过组织财务活动,处理财务关系等财务管理工作所要达到的目的。国际财务管理的目标和国内财务管理的目标在总体上大致相同,但在中介目标和具体操作手段上是有区别的。其中介目标可以分为以下 5 个主要方面：国际筹资成本低、风险小，国际投资利润高、风险小，营运资金适度，合理避税，降低外汇风险。

关于国际财务管理的内容，目前会计界并未形成统一的认识。美国著名财务教授 James C. Van Horne 认为，应包括：国外资产管理、国际资本市场管理、汇兑风险管理和国际贸易融资四大主要内容。而美国另一位财务学家 Alan C. Shapiro 则认为，应包括外汇风险管理、国际营运资金管理、国外投资分析、国外经营的资金筹集和跨国管理信息系统。尽管会计界认识不一，但我们认为，其基本内容大致可概括为以下几方面：国际财务管理环境、国际筹资管理、国际投资管理、外汇风险管理、国际营运资金管理、国际税收管理等。本章我们着重讨论国际金融市场、国际筹资管理、国际投资管理和外汇风险管理的有关问题。

三、跨国公司的国际财务管理体系

跨国公司财务管理是国际财务管理研究的重点内容。因此，我们从财务管理决策权的配置来讨论其财务管理体系问题，可以将跨国公司的国际财务管理体系分为集权式和分权式两种基本类型。

（一）集权式财务管理体系

所谓集权式财务管理，是指决策权较多地集中在跨国公司的总部，各区域中心或海外子公司按总部的决策具体管理各自的财务活动。这种财务管理体系可以充分发挥总部财务专家的作用，优化跨国公司的内部资源配置，降低资金成本，提高避免外汇风险的能力。但是却可能挫伤子公司管理人员的积极性，损伤子公司所在国的利益，也会增加考核子公司经营业绩的困难。

（二）分权式财务管理体系

所谓分权式财务管理是指公司总部将较多的决策权授予区域中心和海外子公司。公司总部一般仅限于决定财务政策，并就重大财务事项作最后批准。这种财务管理体系的优点在于提高子公司管理人员的积极性，使其对变化的环境及时做出反应，从而抓住机会、避免风险，从整体上提高公司经济效益。但是这种体系却难以解决母子公司目标一致性问题，也难以协调各子公司之间的关系。

实践表明，公司财务管理决策权的配置应因地制宜，结合公司国内外生产经营的特点和所处环境的异同，在集权与分权之间做出适当选择。而且，决策权的配置也不应一成不变，需要根据变化的情况进行必要的调整。近年来，随着科学技术的发展，尤其是信息技术和金融衍生工具的不断创新，集权化的财务管理体系渐成趋势。

第二节 国际金融市场

一、国际货币制度

国际货币制度(international monetary system)是指世界各国在货币兑换、国际收支调节、国际储备和结算等方面所共同遵守的惯例或规则而形成的一种制度。

国际货币制度是国际经济和贸易发展到一定程度的必然产物,并随国际经济和贸易的发展呈现不同的内容。一般认为,它形成于19世纪,并先后经历了3种不同的形式。

1. 国际金本位制

所谓国际金本位制是指以一定成色及重量的黄金为国际本位货币的一种货币制度。这一制度的特点是,金币可以自由铸造、自由兑换,黄金可以自由输出输入。在19世纪,金本位制在促进国际贸易,保证国际外汇市场的相对稳定等方面起到了一定的作用。但是其受少数帝国主义国家把持控制,而且自身的调节作用存在严重缺陷,因此一战后,逐渐被变形的金块本位制和金汇兑本位制替代。由于其固有的缺陷无法调和,20世纪30年代爆发的经济大危机使其彻底走向崩溃。

2. 布雷顿森林体系

二战后,为了恢复和发展世界经济,确立了布雷顿森林体系。它是以美元为中心的新的国际货币制度。这一制度的特点是:美元与黄金并列,共同作为国际支付手段和国际储备货币;美元直接与黄金挂钩(35美元折合一盎司黄金),各国货币与美元挂钩。布雷顿森林体系实际上是一种以美元为中心的固定汇率制度,对战后世界经济的恢复和发展作出了重要贡献。但自20世纪60年代起,美国国际收支的恶化和战争负担的加重(朝鲜战争、越南战争),使美元多次发生危机,难以支撑维系。1973年始,一些国家先后开始实行浮动汇率制,布雷顿森林体系渐趋消亡。

3. 牙买加体系

这一制度是在1976年的《牙买加协定》基础上形成的。主要特点是:实行浮动汇率制,以美元为中心的国际储备多元化,以及加强国际收支综合调节。由于浮动汇率制的采用,使市场机制在汇率决策中发挥了较大的作用,同时也为国际企业在减少和避免外汇风险方面创造了良好的条件。

二、外汇汇率与外汇市场

(一)外汇汇率

外汇汇率是指两个不同国家的货币之间的兑换关系。可以视为一国货币以另一国货币为单位表示的"价格"。国际外汇市场上,有两种不同的汇率标价方法。

其一是直接标价法,是以一定单位的外国货币作为标准,折算为一定数额本国货币的标价方法。如我国国家外汇管理局公布的人民币外汇牌价:1美元＝8.5630元人民币。

其二是间接标价法,是以一定单位的本国货币作为标准,折算为一定数额外国货币的标价方法。如英国公布的外汇牌价1英镑＝2.1256瑞士法郎。当今世界各国,除美、英两国采用间接标价法外,多采用直接标价法。

外汇市场上的汇率是在不断变动的,影响汇率变动的原因可概括为以下几个主要方面:

(1)不同货币的供求关系。由于国际贸易、投机活动等原因,需要进行货币的兑换,类似于商品的供求关系决定商品价格,不同货币的供求关系也决定了不同货币的汇率。若国际结算中对一国货币的需求大于供给,其折合另一国货币的数量就会增加,反之,则会减少。

(2)通货膨胀。通货膨胀影响一国货币的购买力,根据购买力平价理论,通货膨胀率高的国家,其一定量货币的购买力会下降,从而导致其本币汇率的下跌,反之亦然。

(3)利率。国际资本总是向收益高的方向流动,一定条件下高利率水平可以吸引国际游资流入,从而使本国货币汇率走强;低利率会导致资金流出,本币汇率走弱。

(4)政府政策及其他因素。一国政府为了维护本国货币相对于他国货币的价值,常常会干预外汇市场,如参与外币买卖等。除此之外,一国突发的重大政治事件等也会对其汇率产生重大影响。

(二)外汇市场

1. 外汇市场的概念

外汇市场是一国货币与另一国货币之间买卖的市场,它遍布全世界,通过电信系统形成一个全球网络。外汇市场的参与者主要是外汇银行、外汇投机者、一般顾客和国家中央银行。外汇市场按外汇买卖的交割期限,可分为即期外汇市场和远期外汇市场。

2. 外汇交易

外汇交易就是一国货币与另一国货币间的买卖。在外汇市场上,一般按外汇买卖的交割期限,分为即期外汇交易和远期外汇交易。即期外汇交易是指买卖成交后即行交割的外汇,一般在成交后两个营业日内交割。远期外汇交易是指远期外汇汇率签约成交,在约定到期日进行交割的外汇交易。远期外汇交易的期限一般是30,60,90,180天或一年。

由于即期和远期外汇交易及市场的存在,就为国际企业避免外汇变动的风险、固定进出口贸易和国际借贷的成本创造了条件。

第三节 国际筹资管理

国际筹资的原理同国内筹资基本相同,但由于国际筹资的市场范围扩大,使其具有筹资金额大、资金来源广、筹资机会多以及筹资风险大等方面的特点,从而造成筹资决策的难度加大。

国际企业的资金来源广,与国内企业相比,其利用全球资金的能力更强。它的资金既可来源于企业内部母公司和各个子公司,又可来源于母子公司所在国的政府、银行、非银行金融机构、企业及个人,还可来源于第三国或某些国际金融机构等。广泛的资金来源为国际企业筹资带来了多种选择,也要求财务经理更具全球性战略眼光,在保证筹集到国际企业发展生产经营所需资金的前提下,力争通过适当的筹资管理,达到降低筹资成本和避免、分散筹资风险的目的。

国际企业如何从国际筹集所需资金,即采用何种方式筹资,是其面临的一个重要问题。在本课程第三章"公司筹集方式"中,我们已讨论过筹资渠道和筹资方式,知道同一渠道的资金可以采用不同的方式筹集,同一筹资方式又可适用于多种筹资渠道。上面我们已简单介绍了国际公司的筹资渠道,在此,我们着重讨论筹资方式问题。这也是本书重点讨论的内容。

国际企业的筹资方式,按其所筹资金的性质不同,可以分为国际股份筹资和国际债务筹资。

一、国际股份筹资

国际股份筹资是国际企业通过发行股票筹集所需资金的一种方式。目前,股票发行已超越国界,呈现国际化趋势,这种国际化趋势主要表现为两种:一种是企业在本国发行股票,允许外国投资者以外汇购买;另一种是企业在国外金融市场上发行股票,筹集外资。目前我国的一些股份公司已向境外发行 B 种股票,有的企业已在美国、香港市场发行股票,进行国际股份筹资。为了保证发行股票公司在国际上树立良好形象,我国规定企业发行股票筹集外资必须报经国家外汇管理部门和金融(证券)管理部门批准。

国际股份筹资的优点在于:(1)筹集到的是永久性资本,在国际企业存续期内不需偿还,而且股利分配机动灵活,不会加重企业财务负担;(2)可以更广泛地吸收各种闲散资金,提高企业在国际上的知名度和信用程度;(3)可以弥补在实物或无形资产折合股权投资方式中虚报价格的缺陷;(4)可以使股票持有者获得税收上的优惠等。

但是,这种筹资方式也有其缺点:(1)筹资成本较高;(2)不太适用于国际知名度很小的企业;(3)随着发行数量的增加,会削弱老股东对企业的控制权。

二、国际债务筹资

国际债务筹资是指国际企业通过举债方式筹集所需资金的一种方式。国际债务筹资的种类繁多,在此我们主要介绍几种常见的方式。

(一)国际信贷筹资

国际信贷筹资是指国际企业向国际组织或国际其他经济组织借款的筹资形式。

1. 国际金融组织贷款

国际金融组织贷款是指向国际货币基金组织、世界银行、联合国农发基金组织、亚洲开发银行等国际性金融组织的贷款。其中,与我国关系比较密切的是世界银行和亚洲开发银行。国际金融组织的贷款主要是对其成员国,其目的是支持各成员国的经济发展。因此,其贷款的资金成本较低、期限相对较长。但同时,它对贷款项目的选择也是非常严格,手续严密,贷款的额度有时与其成员国缴纳的资金有关,贷款的币种有时是按本币与外币一定比例的结合。所以,企业财务经理应充分了解各国际金融组织的贷款范围和要求,努力争取获得国际金融组织的贷款。

2. 国际银行贷款

国际银行贷款是指国际企业在国际金融市场上向外国贷款银行借入资金的一种贷款。贷款的提供者主要是一些大的商业银行。当今比较活跃的国际货币市场当数欧洲美元市场和亚洲美元市场。欧洲美元最初是指在美国境外流通、存放和借贷的美元,现指主要以美元为主的银行贷款,但不受美国银行法律约束。欧洲美元市场是国际企业筹集流动资金的主要短期融资渠道,其贷款利率基于欧洲美元存款利率而定,并间接参照美元基本利率。一般情况下,欧洲美元贷款利率是用伦敦同业银行拆借利率(LIBOR)来标价的。风险越高其超过LIBOR的利差越大。亚洲美元也是指存放在亚太地区的境外美元和其他可自由兑换的硬通货。因为交易额的90%是美元,所以也俗称"亚洲美元"。其利率水平受LIBOR的影响。需要指出的是,欧洲美元市场和亚洲美元市场只是一个更大的货币市场的一部分,它们的存贷款利率都是按全球走强的货币标定的,它们的发展将大大有利于国际借款以及中介融资。

国际银行贷款按期限的长短可以分为短期银行贷款和中长期银行贷款。短期银行贷款是指借贷期限为1年以下的信贷,包括流动资金贷款等。这种信贷主要凭信用,无需抵押,用途不限,手续简便。中长期贷款是指借款期限在1年以上的信贷,1~5的为中期,5年以上的为长期。这种信贷的期限长,金额大,风险大,需签订贷款协议,但银行一般也不限定用途,由借款者自行安排使用。

3. 出口信贷

国际贸易中的短期信贷通常只能满足暂时的、金额不大的资金需要。对一些大型机械或成套设备往往由国家的银行向本国出口商或外国进口商发放中长期贷款,一般称之为出口信贷,目的是促进这些设备的出口。

出口信贷有两种主要形式,即卖方信贷和买方信贷。卖方信贷是出口商所在国银行向出口商(卖方)提供的信贷,手续简便。买方信贷是出口商所在国银行向进口商或进口国银行提供的信贷。一般买方信贷属于银行信用,对进出口双方都较有利,因此,国际使用买方信贷多于卖方信贷,但买方信贷的手续复杂,条件也比较严格。出口信贷除上述两种基本形式外,还有签订存款协议等方式。

在国际贸易中,还有出口代理、福费廷(forfaiting)业务等。

(二)国际债券筹资

国际债券筹资是指国际企业在国际债券市场上通过发行以某种货币为面值的债券所进行的筹资活动。国际债券一般分为两类:外国债券和欧洲债券。外国债券指一国政府、金融机构、公司等在某一外国债券市场上发行的,以该外国的货币为面值的债券,比如中国政府在日本债券市场上发行日元债券。欧洲债券指一国政府、金融机构、公司等在外国的债券市场上发行,不是以该外国的货币为面值的债券,比如中国企业在德国债券市场上发行美元债券。欧洲债券的特点是借款人、发行市场分属不同国家,且采用第三国货币标注债券面值,而且它通常由国际银行辛迪加和证券公司包销。

国际债券的发行一般有两种方式:私募发行和公募发行。私募发行一般是在有限范围内,由特定关系的投资人认购,主要是少数金融机构认购。公募发行则在广泛的范围内,向各方面投资者公开发行。公募债券的筹资潜力巨大,具有很大影响力,但它要求发行者具备一定的信誉和知名度。国际债券的发行程序由于发行种类、方式的不同而不同,若想采用这种方式筹资,必须详细了解这些相关知识。

国际债券筹资的优点主要在于:(1)筹资范围广;(2)利率一般略低于银行贷款利率;(3)偿还期限相对较长;(4)能够保证老股东的控制权;(5)偿还方式灵活。

但它也具有一些缺陷:(1)固定的债息支出会加大企业风险;(2)准备时间长,审查程序严格,手续也很复杂。

(三)国际租赁筹资

前面我们已经讨论过租赁筹资的各种形式。国际租赁筹资在原理和方式上与国内租赁筹资基本相同,故在此不再赘述。但国际租赁筹资范围的扩大也为财务管理提出了新的要求,为了保证承租人的合法权益,必须认真签订租赁合同。至于企业选择何种融资方式应根据企业的财务情况,租赁设备的种类、技术服务的要求等实际情况而定。国际租赁具有金融与贸易相结合的特点,在进行设备租赁时应考虑产品的技术含量以及出口可能性,使其真正发挥促进企业生产经营的作用。

(四)国际补偿贸易筹资

国际补偿贸易是指国外厂商向国内企业提供机器设备、技术、专利等作为贷款,待项目投产后,国内企业以该项目的产品或双方商定的其他办法予以补偿还贷。国际补偿贸易是发展中国家引进国外先进设备与技术,同时扩大产品出口的一种重要筹资方式。这种筹资方式往往以出口信贷为基础,将设备、技术的进口同产品的出口相结合。

国际补偿贸易的形式主要有直接产品补偿、间接产品补偿、加工费补偿,租赁补偿等。其中,直接产品补偿是补偿贸易的基本形式。

国际补偿贸易的程序一般要经过计划阶段、选择贸易对象阶段、对外谈判阶段、签订合同阶段、交货和验收阶段以及补偿阶段等。

第四节 国际投资管理

国际投资是指一国的政府、企业或个人将其资本(包括实物资产和无形资产等)投放到另一个国家,以期获得收益的经济行为。进行国际投资,必须评价被投资国的投资环境,良好的投资环境是达到投资目的的前提条件。

一、国际投资环境分析

国际投资环境是指影响国际企业投资行为的各种客观条件和因素。它是一个综合体,包括政治、经济、社会文化和法律等各方面。其中:(1)政治环境是一个十分重要的因素。一国的政局稳定程度、政策的变化速度、外汇管制、进口限制和税收、价格政策等都会给国际投资带来政治风险。(2)经济环境是指一国或地区的经济发展状况、基础设施的建设程度、经济资源的丰富程度以及居民的收入水平等综合因素。(3)社会文化环境是指社会的价值观念、宗教信仰、居民的受教育程度、风俗习惯等。社会文化环境影响着国际投资的方式和经营内容。(4)法律环境是至关重要的因素。健全的法制是保证国际企业合法权益的基石,也是解决纷争的依据。

对投资环境的分析可以采用多种方法。常用的有:

(一)调查判断法

调查判断法是利用专业人士的知识技能,在实际调查的基础上进行专家判断的一种定性分析方法。这种方法,主观因素的作用较大。

(二)评分分析法

评分分析法是综合考虑东道国的各种投资环境因素,按其重要程度设定不同的分值或权重,通过数学计算结果来评价投资环境的一种定性与定量相结合的方法。除这两种方法外,还有美国学者伊西阿·利特法克和彼得·班廷所采用的侧重分析宏观因素的冷热分析法等。

二、国际投资方式

国际投资方式多种多样,而且随着经济的不断发展,金融创新工具的不断出现,通讯事业的蓬勃发展,国际投资方式将更趋多样化。目前,可将其粗略地分为直接投资和证券投资两种基本形式。

(一)对外直接投资

对外直接投资是指投资者在国外创办并经营企业,通过直接控制或参与生产经营管理以取得利润的投资活动。一般可按其投资方式的不同分为:国际合资投资、国际合作投资和国际独资3种形式。

1. 国际合资投资

国际合资投资一般创建合资经营企业,即由两个或两个以上不同国家或地区的投资者,遵照东道国的法律,按照共同投资、共同经营、共负盈亏、共担风险的原则所建立的企业。这种投资方式易于获得东道国的支持,适当减少政治和经营风险,同时还可以享受更多的优惠政策。但投资期限相对较强,东道国为了保证对企业的控制权,往往限制外资股权的比例。

2. 国际合作投资

国际合作投资一般组建合作经营企业,即由国外投资方和东道国投资方通过签订合约、协议等形式来规定各方权利、责任、义务而组建的契约式合营企业。这种投资方式十分灵活,各方面的内容都可经过协商最终以契约的形式加以确定,而且投资期限相对较短,组建企业的程序比较简便。但这种投资方式不是很规范,双方可能对合同中的条款产生争议。

3. 国际独资投资

国际独资投资一般设立国外独资企业,即根据东道国的法律、经过东道国政府批准,在其境内设立的全部为外国投资者资本的企业。这种投资方式,外国投资者可以独立经营管理企业,拥有更多自主权,而且,可以充分利用东道国在自然资源、劳动力资源等方面的优势。但是,其政治风险相比前两种方式要高,而且设立条件严格,在某些方面会受东道国的控制。

(二)国际证券投资

国际证券投资是指为获取经济利益而在国际证券市场上买卖股票和债券的一种投资行为。与对外直接投资相比,其资金流动性强,风险相对较小,而且易受国际形势的变化影响,敏感性强。

国际证券投资中涉及的证券主要有:公司股票、公司债券、国库券、商业票据、可转让存单、银行承兑汇票等。投资人往往根据投资目的,考虑风险和收益,确定投资的证券种类。利率、汇率、通货膨胀率和各国偿债能力的高低是除政治因素外影响国际证券投资方向和投资金额的重要因素,这些因素对风险和报酬的影响在本课程前面的章节中已分别作了讲述。

国际证券投资收益率的测算与国内证券投资相同,不再赘述,可参看本书第六章"金融投资"。国际证券组合投资同样可以分散投资风险,由于不同国家间的证券较同一国家内的证券相关性小,所以充分分散的国际证券组合投资可以适当降低一国的系统风险,从而使其风险程度低于充分分散的国内证券组合投资。

三、国际投资项目的财务可行性分析

有了明确的被投资国和投资项目,就可以进行可行性研究。它一般包括市场销售可行性分析、生产可行性分析和财务可行性分析。在此,我们主要探讨财务可行性分析。

财务可行性分析一般包括下列4方面的内容。

（一）投资成本和资金来源分析

通过预测确定投资项目的原始投资成本之后,就要规划资金来源,分析资金供应能力。投资者在充分利用企业资金的前提下,可以考虑进行国际筹资。

（二）预期利润分析

预测投资项目在生产经营期间各年的销售单价与销售数量,作好销售预测。同时,也应预测投资项目在生产经营期间各年的单位成本、生产数量、期间费用等,作好生产成本预测。在仔细考虑税负的前提下,编制预计损益表,进行经营成果预测。

（三）现金流量分析

预计投资项目在生产经营期间的现金流入量、现金流出量、计算净现值和内含报酬率指标,判断项目的可行性。作为国际投资项目,应作两张现金流量分析表,即国外子公司现金流量分析表、母公司与子公司有关的现金流量分析表。国外投资的经营性现金流量较国内投资更复杂,应特别考虑税款因素、作价因素（由于存在内部转移价格）、利息因素、汇率因素等。

（四）收益和风险综合分析

对国际投资项目分析,必须注重收益和风险分析的综合,可采用收益风险指数评估法。即利用投资收益指数和投资风险指数对不同的投资机会进行综合评价。投资风险指数的数字可用国际咨询公司的有关信息资料。

第五节 外汇风险管理

一、外汇风险的种类

外汇风险又称为汇率风险暴露,是在一定期间内因外汇汇率波动而导致外汇汇兑损益,从而影响企业净资产价值和未来现金流量的风险。

一般来说,国际企业只要有外汇业务,就必然会有外汇风险。外汇风险的种类很多,大致可以概括为折算风险、交易风险和经济风险。

(一)折算风险

折算风险是指由于汇率的变化而引起的会计上资产负债表和损益表的变化,因此也称其为会计风险。一般来说,这种风险主要出现在编制合并报表过程中。为了汇总,在编制合并报表时,必须将不统一的各子公司记账货币换算为统一的货币形式,由于折算的汇率不同于最初入账的特定汇率,因而产生汇兑损益的风险。

折算风险是会计上采用不同汇率折算货币引起的。为了具体了解会计折算风险,我们对折算方法做一些简单介绍。在折算时,损益表中的项目(如收入、费用、损益)通常是按该表所包括的时期内的平均汇率(经过适当加权)折算;资产负债表中的项目则有 4 种折算方法可以使用。

1. 流动/非流动折算法

所有流动资产和流动负债都按资产负债日的现行汇率折算,其他的资产和负债则一律按历史汇率折算。

2. 货币/非货币折算法

所有金融资产及一切负债(包括流动负债和长期负债)都按现行汇率折算,而非货币性资产按历史汇率折算。

3. 时态法

此法与货币/非货币折算法唯一不同的地方是对物质资产的处理,如果物质资产是以现行市价表示,则按现行汇率折算;如果物质资产是以历史成本表示,则按历史汇率折算。

4. 现行汇率法

所有资产和负债都按现行汇率折算。

4 种折算方法各有利弊,第 21 号国际会计准则要求:境外报表的折算方法应根据境外经营的业务和财务特点来确定。

(二)交易风险

交易风险是指企业以外币计价进行贸易、非贸易结算时,因交易日至结算日间的汇率变化而产生的利润或蒙受的损失。交易风险涉及具体的对外交易,这些交易可能是用外币成交的销售或购买产品,借出或借入资金以及其他一些涉及具体交易的经济活动。尽管任何一种交易都可能有风险,但是"交易风险"该词一般只用于国际贸易中,特别是赊账交易中。

例如,某国际企业对外赊销产品,544马克的应收账款记账时汇率为$\$1=DM1.70$,账期为1个月。其间德国马克升值,汇率变为$\$1=DM1.66$。账款原值$DM544/1.70=\$320$,但收到账款时:$DM544/1.66=\$327.71$,因此产生交易收益7.71美元。若本例德国马克是贬值,汇率变为$1\$=DM1.75$则收取款项$DM544/1.75=\$310.86$,因此产生9.14美元的交易损失。

(三)经济风险

经济风险是指由于汇率变动对企业的产销数量、价格、成本等产生影响,从而引起企业未来一定期间收益增加或减少的一种潜在风险。简言之,经济风险是指由于没有预测到的汇率变化引起公司价值的变化。这里我们强调非预测,是因为预测到的汇率变化早已在公司市场价值中反映出来了。经济风险是很重要的一种风险,它的确定和衡量不如折算风险和交易风险那么容易,它的大小依赖于预期现金流量的大小,因此包含有主观成分。

二、外汇风险管理

外汇风险管理是指企业采取措施,防止或减少因未预料到的外汇汇率变动而造成的损失。外汇风险管理的目的就是尽可能地避免或减少外汇风险,从而提高国际企业的收益水平。

由于外汇风险的种类不同,所以避免和分散外汇风险的方法也有差别。对于折算风险,母公司应根据其境外子公司的经营业务特点和财务特点选择恰当的外币折算方法,使其风险最小化。对于经济风险,企业应加强调查研究与分析,提高其预测汇率变动的准确性,减少非预期的汇率变化。同时,企业也应及时掌握市场信息,实行多角化经营,尽可能地规避风险。对于交易风险,企业应采取事先防范和事后防范相结合。事先防范主要包括在合同中订立货币保值条款、汇率风险分摊条款、选择有利结算货币(出口收汇争取使用硬货币、进口付汇争取使用软货币)等方法。事后防范主要是指通过外汇业务操作来防范风险,这些操作方法主要是通过远期合约、期货合约、货币期权、外汇调期等工具进行财务对冲和货币对冲。

(一)远期外汇买卖合同法

远期外汇买卖合同法是指公司与银行签订的购买或出售远期外汇合同的方法,以此来避免因汇率变动而造成的损失,消除风险。远期合约特别适用于对冲交易风险。

例如，某美国公司通过其法国分公司销售价值100万法郎的设备给某一法国客户，销售信用期为90天。支付时，美国公司想把法郎换为美元。以美元表示的即期汇率为1美元＝5.95法郎，90天远期汇率为1美元＝6.02法郎。如果该公司想避免汇率风险，那么它将签订出售90天的100万法郎的远期合约。90天到期后，它可以得到16.61万美元(100万法郎÷6.02)，较之销售当时可获得的16.81万美元(100万法郎÷5.95)，减少了0.2美元。但若90天到期日的即期汇率为1美元＝6.05法郎，若公司未签远期合约，则可得16.53万美元(100万法郎÷6.05)。这样，公司通过远期合约，避免了0.07万美元(16.6万－16.53万)的损失。

（二）外汇期货合同法

期货合约与远期合约相似，但它是在未来特定的日期交割货币的标准合同。期货交易要求缴纳保证金，而且集中在交易所进行。期货合约与远期合约的区别主要有两点：一是期货合约的价值由收盘价决定，而远期合约的价值签订时已知；二是期货合约只有固定的几个到期日，而远期合约只需在到期日结算。通常在期货合约到期日，很少会实际交割，而是结算差额。

（三）外汇期权合同法

期权是一种选择权，外汇期权则是其持有人享有在一定期限内按既定价格买卖一定数量外币的选择权。外汇期权持有人付出的代价是购买期权的费用。

假定我们在上述例题中，没有签订远期合约，而是花费800美元的费用购买期权：在90天后以1美元＝6.00法郎的协定汇率出售100万法郎。

(1)若90天到期日的即期汇率为1美元＝6.05法郎，则期权持有人会选择执行期权，那么公司会收到16.67万美元(100万法郎÷6.00)，较之未购买期权情况下多收到0.14万美元，减去支付的800美元期权费，实际避免了600美元的风险损失。

(2)若90天到期日的即期汇率为1美元＝5.90法郎，则公司选择放弃期权，可以收到16.95万美元，减去期权费800美元，较之执行期权可得的16.67万美元相比，多得了2 000美元。

（四）外汇调期合同法

外汇调期合同法是指在签订买进或卖出一笔外汇的同时，再卖出或买进一笔数额相同，但交割期限不同的外汇合同，由此来防止和避免外汇风险的方法。外汇调期又可分为"即期对远期"和"远期对远期"的调期。

例如，某国际企业向银行买入100万美元，即期汇率为1美元＝8.45人民币元，这时需支付人民币845万元。同时，该企业又卖出3个月的远期外汇100万美元，远期汇率为1美元＝8.48人民币元，到期时可得到人民币848万元，通过调期，企业获得3万元人民币的差价，而且同时避免了因汇率变动而带来的风险。

案例讨论：

国际融资购并的两个案例

【目的】

通过下面两个案例的分析，要求学生(1)了解国际范围内的融资购并方式较之与国内购并有那些特殊风险。(2)区别金融性资产融资与非金融性资产融资对企业财务状况的影响。(3)思考国际购并中的前期分析及融资方式选择需特别关注的事项。

【内容】

案例一：联想集团收购美国 IBM—PC 个人电脑业务

2004年12月8日,中国联想集团斥资12.5亿美元收购了美国 IBM PC 个人电脑业务,IBM 持有联想集团18.5%的股份,成为联想集团的战略合作伙伴。该交易成为中国公司迄今为止的最大一次海外并购,这一并购也将此前一连串企业并购推向了高潮。我们都知道,在世界十大 PC 制造商排行榜上,IBM 名列第三位,而联想仅位居第八位。对于联想收购 IBM—PC,美国戴尔和惠普公司都认为是不可能的,可它却成为了事实,这其中离不开并购融资技巧的运用。正确的融资技巧的使用不仅能够帮助兼并收购者筹集足够的资金以实现目标,还可以降低收购者的融资成本和今后的债务负担。

案例二：京东方收购韩国现代 TFT－LCD 业务和收购冠捷科技

企业融资并购中理想的融资方式的选择应是多种渠道的搭配组合,如2003年8月京东方在继收购韩国现代 TFT－LCD 业务后又成功地收购了冠捷科技,它之所以能以小搏大取得并购成功,是因为它恰当地运用了杠杆收购(杠杆收购是指在并购方自有资金很少的情况下,通过多渠道的外部融资方式收购规模较大目标公司的一种收购行为)这种融资方式。在操作中,在国外它依靠韩国的三家银行和一家保险公司提供的抵押信贷和卖方信贷;在国内它依靠向银行大规模的借贷和增发 B 股,解决了并购过程中的融资需要。京东方通过杠杆融资不但融得了资金,而且促成了并购双方的双赢。

同样,联想收购 IBM—PC 业务的12.5亿美金中,有6.5亿美元是以现金形式支付,其中,联想使用自有资金1.5亿美元,向高盛过桥贷款5亿美元,而余额为股权转让,联想控股在集团占有46%股份,IBM 占18.5%。

【要求】

1. 国际范围内的融资购并与国内购并有何区别？需要特别考虑那些内容？
2. 金融性资产融资与非金融性资产融资的区别。
3. 国际购并中的前期分析及融资方式选择需特别关注哪些方面？

附录

附表一： 复利终值系数表 $(F/P, i, n) = (1+i)^n$

n \ i(%)	1	2	3	4	5	6	7	8	9	10	11
1	1.010	1.020	1.030	1.040	1.050	1.060	1.070	1.080	1.090	1.100	1.110
2	1.020	1.040	1.061	1.082	1.103	1.124	1.145	1.166	1.188	1.210	1.232
3	1.030	1.061	1.093	1.125	1.158	1.191	1.225	1.260	1.295	1.331	1.368
4	1.041	1.082	1.126	1.170	1.216	1.262	1.311	1.360	1.412	1.464	1.518
5	1.051	1.104	1.159	1.217	1.276	1.338	1.403	1.469	1.539	1.611	1.685
6	1.062	1.126	1.194	1.265	1.340	1.419	1.501	1.587	1.677	1.772	1.870
7	1.072	1.149	1.230	1.316	1.407	1.504	1.606	1.714	1.828	1.949	2.076
8	1.083	1.172	1.267	1.369	1.477	1.594	1.718	1.851	1.993	2.144	2.305
9	1.094	1.195	1.305	1.423	1.551	1.689	1.838	1.999	2.172	2.358	2.558
10	1.105	1.219	1.344	1.480	1.629	1.791	1.967	2.159	2.367	2.594	2.839
11	1.116	1.243	1.384	1.539	1.710	1.898	2.105	2.332	2.580	2.853	3.152
12	1.127	1.268	1.426	1.601	1.796	2.012	2.252	2.518	2.813	3.138	3.498
13	1.138	1.294	1.469	1.665	1.886	2.133	2.410	2.720	3.066	3.452	3.883
14	1.149	1.319	1.513	1.732	1.980	2.261	2.579	2.937	3.342	3.797	4.310
15	1.161	1.346	1.558	1.801	2.079	2.397	2.759	3.172	3.642	4.177	4.785
16	1.173	1.373	1.605	1.873	2.183	2.540	2.952	3.426	3.970	4.595	5.311
17	1.184	1.400	1.653	1.948	2.292	2.693	3.159	3.700	4.328	5.054	5.895
18	1.196	1.428	1.702	2.206	2.407	2.854	3.380	3.996	4.717	5.560	6.544
19	1.208	1.457	1.754	2.107	2.527	3.026	3.617	4.316	5.142	6.116	7.263
20	1.220	1.486	1.806	2.191	2.653	3.207	3.870	4.661	5.604	6.727	8.062
25	1.282	1.641	2.094	2.666	3.386	4.292	5.427	6.848	8.623	10.835	13.585
30	1.348	1.811	2.427	3.243	4.322	5.743	7.612	10.063	13.268	17.449	22.892
40	1.489	2.208	3.262	4.801	7.040	10.286	14.974	21.725	31.409	45.259	65.001
50	1.645	2.692	4.384	7.107	11.467	18.420	29.457	46.902	74.358	117.39	184.57

(续表) 复利终值系数表 $(F/P, i, n) = (1+i)^n$

$i(\%)$ / n	12	13	14	15	16	17	18	19	20	25	30
1	1.120	1.130	1.140	1.150	1.160	1.170	1.180	1.190	1.200	1.250	1.300
2	1.254	1.277	1.300	1.323	1.346	1.369	1.392	1.416	1.440	1.563	1.690
3	1.405	1.443	1.482	1.521	1.561	1.602	1.643	1.685	1.728	1.953	2.197
4	1.574	1.630	1.689	1.749	1.811	1.874	1.939	2.005	2.074	2.441	2.856
5	1.762	1.842	1.925	2.011	2.100	2.192	2.288	2.386	2.488	3.052	3.713
6	1.974	2.082	2.195	2.313	2.636	2.565	2.700	2.840	2.986	3.815	4.827
7	2.211	2.353	2.502	2.660	2.826	3.001	3.185	3.379	3.583	4.768	6.276
8	2.476	2.658	2.853	3.059	3.278	3.511	3.759	4.021	4.300	5.960	8.157
9	2.773	3.004	3.252	3.518	3.803	4.108	4.435	4.785	5.160	7.451	10.604
10	3.106	3.395	3.707	4.046	4.411	4.807	5.234	5.696	6.192	9.313	13.786
11	3.479	3.836	4.226	4.652	5.117	5.624	6.176	6.777	7.430	11.642	17.922
12	3.896	4.335	4.818	5.350	5.936	6.580	7.288	8.064	8.916	14.552	23.298
13	4.363	4.898	5.492	6.153	6.886	7.699	8.599	9.596	10.699	18.190	30.288
14	4.887	5.535	6.261	7.076	7.988	9.007	10.147	11.420	12.839	22.739	39.274
15	5.474	6.254	7.138	8.137	9.266	10.539	11.974	13.590	15.407	28.422	51.186
16	6.130	7.067	8.137	9.358	11.748	12.330	14.129	16.172	18.488	35.527	66.542
17	6.866	7.986	9.276	10.761	12.468	14.426	16.672	19.244	22.186	44.409	86.504
18	7.690	9.024	10.575	12.375	14.463	16.879	19.673	22.091	26.623	55.511	112.46
19	8.613	10.197	12.056	14.232	16.777	19.748	23.214	27.252	31.948	69.389	146.19
20	9.646	11.523	13.743	16.367	19.461	23.106	27.393	32.429	38.338	86.736	190.05
25	17.000	21.231	26.462	32.919	40.874	50.658	62.669	77.388	95.396	264.70	705.64
30	29.960	39.116	50.950	66.212	85.850	111.07	143.37	184.68	237.38	807.79	2 620.0
40	93.051	132.78	188.88	267.86	378.72	533.87	750.38	1 051.71	1 469.8	7 523.2	3 611.9
50	289.00	450.74	700.23	1 083.7	1 670.7	2 566.2	2 927.4	5 988.9	9 100.4	70 065.4	9 792.9

附表二： 复利现值系数表 $(P/F,i,n)=(1+i)^{-n}$

n \ $i(\%)$	1	2	3	4	5	6	7	8	9	10	11	12	13
1	0.990	0.980	0.971	0.962	0.952	0.943	0.935	0.926	0.917	0.909	0.901	0.893	0.885
2	0.980	0.961	0.943	0.925	0.907	0.890	0.873	0.857	0.842	0.826	0.812	0.797	0.783
3	0.971	0.942	0.915	0.889	0.864	0.840	0.816	0.794	0.772	0.751	0.713	0.712	0.693
4	0.961	0.924	0.888	0.855	0.823	0.792	0.763	0.735	0.708	0.683	0.659	0.636	0.613
5	0.951	0.906	0.863	0.822	0.784	0.747	0.713	0.681	0.650	0.621	0.593	0.567	0.543
6	0.942	0.888	0.837	0.790	0.746	0.705	0.666	0.630	0.596	0.564	0.535	0.507	0.480
7	0.933	0.871	0.813	0.760	0.711	0.665	0.623	0.583	0.547	0.513	0.482	0.452	0.425
8	0.923	0.853	0.789	0.731	0.667	0.627	0.582	0.540	0.502	0.467	0.434	0.404	0.376
9	0.914	0.837	0.766	0.703	0.645	0.592	0.544	0.500	0.460	0.424	0.391	0.361	0.333
10	0.905	0.820	0.744	0.676	0.614	0.558	0.508	0.463	0.422	0.386	0.352	0.322	0.295
11	0.896	0.804	0.722	0.650	0.585	0.527	0.475	0.429	0.388	0.350	0.317	0.287	0.261
12	0.887	0.788	0.701	0.625	0.557	0.497	0.444	0.397	0.356	0.319	0.286	0.257	0.231
13	0.879	0.773	0.681	0.601	0.530	0.469	0.415	0.368	0.326	0.290	0.258	0.229	0.204
14	0.870	0.758	0.661	0.577	0.505	0.442	0.38B	0.340	0.299	0.263	0.232	0.205	0.181
15	0.861	0.743	0.642	0.555	0.481	0.417	0.362	0.315	0.275	0.239	0.209	0.183	0.160
16	0.853	0.728	0.623	0.534	0.458	0.394	0.339	0.292	0.252	0.218	0.188	0.163	0.141
17	0.844	0.714	0.605	0.513	0.436	0.371	0.317	0.270	0.231	0.198	0.170	0.146	0.125
18	0.836	0.700	0.587	0.494	0.416	0.350	0.296	0.250	0.212	0.180	0.153	0.130	0.111
19	0.828	0.686	0.570	0.475	0.396	0.331	0.277	0.232	0.194	0.164	0.138	0.116	0.098
20	0.820	0.673	0.554	0.456	0.377	0.312	0.258	0.215	0.178	0.149	0.124	0.104	0.087
25	0.780	0.610	0.478	0.375	0.295	0.233	0.184	0.146	0.116	0.092	0.074	0.059	0.047
30	0.742	0.552	0.412	0.308	0.231	0.174	0.131	0.099	0.075	0.057	0.044	0.033	0.026
40	0.672	0.453	0.307	0.208	0.142	0.097	0.067	0.046	0.032	0.022	0.015	0.011	0.008
50	0.680	0.372	0.228	0.141	0.087	0.054	0.034	0.021	0.013	0.009	0.005	0.033	0.002

(续表) 复利现值系数表 $(P/F,i,n)=(1+i)^{-n}$

$i(\%)$ / n	14	15	16	17	18	19	20	25	30	35	40	50
1	0.877	0.870	0.862	0.855	0.847	0.840	0.833	0.800	0.769	0.741	0.714	0.667
2	0.769	0.756	0.743	0.731	0.718	0.706	0.694	0.640	0.592	0.549	0.510	0.444
3	0.675	0.658	0.641	0.624	0.609	0.593	0.579	0.512	0.455	0.406	0.364	0.296
4	0.592	0.572	0.552	0.534	0.516	0.499	0.482	0.410	0.350	0.301	0.260	0.198
5	0.519	0.497	0.476	0.456	0.437	0.419	0.402	0.320	0.269	0.223	0.186	0.132
6	0.456	0.432	0.410	0.390	0.370	0.352	0.335	0.262	0.207	0.165	0.133	0.088
7	0.400	0.376	0.354	0.333	0.314	0.296	0.279	0.210	0.159	0.122	0.095	0.059
8	0.351	0.327	0.305	0.285	0.266	0.249	0.233	0.168	0.123	0.091	0.068	0.039
9	0.300	0.284	0.263	0.243	0.225	0.209	0.194	0.134	0.094	0.067	0.048	0.026
10	0.270	0.247	0.227	0.208	0.191	0.176	0.162	0.107	0.073	0.050	0.035	0.017
11	0.237	0.215	0.195	0.178	0.162	0.148	0.135	0.086	0.056	0.037	0.025	0.012
12	0.208	0.187	0.168	0.152	0.137	0.124	0.112	0.069	0.043	0.027	0.018	0.008
13	0.182	0.163	0.145	0.130	0.116	0.104	0.093	0.055	0.033	0.020	0.013	0.005
14	0.160	0.141	0.125	0.111	0.099	0.088	0.078	0.044	0.025	0.015	0.009	0.003
15	0.140	0.123	0.108	0.095	0.084	0.074	0.065	0.035	0.020	0.011	0.006	0.002
16	0.123	0.107	0.093	0.081	0.071	0.062	0.054	0.028	0.015	0.008	0.005	0.002
17	0.108	0.093	0.080	0.069	0.060	0.052	0.045	0.023	0.012	0.006	0.003	0.001
18	0.095	0.081	0.069	0.059	0.051	0.044	0.038	0.018	0.009	0.005	0.002	0.001
19	0.083	0.070	0.060	0.051	0.043	0.037	0.031	0.014	0.007	0.003	0.002	0
20	0.073	0.061	0.051	0.043	0.037	0.031	0.026	0.012	0.005	0.002	0.001	0
25	0.038	0.030	0.024	0.020	0.016	0.013	0.010	0.004	0.001	0.001	0	0
30	0.020	0.015	0.012	0.009	0.007	0.005	0.004	0.001	0	0	0	0
40	0.005	0.004	0.003	0.002	0.001	0.001	0.001	0	0	0	0	0
50	0.001	0.001	0.001	0	0	0	0	0	0	0	0	0

附表三: 年金终值系数表 $(F/A, i, n) = \dfrac{(1+i)^n - 1}{i}$

$i(\%)$ \ n	1	2	3	4	5	6	7	8	9	10	11
1	1.000	1.000	1.000	1.000	1.000	1.000	1.000	1.000	1.000	1.000	1.000
2	2.010	2.020	2.030	2.040	2.050	2.060	2.070	2.080	2.090	2.100	2.110
3	3.030	3.060	3.091	3.122	3.153	3.184	3.215	3.246	3.278	3.310	3.342
4	4.060	4.122	4.184	4.246	4.310	4.375	4.440	4.506	4.573	4.641	4.710
5	5.101	5.204	5.309	5.416	5.526	5.637	5.751	5.867	5.985	6.105	6.228
6	6.152	6.308	6.468	6.633	6.802	6.975	7.153	7.336	7.523	7.716	7.913
7	7.214	7.434	7.662	7.898	8.142	8.294	8.654	8.923	9.200	9.487	9.783
8	8.286	8.583	8.892	9.214	9.549	9.897	10.260	10.637	11.028	11.436	11.859
9	9.369	9.755	10.159	10.583	11.027	11.491	11.978	12.488	13.021	13.579	14.164
10	10.462	10.950	11.464	12.006	12.578	13.181	13.816	14.487	15.193	15.937	16.722
11	11.567	12.169	12.808	13.486	14.207	14.972	15.784	16.645	17.560	18.531	19.561
12	12.683	13.412	14.192	15.026	15.917	16.870	17.888	18.977	20.141	21.384	22.713
13	13.809	14.680	15.618	16.627	17.713	18.882	20.141	21.495	22.953	24.523	26.212
14	14.947	15.974	17.086	18.292	19.599	21.015	22.550	24.215	26.019	27.975	30.095
15	16.097	17.293	18.599	20.024	21.579	23.276	25.129	27.152	29.361	31.772	34.405
16	17.258	18.639	20.157	21.825	23.657	25.673	27.888	30.324	33.003	35.950	39.190
17	18.430	20.012	21.762	23.698	25.840	28.213	30.840	33.750	36.974	40.545	44.501
18	19.615	21.412	23.414	25.645	28.132	30.906	33.999	37.450	41.301	35.599	50.396
19	20.811	22.841	25.117	27.671	30.539	33.760	37.379	41.446	46.018	51.159	56.939
20	22.019	24.297	26.870	29.778	33.066	36.786	40.995	45.762	51.160	57.275	64.203
25	28.243	32.030	36.459	41.646	47.727	54.865	63.249	73.106	84.701	98.347	114.41
30	34.785	40.588	47.575	56.085	66.439	79.058	94.461	113.28	136.31	164.49	199.02
40	48.886	60.402	75.401	95.026	120.80	154.76	199.64	259.06	337.89	442.59	581.83
50	64.463	84.579	112.80	152.67	209.35	290.34	406.53	573.77	815.08	1163.9	1668.8

(续表) 年金终值系数表 $(F/A,i,n)=\dfrac{(1+i)^n-1}{i}$

n \ i(%)	12	13	14	15	16	17	18	19	20	25	30
1	1.000	1.000	1.000	1.000	1.000	1.000	1.000	1.000	1.000	1.000	1.000
2	2.120	2.130	2.140	2.150	2.160	2.170	2.180	2.190	2.200	2.250	2.300
3	3.374	3.407	3.440	3.473	3.506	3.539	3.572	3.606	3.640	3.813	3.990
4	4.779	4.850	4.921	4.993	5.066	5.141	5.215	5.291	5.368	5.766	6.187
5	6.353	6.480	6.610	6.742	6.877	7.014	7.154	7.297	7.442	8.207	9.043
6	8.115	8.323	8.536	8.754	8.977	9.207	9.442	9.683	9.930	11.259	12.756
7	10.089	10.405	10.730	11.067	11.414	11.772	12.142	12.523	12.916	15.073	17.583
8	12.300	12.757	13.233	13.727	14.240	14.773	15.327	15.902	16.499	19.842	23.858
9	14.776	15.416	16.085	16.786	17.519	18.285	19.086	19.923	20.799	25.802	32.015
10	17.549	18.420	19.337	20.304	21.321	22.393	23.521	24.701	25.959	33.253	42.619
11	20.655	21.814	23.045	24.349	25.733	27.200	28.755	30.404	32.150	42.566	56.405
12	24.133	25.650	27.271	29.002	30.850	32.824	34.931	37.180	39.581	54.208	74.327
13	28.029	29.985	32.089	34.352	37.786	39.404	42.219	45.244	48.497	68.760	97.625
14	32.393	34.883	37.581	40.505	43.672	47.103	50.818	54.841	59.196	86.949	127.91
15	37.280	40.417	43.842	47.580	51.660	56.110	60.965	66.261	72.035	109.69	167.29
16	42.753	46.672	50.980	55.717	60.925	66.649	72.939	79.850	87.442	138.11	218.47
17	48.884	53.739	59.118	65.075	71.673	78.979	87.068	96.022	105.93	173.64	285.01
18	55.750	61.725	68.394	75.836	84.141	93.406	103.74	115.27	128.12	218.05	371.52
19	63.440	70.749	78.969	88.212	93.603	110.29	123.41	138.17	154.74	273.56	483.97
20	72.052	80.947	91.025	102.44	115.38	130.03	146.63	165.42	186.69	342.95	630.17
25	133.33	155.62	181.87	212.79	249.21	292.11	342.60	402.04	471.98	1054.8	2348.8
30	241.33	293.20	356.79	434.75	530.31	647.44	790.95	966.7	1181.9	3227.2	8730.0
40	767.09	1013.7	1342.0	1779.1	2360.8	3134.5	4163.2	5519.8	7343.9	30089	120393
50	2400.0	3459.5	4994.5	7217.7	10436	15090	21813	31515	45497	280256	165976

附表四: 年金现值系数表 $(P/A, i, n) = \dfrac{1-(1+i)^{-n}}{i}$

$i(\%)$ \ n	1	2	3	4	5	6	7	8	9	10	11	12
1	0.990	0.980	0.971	0.962	0.952	0.943	0.935	0.926	0.917	0.909	0.910	0.893
2	1.970	1.942	1.913	1.886	1.859	1.833	1.808	1.783	1.759	1.736	1.713	1.690
3	2.941	2.884	2.829	2.775	2.723	2.673	2.624	2.577	2.531	2.487	2.444	2.402
4	3.902	3.808	3.717	3.630	3.546	3.465	3.387	3.312	3.240	3.170	3.102	3.037
5	4.853	4.713	4.580	4.452	4.329	4.212	4.100	3.993	3.890	3.791	3.696	3.605
6	5.795	5.601	5.417	5.242	5.076	4.917	4.767	4.623	4.486	4.355	4.231	4.111
7	6.728	6.472	6.230	6.002	5.786	5.582	5.389	5.206	5.033	4.868	4.712	4.564
8	7.652	7.325	7.020	6.733	6.463	6.210	5.971	5.747	5.535	5.335	5.146	4.968
9	8.566	8.162	7.786	7.435	7.108	6.802	6.515	6.247	5.995	5.759	5.537	5.328
10	9.471	8.983	8.530	8.111	7.722	7.360	7.024	6.710	6.418	6.145	5.889	5.650
11	10.368	9.787	9.253	8.760	8.306	7.887	7.499	7.139	6.805	6.495	6.207	5.938
12	11.255	10.575	9.954	9.385	8.863	8.384	7.943	7.536	7.161	6.814	6.492	6.194
13	12.134	11.384	10.635	9.986	9.394	8.853	8.358	7.904	7.487	7.103	6.750	6.424
14	13.004	12.106	11.296	10.563	9.899	9.295	8.745	8.244	7.786	7.367	6.982	6.628
15	13.865	12.849	11.938	11.118	10.380	9.712	9.108	8.559	8.061	7.606	7.191	6.811
16	14.718	13.578	12.561	11.652	10.838	10.106	9.447	8.851	8.313	7.824	7.379	6.974
17	15.562	14.292	13.166	12.166	11.274	10.477	9.763	9.122	8.544	8.022	7.549	7.102
18	16.398	14.992	13.754	12.659	11.690	10.828	10.059	9.372	8.756	8.201	7.702	7.250
19	17.226	15.678	14.324	13.134	12.085	11.158	10.336	9.604	8.950	8.365	7.839	7.366
20	18.046	16.351	14.877	13.590	12.462	11.470	10.594	9.818	9.129	8.514	7.963	7.469
25	22.023	19.523	17.413	15.622	14.094	12.783	11.654	10.675	9.823	9.077	8.422	7.843
30	25.808	22.396	19.600	17.292	15.372	13.765	12.409	11.258	10.274	9.427	8.694	8.055
40	32.835	27.355	23.115	19.793	17.159	15.046	13.332	11.925	10.757	9.779	8.951	8.244
50	39.196	31.424	25.730	21.482	18.256	15.762	13.801	12.233	10.962	9.915	9.042	8.304

(续表) 年金现值系数表 $(P/A,i,n)=\dfrac{1-(1+i)^{-n}}{i}$

n \ i(%)	13	14	15	16	17	18	19	20	25	30	35	40
1	0.885	0.887	0.870	0.862	0.855	0.847	0.840	0.833	0.800	0.769	0.741	0.714
2	1.668	1.647	1.626	1.605	1.585	1.566	1.547	1.528	1.440	1.361	1.289	1.224
3	2.361	2.322	2.283	2.246	2.210	2.174	2.140	2.106	1.952	1.816	1.696	1.589
4	2.974	2.914	2.855	2.798	2.743	2.690	2.639	2.589	2.362	2.166	1.997	1.849
5	3.517	3.433	3.352	3.274	3.199	3.127	3.058	2.991	2.689	2.436	2.220	2.035
6	3.998	3.889	3.784	3.685	3.589	3.498	3.410	3.326	2.951	2.643	2.385	2.168
7	4.423	4.288	4.160	4.039	3.922	3.812	3.706	3.605	3.161	2.802	2.508	2.263
8	4.799	4.639	4.487	4.344	4.207	4.078	3.954	3.837	3.329	2.925	2.598	2.331
9	5.132	4.946	4.472	4.607	4.451	4.303	4.163	4.031	3.463	3.019	2.665	2.379
10	5.426	5.216	5.019	4.833	4.659	4.494	4.339	4.192	3.571	3.092	2.715	2.414
11	5.687	5.453	5.234	5.029	4.836	4.656	4.486	4.327	3.656	3.147	2.752	2.438
12	5.918	5.660	5.421	5.197	4.988	4.793	4.611	4.439	3.725	3.190	2.779	2.456
13	6.122	5.842	5.583	5.342	5.118	4.910	4.715	4.533	3.780	3.223	2.799	2.469
14	6.302	6.002	5.724	5.468	5.229	5.008	4.802	4.611	3.824	3.249	2.814	2.478
15	6.462	6.142	5.847	5.575	5.324	5.092	4.876	4.675	3.859	3.268	2.825	2.484
16	6.604	6.265	5.954	5.668	5.405	5.162	4.938	4.730	3.887	3.283	2.834	2.489
17	6.729	6.373	6.047	5.749	5.475	5.222	4.988	4.775	3.910	3.295	2.840	2.492
18	6.840	6.467	6.128	5.818	5.534	5.273	5.033	4.812	3.928	3.304	2.844	2.494
19	6.938	6.550	6.198	5.877	5.584	5.316	5.070	4.843	3.942	3.311	2.848	2.496
20	7.025	6.623	6.259	5.929	5.628	5.353	5.101	4.870	3.954	3.316	2.850	2.497
25	7.330	6.873	6.464	6.097	5.766	5.467	5.195	4.948	3.985	3.329	2.856	2.499
30	7.496	7.003	6.566	6.177	5.829	5.517	5.235	4.979	3.995	3.332	2.857	2.500
40	7.634	7.105	6.642	6.233	5.871	5.548	5.258	4.997	3.999	3.333	2.857	2.500
50	7.675	7.133	6.661	6.246	5.880	5.554	5.262	4.999	4.000	3.333	2.857	2.500

参考文献

[1] 胡玉明.高级成本管理会计[M].厦门:厦门大学出版社,2002
[2] 万寿义.现代企业成本管理研究[M].大连:东北财经大学出版社,2004
[3] 孟焰.管理会计应用与发展的典型案例研究[M].大连:经济科学出版社,2002
[4] 谷祺,刘淑莲.财务管理[M].大连:东北财经大学,2004
[5] 朱开悉.财务管理学[M].中南大学出版社,2004
[6] 栾庆伟,迟国泰.财务管理[M].大连:大连理工大学出版社,2004
[7] 荆新,王化成,刘俊彦.财务管理学[M].北京:中国人民大学出版社,2002
[8] 傅元略.财务管理[M].厦门:厦门大学出版社,2003
[9] 陆正飞,王化成,宋献中.当代财务管理主流[M].大连:东北财经大学出版社,2004
[10] 罗飞.成本会计(面向21世纪)[M].北京:高等教育出版社,2002
[11] 中国注册会计师协会.财务成本管理[M].北京:经济科学出版社,2006
[12] 陆正飞.财务管理[M].大连:东北财经大学出版社,2001
[13] 蔡建民.财务管理学[M].上海:立信会计出版社,2005
[14] 顾振华.财务管理[M].北京:机械工业出版社,2004
[15] 葛文雷.财务管理[M].北京:东华大学出版社,2003
[16] 王能应.财务管理[M].北京:中国地质大学出版社,2001
[17] 财政部会计资格评价中心.财务管理[M].北京:中国财政经济出版社,2005
[18] 许艳芳,王化成,等.财务管理教程及学科指导[M].北京:高等教育出版社,1999
[19] 王化成.全面预算管理[M].北京:中国人民大学出版社,2004
[20] 罗福凯.公司财务管理[M].青岛:青岛海洋大学出版社,1997
[21] 罗福凯,逄咏梅.财务管理[M].北京:中国商业出版社,1999
[22] 范霍恩,等.现代企业财务管理[M].郭浩,等译.北京:经济科学出版社,2002
[23] 罗纳德W·希尔顿.管理会计(第4版)[M].耿建新,等译.北京:机械工业出版社,2000
[24] 唐·汉森,玛丽安·莫文.管理会计(第4版)[M].王光远,等译.北京:北京大学出版社,2004
[25] 杰罗尔德·L·齐默尔曼.决策与控制会计(第2版)[M].邱寒,熊焰韧,李芳译.大连:

东北财经大学出版社,2000
- [26] J·弗雷德·威斯通,等. 接管、重组与公司治理[M]. 李秉祥,等译. 大连:东北财经大学出版社,2000
- [27] Machael E. Porter. 竞争优势[M]. 陈小悦译. 北京:华夏出版社,2005
- [28] Robert S. Kaplan. 高级管理会计[M]. 吕长江主译. 大连:东北财经大学出版社,1999
- [29] Stenphen A. Ross. Corporate Finance [M]. 北京:机械工业出版社. 2002
- [30] Ross,Westerfield,Jordan. Fundamentals of Corporate Finance[M]. McGrawHill,Inc. Sixth Edition,2002
- [31] Petty,Keown,Scott,Martin. Basic Financial Management[J]. Prentice-Hall,Inc. Sixth Edition, 1993
- [32] Trends in Cost Management Practice [J]. Management Accounting. July/August 1999